歴史人物怪異談事典

朝里樹
Asazato Itsuki

幻冬舎

歴史人物怪異談事典

はじめに

日本では、古代から現代に至るまで、妖怪や幽霊、超能力といった怪異にまつわる物語が数多く紡がれてきました。

古代では、怪異は人々の身近にあり、その存在は当たり前のものとして記録されていました。中世には、武勇を誇る武士と怪物がしのぎを削る様子や、人間同士の戦いに敗れた者が怨霊となり、死後もなお戦おうとする姿が人から人へと伝えられました。近世以降、怪異談は人々を楽しませる娯楽となり、近代では人間社会を考察する方法の一つとして、怪異談が研究されるようになりました。

私たち日本人の歴史と怪異談は、切っても切れないものなのです。

こうした怪異談の中には、不思議な存在や現象に遭遇した人々の姿も同時に描かれています。彼らは貴族であったり、武将であったり、町人であったり、宗教者であったり、年齢も性別も立場もさまざまです。

教科書にも名前が載る有名な人物から、ほぼ無名の人物まで、日本には何かしらの形で怪異と関わった人々のエピソードが伝わっています。

本書は、そんな歴史上の人物と、彼らにまつわる怪異談を集めた事典です。表舞台では紹介されることの少ない、しかし歴史上、確かに語り継がれてきた人と怪異の物語を、本書を通して楽しんで頂ければ幸いです。

目次

凡例

一、この事典は日本の歴史上に存在したとされる人物（実際には存在しなかったと考えられるが、実在を前提として伝承や伝説上で語られる、史跡などが残っている人物も含む）のうち、怪異・妖怪に関わりのある人物とそのエピソードを集めたものである。怪異・妖怪との関わり方としては、直接遭遇した話が残るもの、自身が妖怪や幽霊と化したもの、怪異・妖怪にまつわる記録を残したもの、怪異・妖怪を題材とした創作をしたものなどが挙げられる。また、収録した人物は故人のみであり、二〇一九年六月現在で存命の人物は収録対象としていない。

一、本文は、人物名を項目名とし、弥生時代以前から昭和時代まで、時代ごとに五十音順に配列した。

一、参考資料は項目ごとに記しているが、一部名称を省略しているため巻末に正式名称を記載した参考資料を一覧にしている。書籍や絵画の名称は『』を、論文やWEBサイトの名称は「」を用いて記載している。掲載の順番については特に意味を持たせていない。

一、本文の各項目の構成は人物の紹介と、その人物の怪異・妖怪にまつわるエピソードの二段階としている。

一、出典となる資料にて、エピソードの舞台となる地域などが判明している場合は可能な限りその情報についても記載しているが、はっきりしない場合においては省略している。また文中の古い地名は、原則的に出典に従って記載している。

一、掲載した人物の生没年や出身地に諸説ある場合、代表的なものを掲載している。

一、掲載した人物の時代区分は、その人物が主な功績を挙げた時代、またはその人物にまつわる怪異談が伝わった時代を基準とし、選定している。

一、資料は極力原典によったが、入手困難なものについては二次資料を使用している。

弥生時代以前

紀元前〜三世紀頃

天之日矛 あめのひぼこ

不明（紀元前一世紀頃）

弥生時代の渡来人。記紀神話では、垂仁天皇《すいにんてんのう》または応《おう》神天皇《じんてんのう》の時代に渡来した新羅《しらぎ》の王子だったと記されている。

◉玉から生まれた妻を追いかけ……

『古事記《こじき》』には、以下のような話が載る。

新羅の阿具沼《あぐぬま》という沼のほとりで一人の女が昼寝をしていると、その陰部に日光が差しこみ、女は赤い玉を産んだ。これを見ていたある男がその玉をもらい受け、腰につけて持ち歩くようになった。

ある日、新羅の王子である天之日矛がその男を見つけ、牛を殺そうとして山に入ったのだと勘違いして投獄しようとしたが、赤い玉を差し出されたので許してやった。持ち帰ったその玉を床に置くと、玉はたちまち美しい女の姿に変わり、天之日矛はその女を妻とした。

それからしばらく経ったある日、天之日矛は機嫌を損ねて妻をののしった。すると妻は祖国へ帰ると宣言し、小舟を操って日本の難波にたどり着き、そこで暮らした。この妻の名は阿加流比売《あかるひめ》といい、難波の比売許曽神社《ひめこそじんじゃ》に鎮座したと伝えられる。

一方の天之日矛は彼女を追って日本へ向かうが、浪速《なにわの》渡神《わたしがみ》に航海を妨げられ、難波にたどり着けなかった。そこで新羅に引き返そうと但馬国《たじまのくに》に停泊し、そのまま日本に住みついたという。

大田田根子 おおたたねこ

不明（紀元前一世紀頃）

弥生時代の神主。大田田根子は『日本書紀《にほんしょき》』における表記であり、『古事記《こじき》』では意富多多泥古命《おおたたねこのみこと》と記される。三輪氏及び賀茂氏の祖・大物主神《おおものぬしのかみ》の子であり、その祟りを鎮めた人物とされる。

◉祟りを鎮めた神の娘

『古事記』や『日本書紀』では、大物主神の祟りについて以下のように記されている。

崇神天皇《すじんてんのう》の時代に疫病が流行した時のこと。天皇の夢の中に大物主神が現れ、「これは我が意思によるものだ。しかし大田田根子に私を祀らせれば国は安らかになるであろう」と告げた。そこで天皇が大田田根子を探すと、河内国《かわちのくに》の美努邑《みのむら》という場所に住んでいることが分かった。彼女に「汝は誰の子か」と尋ねると、「私は大物主神と活玉依媛《いくたまよりひめ》の間に生まれた子です」と答えた。彼女を神主として大物主神を祀ったところ、疫病は治まったという。

春日姫　かすがひめ

不明

弥生時代の女性。源頼重《みなもとのよりしげ》の子・甲賀三郎《こうがさぶろう》の妻であったと伝えられるが、諏訪大社《すわたいしゃ》の縁起物語にしか登場しないため、実在しない可能性が高い。

◉天狗《てんぐ》にさらわれた姫

『神道集《しんとうしゅう》』には、以下のような話が載る。

懿徳天皇《いとくてんのう》の時代のこと。春日姫は伊吹山《いぶきやま》で美しい双紙が天から降ってくるのを見かけた。すると突然、双紙は赤糸でみずらを結った美しい稚児の姿に変わり、春日姫を捕まえて蓼科山《たてしなやま》の地下にある好湛国《こうたんこく》へ連れ去ってしまった。この稚児は難杖房《なんじょうぼう》という名の天狗だったという。

この後、甲賀三郎は妻を取り戻すため冒険に出かける。詳細は甲賀三郎の項目を参照。

吉備津彦命　きびつひこのみこと

不明（紀元前三～一世紀頃）

弥生時代の皇族。孝霊天皇《こうれいてんのう》の皇子で、記紀神話に登場する他、岡山県に鬼を退治した伝説が残っており、桃太郎のモデルになったという説がある。

◉桃太郎伝説のモデル

吉備津彦命の鬼退治について、『備中国《びっちゅうのくに》大吉備津宮《おおきびつみや》略記《りゃっき》』は以下のように記している。

垂仁天皇《すいにんてんのう》の時代、百済《くだら》の王子である温羅《うら》という人物が、一族を引き連れて日向国《ひゅうがのくに》（現宮崎県）に現れ、やがて吉備国賀陽郡《きびのくにかやぐん》（現岡山県岡山市、総社市、加賀郡吉備中央町の一部）の岩山に城を築き、鬼を集めて立てこもった。温羅一族は都に運ばれる貢ぎ物を略奪し、美しい娘をさらっては淫楽に耽った。中でも、温羅は安叙姫《あじょひめ》という賀陽郡阿曽の祈禱士を寵愛していた。

苦しむ吉備国の民に下向を懇願された吉備津彦命は、播磨国《はりまのくに》（現兵庫県南西部）から吉備国へ赴き、温羅と対決することとなる。

諸臣を集めた軍議で、温羅の城を囲んで敵を外に出さない兵糧攻めを行うことが決まった。吉備津彦命は臣下たちと共に、百日もの間昼夜を分かたず鬼の城を監視した。しかし食料が不足しているだろうにも関わらず、温羅は弱った様子を見せない。悩んでいると、吉備津彦命の前に一人の不思議な人物が現れ、「東に見える小さな丘に陣を置けば、城から吉備津彦命の御座所がよく見えるので、必ず城から温羅が姿を現す。そのようにして戦えば、必ず吉備津彦命が勝利する。私は吉備の中山の主である」と告げて、煙のように消えてしまった。

吉備津彦命は温羅の食料が底をつき、飢餓に陥っていると判断し、吉備の中山の主の言葉通り東の丘に陣を敷いた。

互いの姿がはっきり確認できるようになった吉備津彦命と温羅は弓矢で激しく争ったが、矢は互いに当たることなく、空中でぶつかって落ちるばかりだった。吉備津彦命が再び悩んでいると、またあの吉備の中山の主が現れ、「矢を二本一度に放てば、そのうち一本は必ず温羅に当たるであろう」と教えた。果たして吉備津彦命がその通りに矢を放つと、一本の矢は温羅の矢とぶつかって落ちたが、もう一本は温羅の肩を射抜いた。

ここぞとばかりに吉備津彦命の臣下たちが背後に回って攻め入ったところ、温羅は飛び跳ねて逃げ出したので、吉備津彦命は剣を抜いて追いかけた。

温羅は天の神や地の神に祈願して大雨を降らせ、洪水を引き起こしてその水に潜り、鯉に変化して泳いで逃げた。吉備津彦命は泳ぎが得意な臣下の一人、楽々森彦《ささもりひこの》命《みこと》にこれを捕らえさせた。

楽々森彦命は温羅を縛り上げ、吉備津彦命の前に差し出した。人の姿に戻った温羅の背には、びっしりと鱗が生えており、ひどく恐ろしい姿であったという。

温羅は吉備津彦命に「自分が日本に渡ったのは天皇の位を奪うためであったが、吉備津彦命の猛々しさ、勇ましさに敬服した。このような者が多くいる朝廷にはとても敵対できない。吉備津彦命の家臣にしていただけるなら、誠実に奉公し続ける」と言った。

その後吉備国には平和が戻り、やがて温羅は百八十歳で死去した。その遺体は吉備の中山頂上の東の谷に葬られた。ある日、温羅の棺から水があふれ始め、温羅は竜となって中山の上空へ飛んでいった。このことから、吉備の中山は竜飛山、昇竜山と呼ばれるようになった。その後温羅は吉備津彦命の夢に現れ、かつて寵愛した妻・阿曽姫《あそひめ》（先述の安叙姫のことと思われる）に吉備津彦命の食事の世話をさせることを誓い、もし吉備国で何か起きたら、釜の前に来れば、釜の鳴り方で吉兆か凶兆かを知らせると告げた。これが吉備津神社の鳴釜神事《なるかましんじ》の起源であるという。

景行天皇 けいこうてんのう

不明（一〜二世紀頃）

弥生時代の天皇。第十二代天皇にあたり、大和王朝の勃興期を生きた人物。日本武尊《やまとたけるのみこと》の父であり、彼に東西の国の征討を命じたとされる。

◉悪臭を放つ蛇の水神

『豊後国風土記《ぶんごのくにふどき》』には、以下のような話が載る。

景行天皇が豊後国《ぶんごのくに》の球覃《くたみ》という村を訪れた際、食膳の奉仕をする者に泉で飲み水をくませたところ、蛇龗《おかみ》が現れた。天皇は「その水は必ず臭いがするであろう。くんで使ってはならない」と言った。以来この泉は臭泉《くさいずみ》と呼ばれるようになり、それが村の名とされたが、それがなまって球覃の里と呼ばれるようになったという。

蛇龗は水神である淤加美神《おかみのかみ》のことを指す他、蛇の姿をした水神の総称でもある。この話に出てきたのは蛇の姿をした水神であると考えられる。

甲賀三郎 こうがさぶろう

不明（紀元前六世紀頃）

弥生時代の官人。安寧天皇《あんねいてんのう》から六代目の孫とされ、懿《い》徳天皇《とくてんのう》の時代に大和国《やまとのくに》の国司を務めたとされる。後に諏訪明神《すわみょうじん》となり、諏訪大社に祀られた。甲賀忍者の祖ともいわれるが、それらの説では平将門《たいらのまさかど》の乱で功績を挙げたなどと伝えられており、時代が異なる。いずれにせよ伝説上の人物である可能性が高い。

◉妻を探して異世界大冒険

『神道集《しんとうしゅう》』には、以下のような伝説が載る。

大和国の国司に任じられた三郎は、春日姫《かすがひめ》という女性と婚姻を結び、近江国《おうみのくに》甲賀の館に姫を連れ帰った。しかしある日、春日姫が天狗《てんぐ》にさらわれてしまう（詳細は春日姫の項目を参照）。三郎は二人の兄と共に春日姫を探し回ったが、なかなか見つからない。やがて信濃国《しなののくに》笹岡郡の蓼科山だけ探していないことが分かり、探索すると、山の中に大きな穴があり、春日姫が着ていた着物の袖と髪が残っていた。

三郎は兄に見張りを頼み、縄を付けた簑籠《みのかご》に乗って穴の中を下りていった。すると春日姫が千手経を読む声が聞こえ、無事に再会して彼女を連れ出すことができた。ところが二人の兄たちは優秀な三郎を妬んでいたため、彼が上がってくる前に縄を切ってしまう。春日姫ともはぐれ、三郎は穴に取り残されてしまった。

仕方なく奥へ進むと、巨大な国が現れた。好賞国《こうしょうこく》というその国の景色は、地下にありながら日本国と瓜二つだった。それから草微国《そうびこく》、草底国《そうていこく》、雪降国《せっこうこく》といったさまざまな地下の国を七十二カ国巡り、最後に維縵国《ゆいまんこく》という国にたどり着いた。三郎はそこで家族を作り、何年もの時を過ごしたが、不意に春日姫のことを思い出して地上に帰りたくなった。

それから維縵国の家族に別れを告げ、途中で鬼に遭遇するなどしながらも、無事に穴を通って信濃国の浅間山に出た。

甲賀郡に戻った三郎が父のために建てた笹岡の釈迦堂で念誦していると、子どもたちが「ああ恐ろしい、大きな蛇がいる」と言って逃げていった。その時初めて三郎は自分が蛇の身となっていたことを知った。

日が暮れると、十数人の僧たちがやって来て法華経を読誦し、甲賀三郎の物語を語り始めた。それによれば、蛇の姿に見えるのは維縵国の衣装を着ているためで、石菖《せきしょう》を植えている池の水に入り、四方を向いて呪文を唱えれば脱ぐことができるという。それを聞いた三郎は話の通りにして維縵国の衣装を脱ぎ、僧たちから日本国の武器や装束を渡された。彼らの素性を問うと、僧たちはそれぞれ白山権現《はくさんごんげん》、富士浅間大菩薩《ふじせんげんだいぼさつ》、熊野権現《くまのごんげん》などの神々であった。

それから三郎は春日姫と無事再会し、二人は天早船《てんそうせん》で中国の南にある平城国《へいじょうこく》へ渡り、早那起梨《さなきり》の天子から神道の法を授かって神通力を会得する。

その後日本に戻った三郎は信濃国岡屋の里に諏訪大明神の上宮《じょうぐう》として、春日姫は下宮《げぐう》として顕現した。また維縵国での妻であった維摩姫《ゆいまひめ》も日本にやって来て、浅間大明神として顕現したという。

神功皇后《じんぐうこうごう》

不明（二世紀頃）

弥生時代の皇后。第十四代天皇である仲哀天皇《ちゅうあいてんのう》の后であったが、仲哀天皇が熊襲《くまそ》討伐の途中で亡くなると、妊娠中にも関わらず新羅《しらぎ》に遠征して征服する。さらに百済《くだら》と高句麗《こうくり》までも征服し、三韓征伐を果たした。それから帰国して皇太子（後の応神天皇《おうじんてんのう》）を産み、夫の後を継いで約七十年間にわたり政治を行ったとされる。

●妖怪も打ち負かす武の女帝

『日本書紀《にほんしょき》』には、神功皇后が羽白熊鷲《はじろくまわし》という怪物を討った話が載る。

仲哀天皇の時代、筑紫国《つくしのくに》に朝廷に従わない部族がおり、その長を羽白熊鷲といった。羽白熊鷲はたいへん強健な体と翼を持ち、空高く飛ぶことができた。神功皇后は兵を差し向けてこの怪物を討ち取ったという。

また『備前国風土記《びぜんのくにふどき》』の逸文には以下のような話が載る。

神功皇后を乗せた船が備前の海上を渡っていると、巨大な牛が現れて船を転覆させようとした。しかし住吉《すみよし》明神《みょうじん》が翁の姿で現れ、この大牛の角を摑んで投げ飛ばしたという。

『備前国風土記』は散逸しており、この逸文は『本朝《ほんちょう》神社考《じんじゃこう》』に引用される形で残っているが、同書においてこの牛は塵輪《じんりん》という化け物が変化したものであると記されている。この塵輪は仲哀天皇と相討ちになった伝説が残る異国の怪物だが、記紀神話をはじめとする古代の文献には記録が確認できないことから、後世で付け加えられたものとする説や、逸文自体が後世に作られたという説もある。塵輪の詳細については仲哀天皇の項目を参照。

神武天皇 じんむてんのう

紀元前七一一～五八五年

記紀神話に登場する、日本における初代天皇とされる人物。天皇として即位した二月十一日は、現在も建国記念の日として祝日とされている。

●怪鳥に導かれた初代天皇

『古事記《こじき》』によれば彼は天皇に即位する前、葦原中国《あしはらのなかつくに》（地上世界のこと）を治めるにふさわしい場所へと向かうため、東へ旅を始めた。その途中、熊野国《くまののくに》（紀伊半島南部）で荒ぶる神が大熊の姿で現れ、神武天皇とその部下たちは気を失ってしまった。

また、熊野国から大和国《やまとのくに》へと案内するため、天から巨大な鳥である八咫烏《やたがらす》が遣わされ、彼らを導いたという。

他にも、神武天皇即位元年、白昼に日本中の竜が天に昇ったという話が『鬼城縁起《きのじょうえんぎ》』に記されていたり、八咫烏の代わりに金鵄《きんし》（金色の鳶）が現れて彼らを導いたという話が『日本書紀《にほんしょき》』に記されていたりと、多くの怪エピソードが存在する。

成務天皇 せいむてんのう

不明（一～二世紀頃）

弥生時代の天皇。景行天皇《けいこうてんのう》の第四皇子。国、郡、村を定め、それぞれに首長を置くなどして国家の行政区画を整備したことで知られる。

●時を超えて現れた竜馬

長野県には以下のような伝説が残る。

成務天皇の時代、信州水内郡《みのちぐん》の桐原という村で、頭が竜で体は馬という姿をした竜馬が捕らえられた。この竜馬は成務天皇に献上され、天皇はたいへん感動したという。

天皇の死後、この竜馬は空を翔《かけ》ていき、その後推古《すいこ》天皇《てんのう》の時代になってから地上に降りて、聖徳太子《しょうとくたいし》に献上されることとなる。

出典である『旅と伝説』（第八年八月號通巻九十二号）には『桐原八景《きりはらはっけい》』という書物からの引用と記されているが、『桐原八景』そのものは見つけられなかった。

また、聖徳太子がこの竜馬に乗った話が『聖徳太子《しょうとくたいし》伝暦《でんりゃく》』に載る。詳しくは聖徳太子の項目を参照。

健磐龍命 たけいわたつのみこと

紀元前六七四年〜不明

弥生時代の皇族。阿蘇都彦命《あそつひこのみこと》とも呼ばれる。死後に神格化され、阿蘇神社の祭神とされた。神武天皇《じんむてんのう》の皇子である神八井耳命《かんやいみみのみこと》の第五子とされるが、『日本書紀《にほんしょき》』に登場する阿蘇都彦命は景行天皇《けいこうてんのう》の時代を生きた人物なので、時代が合わない。もとは熊本県の阿蘇神社の社伝に記録が残る人物であるため、後に阿蘇つながりで習合したものと考えられる。本居宣長《もとおりのりなが》の『古事記伝《こじきでん》』にも同一人物と考える見方が記されている。

◉干拓を妨害した湖の主

熊本県には、以下のような伝説が残る。

神武天皇の命で健磐龍命が阿蘇国《あそのくに》を平定しに訪れた際、阿蘇山の火口原にある湖に大鯰《おおなまず》がいた。湖の主であるこの大鯰は、湖を干拓しようとした健磐龍命を邪魔したために斬り殺され、鯰社《なまずやしろ》という社に祀られたとされる。

仲哀天皇 ちゅうあいてんのう

不明（二世紀頃）

弥生時代の天皇。日本武尊《やまとたけるのみこと》の子で、神功皇后《じんぐうこうごう》の夫。筑紫国《つくしのくに》で神功皇后を通じて下された神の宣託を訝しんだため、熊襲《くまそ》の討伐に失敗し、自身も急死したとの記録が残る。記紀神話に登場するが、実在が疑われる天皇の一人である。

◉命がけで異国の鬼を討つ

『八幡愚童訓《はちまんぐどうくん》』には、仲哀天皇が異国の怪物と戦った話が載る。

ある時、塵輪《じんりん》という怪物が黒雲に乗って異国から攻めてきた。その姿は鬼神のようで、体の色は赤く、頭が八つあった。この塵輪は人民を虐殺したため、退治せよと勅命が下されたものの、遠くから弓を射ても矢は折れてしまい、近づいた者は心を惑わされて自害してしまう。天皇は深く悲しんで自ら出陣することを決め、后である神功皇后も天皇についていくことを申し出た。

天皇は五万人の軍を率い、長門国《ながとのくに》豊浦郡（現山口県下関市）で塵輪を迎え撃つことにした。

六日後、黒雲に乗った塵輪が弓矢を持って現れ、天皇は自ら弓を取って塵輪の首を射抜いた。その一撃で塵輪の首は体から離れて地に落ちた。ところが仲哀天皇も流れ矢に当たってしまい、それがもとで命を落としたという。

豊姫 とよひめ

不明（二世紀頃）

弥生時代の皇族。淀姫《よどひめ》とも呼ばれる。神功皇后《じんぐうこうごう》の妹とされ、現在の九州地方に彼女を祀る神社が多く存在する。

◉姉のために竜宮城へ

『八幡愚童訓《はちまんぐどうくん》』には、豊姫にまつわる以下のような伝説が記されている。

神功皇后が三韓征伐を行う前のこと。豊姫は姉の出陣を助けるため、海底の竜宮城に住む海の王・娑伽羅《しゃがら》竜王《りゅうおう》に早珠《そうじゅ》と満珠《まんじゅ》という潮の満ち引きを操る珠を借りにいったという。

誉津別命 ほむつわけのみこと

不明（一世紀頃）

弥生時代の皇族。誉津別命は『日本書紀《にほんしょき》』における表記であり、『古事記《こじき》』では本牟智和気王と表記される。垂仁天皇《すいにんてんのう》と狭穂姫命《さほひめのみこと》の子であり、母・狭穂姫命が兄の狭穂彦命《さほひこのみこと》と共に反乱を起こし、自害する直前に燃える城の中で産んだ子とされる。

◉言葉を封じられた皇子

誉津別命は成長してもしばらくの間言葉を話せなかったが、ある日飛んでいる白鳥を見て初めて口を動かした。垂仁天皇がその鳥を捕まえるよう命じて皇子に与えたところ、夢の中に大国主《おおくにぬし》が現れ、その祟りで誉津別命は言葉を話せないことが分かった。大国主の言う通りに宮を作り直したところ、誉津別命は話せるようになったという。

◉大蛇と一夜を共にする

『古事記』には以下のような話も載る。

ある夜、誉津別命は肥長姫《ひながひめ》という女性と婚姻を結んだ。しかしその正体は巨大な蛇であった。恐ろしくなった誉津別命が船を使って逃げ出したところ、肥長姫は海原を照らしながら追いかけてきた。誉津別命はますます恐ろしくなり、船を山に引き上げて大和《やまと》へ逃げ帰ったという。

海松橿媛 みるかしひめ

不明（一〜二世紀頃）

弥生時代の豪族。土蜘蛛《つちぐも》の一人とされ、肥前国《ひぜんのくに》に住んでいたが、景行天皇《けいこうてんのう》によって滅ぼされた。

◉無念は霧となって

『肥前国風土記《ひぜんのくにふどき》』によれば、景行天皇が海松橿媛を滅ぼした際、霧が四方に立ち込め、景色が全く見えなくなったという。

土蜘蛛は『平家物語《へいけものがたり》』以降、源頼光《みなもとのよりみつ》とその四天王に退治される蜘蛛の妖怪として語られることが多いが、『日本書紀《にほんしょき》』や風土記《ふどき》では、朝廷に従わない地方豪族を指す言葉として使われた。海松橿媛はそんな土蜘蛛の一人であり、地方豪族の女首長であったと考えられるが、その死に際して濃霧が発生するという怪異を起こしている。

日本武尊 やまとたけるのみこと

不明（一〜二世紀頃）

弥生時代の皇族。景行天皇《けいこうてんのう》の皇子で、『古事記《こじき》』では倭建命《やまとたけるのみこと》、『日本書紀《にほんしょき》』では日本武尊と表記される。武勇に優れ、九州の熊襲《くまそ》や東国の蝦夷《えみし》の討伐に遣わされて功績を上げる。しかし最期は伊吹山《いぶきやま》の神の祟りによって命を落としたとされる。

◉元祖・妖怪退治の英雄

記紀神話には日本武尊の英雄譚が数多く載り、そこには多くの悪神や妖怪も登場する。

『古事記』によれば、彼の死因となった伊吹山の神は牛のように巨大な体をした白猪であったという。日本武尊はこれを神の使いと判断し、「今殺さずとも、山の神を殺した帰りに殺せばよい」と言って見逃す。しかしこの白猪こそが伊吹山の神であったため、この発言に激怒した神によって氷雨を降らされ、それが原因で病に倒れてついには亡くなったとされる。そして墓に埋められた後、八尋白智鳥《やひろしろちどり》という鳥となって飛び去ったという。『日本書紀』にも同様の話が載るが、ここでは伊吹山の神は大蛇の姿をしているとされる。

また同書には以下のような話も載る。

日本武尊が熊襲を討伐し、海路を使って大和《やまと》へ帰る途中、吉備の穴済《あなのうみ》、そして難波の柏の済《わたり》で民を害する神と遭遇した。悪しき神々は毒々しい気を放って人々を苦しめていたため、これらを討伐したと記されている。

また同じく熊襲討伐の帰りに、日本武尊が巨大な魚の姿をした悪樓《あくる》という妖怪を討伐した伝説も語られている。

江戸時代後期の画家・浦川公佐《うらかわこうさ》が挿し絵を描いた『金毘《こんぴ》

羅《ら》参詣《さんけい》名所《めいしょ》図会《ずえ》』には、日本武尊が悪魚を退治する場面が描かれており、藤沢衛彦《ふじさわもりひこ》の『図説日本民俗学全集《ずせつにほんみんぞくがくぜんしゅう》』ではこれを「大魚悪楼《あくる》」と表記している。ただしここでいう悪楼は大魚そのものではなく、蝦夷や地方豪族を表すとされており、この大魚もそうした存在の一つであると語られている。

この『図説日本民俗学全集』を読んだのであろう水木しげるが、自身の著書で『金毘羅参詣名所図会』の絵をもとに大魚と日本武尊の戦いを描き、大魚に「悪樓」という名を付けたため、現在ではこの名前が大魚の名前として知られるようになった。

この他にも、日本武尊にまつわる伝説は日本各地に残っている。

鹿野山には、日本武尊が阿久留王《あくるおう》という鬼と戦い、八つ裂きにして殺した伝説が残されている。阿久留王は蝦夷の首長であった悪路王《あくろおう》と同一視され、悪路王の場合は坂上田村麻呂《さかのうえのたむらまろ》に討伐されたという伝説がある。この阿久留や悪路という名は、先述の悪樓や悪楼につながっている。また鹿野山には、阿久留王ではなく九頭竜《くずりゅう》と日本武尊が戦ったという伝説も残っている。

『茂庭十三代記《もにわじゅうさんだいき》』には、福島県の伊達郡や信夫郡に住みついた七つの頭を持つ大蛇と玄熊《いのくま》が戦った伝説が記されている。大蛇に勝った玄熊はその後大暴れしたが、退治のために招かれた日本武尊によって討伐されたという。

倭迹迹日百襲姫命

やまとととひももそひめのみこと

不明（紀元前三世紀頃）

弥生時代の皇族。孝霊天皇《こうれいてんのう》の皇女であり、奈良県桜井市に御陵が現存する。

●星を産んだ皇女

『日本書紀《にほんしょき》』には、百襲姫と大物主神《おおものぬしのかみ》の婚姻譚が載る。

百襲姫は大物主の妻となったが、大物主は夜にしか現れなかった。そこで百襲姫が「昼間にいらっしゃらないので、あなたのお顔を拝見したことがありません。お願いですから、もう少しここにいてください。朝になってから、あなたの麗しい姿を見たいと思います」と頼んだ。すると大物主は「あなたの言うことはよく分かる。明日の朝、私はあなたの櫛笥に入っていよう。だが、私の姿を見て驚いてはならない」と言った。

朝になり百襲姫が櫛笥をのぞくと、そこには小さな美しい蛇がいた。これを見た百襲姫は驚き、大物主はすぐに人の姿に変化した。そして「私に恥をかかせた」と言って山に帰ってしまったという。後悔した百襲姫は、自ら箸で陰部を突いて命を絶ったという。

また、『斎諧俗談《さいかいぞくだん》』には以下のような話が載る。

孝霊天皇の時代、百襲姫は夫もいないのに妊娠し、やがて怪しい赤子を出産した。その赤子は羊膜が破れないまま玉のような姿で生まれたが、中に男の子がいることが透けて見えた。人々はなんとかして羊膜を破ろうとしたが、どうしても破れなかった。その夜、羊膜に包まれた男の子は天に昇って星となった。その星は「袋星《ほほらぼし》」と呼ばれている。

和珥武振熊 わにのたけふるくま

不明（二世紀頃）

弥生時代の武人。和珥《わに》（丸邇）氏の祖とされる。神功《じんぐう》皇后《こうごう》や仁徳天皇《にんとくてんのう》に仕え、忍熊皇子《おしくまのみこ》が反乱を起こした際にその討伐に遣わされた。また宿儺《すくな》という怪物が暴れた際も討伐を命じられ、成功させている。

◉両面の鬼人と戦う

『日本書紀《にほんしょき》』には、宿儺の討伐について以下のように記されている。

仁徳天皇の時代、飛騨国《ひだのくに》に怪物が現れて人民を害していた。宿儺というこの怪物は二人の人間が背中合わせに合体したような姿をしており、四本の腕と二つの頭を持ち、剛力かつ俊敏で、剣や弓矢を使って暴れ回っていた。仁徳天皇は武振熊を遣わしてこれを滅ぼしたという。

宿儺はその容姿から現在では両面宿儺と呼ばれることも多い。『日本書紀』では怪物として登場する宿儺だが、岐阜県には竜を倒した英雄、救世観音《ぐぜかんのん》の化身であるとの伝承も残されている。

古墳時代

三世紀末〜七世紀頃

文石小麻呂 あやしのおまろ

不明〜四六九年

雄略天皇《ゆうりゃくてんのう》の時代の豪族。播磨国《はりまのくに》の人物で、御井隈《みいくま》という場所で船や旅人を襲い、略奪を行っていた。怪力と強靱な心を持ち、欲望のままに暴虐の限りを尽くした人物であったという。中央の法に従わず租税を納めなかったため、春日小野臣大樹《かすがのおののおみおおき》という人物によって討伐された。

◉大犬に化けた暴君

大樹は文石小麻呂の討伐に遣わされた際、彼の家に火を放って追いつめた。すると文石小麻呂は馬ほどの大きさの白い犬に変化し、炎の中から飛び出して大樹に迫った。しかし逆に斬り伏せられ、人間の姿に戻って絶命したとされる。

応神天皇 おうじんてんのう

不明（三〜四世紀頃）

古墳時代の天皇。第十五代天皇にあたり、仲哀天皇《ちゅうあいてんのう》と神功皇后《じんぐうこうごう》の子。応神天皇の時代は渡来人が多く来朝し、彼らの一部を重用したことが大和朝廷の発展につながったとされる。

◉竜馬で天を翔《かけ》た天皇

『八幡愚童訓《はちまんぐどうくん》』によれば、大和国《やまとのくに》の馬城峰《まきのみね》は、応神天皇が竜馬で天を翔たことから名付けられたと伝えられている。

竜馬はその名の通り竜と馬の特徴を兼ね備えた動物で、空を飛ぶことができるとされている。

大神比義 おおがのひぎ

不明（六世紀頃）

古墳時代の霊媒。大神氏の祖。大分県宇佐市に現存する宇佐神宮にて八幡神を祀った人物として伝えられる。

◉奇怪な翁に化けた神

『扶桑略記《ふそうりゃっき》』には、欽明天皇《きんめいてんのう》の時代、豊前国《ぶぜんのくに》の宇佐郡菱潟池に、奇怪な姿をした鍛冶屋の翁がいた。比義はこれを鎮めるために三年間五穀を断ち、祈りを捧げた。すると比義の前に三歳ほどの童子が現れ、「私は第十六代天皇の応神《おうじん》である。広幡《ひろはたの》八幡麻呂《やはたまろ》となり、日の本を守る大自在王菩薩として顕現した」と言ったという。

『八幡宇佐宮御託宣集《はちまんうさぐうごたくせんしゅう》』ではもう少し詳しく描写されており、鍛冶屋の翁は一つの体に八つの頭を持つ化け物で、この翁を見に行こうとする人間は五人行けば三人、十人行けば五人が死んだとされている。比義がこの翁を見に行くと、翁は金色の鷹の姿に変わっており、それから金色の鳩の姿となって比義のもとに飛んできた。これを見た比義は神が変身して人々を救おうとしていると考え、三年間五穀を断って修行をすると、やがて神が三歳の童子の姿で現れ、自らを応神天皇であると名乗ったとされる。

笠県守 かさのあがたもり

不明（四世紀頃）

仁徳天皇《にんとくてんのう》の時代、吉備に住んでいたという豪族。

◉とんちで虬《みずち》を撃退

『日本書紀《にほんしょき》』によれば、吉備の川嶋河の分岐点である淵に大きな虬が住みつき、その場を通ろうとする人間に毒を浴びせて殺すなどしていた。そこで県守という名の男が淵までやって来て、三つの瓢箪《ひょうたん》を川面に浮かべ、虬に対して「お前は毒を吐いて道行く人々を苦しめた。故に私はお前を殺しに来た。もしこの瓢箪を水中に沈めることができれば見逃してやるが、できなければその身を斬り刻む」と挑んだ。虬は鹿に化けて瓢箪を沈めようとするもかなわず、県守は剣を掲げて水に飛び込み、これを斬り捨てた。さらに水中に潜む同族たちを見つけ出してことごとく斬り払ったため淵は鮮血に染まり、以後、その淵は県守淵《あがたもりのふち》と呼ばれるようになったという。

虬は元々中国に伝わる妖怪で、竜蛇の一種と考えられている。日本では水霊《みずち》とも書かれ、水神として信仰されることもあり、蛇や竜ではなく河童《かっぱ》などを表す場合もある。また古くは『魏志倭人伝《ぎしわじんでん》』に記される中国の故事に、虬竜を避けるために刺青《いれずみ》をするが、倭人も同じく水難除けのために顔や体に刺青をしている、という記述がある。

上毛野君田道 かみつけののきみたじ

不明〜三六七年

仁徳天皇《にんとくてんのう》の時代の人物。崇神天皇《すじんてんのう》の五世孫。新羅《しらぎ》が朝貢を怠った際、兵を率いて新羅の兵を撃破するなど、天皇のもとで武人として活躍した。仁徳五十五年（三六七年）、天皇の勅命により反乱を起こした東北の蝦夷《えみし》討伐のため遣わされ、そこで戦いに敗れて死亡した。

◉復讐を遂げた大蛇

『日本書紀《にほんしょき》』によれば、蝦夷たちが殺した田道の墓を掘り返したところ、そこから大蛇が現れ、毒気を吐いて蝦夷たちを皆殺しにした。当時の人々は「田道は死んでついに仇《あだ》を報いた」と称えたという。

小子部栖軽　ちいさこべのすがる

不明（五世紀頃）

雄略天皇《ゆうりゃくてんのう》に仕えた豪族。蚕《こ》を集めるよう命令されたが、誤って人の子を集めてしまい天皇に大笑いされた、などうっかりしたエピソードが伝わるが、非常に武力に優れた人物でもあった。

◉二度も雷神を捕まえる

『日本書紀《にほんしょき》』によれば、雄略天皇が三輪山《みわやま》の神が見たいと申し付けると、三輪山で大蛇を捕らえて天皇に献じたとされる。この大蛇は雷のような音を立てて目を光らせたため、天皇は慌ててそれを山へ帰すように言ったという。『日本書紀』には、三輪山の神である大物主神《おおものぬしのかみ》は蛇の姿をしているという記述があるが、栖軽が捕まえた蛇がそうであったのかは不明。

　また『日本霊異記《にほんりょういき》』には、天皇が后と寝ているところに誤って入ってしまったことから、天皇に雷を捕まえてくるように命じられ、実際に捕まえたという話が記されている。この雷神は解放されたが、栖軽の死後、彼の墓碑に「雷を捕らえた栖軽の墓」と書かれたことに憤慨し、稲妻となって墓碑めがけて落ちていった。しかし墓碑の柱に挟まってまたもや捕らえられてしまった。このことから、天皇は改めて墓碑の柱に「生きていても死んでも雷を捕らえた」と書いたという。

松浦佐用姫　まつらさよひめ

不明（六世紀頃）

古墳時代の豪族。欽明天皇《きんめいてんのう》の時代、現在の佐賀県唐津市厳木《きゅうらぎ》町に住んでいたという女性で、弁財天のモデルになったとも伝えられる。朝廷の命で新羅《しらぎ》に出征するために厳木町を訪れた大伴狭手彦《おおとものさでひこ》と親しくなり、夫婦となるが、夫の新羅出兵を見届けたのが今生の別れとなる。『肥前国風土記《ひぜんのくにふどき》』に大伴狭手彦との婚姻譚が載る弟日姫《おとひひめ》子《こ》と同一視されることが多い。

◉石になった貞女

唐津市には、佐用姫にまつわるこんな伝説が残っている。

　新羅に出征する夫を見送った佐用姫は、夫の乗った船が見えなくなってからも七日七晩泣き続け、やがて石になってしまったという。この石は佐用姫岩などと呼ばれている。

佐用姫の名が初めて登場する『万葉集《まんようしゅう》』やそれ以前に記された『肥前国風土記』の弟日姫子の話にも、彼女が石になったという記述はない。しかし平安末期に記された『闘戦経《とうせんきょう》』には、愛する夫が海上を行くのを見送り、そのまま岩の上に立ちつくして石と化した貞女の話が記されており、彼女が佐用姫であるとされることが多いため、この頃には佐用姫の伝説が流布していた可能性がある。

◉強欲な大蛇を調伏した姫

佐賀県から遠く離れた岩手県胆沢町（現奥州市）にはこんな伝説が残る。

昔、奥州胆沢には貪欲で情のかけらもない長者の妻がいた。やがてこの家は没落して妻は大蛇と化し、人身御供として毎年美しい娘を要求して人々を困らせていた。そんなある時、次の生贄を出すよう指名された家の者が、自分の娘の身代わりを探して九州までたどり着いた。家の者は松浦の里で佐用姫を買い求めて胆沢に連れ帰り、人身御供として差し出した。

大蛇は佐用姫を一飲みにしようとしたが、佐用姫の読む経の法力によって調伏された。

佐用姫はかつて肥前国《ひぜんのくに》の松浦に住んでいた子に恵まれない長者の夫婦が、大和国《やまとのくに》の長谷寺《はせでら》の観世音《かんぜおん》に祈願した際、子が四歳になるまでに夫婦のどちらかが亡くなることを条件に授けられた子どもだった。しかし佐用姫が七歳になっても夫婦のどちらも死ぬ気配がなかったため、夫が観世音をあざけったところ、その後すぐに夫は病死し、家は没落して佐用姫は売られるはめになった。そんな霊験あらたかな娘であったため、大蛇も屈服させることができたのだという。

その後佐用姫は故郷に戻って母と再会し、父を供養した。それから竹生嶋弁財天《ちくぶしまべんざいてん》となったと伝えられる。

茨田衫子 まんたのころもこ

不明（四世紀頃）

古墳時代の豪族。河内国《かわちのくに》（現在の大阪府南東部）の豪族であったと伝えられる。

◉河神《かわのかみ》を試した人身御供

『日本書紀《にほんしょき》』には、以下のような話が載る。

仁徳天皇《にんとくてんのう》の時代、天皇は洪水や高潮を防ぐことを目的に、河内国の淀川に堤防を作らせた。しかしその堤防のうち二カ所ほど、何度造り直しても決壊してしまう箇所があった。天皇は夢の中で、その箇所について「武蔵の人である強頸《こわくび》と、河内の人である茨田衫子の二人を、河神に生贄として奉じれば成功する」と神に告げられた。

早速その二人が探し出され、二カ所に一人ずつ人柱にされることになった。強頸は泣き悲しみながら水に沈んだが、衫子は瓢簞《ひょうたん》を河に投げ入れ、「河神の祟りのために自分が命を捧げることになった。しかしただで死ぬつもりはない。もしこの命が欲しければ、この瓢簞を水の中に沈めて浮き上がらせるな。それが実現されれば真の神と信じ、この身を水に沈めよう。だがもし瓢簞が沈まなければ、その神は偽りの神だ。無為に我が身を捧げはしない」と叫び、瓢簞を河に向かって投げ入れた。すると旋風が吹き起こり、瓢簞を水中に沈めようとしたが、瓢簞は波の上を転がるばかりで沈まず、そのまま遠くへ流れ去った。衫子は死ぬことなく、堤防も決壊することなく完成に至った。それからこの二カ所は人身御供として選ばれた二人の名を取って、強頸の断間《たえま》と衫子の断間と呼ばれるようになったという。

水江浦島子　みずのえのうらしまのこ　不明（五世紀頃）

古墳時代の平民。丹後国《たんごのくに》の人物で、日下部《くさかべ》氏の祖とされる。『日本書紀《にほんしょき》』、『丹後国風土記《たんごのくにふどき》』、『万葉集《まんようしゅう》』にその名が見られるが、伝説上の人物である可能性が高い。

◉浦島太郎伝説のモデル

『丹後国風土記』の逸文には、浦島子が浦島太郎伝説の元となった以下のような伝説が記されている。

丹後国の与謝郡日置里に筒川村（現京都府宮津市、伊根町）という村があった。雄略天皇《ゆうりゃくてんのう》の時代、筒川島子《つつかわしまこ》という容姿端麗で雅な男がおり、水江浦島子と呼ばれていた。ある時、浦島子は一人で小舟に乗って釣りをしていたが、三日三晩経っても一匹も魚が釣れず、やがて唯一釣れたのは体が五色に染まった亀だった。その亀が美しい女の姿に変わったので、浦島子があなたは一体どこの人なのかと尋ねると、女は浦島子の姿に惹かれてここまでやってきた天上の仙人の家の者だと答えた。女は浦島子を共に蓬莱山《ほうらいさん》へ行こうと誘い、二人は宝玉を敷きつめたような大地が広がる大きな島に到着した。

島の大きな屋敷へ向かうと、童子たちが女は亀姫《かめひめ》（原文では亀比売）という名であると教えてくれた。浦島子は亀姫の両親らに歓迎され、仙人たちが呼ばれて宴が催された。

やがて日が暮れて仙人たちがいなくなった頃、浦島子と亀姫は夫婦の契りを交わした。

こうして浦島子は故郷のことを忘れて仙人世界にとどまり、三年の時を過ごしたが、ある日突然故郷が恋しくなり、父母を思って毎日のように嘆き悲しんだ。その様子を見た亀姫に理由を問われて正直に答えると、亀姫は永遠を約束した彼の心変わりをなじったが、最後には別れを承諾し、玉匣《たまくしげ》（化粧道具を入れる美しい箱）を渡した。そしてもしもう一度自分に会いたいと思うなら、決して箱を開けてはいけないと伝えて彼を元の世界へと送り出した。

　こうして浦島子は無事に故郷へたどり着いたが、人も景色もすっかり変わっている。そこで近くにいた人に「水江浦島子の家族は今どこにいるのか」と尋ねると、浦島子はもう三百年以上前に一人で海に漕ぎ出し、行方不明になった人物だと教えられた。

　その言葉を信じられず、浦島子は見知った者を探し回ったが誰一人見つからず、そのまま十日の時が過ぎた。やがて本当にこの世界は自分が暮らしていた頃から三百年以上の時が経ってしまったのだと知った浦島子は、亀姫にもらった玉匣をなでて彼女を思った。そして約束を忘れてつい箱を開けてしまったところ、中に入っていた亀姫の魂が瞬《また》く間に風に乗って空へ飛んでいってしまった。浦島子は約束を破ったため、もう二度と亀姫に会うことはできないのだと悟り、涙を流したという。

　なお、『万葉集』では伝説の細部が異なっている。亀姫に当たる神は海若神《わたつみのかみ》の娘とされており、箱を開けた浦島子は皺だらけの白髪の老人となり、最後には命を落とすという結末となっている。

物部守屋 もののべのもりや　不明〜五八七年

古墳時代の大連《おおむらじ》。仏教が伝来した時代、古来の神の怒りを買うとして他国の神である仏を崇めることに反対した人物。そのため崇仏派であった蘇我馬子《そがのうまこ》と対立し、丁未の乱で一族と共に滅ぼされた。

◉啄木鳥《きつつき》となった怨霊

『源平盛衰記《げんぺいせいすいき》』や大阪府の四天王寺に残る伝説によれば、丁未の乱の後、守屋の霊が数多の啄木鳥に変化して四天王寺の建立を妨害した。そのため聖徳太子《しょうとくたいし》が白鷹に変化して守屋の怨霊を退治したという。

　四天王寺は丁未の乱の際、戦の勝利を祈願して聖徳太子こと厩戸皇子《うまやどのおうじ》が彫った四天王の木像を安置するために建てられたものであったため、守屋に狙われたという伝説が生まれたのだろう。

　この啄木鳥は鳥山石燕《とりやませきえん》の『今昔画図続百鬼《こんじゃくがずぞくひゃっき》』にて「寺つつき」という名前を与えられ、現在もこの名称が用いられている。

箭括氏麻多智 やはずのうじのまたち

不明（五〜六世紀頃）

古墳時代の豪族。継体天皇《けいたいてんのう》の時代、常陸国《ひたちのくに》にて田園の開墾を進めたとされる人物。

●人と神の領土問題

『常陸国風土記《ひたちのくにふどき》』によれば、麻多智が葦原の開墾を進めていると、もともとそこをすみかとしていた夜刀神《やとのかみ》という蛇神たちが邪魔をしに現れた。夜刀神は蛇の体でありながら頭に角があり、その姿を見る者があれば一族郎党皆滅ぼされ、子孫を残すこともできなくなると伝えられていたが、麻多智は一切怯《ひる》まずに鎧を身に着けてそれらを打ち殺して追い払い、山の登り口まで行って、境界の証として杖を堀に立てた。そして夜刀神に対し「ここから上は神の土地とすることを認めよう。しかしここより下は人の田であることとする。これより先は私が神を祀る司祭となって永久に汝を祀ろう。だからどうか祟らないでくれ、そして恨まないでくれ」と言ったという。

それから社が建てられ、夜刀神は麻多智とその子孫によって代々祀られることとなったと伝えられている。

雄略天皇 ゆうりゃくてんのう

不明（五世紀頃）

古墳時代の天皇。朝廷の権力強化に精力的に取り組み、初めて大臣・大連《おおむらじ》の制度を定め、諸豪族の反乱を鎮圧し屈服させるなどして大和朝廷の勢力を拡大したとされる。

●天皇に危機を知らせた霊鳥

『日本書紀《にほんしょき》』には、雄略天皇が言葉を話す鳥と遭遇した話が記されている。

雄略天皇が即位して五年目のこと。天皇が葛城山で狩りをしていると、雀ほどの大きさで、地面に引きずるほど長い尾を持った鳥（原文では「靈しき鳥」）が現れ、天皇に向かって「油断してはいけない」と語りかけた。その直後、追われて怒り狂った猪が草むらから飛び出し、人々を追い回したという。

飛鳥時代

五九三〜七一〇年

役小角 えんのおづぬ

不明（七〜八世紀頃）

飛鳥時代の呪術者。役行者《えんのぎょうじゃ》、役優婆塞《えんのうばそく》とも呼ばれる。修験道の開祖であり、多くの寺社を建立した人物として伝えられる。元興寺で孔雀明王《くじゃくみょうおう》の呪法を学んだ後、金剛山、葛城山で修行を行い、修験道の基礎を築く。人を妖言で惑わしたとして伊豆に流罪となるが、空を飛んで戻り、修行を続けたなどの伝説がある。

◉夫婦の鬼を従えた伝説の呪術者

役小角にまつわる伝説には、多くの妖怪たちが登場する。

中でも有名なのが「前鬼《ぜんき》・後鬼《ごき》」と呼ばれる鬼である。この鬼が役小角の伝説に登場するようになったのは比較的最近であり、室町時代末期に書かれた伝記『役行者《えんのぎょうじゃ》本記《ほんき》』が初出と思われる。それによれば、白鳳元年、役小角が生駒岳に登って修行をしていたある日のこと、夫婦の鬼が彼の前に現れた。鬼たちは「我々は天手力男《あめのたぢからおの》神《みこと》の末裔であり、先祖の使いとして役小角に仕えたい」と申し出た。役小角はこれを了承し、夫の鬼に善童鬼《ぜんどうき》、妻の鬼に妙童鬼《みょうどうき》という名を与えた。

それからこの鬼たちは役小角の左右に付き従った。善童鬼は常に役小角の左側にいて、右手にまさかりを持ち、拳を握った左手を腰に置き、背には笈《おい》を負っていた。この姿は、まさかりで迷いの世界を切り開き、拳で魔鬼を打ち砕くことを、そして笈は金蔵を表している。またその身は赤く陽を示し、口は常に閉じて吽《うん》を唱え、金剛を表していたという。一方妙童鬼は常に右側におり、左手に水瓶を持ち、右手で施無畏印《せむいいん》の印相を作り、民衆に大慈を施すことを表していた。またその身は青緑で陰を示し、口は常に開いて阿《あ》を唱え、胎蔵《たいぞう》を表していたという。この夫婦の鬼が、やがて前鬼・後鬼と呼ばれるようになった。

また江戸時代の修験道の教義書『修験心鑑鈔《しゅげんしんがんしょう》』には、全く別の前鬼・後鬼（原文では五鬼）の物語が記されている。

赤眼《せきがん》・黄口《こうこう》という名の夫婦の鬼が箕面山《みのおやま》に住みつき、

鬼一《きいち》、鬼次《きつぐ》、鬼助《きすけ》、鬼虎《きこ》、鬼彦《きひこ》という名の五つ子を生んだ。この鬼たちは幾千人もの人間を殺して食っていた。それを知った役小角は、方便を使って鬼彦を岩窟へ隠してしまった。

赤眼と黄口は驚き、天井裏から黄泉の国まで探し回ったが、鬼彦は見つからない。最後は役小角のもとへ来て頭を地にこすりつけ、鬼彦の居場所を教えてくれるよう頼んだ。役小角は夫婦に「人を殺さず、私に従うならば子を返そう。食う獣がいなければ粟を食って飢えをしのげ」と言った。それから空に不動明王を出現させ、「もし従わなければ、汝らが人を害するように、私が汝らを害すだろう」と告げて、鬼彦を返してやった。夫婦の鬼はこれに感謝し、役小角に従うことを申し出た。

役小角はこれを了承し、彼らに四句の偈《げ》（仏の教えを韻文の形で述べたもの）を与えて常に読ませた。すると夫婦は永久に人になることができた。

その後役小角は箕面山を釈迦ヶ岳《しゃかがだけ》と改め、夫婦の鬼をそれぞれ前鬼・後鬼と名付けたという。

◉醜い神に恨まれる

役小角の伝説に登場する怪異としては、一言主神《ひとことぬしのかみ》も有名である。一言主神は古くは『古事記《こじき》』にその名が登場し、役小角に関係する物語は『日本霊異記《にほんりょういき》』にすでに見られる。

一言主はひどく醜い姿をした神であり、役小角から葛城山と金峰山《きんぶせん》の間に橋を作るよう命じられたことに憤り、文武天皇《もんむてんのう》に「役小角が陰謀を企て、天皇を滅ぼそうとしている」と告げ口して役小角が流罪となるきっかけを作った鬼神とされている。一言主はその後、役小角の術によって束縛され、その呪縛は『日本霊異記』が著された当時になってもいまだ解けていないと記されている。

この他にも『本朝神仙伝《ほんちょうしんせんでん》』などでは、一言主は容貌がたいへん醜いため、役小角に「昼間は橋をかけることができない。夜の間だけ仕事をさせてくれ」と頼んだが、役小角がそれを許さなかったため、天皇に彼が謀反を企てていると告げ口したとされている。

◉妖怪たちを救った修験者

寺社縁起としての役小角伝説にも多くの妖怪が登場する。

『白雲寺縁起《はくうんじえんぎ》』では、大宝年間（七〇一～七〇四年）、役小角が愛宕山に登った際、山中にそびえていた大きな杉の木の上に、天竺《てんじく》（インド）の大夫日良《だいぶひら》、中国の善界《ぜがい》、日本の太郎坊《たろうぼう》の三人の天狗《てんぐ》が、それぞれ眷属を率いて出現した。その姿はいずれも鬼面に長い鼻と鋭い角を持ち、背中には羽が生えていたという。天狗たちは役小角に

「我々は二千年前の霊山会《りょうざんえ》（釈迦が霊山で行った説法の集まり）で仏の付属を得て大魔王となってこの山を領し、群生を利益することとした」と告げて消えてしまったという。

『諸山縁起《しょざんえんぎ》』には、役小角が旅の途中でさまざまな妖怪と遭遇した話が記されている。

朱鳥元年（六八六年）、役小角は麁川《あらかわ》（現和歌山県有田郡広川町）で、川の主であるという四つ角の鬼女と出会う。役小角はこの鬼女に、この川の水で身を清めれば、現世と来世の呪詛を逃れることができると教えたという。また切目の中山（現和歌山県日高郡印南町）でも女の鬼と出会う。役小角が「汝は何者か」と尋ねると、鬼は「道人（仏道の修行をする人間）を食う鬼であるが、ひどく苦しんでいるので助けて欲しい」と答えた。役小角が真言陀羅尼《だらに》を唱えると、鬼の姿は次第にかすんでいき、人を食いたい気持ちが遠ざかったと言って消えてしまったと伝えられる。

また塩谷（現和歌山県御坊市）では、かつてこの辺りに出現した黒い毒を雨のように吐く魔魚と戦い、般若心経を唱えることで撃退したという。『両峯問答秘抄《りょうぶもんどうひしょう》』では、この魔魚は夜な夜な塩谷近辺に留まる人間を狙って食う怪物として説明されている。魔魚が役小角を食おうとしたところ、般若心経によって慈しみの心に傾き、役小角に救いを求めたため、役小角が大幣《おおぬさ》を振ってその罪を払ってやると、人を害する心をなくしてその後は道行く者を守る神となったと伝えられる。

『諸山縁起』には他にも、役小角が親の孝養のために卒塔婆を立てる際、天の善神たちに「私の塔を埋めて隠してほしい」と誓願したところ、夜の間に複数の竜が現れ、黒雲を吐いて卒塔婆を埋めたという話も載る。

河邊禰受
かわべのねず

不明（七世紀頃）

飛鳥時代の武人。推古天皇《すいこてんのう》の時代、征新羅《しらぎ》副将軍に任命され、数万の軍を率いて新羅を討ったとの記録が残る。

◉雷神、恐るるに足らず

『日本書紀《にほんしょき》』には、以下のような記録が載る。

推古天皇の時代、禰受が安芸国《あきのくに》に遣わされ、船を作るよう命じられた時のこと。山で船の材料となる木々を伐採して運んでいたところ、ある人が「霹靂《へきれき》の木を伐採してはならない」と言った。禰受は「それは雷の神であろう。しかし天皇の命には逆らえない」と言い、たくさんの人々を集めてその木を伐《き》らせた。するとその直後に大雨が降り始め、雷光が空に光った。禰受は剣をさすり、「雷の神よ、人々に害をなすな。我が身を傷つけよ」と言って空を仰ぎ見て待ちかまえた。雷神は十度ほど雷を落としたものの、禰受を傷つけることはできなかった。

その後、雷神が小さな魚となって木の枝の股に挟まっているのが見つかり、禰受らはこの魚を取って焼いた。そして無事に船を完成させることができたという。

斉明天皇　さいめいてんのう　五九四〜六六一年

古墳時代の天皇。第三十七代天皇にあたり、第三十五代皇極天皇《こうぎょくてんのう》の重祚《ちょうそ》（一度退位した天皇が再び即位すること）かつ、第三十四代舒明天皇《じょめいてんのう》の皇后でもある。蝦夷《えみし》の平定や、新羅《しらぎ》への軍事介入などを行った。

◉鬼火となった神の怒り

『日本書紀《にほんしょき》』には、以下のような怪異譚が載る。

斉明天皇が朝倉橘広庭宮《あさくらのたちばなのひろにわのみや》に移った時のこと。

この宮を作るために朝倉社の木を伐採して資材としたところ、神が怒ってこの御殿を破壊した。また宮中には鬼火が現れ、そのせいで大舎人《おおとねり》や近侍の者たちには病んで死ぬ者が多かったという。

聖徳太子　しょうとくたいし　五七四〜六二二年

飛鳥時代の政治家。推古天皇《すいこてんのう》のもとで政治を行い、中国の文化や制度を取り入れた人物。冠位十二階や十七条憲法を定め、日本に仏教を広めたことでも有名。

◉天を駆け、人魚を慰めた超人

『聖徳太子伝暦《しょうとくたいしでんりゃく》』には、諸国から天皇に献上された馬の中でも特に良い馬であった驪駒《くろこま》と呼ばれる全身真っ黒な馬に太子が乗ったところ、この馬が空中を駆け出し、三日間で全国の上空を駆けて帰ってきたという話が伝えられる。

また、滋賀県近江八幡市に所在する観音正寺《かんのんしょうじ》には、聖徳太子が湖水から現れた人魚のために千手観音の像を刻み、堂塔を建立したという伝説が残されている。

蘇我馬子　そがのうまこ　不明〜六二六年

飛鳥時代の貴族。蘇我稲目《そがのいなめ》の子で、敏達天皇《びだつてんのう》の時代に大臣となった。対立した廃仏派の物部守屋《もののべのもりや》を滅ぼし、崇《す》峻天皇《しゅんてんのう》を擁立した後に暗殺し、推古天皇《すいこてんのう》を即位させるなどして権勢を振るい、聖徳太子《しょうとくたいし》と合議して政治運営を行った。

飛鳥寺の建設や仏教の普及に尽力し、聖徳太子と協力して『天皇記《てんのうき》』、『国記《こっき》』の編纂をするなど、文化面でも大きな功績を残した。しかし『天皇記』、『国記』は現在散逸している。

●仏にも神にも祟られた男

仏教の普及に貢献した馬子だが、『日本書紀《にほんしょき》』には彼が仏に祟られた話が記録されている。

ある時、馬子が病気になった原因を占わせると、父の稲目が祀った仏を崇めていないがゆえの祟りであるとの結果が出た。そこで馬子は敏達天皇に仏法を祀る許可を得る。しかし今度は国に疫病が流行り、多くの死者が出た。物部守屋はこれを、外国の神を祀ったために国の神が祟ったのだとして、天皇に仏を敬うことを止めるよう進言した。その後守屋は寺の仏殿を破壊し、仏像を海に投げ込むなどしたが疫病は治まらず、天皇も守屋も病にかかってしまった。人々はこれを仏の祟りであるとうわさしたという。

蘇我蝦夷 そがのえみし

不明〜六四五年

蘇我馬子《そがのうまこ》の子であり、蘇我入鹿《そがのいるか》の父。推古天皇《すいこてんのう》から皇《こう》極《ぎょく》天皇《てんのう》の時代に大臣として権勢をふるったが、中大兄《なかのおおえの》皇子《おうじ》と中臣鎌足《なかとみのかまたり》によって蘇我入鹿が暗殺されると、自ら邸宅に火をつけ、自害した。この事件は乙巳の変と呼ばれ、大化の改新に大きな影響を与えた。

●天皇をつけ狙う怨霊

『扶桑略記《ふそうりゃっき》』によれば、蝦夷は自害した後、怨霊と化したとされる。斉明天皇《さいめいてんのう》の時代には竜に乗って現れ、疫病を流行らせて多くの天皇の家臣を殺害したとうわさされたという。

他にも『愚管抄《ぐかんしょう》』によれば、斉明天皇が崩御した際、その葬儀を山の上から見つめる鬼の姿があった。その正体も蘇我蝦夷であると記されている。

当麻皇子 たいまのおうじ

不明（六世紀後半〜七世紀頃）

飛鳥時代の皇族。用明天皇《ようめいてんのう》の第三子。聖徳太子《しょうとくたいし》の弟。麻呂子親王《まろこしんのう》、麻呂子皇子の名前でも伝わる。征新羅《しらぎ》大将軍に任命されて新羅へと向かうが、途中で妻の舎人皇女《とねりのおうじょ》が亡くなったため、引き返したと記録されている。

●皇子VS鬼軍団

『紙本著色清園寺縁起《しほんちゃくしょくせいおんじえんぎ》』など京都府の寺社に残る縁起によれば、用明天皇の時代、三上ヶ嶽（現在の大江山）にて当麻皇子が、英胡《えいこ》、軽足《かるあし》、土熊《つちぐま》という鬼の頭領と、彼らが率いる鬼の軍団と戦ったという伝説が残っている。

当麻皇子は天皇に鬼たちの討伐を命じられ、七仏薬師の法を修めて旅に出た。その途中で地中に馬の鳴く声を聞き、兵士に命じて掘らせてみると、栗毛の竜馬が現れた。皇子はこれを天から賜ったものだと喜んだ。その竜馬に乗ると、驚くべき瞬足でいかなる悪路も平地のごとく走っていく。そのまま皇子は鬼たちの潜む三上ヶ嶽へとたどり着いた。

英胡、軽足、土熊の三鬼は妖術を自在に操り、空を飛び、海を渡り、岩を砕き、雨を自在に降らせる力を持っていた。そこで神仏の加護を得ようと薬師如来に祈願したところ、頭に鏡を載せた犬が一匹現れ、皇子の前にひざまずいた。

これを神仏の加護であると確信した皇子は、この犬を先に立たせて攻め入った。すると鬼たちは犬の頭に載った鏡から発する光にあてられて神通力を失い、恐れおののいて逃げ回った。英胡、軽足の二人の鬼は簡単に捕まり、その眷属ともども討ち取られた。

一人生き残った土熊が命乞いをすると、皇子は「お前がやったことは許されることではないが、この場所に七堂伽藍を建立するための地を一夜で開くことができれば、命を助けよう」と告げた。すると土熊は喜んで岩を砕き、木を伐り、土を運んで一夜にして広い土地を作り上げてしまった。そこで皇子は岩窟から出ないことを条件に土熊の命を助け、自身は七堂伽藍を建立して、七仏薬師のうち一体をそこに安置した。それが現在の清園寺であるという。

大江山は後の時代、鬼の頭領として有名な酒呑童子《しゅてんどうじ》が住みつき、源《みなもとの》頼光《よりみつ》による酒呑童子討伐の舞台としても語られるようになるなど、鬼との縁が深い山である。

天武天皇 てんむてんのう

不明〜六八六年

飛鳥時代の天皇。兄である天智天皇《てんじてんのう》の死後、地方豪族を引き連れて兄の子である弘文天皇《こうぶんてんのう》を倒し、即位するという壬申の乱を引き起こした。即位後は史書及び律令の編纂を命じ、これは天武天皇の死後に『古事記《こじき》』『日本《にほん》書紀《しょき》』及び『大宝律令《たいほうりつりょう》』として実を結んだ。

●天女が舞い降りた治世

『江談抄《ごうだんしょう》』には以下のような話が載る。

天武天皇が吉野川で琴を弾いていると天女が現れ、前庭に出て「乙女子が乙女さびすも唐玉を乙女さびすもその唐玉を」（少女が少女らしく振舞っている。舶来の玉を持って少女らしく振舞っている）という歌を詠んだ。

これが五節（大嘗祭や新嘗祭の際に行われた、舞楽を中心とした公事）の起源であると伝えられる。

『源平盛衰記《げんぺいせいすいき》』にも、壬申の乱の際、吉野に逃れた天武天皇が天女と出会う話が載る。

天智天皇の崩御後、大海人皇子《おおあまのおうじ》（後の天武天皇）は位を継ぐこととなったが、それに怒った大友皇子に襲撃され、追手から逃れるために吉野山に入った。その時、天女が吉野山に下り、天の羽衣を翻《ひるがえ》して見事な舞を見せたという。

この後、大海人皇子は鈴鹿山に入り、そこで老夫婦に助けられて無事大友皇子との戦いに勝利し、天皇として即位する。

なおこの話では、大友皇子の方が大海人皇子の皇位継承を妬んで挙兵したことになっており、現在考えられている壬申の乱の経緯とは、襲撃する側とされる側が真逆となっている。

また『日本書紀』には、この天皇の時代、ある者が葛城山で鹿の角のようなものを拾った。その角は根元が二つに分かれ、先は一つになって肉が付いていた。これは麒麟《きりん》の角ではないか、と記述されている。

道昭《どうしょう》　六二九〜七〇〇年

飛鳥時代の僧侶。法相宗の僧で、唐に渡って玄奘三蔵《げんじょうさんぞう》に学び、帰国後、初めて日本に法相宗を伝えた人物とされる。帰国後は飛鳥寺（別名：法興寺・元興寺《がんごうじ》）の南東に禅院寺を建て、法相宗を広めた。その門人の中には行基《ぎょうき》もいる。また、死後は自分の遺体を焼くよう遺言に残し、その通りに葬送された。これが日本で最初の火葬であったと伝えられる。

◉鍋を欲しがる海の竜王

道昭が唐から帰国する海上でのこと。彼らを乗せた船が進まなくなり、それが七日七晩も続いた。しかし風は吹いており、船が進まない理由もなかったため、皆が訝しんでいると、船に乗っていた陰陽師が「海神である竜王が、鍋を欲しがっているのだ」と語った。鍋とは道昭が唐で玄奘三蔵から授かったものであり、はじめ道昭は「この鍋をどうして竜王が無理に求めようとするでしょうか」と渡すことを渋ったが、陰陽師が「このままいれば、竜王が船を転覆させるだろう」と話したため、仕方なく鍋を海に投げた。すると突然船は快調に進み始め、無事日本に帰ることができたという。

道場《どうじょう》

不明（六〜七世紀頃）

飛鳥時代の僧侶。尾張国《おわりのくに》阿育知郡の出身で、雷神の子であり、すさまじい怪力の持ち主だったとの伝説が残る。

●鬼を引きずり回した雷の子

『日本霊異記《にほんりょういき》』には、彼の出生にまつわる以下の伝説が記されている。

敏達天皇《びだつてんのう》の時代、尾張国阿育知郡の片蕝《かたわ》の里で暮らしていた農民の前に雷が落ちた。雷は幼子の姿に変わり、農民がこれを鉄の杖で突こうとすると、「どうか殺さないでくれ。そうすれば、子を授けよう」と言う。そこで農民は雷神の言う通りに楠で水槽を作り、水を入れて竹の葉を浮かべて、そこに雷神を入れた。すると雷神は自分に近づかないよう警告した後、霧を巻き起こしてたちまち天に帰っていった。その後、頭に蛇が巻きついた子どもが生まれた。これが後の道場なのだとされる。

また同書には、道場が幼少期に鬼を退治した伝説も記されている。

平城京の元興寺《がんごうじ》に、夜な夜な鐘楼で人を殺す鬼が現れたことがあった。この寺の童子となっていた道場はこの災いを止めると宣言し、ある夜、鐘楼でこの鬼を待ち伏せた。

鬼は真夜中に鐘楼に現れ、道場は怯むことなくその髪を摑んで引っ張った。鬼は慌てて外へ逃げようとしたが、道場はさらに引っ張り続け、ついには鐘楼の中を引きずり回したので、夜明け頃には鬼の頭髪はほとんど抜けてしまい、鬼はそのまま逃げ出してしまった。

翌日、鬼の血をたどっていくと、かつて元興寺で悪事を働いていた奴《やっこ》（使用人）の死体を埋めた辻にたどり着き、鬼はその奴の霊鬼であったことが分かったという。

この鬼は近世の画家・佐脇嵩之《さわきすうし》の絵巻物『百怪図巻《ひゃっかいずかん》』に描かれた「がごぜ」や、同じく近世の画家・鳥山石燕《とりやませきえん》の妖怪画集『画図百鬼夜行《がずひゃっきやこう》』に描かれた「元興寺（がごぜ）」の題材とされており、これらの絵画では布を頭からかぶった鬼として描かれている。また鬼のような顔をして子どもを脅す時に言う語として使われていた「がごぜ」「がごじ」といった言葉はこの元興寺が由来であるとする説が近世より存在している。

道登《どうとう》

不明（七世紀頃）

飛鳥時代の僧侶。山城国《やましろのくに》の出身で、高句麗《こうくり》に留学した後、奈良の元興寺《がんごうじ》に入り、十師《じっし》に任じられる。朝廷に献上された白い雉を祥瑞として奏上し、年号が白雉に改元されるきっかけを作るなど重用された。

◉髑髏《どくろ》の恩返し

『日本霊異記《にほんりょういき》』には、以下のような話が載る。

大化二年（六四六年）、道登は奈良山の谷間で人や獣に踏みつけられている髑髏を見つけ、従者の万呂《まろ》に命じてその髑髏を木の上に置かせた。

その年の大晦日のこと。一人の人物が元興寺の門前に現れ、万呂に会いたいと言う。万呂が応対すると、その人は「道登の慈悲のおかげで安らかな日々を送っている。その恩を返したいが、大晦日の晩以外の日に恩返しすることができない」と言う。その人物は、万呂が木の上に置いたあの髑髏の霊であった。

髑髏の霊は万呂を生前の自宅に連れていき、供物として供えられたご馳走を万呂に食べさせた。朝になると、家の外から男の声が聞こえてきた。髑髏の霊は、それは自分を殺した兄の声であると言う。万呂が詳細を尋ねると、髑髏の霊はかつて兄と一緒に商いをしに行った際、多くの儲けを得た彼を妬んだ兄によって殺され、そのまま野ざらしにされた。そして獣や人に踏みにじられていたところを、道登と万呂によって救われた。そのため恩を返しに来たのだと言う。

それから万呂は大晦日の魂祭りのため仏間に入ってきた彼の母親と兄に出会い、事の次第を説明した。それにより、髑髏の霊の死の真実が、彼の母親の知るところとなったという。

日対　にったい

不明（七〜八世紀頃）

飛鳥時代の僧侶。奈良県宇陀市に現存する室生竜穴神社の開祖として伝わるが、詳細不明。

◉竜神に出会った僧侶

『古事談《こじだん》』には、室生竜穴神社の由来として、以下のような話が載る。

昔、室生の竜穴という場所には、善達竜王《ぜんたつりゅうおう》という竜神が住んでいるといわれていた。日対はその竜王に一目会いたいと思い、その穴に入っていった。穴の中は三、四町（三〜四万平方メートル弱）ほどの広さがあり、暗い空間の中に一カ所だけ、青天がのぞく場所があった。そこには宮殿が立っており、宝玉で作られた簾がかけてあって、光り輝いていた。風が吹いて簾が揺れると、その隙間から、法華経が一部机の上に置いてあるのが見えた。

しばらくして何者かの気配があり、「いかなる方が来られたのか」と問われたため、日対は「竜神の姿を拝見するために、日対上人《しょうにん》が参りました」と答えた。竜神と思しき声は「ここでは見せることはできない。この穴を出て、三町（約三百メートル）ばかり進んだところで対面しよう」と言った。

日対が言われた通り約束の場所に向かうと、衣冠を纏った竜神が、腰から上だけの姿で地中から出ていた。その姿はすぐに消えてしまったが、日対はこの姿を元に竜王の像を造形し、社を建てて奉納した。これが現在の室生竜穴神社なのだという。

法華経にはさまざまな竜王が記されているが、善達竜王の名は見られない。近世の『和漢三才図会《わかんさんさいずえ》』においては、室生竜穴神社には善女竜王《ぜんにょりゅうおう》が祀られているとされており、善達竜王の名は『古事談』にのみ登場する珍しいものとなっている。

土師連八島　はじのむらじやしま

不明（六～七世紀頃）

飛鳥時代の地方豪族。聖徳太子《しょうとくたいし》に仕えた人物で、歌の名人であった。また、道明寺天満宮の創始者としてもその名が伝わっている。

●火星に歌を気に入られる

『聖徳太子伝暦《しょうとくたいしでんりゃく》』によれば、敏達天皇九年夏六月、八島が夜に歌を歌っていると、どこからか人が現れて共に歌い始めた。その声は大変に美しく、不思議に思った八島がこの人物の後を追うと、彼は住吉の浜に至り、海の中に入って消えてしまった。

そのことを聖徳太子に報告したところ、聖徳太子は「それは熒惑星《けいこくせい》である」と答えた。天には五行を司る五つの星があり、五色に彩られている。熒惑星は南にある赤い火の星で、この星が八島の歌を愛でたため、人の姿になって天から降りてきたのだろう、と聖徳太子は八島に教えたという。

熒惑星は今でいう火星のことであり、五行思想（古代中国で生まれた万物は木火土金水の五つからなるという思想）で火と結び付けられている。また聖徳太子の伝記を絵画とした聖徳太子絵伝の中にはこの熒惑星の精を描いたものもあり、その場合は天人もしくは鬼の姿で描かれているものが多い。

蜂子皇子　はちこのおうじ

五六二～六四一年

飛鳥時代の皇族。能除太子《のうじょたいし》とも呼ばれる。崇峻天皇《すしゅんてんのう》の第三皇子で、蘇我馬子《そがのうまこ》に父が暗殺された際、従兄弟であった聖徳太子《しょうとくたいし》に匿われて宮中を脱出。その後、山形県鶴岡市由良の浜に上陸する。そして羽黒山、月山、湯殿山の出羽三山の開祖となったという。

◉八咫烏《やたがらす》の導き

山形県の出羽三山神社には、彼が三山の開祖となるまでの物語として、以下のような話が伝わる。

由良の浜にたどり着いた蜂子皇子は八人の乙女の招きに誘われて上陸し、観音の霊場である羽黒山を目指した。その途中、三本足の八咫烏が現れ、彼を導いたという。それから彼は三山の開祖となった。

また、羽黒山には彼が鬼と戦ったという伝説も残る。それによれば、推古天皇《すいこてんのう》の時代、羽黒山の鬼名澤という場所には麻石《ませき》という鬼がいて、人々を悩ませていた。そのため蜂子皇子がこれを封じた。しかし翌年、今度は男鹿の島に庖石《ほうせき》という鬼が現れたので、これも蜂子皇子が封じたという。

藤原鎌足 ふじわらのかまたり　六一四～六六九年

飛鳥時代の中央豪族。中臣鎌足《なかとみのかまたり》という名であったが、臨終の際に天智天皇《てんじてんのう》より藤原姓を賜り、藤原氏の祖となる。乙巳の変を起こし、当時政権を握っていた蘇我蝦夷《そがのえみし》を自殺に追い込んだ。この功績によって内臣に任じられ、中大兄皇子《なかのおおえのおうじ》（後の天智天皇）の側近として大化の改新を断行する。その後、改新政治を主導し、近江令の制定に携わるなど、政府の中核となって律令体制の基礎を築いた。

◉不吉を知らせる木像

鎌足を祭神として祀る談山《たんざん》神社（神仏分離前は多武峰《とうのみね》妙楽寺）には「藤原鎌足像」と呼ばれる木像がある。『多武峯縁起絵巻《とうのみねえんぎえまき》』によれば、天下に変事があると、その予兆として多武峰が鳴動し、この像が破裂すると古くから伝えられており、この現象は「大織冠破裂」と呼ばれたという。

藤原千方 ふじわらのちかた　不明（七世紀頃）

飛鳥時代の豪族。三重県の伝承などに登場する。伊勢国と伊賀国に強大な勢力を持っていたが、紀朝雄《きのともお》によって滅ぼされたと伝えられる。

◉四人の鬼を操る暴君

『太平記《たいへいき》』によれば、天智天皇《てんじてんのう》の時代、千方は隠形鬼《おんぎょうき》、金鬼《きんき》、風鬼《ふうき》、水鬼《すいき》という四人の鬼を従え、彼らを自在に使って猛威を振るったという。隠形鬼は姿を見えなくする力を、金鬼は武器を通さぬ頑強な体を、風鬼は大風を起こす能力を、水鬼は水を操り洪水を引き起こす力を持っており、彼らは忍者の始まりであったといわれる。しかし強大な力を持つこの鬼たちも、紀朝雄が詠んだ「草も木も我大君の国なればいづくか鬼の棲なるべき」という歌を聞いて、彼のもとに降伏したとされる。

法道 ほうどう

不明（六〜七世紀頃）

古墳時代から飛鳥時代にかけての仙人。元はインドの仙人で、朝鮮半島を経由して日本に渡る。播磨国《はりまのくに》（現兵庫県南西部）には、多くの寺院でこの法道が開祖であるという縁起が残されている。鉄の宝鉢を持ち、それを自由自在に飛ばして人々に供物を求めたことから、空鉢《くはつ》仙人《せんにん》などとも呼ばれた。

◉地蔵を授けた大蛇

兵庫県神戸市に現存する石峯寺《しゃくぶじ》には縁起として以下のような伝説が伝わっている。

法道がこの地を訪れた際、大蛇が出現して閻浮提金《えんぶだごん》（仏教の経典に記される想像上の金属）でできた地蔵尊像を渡した。この像は娑伽羅《しゃがら》竜王の娘、乙姫《おとひめ》の持仏であった。そこで法道は孝徳天皇《こうとくてんのう》に、地蔵はこの世で悪趣に堕ちた人々を救う慈悲深い仏であることを説明し、この地に勅願寺を建設した。それが石峯寺であるという。またこの寺には弁財天が霊牛に乗って出現し、法道を助ける旨を告げたという伝説も残っており、その霊牛の蹄跡がついた石が残されている。仏像を渡した大蛇もまた、本堂の側にある「蛇が淵」と呼ばれる淵に今も留まっていると伝えられている。

壬生連麿 みぶのむらじまろ

不明（七世紀頃）

孝徳天皇《こうとくてんのう》の時代の地方豪族。常陸国行方郡《ひたちのくになめかた》の建郡に関与した人物。

◉蛇神を追いやった豪族

『常陸国風土記《ひたちのくにふどき》』によれば、孝徳天皇の時代、壬生連麿が行方郡の谷を占領して池の堤を築かせていたところ、夜刀神《やとのかみ》という角の生えた蛇の神が池の椎の木に群れをなし、いつまでも抵抗した。これを見た壬生連麿は激怒し、「この池に堤を作ったのは民のためである。いずれの神が天皇の威徳に従えないのか」と叫び、工事のために駆り出していた民に「目に見える魚や虫の類は、はばかることなくことごとく打ち殺せ」と命じたため、夜刀神たちは逃げ隠れたと伝えられる。

夜刀神は継体天皇《けいたいてんのう》の時代、一度は箭括氏麻多智《やはずのうじのまたち》という人物によって退治され、山へと追いやられた上で神として祀られている。詳細は箭括氏麻多智の項目を参照。

旻 みん

不明〜六五三年

飛鳥時代の僧侶。渡来系の学問僧で、蘇我入鹿《そがのいるか》や藤《ふじ》原鎌足《わらのかまたり》らに周易を講じたなどの記録がある。大化の改新後には国博士に任じられ、中央官制の制定に尽力した。

◉夜空を流れる天狗《てんぐ》の怪

『日本書紀《にほんしょき》』には、こんな話が記されている。

舒明天皇《じょめいてんのう》が即位して九年目の春、大きな星が東から西に轟音と共に流れていった。ある人は「流星の音だ」と言い、ある人は「雷だ」と言ったが、旻は「流星ではない。これは天狗だ。その吼える声が雷に似ているのだ」と教えたという。

ここでの「天狗」は「てんぐ」ではなく「あまつきつね」と読む。中国の古文献である『史記《しき》』には、轟音と共に落ちてきた流星の落下地点には狗《いぬ》に似た動物がいる、よってこれを天狗と呼ぶ、と記されている。旻は中国への留学僧であったことから、この『史記』由来の知識を披露したものと思われる。

猛覚魔卜仙 もうかくまぼくせん

不明（六世紀頃）

飛鳥時代の僧侶。五二六年、求菩提山《くぼてさん》を開いたと伝えられるが、実在の人物であった証拠がなく、伝説上の人物という説が有力。

◉鬼を使って鬼封じ

『求菩提山雑記《くぼてさんざっき》』には、卜仙が鬼を封じた伝説が載る。それによれば、深山威奴岳《みやまいどたけ》（現在の犬ヶ岳）に鬼がおり、国家に多大な害をもたらしていた。そこで卜仙がこれを降伏させ、八鬼を使役してこの岳の頂上に置いた甕《かめ》の中にこの鬼を封じたという。

八百比丘尼 やおびくに

不明（七〜十五世紀頃）

飛鳥時代から室町時代にかけての尼僧。白比丘尼《しろびくに》とも呼ばれる。人魚の肉を食べたことで不老のまま八百歳まで生きた伝説が残る女性で、福井県小浜市に現存する空《くう》印寺《いんじ》を中心に、諸国を巡歴した話が各地に残る。

◉人魚を食べ、不老長寿を得た娘

八百比丘尼に関する記録は、古くは室町時代の『康富《やすとみ》記《き》』にあり、文安六年（一四四九年）、若狭国《わかさのくに》から白比丘尼という二百余歳の尼僧が上洛したと記されている。その少し後に記された『臥雲日件録《がうんにっけんろく》』では、彼女の年齢を八百歳としている。このことから、柳田國男《やなぎたくにお》は『山島民《さんとうみん》譚集《たんしゅう》二』において、八百比丘尼が大化（六四五〜六五〇年）から大同（八〇六〜八一〇年）の間に生まれたという説を唱えている。

『提醒紀談《ていせいきだん》』には、八百比丘尼の過去について以下のように記されている。

ある時、八百比丘尼の父親が海で奇妙な姿の魚を釣り、気味が悪いと食わずに捨てたところ、それを娘が食べてしまった。以来、その娘は八百歳の長寿を得たという。またその肌が白かったため、白比丘尼とも呼ばれたと紹介されている。八百比丘尼は晩年、先述した空印寺の境内にあった洞穴で暮らしていたが、その洞穴の西側にあった石橋を渡る途中でつまずいて倒れたかと思うと、そのまま亡くなったという。

奈良時代

七一〇〜七九四年

阿直敬　あちのけい

不明（八世紀頃）

　飛鳥時代から奈良時代にかけての官人。元明天皇《げんめいてんのう》の時代、伊賀守を務めた。

◉黒き狐は平和の象徴

『続日本紀《しょくにほんぎ》』には、阿直敬が元明天皇に不思議な動物を献上した話が載る。

　それによればその動物は黒い狐で、ある書物に「王者の政治がよく世を治め、平和な時代に現れる」と記された瑞獣《ずいじゅう》であったという。

阿倍仲麻呂　あべのなかまろ

六九八〜七七〇年

　奈良時代の遣唐使。大和国《やまとのくに》の出身で、七一七年に遣唐使として唐の長安に渡る。その後唐で科挙を通過し、第六代皇帝である玄宗《げんそう》に仕えた。また李白《りはく》ら文人と交流した記録も残る。その後帰国を願うが船が遭難し、ついに帰国できないまま唐で没した。

◉鬼の姿で芽生えた友情

『江談抄《ごうだんしょう》』には鬼となった仲麻呂が、同じ船で唐に渡った遣唐使である吉備真備《きびのまきび》と再会する話が載る。

　真備は唐に渡ってから才覚を発揮し、あらゆる分野で活躍していた。そのため唐の一部の人間から嫉妬され、とある楼に幽閉されてしまった。その楼には鬼が住んでおり、入った人間が生きて出てくることは稀であるといわれていた。唐の者たちは真備をその鬼に殺させようという魂胆だった。

　深夜になると、風が吹いて雨が降り、鬼がやって来た。真備は姿を隠す術を使い、鬼の目から逃れて「私は日本国王の使いである。王の使いである私に手出しはできぬであろう。お前は何者であるか」と問いかけた。すると鬼は「喜ばしきことです。私も日本国の遣唐使です。あなたの話をお聞きしたい」と言った。

　真備が「それならば、鬼の姿ではなく人の姿でこちらへ来なさい」と告げると、鬼は衣冠を身に着けた姿で彼の前に現れた。鬼が言うことには、「私は阿倍仲麻呂です。

この楼に閉じ込められ、食物も与えられず飢え死にして鬼となりました。この楼に登ってくる人に対して悪意はないのですが、知らずのうちに害を与えてしまいます。日本のことを尋ねようと思うのに、その前に殺してしまっておりました。かつて共にこの国に渡ったあなたに出会えたのは喜ばしきこと。私の子孫はどうなりましたか」とのことだった。

　真備が彼の質問に答えると、仲麻呂は大いに感じ入り、「こんなに嬉しいことはない。この恩として、あなたに唐のことを全てお話ししましょう」と言う。真備も「誠にありがたい」と大いに感激し、二人で語り合った後、朝になって仲麻呂は帰っていった。

　飛行自在の術を持ち、狭い隙間もくぐり抜けることができた仲麻呂は、真備に食事が与えられなくなった時は外から食物を運ぶなどして真備を助けた。結界によって仲麻呂が真備に干渉できなくされそうになると、真備は仲麻呂に百年を経た双六《すごろく》の筒とさいころを求めた。仲麻呂が用意したさいころに真備が筒をかぶせると、唐の空には太陽も月も昇らなくなり、唐の人々は大いに狼狽した。真備は空に太陽と月を戻すことを条件として、日本に戻ることができたという。

　この話は『吉備大臣入唐絵巻《きびだいじんにっとうえまき》』という絵巻でも残されており、ここでは仲麻呂は赤鬼として描かれている。また、江戸時代の『簠簋抄《ほきしょう》』では、仲麻呂は安倍晴明《あべのせいめい》の先祖であり、晴明の父である安倍保名《あべのやすな》が、白狐（葛の葉《くずのは》）との間に晴明をもうけたとされている。

　ここで登場する吉備真備は、葛の葉伝説や九尾の妖狐である玉藻前《たまものまえ》にまつわる伝説にも登場する。詳しくは吉備真備の項目を参照。

為光　いこう

不明（八世紀頃）

　奈良時代の僧侶。唐の僧侶であったが、称徳天皇《しょうとくてんのう》の時代に渡来する。日本中を行脚した後、和歌山県和歌山市に現存する紀三井寺《きみいでら》の開祖となった。

◉竜神に見守られた僧侶

『本朝諸仏霊応記《ほんちょうしょぶつれいおうき》』には、紀三井寺の由緒について次のような記述がある。

　為光は日本で、自分の道場を建てて自らが刻んだ観音像を安置したいと思い、ふさわしい場所を求めて旅をしていた。ある時、名草山に登り、谷の付近に生えた松に目をやると、為光が彫った観音像と、千手観音像が向かい合っていた。そこで為光はこの場所を二体の仏像を安置する場所に決め、紀三井寺を建てたという。

その後、為光は自ら大般若経六百巻を写経し、石の箱に入れて御堂の前に埋めた。その経典をあと二、三行で書き終わろうとしていた時のこと、どこからか齢十七、八の女が彼の前に現れた。為光が驚いて「あなたはどこから来たのですか」と問うと、女は何も答えず、寺の側にある清浄滝という滝に飛び込んだ。彼女が竜神であったことを知った為光は、それ以来、七月七日の夜に必ず竜灯を献上するようになった。竜神は滝に飛び込んでから三年と三カ月経ってから、為光に法螺貝、香炉、如意、七本桜、黄道木、迦葉《かしょう》の錫杖《しゃくじょう》を贈ったという。

井上内親王 いのえないしんのう　七一七～七七五年

奈良時代の皇后。聖武天皇《しょうむてんのう》の皇女であり、光仁天皇《こうにんてんのう》の后となった。しかし後に光仁天皇を呪った罪で廃后となり、子の他戸親王《おさべしんのう》も廃太子とされ、幽閉された後、他戸親王と同日に没する。

◉天災を引き起こした母子の怨念

『水鏡《みずかがみ》』には、死後の井上内親王の様子が以下のように記されている。

幽閉され、そこで命を終えた井上内親王は、その身を竜に変化させた。その後平城京では、空から土塊や瓦、石などが二十日間にわたって降り注ぐ、冬に干ばつが起こって川の水がかれ果てるといった怪奇現象が起きた。また、光仁天皇の擁立とその皇太子である山部親王《やまべのしんのう》の立太子、そして井上内親王の廃后、それら全ての黒幕といわれる藤原百川《ふじわらのももかわ》の夢の中に、数百もの甲冑を纏った者共が現れ、百川の命を取ろうとした。これらは井上内親王と、他戸親王の霊の仕業であるとされ、二人の鎮魂のため、全国の国分寺で金剛般若経が転読されたという。

しかしそれでも井上内親王の怨みは収まらなかったらしい。その二年後、ある巫女が百川に物忌みをしろと固く言いつけた。白川はその言いつけを守ったが、彼が懇意にしていた泰隆《やすたか》という僧が、井上内親王を結果的に死に追いやった罪により百川が首を斬られる光景を夢に見て、彼にそのことを告げに行った。しかし百川は物忌み中であるからと来客を拒み、その夜、突然死してしまったという。

岩手 いわて　不明（八世紀頃）

奈良時代、京都の公家に乳母として仕えていた人物。福島県二本松市に現存する観世寺の縁起にその名が伝わっており、「安達ヶ原の鬼婆」もしくは能の演目にもなっている「黒塚」という名でも知られている。

●実の娘を引き裂いた鬼女

岩手が仕えていた公家の姫は不治の病に冒されていた。胎児の生き胆《ぎも》が病気に効くと聞いた岩手は、安達ヶ原（現福島県二本松市）の岩屋に住みつき、岩屋を訪れた妊婦を殺して胎児を引き抜いた。しかしその妊婦が身に着けていたお守りは、岩手が京を出る際に自分の娘に持たせたお守りであった。実の娘を手にかけてしまったことに気付いた岩手は、その後精神に異常をきたしてしまったという。

娘を殺めてしまった岩手は、その後旅人を襲う鬼女と化し、多くの人間を殺して生き血をすすり、肉を食らうようになった。

ある時、東光坊祐慶《とうこうぼうゆうけい》という僧がこの地を訪れ、老婆に一夜の宿を乞うた。老婆は快く応じ、奥の部屋を見てはならないと告げて薪《たきぎ》を取りに出ていった。しかし祐慶は好奇心から奥の部屋を見てしまい、そこにたくさんの頭蓋骨が放置されているのを発見する。祐慶はこの地に鬼婆がいるといううわさを思い出し、慌てて岩屋を逃げ出した。

鬼婆は祐慶の逃走に気がつき、すぐさまその後を追った。祐慶は旅の荷物の中から如意輪観世音菩薩《にょいりんかんぜおんぼさつ》像を取り出して経を唱えた。すると菩薩像は空へ舞い上がり、白真弓に金剛の矢をつがえて鬼婆を射抜いた。

鬼婆は絶命したが、仏の導きのおかげで成仏できたという。祐慶は鬼婆を阿武隈川のほとりに葬り、その地は「黒塚」と呼ばれるようになった。祐慶はこの地に観世寺を建立し、そこに自分を助けた如意輪観世音菩薩像を安置したという。

以上が観世寺に残る伝説のあらましであるが、奈良時代にも関わらず京都の公家に仕えている、祐慶は実在するが平安時代の人物である、などの矛盾が生じている。そのため後世で創作された部分が大きいと思われる。

ただし鬼婆が住んでいたという岩屋や、鬼婆の墓、鬼婆が血で汚れた包丁を洗った池、祐慶が安置した如意輪観世音菩薩像などは現存している。

また『大和物語《やまとものがたり》』には、平兼盛《たいらのかねもり》が「陸奥の安達ヶ原の黒塚に鬼こもれりと聞くはまことか」と詠んだ話が載る。

当時、兼盛と親交のあった源重之《みなもとのしげゆき》が黒塚に赴任していた。そこには多くの若い娘がおり、その内の一人に心を寄せた兼盛が娘のことを詠んだのがこの歌だという。意味としては「陸奥国《むつのくに》の安達ヶ原の黒塚というところには、隠れて姿を見せない鬼がいるというのは、本当のことだろうか」となる。ここでいう鬼は思いを寄せる娘のことを指しており、人前になかなか姿を見せることのない鬼、もしくは鬼の語源とされる「隠《おん》」にかけた、といった説がある。つまり本来は洒落で詠まれた和歌が、文字通りに解釈されて鬼の伝説を作り上げ、能の『黒塚《くろづか》』に取り入れられた、ということも考えられる。

しかし多くの人がこの安達ヶ原の鬼婆の実在を信じ、その伝説を語り継いできたことは確かなようだ。

永興《えいこう》

不明（八世紀頃）

奈良時代の僧侶。紀伊国牟呂郡《きいのくにむろ》で修行した人物で、南菩薩と呼ばれていた。後に興福寺の上座法師となり、十禅師の一人に選ばれる。

◉腐らぬ舌は功徳の証

『日本霊異記《にほんりょういき》』には、以下のような話が載る。

称徳天皇《しょうとくてんのう》の時代、永興は紀伊国牟呂郡の熊野村に住み、紀州の海辺の人々を教え導いていた。その頃永興に師事していた一人の僧が、一年ほど経った後、山に入って修行をするためにと、永興のもとを去っていった。

二年ほど経った頃、熊野の村人が熊野川の上流の山で法華経を読む何者かの声を聞いた。その声は何カ月経っても絶えず、誰も声の主を見つけることができなかった。

それからさらに半年が経ち、その話を聞いた永興が山を訪れた。すると本当に法華経を読む声が聞こえてきたため、声の主を探してみると、一体の遺体が見つかった。修行僧の格好をしたその遺体は、麻の縄で足を縛られ、身投げしたように岩に逆さまに吊るされていた。遺体のそばには水入れがあり、それはかつて永興に師事していたあの僧のものと同じだったため、永興はそれを見て悲しみ、泣きながら寺へと帰った。

それから三年が経った頃、とある木こりがまだ読経の声が聞こえると永興に訴えたため、永興は再び山に向かって遺体を回収しようとした。遺体の髑髏《どくろ》の中には、まだ生きているかのように舌が腐らずに残っており、この髑髏が死後もなお法華経を読んでいたことが分かった。これは法華経の不思議な力によるものであり、この僧が功徳を積んだ証であったという。

鑑禎《がんちょう》

不明（八世紀頃）

奈良時代から平安時代にかけての僧侶。鑑真《がんじん》の弟子であり、鞍馬寺《くらまでら》の開山として伝わる。

◉夢のお告げと毘沙門天《びしゃもんてん》の加護

『鞍馬蓋寺縁起《くらまがいじえんぎ》』や『扶桑略記《ふそうりゃっき》』には、鞍馬寺の縁起について以下のように記されている。

光仁天皇《こうにんてんのう》の時代、鑑禎は夢の中で山城国《やましろのくに》（現京都府南部）の北方に霊山があると告げられた。これを信じた鑑禎はその霊山を探して旅に出るが、ある日、とある山の上で宝蔵を背負った白馬が雲の上を歩いているのを見かけた。鑑禎は感涙してしばらくその馬を眺めていたが、白馬の姿はふっと消えてしまい、鑑禎はその山こそが夢で教えられた山であると考え、その山で火を焚いて夜を明かそうとした。

その夜、今度は彼の前に鬼が現れた。その姿は婦女のようだが髪は夜叉のように乱れ、目は雷のように光り、口からは毒の息を吐いていた。鑑禎は恐れ、持っていた杖を火にくべてから女鬼の胸に突き立てたが、女鬼は微動だにせず、逆に雪に湯をかけるようにたやすくその杖を噛み砕いてしまった。

鑑禎はどうしようもなくなって逃げ出し、西の谷の枯れ木の根元に隠れた。女鬼は追いかけて来て鑑禎を食らおうとしたが、鑑禎が一心に三宝（仏教において、仏・法・僧のことを指す三つの宝物）を念じると、枯れ木が倒れて女鬼を押しつぶしてしまった。

翌朝、その場所に毘沙門天の像がたちまち出現したため、鑑禎は感激して毘沙門天を祀る草庵を結んだ。その毘沙門天像は、後に鞍馬山に建てられた鞍馬寺に祀られたという。

吉備真備　きびのまきび　六九五～七七五年

奈良時代の公卿。吉備の豪族の出身で、阿倍仲麻呂《あべのなかまろ》らと共に遣唐使として唐に渡り、儒学、天文学、兵学などを修めた。帰国時には経書や天文暦書など数多くの書物を持ち帰り、朝廷に献上した。その後は朝廷で重用されるも、真備らの追放を目的とした藤原広嗣《ふじわらのひろつぐ》の乱によって左遷される。しかし再度唐に渡り、帰国後は藤原仲麻呂《ふじわらのなかまろ》の乱の鎮圧に貢献するなどして実績を上げ、右大臣となる。律令の刪定などに尽力し、吉備大臣と称された。

◉狐を連れ帰った遣唐使

『絵本三国妖婦伝《えほんさんごくようふでん》』をはじめ、数多くの物語に登場する白面金毛九尾《はくめんきんもう》の狐が日本に来朝したのは、吉備真備が唐から帰国する際、その船に同乗していたからであるとされることが多い。

この九尾の狐は中国では妲己《だっき》や褒姒《ほうじ》、インドでは華陽《かよう》婦人《ふじん》という女性に化け、時の権力者に取り入って国を傾けていた。その後日本に渡った九尾の狐は、玉藻前《たまものまえ》という女性に化けて鳥羽上皇《とばじょうこう》をたぶらかす。詳細は鳥羽天皇（平安時代）の項目を参照。

『絵本輪廻物語《えほんりんねものがたり》』では、船に乗って共に日本に渡ったのは真備が唐で助けた女性・隆昌女《りゅうしょうじょ》の霊とされており、この霊は後に白狐に生まれ変わって安倍晴明《あべのせいめい》の母（葛《くず》の葉《は》）となったと語られている。

他にも『江談抄《ごうだんしょう》』では、二度目の入唐《にっとう》の際、かつて共に遣唐使として唐に渡った阿倍仲麻呂が何者かによって殺害され、鬼と化しているのに遭遇する話が語られている。詳細は阿倍仲麻呂の項目を参照。

行基《ぎょうき》

六六八～七四九年

仏教の布教が禁止された時代に、階層を問わず困窮者を救うため布教を行った僧侶。民衆から絶大な支持を得て、日本で初めて大僧正の位を授かった。また、奈良の東大寺造立の際には責任者にも任命されている。

◉妖怪攻略もお手の物

富山県高岡市に残る伝説によれば、かつて越中国《えっちゅうのくに》で悪王子《あくおうじ》という名の妖怪が民衆に生贄を要求していた時、天皇の命で越中国に赴き、これと対決して封じ込めたという。

また『日本霊異記《にほんりょういき》』では大蛇の嫁にされそうになった娘に助言を与えており、『本浄山羽賀寺縁起《ほんじょうざんはがでらえんぎ》』では鳳凰《ほうおう》について解説するなど、妖怪の知識を披露する話が多い。

玄昉《げんぼう》

不明～七四六年

奈良時代の僧侶。法相宗の僧で、養老元年（七一七年）、遣唐使に随行して入唐《にっとう》し、十八年間滞在して法相を学ぶ。帰国の際には経論五千余巻及び諸仏像を持ち帰った。聖《しょう》武天皇《むてんのう》の母・藤原宮子《ふじわらのみやこ》の病を祈禱により回復させるなどの功績から、吉備真備《きびのまきび》と共に政権の担い手として重用された。しかし僧侶の規律に背き、政治と権力に傾いたため人々の反感を招き、玄昉の失脚を狙う藤原広嗣《ふじわらのひろつぐ》が乱を起こす（藤原広嗣の乱）などして信用を失い、筑紫観世音寺に左遷された。

◉日本最古の幽霊

藤原広嗣は反乱を起こした罪で処刑されたが、『続日《しょくに》本紀《ほんぎ》』にはこの広嗣の霊によって玄昉が殺害されたと人々が語り合っている、との記述がある（藤原広嗣の項目を参照）。

『元亨釈書《げんこうしゃくしょ》』ではもう少し詳細に、玄昉が突然空中に捕らえられて見えなくなり、後日、頭のみが興福寺に落ちており、これは広嗣の霊のせいであった、とされている。

また『太平記《たいへいき》』においては、死後六道の輪廻《りんね》から外れた天狗道《てんぐどう》に堕ち、日本を乱世に導く天狗の一人として、天狗と化した玄昉が登場している。

他にも、『唐僧善意大般若波羅蜜多経《とうそうぜんいだいはんにゃはらみたきょう》奥書願文《おくがきがんもん》』には、玄昉の幽霊を指す文言が載る。

それによれば、玄昉の弟子である善意が、私財を投げうって大般若経を写経した。これは玄昉の幽霊に捧げるためのものであったという。『幽霊の歴史文化学』に収録された小山聡子《こやまさとこ》の「幽霊ではなかった幽霊　古代・中世における実像」によれば、これは日本の文献上最も早く幽霊という言葉が記された例であり、七四七年に記されたものであるという。

巨勢の呰女　こせのあため

不明（八世紀頃）

奈良時代の女性。紀伊国《きいのくに》名草郡埴生という場所に住む女性で、奇病を患っていたという。

◉奇病を治した真摯な読経

『日本霊異記《にほんりょういき》』によれば、彼女の病は首に肉腫が生じ、それが瓜ほどの大きさとなって、一年経っても全く癒えないというものであった。呰女は、これは前世の宿業によるものであり、治癒するためには善行を積むしかないと考え、出家して仏道の修行に励んだ。

ある時、忠仙《ちゅうせん》という行者が彼女の修行する大谷堂を訪れ、呰女の様子を見てひどく同情し、とどまって彼女の治療に協力することにした。忠仙は薬師経、金剛般若経、観音経、観世音三昧経を彼女のために読み続けた。そして呰女がこの病を患ってから二十八年、忠仙が彼女に協力して十四年が過ぎた時、ついに肉腫の口が開いて膿と血が流れ出し、元の大きさに戻って病は癒えたという。

猿丸太夫　さるまるだゆう

不明

奈良時代から平安時代にかけての歌人。詳細は不明だが、三十六歌仙の一人として『古今和歌集《こきんわかしゅう》』『百人一首《ひゃくにんいっしゅ》』などにその名前が見える。しかし実在を証明する資料はなく、伝説上の人物であるとの見方が強い。

◉三十六歌仙の百足《むかで》退治

『日光山縁起《にっこうざんえんぎ》』には、猿丸太夫が巨大な百足を討った伝説が記されている。

上野国《こうずけのくに》の赤城大明神と下野国《しもつけのくに》の日光権現は、互いの神域に接する中禅寺湖を巡ってたびたび争うことがあった。

日光権現が鹿島大明神にこのことを相談すると、鹿島大明神は「奥州にあなたの孫の猿丸太夫という者がおり、弓の名手である。彼を頼って本意を遂げなさい」と教えた。日光権現は元々有宇中将《ありうちゅうじょう》という人間で、生きながらにして神となった人物であったが、神になる前に子孫を残していた。それが猿丸太夫である。そこで同じく人間から神となった妻の女体権現が、背中に金色の星の模様が三つある鹿の姿で地上に降り、猿丸太夫のもとへ向かった。優れた猟師であった猿丸太夫はこの鹿を見て、この世に二匹といない鹿だと思い、これを追って日光山に入っていった。そこに日光権現が現れ、猿丸太夫に「あれは本物の鹿ではない。汝をこの山へ引き入れるために現れたのだ」と伝え、自分と力を合わせて赤城山の神を討ってほしいと頼んだ。猿丸太夫がこれを承諾すると、日光権現は「合戦は明日の午《うま》の刻（十一～十三時）である」と告げた。

翌日、猿丸太夫が日光権現の神兵たちと共に柴の茂みの中で敵を待っていると、空が曇って山風がしきりに吹き、湖面に白波が立った。そして水面に、無数の足が炎のように光る巨大な百足が現れた。日光権現は大蛇の姿となり、間もなく両の神兵たちの戦いが始まった。猿丸太夫は普通であれば三人がかりで弦を張るような弓を持ち、通常よりもはるかに長い十五束の矢を引いて、大百足の左目めがけて放った。矢はその目を深くえぐり、大百足はすぐに退散していった。

この功績により、猿丸太夫は日光権現に日光山の神主として認定されたという。

早良親王 さわらしんのう　七五〇～七八五年

奈良時代の皇子。光仁天皇《こうにんてんのう》の子で、桓武天皇《かんむてんのう》の同母弟。桓武天皇の即位と共に皇太子となったが、長岡京で藤原種継《ふじわらのたねつぐ》の暗殺事件に関与したとして捕らえられる。その後廃太子とされ、淡路国《あわじのくに》に流される途中で無実を訴えるために断食し、絶命した。

◉日本最古の怨霊

早良親王はその死後、怨霊と化したことが記録に残されており、その鎮魂のために「崇道天皇《すどうてんのう》」の号が与えられたとされる。

『日本後紀《にほんこうき》』には、早良親王の後に皇太子となった安殿《あての》親王《みこ》が、早良親王の祟りによって病に臥せたと記録されている。

桓武天皇はこの怨霊をひどく恐れたらしく、自身が病に臥せた延暦二十四年（八〇五年）、早良親王の鎮魂のため、淡路島に常隆寺を建立し、諸国に命じて小倉を建てさせ、早良親王に謝罪したとある。また、この時の記録で日本の歴史上初めて「怨霊」という言葉が使われたことになる。さらに桓武天皇は遺言として、早良親王の鎮魂のため、春と秋の年に二回、諸国の国分寺僧が七日間にわたって金剛般若経を読むことを記したとされる。『扶桑略記《ふそうりゃっき》』には、生前の早良親王が廃太子とされた際、唯一読経を引き受けてくれた善珠《ぜんしゅ》という僧について記されている。

善珠は読経する際、早良親王の使いに対し「前世の業のためにこうした状況になってしまったが、怨みを連鎖させてはならない」と告げた。そのことを使者から聞いた早良親王は喜び、決して誰も怨まず、処罰も恐れないと述べた。その後、早良親王が安殿親王に取り憑き、悩ませた際には、善珠がその時のことを思い出させ、般若経を読経することで祟りが鎮まったという。善珠は調伏するのではなく、仏の教えによる救いによって、早良親王と安殿親王の二人を同時に救ったのである。

舎利尼 しゃりに

不明

奈良時代の尼僧。肥後国《ひごのくに》(現熊本県)八代郡豊服郷の人物で、異形の姿で生まれたと伝えられる。七歳で法華経や華厳経を暗唱し、出家後も仏教修行に熱心で、聖人として崇められた。

●空から現れた天罰の腕

『日本霊異記《にほんりょういき》』には、舎利尼の出生について以下のように記されている。

豊服広公《とよぶくのひろぎみ》という人物の妻であった舎利尼の母は、ある日、鳥の卵のような形をした肉塊を産んだ。夫婦はこれを吉祥と考え、山の石の後ろに隠しておいた。それから七日後に見に行くと、肉塊が割れて女の子が生まれていた。この女の子は八カ月で急に体が大きくなり、顎がなく頭が首にめり込んでいるなど不思議な容貌をしていたが、生まれながらにしてよく物を知る賢い子であったという。

また、『大日本国法華験記《だいにほんこくほっけげんき》』には、彼女が出家した後に起きた不思議な話が記されている。

ある二人の僧が舎利尼に対して「この女は外道であり、仏弟子ではない」などとののしったところ、空中から鬼神の手が現れてこの二人の僧の頭を摑み、引き裂いて殺してしまったという。

淳仁天皇　じゅんにんてんのう

七三三〜七六五年

奈良時代の天皇。当時は廃帝とされていたが、明治時代になって正式に諡号《しごう》が付けられ、第四十七代天皇となった。藤原仲麻呂《ふじわらのなかまろ》を重用したが、その仲麻呂が反乱を起こして討伐されたことで実権を失い、淡路に流される。その後逃亡を図るが捕まり、幽閉されて翌日に没した。当時の記録では病死とされているが、実際には殺害された可能性が高い。また、このことから、明治に至るまでは淡路廃帝《あわじはいてい》の名で呼ばれていた。

◉生きながらにして祟った廃帝

『水鏡《みずかがみ》』には、淳仁天皇が生きながらにして日本国土を呪ったとの記述が見える。

淳仁天皇が廃帝となった後、天皇となった称徳天皇《しょうとくてんのう》の時代、淳仁天皇の呪いによって全国で日照りや台風などの自然災害が相次いで発生し、作物が採れなくなって多くの人々が餓死したという。この後、淳仁天皇は逃亡しようとしたところを捕まり、幽閉されている。

また『太平記《たいへいき》』では、死後六道の輪廻《りんね》から外れた天狗《てんぐ》道《どう》に堕ちたとされ、日本を乱世に導かんとする天狗の一人として登場している。

泰澄　たいちょう

六八二〜七六七年

奈良時代の僧侶。修験道の修行者で、越前国《えちぜんのくに》の生まれであるため「越の大徳《こしのだいとく》」とも称される。白山修験道の開祖として伝わる。

◉竜を叱ったお坊さん

『泰澄和尚伝記《たいちょうおしょうでんき》』などには、泰澄が阿蘇山に登った際、九頭竜王という大蛇が山頂の池に現れたという話が記されている。

泰澄が「畜竜の身で霊地を侵してはならない」と告げたところ、金色の千手観音が地上に現れたという。またこの話は『元亨釈書《げんこうしゃくしょ》』などでは白山を舞台として語られている。

九頭竜は日本各地に伝承が残る九つの頭を持つ竜で、神として現れる場合と、人に害をなす妖怪として語られる場合の両方がある。

田辺史広足　たなべのふひとひろたり

不明（八世紀頃）

奈良時代の官吏。聖武天皇《しょうむてんのう》の時代、甲斐国守を務めた。同時代に唐の薬学書である『新修本草《しんしゅうほんぞう》』を書写した田辺史《たなべのふひと》という人物がいるが、同一人物かは不明。

◉賢帝のもとに現れた神馬

『続日本紀《しょくにほんぎ》』には、広足が神馬を朝廷に献上した記録が残る。

それによれば、この神馬は体色が黒く、たてがみは白かった。瑞祥を記録した唐の書には神馬は河の精であると記されており、孔子の言動を記した『孝経《こうきょう》』には「徳が山の岡の高さまで達した時、神馬が現れる」と記されていたため、大変な瑞兆であると考えられたという。

道智上人　どうちしょうにん

不明（八世紀頃）

奈良時代の僧侶。奈良の都から諸国を旅し、但馬国《たじまのくに》城崎（現兵庫県豊岡市城崎町）で千日に及ぶ修行を行ったところ、温泉（現城崎温泉）が湧き出したという伝説が残る人物。その後道智上人が建立したという温泉寺は現在も残っている。

◉竜女を激怒させた僧

神奈川県の江の島に伝わる『江島縁起《えのしまえんぎ》』には、道智法師という人物が登場する。

道智法師は神亀五年～天平六年（七二八～七三四年）の間、江の島で法華経を読経していた。その頃、毎日天女が食事を持って読経を聞きに来ていた。その正体が気になった道智法師は、藤の糸を天女の着物の裾に結び、彼女が帰った後でそれをたどってみることにした。すると糸は竜の住む洞窟に続いており、竜の尾に結ばれていることが分かった。洞窟の中からは尾を引っ張られた竜が痛みに唸る声が聞こえ、道智法師は暴風によって洞窟から飛ばされてしまった。そして「今より我が島に藤は生えず、法師も住めず」と怒る竜女の声が聞こえてきたという。

この道智法師が城崎温泉の道智上人と同一人物であるかどうかは示されていないが、道智上人が城崎温泉を開いたのが七二〇年であることを考えると、同一時期の人物であることが分かる。また、『江島縁起』では道智法師は弘法大師《こうぼうだいし》や慈覚大師《じかくだいし》、日蓮《にちれん》などの高僧と並んで名が挙げられており、当時から名の知られた僧侶であったと思われる。そのため、江の島と城崎の二つの地域で、同一人物にまつわる伝説が伝わった可能性がある。

長屋王　ながやのおおきみ

六八四～七二九年

飛鳥時代から奈良時代にかけての皇族。天武天皇《てんむてんのう》の孫。宮内卿、式部卿、大納言を経て右大臣となり、その後左大臣にまで上りつめて政治の実権を握る。しかし藤原《ふじわらの》不比等《ふひと》の息子である四兄弟の密告により謀反の疑いをかけられ、妻子と共に自殺する（長屋王の変）。しかしその密告の内容は虚偽であり、四兄弟の陰謀であったといわれている。

◉疫病を流行らせた古代の怨霊

　この長屋王の変の直後、藤原不比等の四兄弟が相次いで病死する事件が起こった。これは長屋王の怨霊によるものとうわさされたという。またこの年は天然痘が流行り、多くの死者が出たことが『続日本紀《しょくにほんぎ》』に記されている。また『日本霊異記《にほんりょういき》』には、長屋王の遺骨を土佐国《とさのくに》に葬らせたところ、土佐国で多くの人民が死んだため、「長屋王の祟りにより、国中の百姓が死んでしまう」という内容の嘆願書が役所に提出されたという話が載る。

楢磐嶋　ならのいわしま

不明（八世紀頃）

　奈良時代の商人。平城京に住んでいたとされる。

◉地獄の沙汰も飯次第

『日本霊異記《にほんりょういき》』には、以下のような話が載る。

　聖武天皇《しょうむてんのう》の時代、磐嶋は大安寺の使いとして越前国《えちぜんのくに》の敦賀で取引をしていた。その帰り道、閻魔大王《えんまだいおう》の使いだという三人の鬼に遭遇する。この鬼たちは閻魔大王の命で磐嶋を捕らえに来たが、磐嶋には大安寺の使いの仕事があるため、四天王（持国天《じこくてん》、増長天《ぞうじょうてん》、広目天《こうもくてん》、多聞天《たもんてん》のこと。仏教の守護神）の頼みで数日の猶予を与えることになったと語った。三人の鬼はその数日間で飢えて疲れてしまったと、磐嶋に食料を要求したので、磐嶋は彼らに持っていた干し飯《いい》を渡し、自宅に招いて鬼の好物である牛をご馳走すると約束した。

　三人の鬼はこの食事によって磐嶋を許すことに決め、彼と同じ年に生まれた別の人間を閻魔大王のもとに連れていくことにした。それから大王の命令に従わなかった罰として鉄杖で百回叩かれるのを免れるため、「高佐《たかさ》麻呂《まろ》」「中知麻呂《なかちまろ》」「槌麻呂《つちまろ》」という鬼たちの名を呼びながら金剛般若経を百巻読んでくれと頼み、家を出ていった。

　翌日、磐嶋の家の牛が一頭死んでいた。磐嶋は大安寺の僧に金剛般若経を百巻読むように頼んだ。

　後日、再び三人の鬼が彼のもとを訪れ、罰を免れたこと、毎日の飯が増えたことを磐嶋に報告し、今後も六斎日ごとに供養をしてほしいと頼んで消えたという。

八郎満胤　はちろうみつたね

不明（八世紀頃）

奈良時代の地頭。上総国《かずさのくに》群馬郡の人物で、容姿、武勇共に優れていたと伝わる。死後に大蛇となり、八郎大明神という神として祀られた伝説が残る。

◉兄に裏切られ、大蛇となった末弟

『神道集《しんとうしゅう》』には、大蛇となった満胤が神になるまでが以下のように語られている。

光仁天皇《こうにんてんのう》の時代、満胤は群馬郡の地頭・大夫満行《たいふみつゆき》の八人の子の末子として生まれた。満胤は兄たちよりも才智や芸能、弓馬の術に優れていたため、父は満胤を総領として群馬郡を支配させ、兄七人を脇地頭とした。しかし父の死後、嫉妬した兄たちの夜襲を受けて満胤は殺され、遺体は蛇食池の中島にある高井の岩屋（蛇塚の岩屋）と呼ばれる岩の中に捨てられた。

しかし満胤はそれから三年で池の竜王たちに近づき、さらには伊香保池や赤城沼の竜神とも親しくなってその知徳を譲り受け、鳥食池の大蛇とも好い仲となって大蛇の姿と化した。神通力を身につけた満胤は、自分を殺した兄たちを一族郎党もろとも皆殺しにした後、国中の者を一人残らず全て取り殺すと宣言する。これを嘆いた国民が都へ報告すると、帝は年に一度生贄を捧げるよう命じたため、満胤もそれに従い、その後生贄は二十年以上もの間捧げられ続けた。

ある年、尾幡姫《おばたひめ》という娘が生贄に捧げられることになった。その姫と夫婦の契りを結んだ宗光《むねみつ》という人物は、大蛇の存在と姫の運命を知ると、自分が姫の身代わりとなることを宣言し、八郎満胤の潜む岩屋へと向かった。そして贄棚に登り、法華経を声に出して読み始めた。

しばらくすると石の戸を押し上げて大蛇が現れた。大蛇の首は漆を七、八回重ね塗りしたように黒く、目は赤く光り、口はまるで朱をさしたように赤い。しかし宗光は臆することなく法華経を読み上げた。宗光が経を読み終わると、満胤は黄色の涙を流して首を地に付け、「読経を聞かせてもらったおかげで心中に抱いていた歪んだ執念が消え、怨念もなくなった。このような立派な高僧に出会えた恩恵はいつまでたってもお返ししきれない。今後は生贄を求めず、神としてこの世の人に利益を施すことにしたい」と告げて岩屋の中へ消えていった。それから満胤は那波郡に下り、八郎大明神という神として祀られるようになったという。

藤原仲成 ふじわらのなかなり

七六四〜八一〇年

奈良時代から平安時代にかけての公卿。妹の薬子《くすこ》が平城天皇《へいぜいてんのう》に寵愛されたことで重用され、権勢をふるう。しかし平城天皇が譲位すると、その後即位した嵯峨天皇《さがてんのう》と対立し、薬子と共に平城上皇《へいぜいじょうこう》の重祚と平城京への遷都を企てる（薬子の変）。だがこれは失敗に終わり、最期は射殺された。

◉女官の一喝で消えた亡霊

月岡芳年《つきおかよしとし》が日本や中国の怪奇談を描いた『和漢百物《わかんひゃくもの》語《がたり》』には、南北朝時代に仲成の怨霊が現れたという話が描かれている。

ある夏の夜、庭の木の上に現れた仲成の怨霊が、後醍《ごだい》醐天皇《ごてんのう》の皇后に仕える女官であった伊賀局《いがのつぼね》に声をかけた。仲成は「門院（皇后）に恨みがある者である」と告げたが、怪力の勇ましい女であった伊賀局が「立ち去れ」と一喝すると、消えてしまったという。

芳年はこの絵の中で、仲成の霊を頭に皿を乗せ、口に嘴《くちばし》がついた河童《かっぱ》のような姿で描いている。

この話の類話は古くは『芳野拾遺物語《よしのしゅういものがたり》』にあるが、そこで登場する霊は藤原基遠《ふじわらのもととお》とされている。詳細は伊賀局（南北朝時代）の項目を参照。

藤原広嗣 ふじわらのひろつぐ

不明〜七四〇年

奈良時代の廷臣。藤原不比等《ふじわらのふひと》の子である四兄弟が相次いで疫病で亡くなったことから、大養徳守に任命されるが、吉備真備《きびのまきび》や玄昉《げんぼう》、橘諸兄《たちばなのもろえ》と対立して大宰少弐に左遷される。その後、吉備真備と玄昉を排除しようと反乱を起こす（藤原広嗣の乱）ものの失敗に終わり、捕らえられて処刑された。

◉死んでも尽きぬ僧への恨み

『続日本紀《しょくにほんぎ》』では、当時、広嗣が怨霊化したといううわさが世間に流れていたことが記されている。それによれば、広嗣が反乱を起こす原因の一人となった僧侶・玄昉の死は広嗣の祟りによって引き起こされたと語られていたという。

また、『元亨釈書《げんこうしゃくしょ》』には広嗣の霊が玄昉を空中に捕らえ、後日興福寺にその頭だけを落とした、と具体的に殺害方法が記されている。

また佐賀県の鏡神社には、広嗣が死後、都に祟りを起こすようになったため、霊を鎮めるために社を建てた、という由来が残る。広嗣は現在でも、鏡神社にて心願成就・悪縁退散の神として祀られている。

藤原不比等 ふじわらのふひと

六五九〜七二〇年

飛鳥時代から奈良時代にかけての公卿。藤原鎌足《ふじわらのかまたり》の子。養老律令の編纂を主導し、平城京への遷都を主唱するなど政治で活躍した。また平城遷都が実現した際、厩坂寺を平城京に移し、興福寺とした。娘の宮子《みやこ》を文武天皇《もんむてんのう》に、光明子《こうみょうし》を聖武天皇《しょうむてんのう》に嫁がせ、藤原氏繁栄の基礎を築いた人物でもある。

◉海神から宝を取り返した妻

『志度寺縁起絵図《しどじえんぎえず》』には、藤原不比等の悲恋の物語が載る。

父・鎌足の供養のために釈迦堂を建設した時のこと。不比等は唐の高宗皇帝《こうそうこうてい》から花原岩、泗浜石《しひんせき》、面向不背の玉という三つの宝を授かることになった。しかし日本に送られる途中、宝を乗せた唐の船が志度の海で暴風に遭う。唐の使者は面向不背の玉を海中に投げ込み、海神を鎮めることで難を逃れた。

不比等はその玉を探すため、身分を偽って志度を訪れた。しかし宝玉はなかなか見つからず、そのうち一人の海女《あま》と親しくなり、契りを結んで男児をもうけた。

ある時、志度の海を眺めている不比等に妻が理由を問うと、不比等は自身の身分を明かして理由を話した。すると妻は「自分が宝玉を取り戻したら、我が子を世継ぎにしてくれますか」と問い、不比等は頷いた。

妻は、それならば我が子のため、命を捨てても惜しくはないと観世音に祈り、腰に縄を結んで海へと飛び込んだ。そして海中で宝玉を見つけるが、海神である竜神（大蛸《おおだこ》とされることも）に見つかってしまう。妻は自分の乳房を短刀で抉り、そこに宝玉を隠して海上へ戻った。無事に宝玉は不比等の手に渡ったものの、妻はその傷がもとでこの世を去った。

不比等は志度の海辺の近くに堂を建て、彼女を祀った。そして約束通り息子を連れて都に戻り、宝玉を興福寺に納めた。この不比等と海女の妻の息子が藤原房前《ふじわらのふささき》であるとされ、藤原北家の祖となったという。

この物語は後に能の作品『海人《あま》』の元になり、現在ではこちらの方がよく知られている。また志度寺には、この海女の墓が現存している。

品知牧人 ほむちのまきひと

不明（八世紀頃）

光仁天皇《こうにんてんのう》の時代、備後国《びんごのくに》葦田郡（現広島県福山市）に住んでいたという人物。

◉髑髏《どくろ》の恩返し

『日本霊異記《にほんりょういき》』にはこんな話が載る。

牧人が深津郡（現広島県福山市付近）の市場に向かう途中、日が暮れたため竹藪で夜を明かそうとすると、どこからか「目が痛い」という声が聞こえてきた。

明るくなってから声の主を探すと、とある髑髏の目の穴からたけのこが生えているのを見つけた。牧人はたけのこを抜いて髑髏を解放し、干し飯《いい》を供えて「私に幸せを与えてください」と祈り、その場を後にした。

すると、市場では自分の思う通りに品物が安く買えた。あの髑髏が恩を返してくれたのだろうかと思いながら帰り道を歩いていると、同じ竹藪であの髑髏が人の姿になって現れ、彼に話しかけてきた。

髑髏によれば、彼は弟公《おとぎみ》と呼ばれていた人物で、盗賊である伯父の秋丸《あきまる》に殺されたという。牧人のおかげで苦しみから救われ、その恩返しがしたいので、今月晦日の夕べに自分の家に来てほしいと伝えた。牧人が言われた通りにすると、弟公が再び現れ、自分への供え物であるご馳走を食べさせ、残り物と品物も分けてくれた。それからしばらくして弟公の霊は消えてしまった。

その直後、弟公の父母らが彼の霊を弔おうと部屋に入ってきた。牧人がいたため驚く父母に事情を話すと、弟公の父は秋丸を捕らえて問いただし、秋丸は弟公を殺したことを白状した。これにより、牧人は弟公の父母からさらなるもてなしを受けたという。

養徳馬飼乙麻呂
やまとのうまかいのおとまろ

不明（八世紀頃）

奈良時代の官吏。聖武天皇《しょうむてんのう》の時代、対馬国《つしまのくに》の国司を担ったという記録が残る。

◉聖帝のもとに現れた青き馬

『続日本紀《しょくにほんぎ》』には、乙麻呂が朝廷に神馬を献上した記録が残る。

この神馬は体色が青く、たてがみと尾は白かった。これは聖人が政治を行い、節度のある服装をして適切な財産を所有している時に現れる神馬であり、王者が人民を大切にし、その徳が丘陵の高さに上る時、沢の中から現れるとされるものであった。そのため、これは非常にめでたいことであるとされたという。

この神馬を献上された聖武天皇は、「これは祖先の霊、そして土地の神々の賜り物であり、自分の徳によって現れたものではないから、天下の人々と喜びを共有しよう」と、人々への支援を行うと共に、神馬を献上した対馬国の税を免除したという。

楊貴妃　ようきひ

七一九〜七五六年

奈良時代の唐の皇妃。初めは玄宗皇帝《げんそうこうてい》の皇子・寿王《じゅおう》の妃であったが、後に玄宗皇帝の妃となる。皇帝の寵愛を一身に受けて権勢を誇ったが、国政が乱れて安史の乱を招く。この責任を負わされて、官兵に殺されたとも、自殺を命じられたとも伝えられる。

◉ハニートラップを仕掛けた女神

楊貴妃については数多くの伝説が残っているが、中には日本の神となったというものもある。

『曽我物語《そがものがたり》』によれば、楊貴妃は安史の乱が起こった際、いつまでも玄宗皇帝と一緒にいたいと願い、皇帝と共に日本の尾張国《おわりのくに》へと天下り、そこで玄宗皇帝は八剣明神に、楊貴妃は熱田明神になったと記されている。

一方、玄宗皇帝が日本を滅ぼそうと企んだ際、それを阻止するべく熱田明神となった楊貴妃が玄宗皇帝の心を惑わし、国を乱して計画を阻止した、という伝説もよく語られる。この話は古くは戦国時代に記された『雲州《うんしゅうの》樋河上天淵記《ひのかわかみあめがふちのき》』に記されており、当時からよく知られた伝説だったようだ。

平安時代
七九四～一一八五年

悪路王 あくろおう
不明（八～九世紀頃）

平安時代の蝦夷《えみし》の族長。陸奥国達谷窟《むつのくにたっこくのいわ》を拠点として活動していたが、坂上田村麻呂《さかのうえのたむらまろ》によって討伐されたと伝えられる。しばしば阿弖流為《あてるい》や、悪事《あくじ》の高丸《たかまる》と同一視される。

◉蝦夷を率いた鬼

元は人間であったと思われる悪路王だが、阿弖流為や高丸と同様、鬼と見なされるようになった。『田村《たむら》の草子《そうし》』、『鈴鹿《すずか》の草子《そうし》』などの田村麻呂の伝説を題材とした御伽草子には、悪路王は都の女たちをさらう鬼の首領として登場する。また対決するのは田村麻呂ではなく藤原利仁《ふじわらのとしひと》で、彼によって首をはねられて殺される。

茨城県東茨城郡城里町高久の鹿島神社には、悪路王の首級を象ったという木像が残っているが、これはもともと田村麻呂が悪路王を討った際に切り取った悪路王の首をこの神社に納めたことに由来し、悪路王の首は年を経ても腐ることがなかった、と木像に記されているという。

蘆屋道満 あしやどうまん
不明（十世紀頃）

平安時代の陰陽師。道摩法師《どうまほうし》と同一視される。さまざまな説話集に登場し、その多くで安倍晴明《あべのせいめい》の宿敵とされるが、実在の人物かは定かではない。

◉安倍晴明最大のライバル

現代でも晴明のライバルとして多くの創作作品に登場する道満だが、その発端は平安時代まで遡り、『古事談《こじだん》』や『宇治拾遺物語《うじしゅういものがたり》』には、藤原道長《ふじわらのみちなが》を呪い殺すため、藤原顕光《ふじわらのあきみつ》に雇われた陰陽師として道満と同一視される道摩法師の名前が登場する。

道長の飼っていた白犬が彼を家に入らせまいとするため、安倍晴明を呼んで占わせたところ、晴明は呪具が道に埋められていることを言い当てる。掘り出してみると、二つの土器を黄色のこよりで十文字に結んだものが現れ、土器の底には朱で文字が一つ書いてあった。晴明が犯人を探るために紙を鳥の形に結んで宙に投げると、その紙は白鷺となって南方へ飛び去った。この鳥が落ちた場所を探すと、そこは道摩法師の家の前であった。道摩法師は呪いの理由を問われ、顕光の命によるものと白状したという（藤原顕光、安倍晴明の項目も参照）。

また、晴明に著者を仮託された『三国相伝陰陽輨轄《さんごくそうでんいんようかんかつ》簠《ほ》簋内伝金烏玉兎集《きないでんきんうぎょくとしゅう》』（以下『簠簋内伝《ほきないでん》』）には、この書の由来を記した『晴明朝臣入唐伝《せいめいあそんにっとうでん》』が挿入されている。

道満は晴明と術比べをして敗北し、晴明の弟子になったとされる。しかし道満は晴明の妻・梨花《りか》と密通し、晴明が唐から持ち帰った秘伝書『簠簋内伝』が石箱に入っていることを聞き出して、それを紙に書き写す。そして晴明に自分が『簠簋内伝』を持っていることを伝え、そんなはずはないと否定する晴明に対して互いの首を賭けることを提案し、晴明のものを写した『簠簋内伝』を見せて賭けに勝利する。晴明は首をはねられるが、唐で晴明の師であった伯道上人《はくどうしょうにん》がそのことを察知して来日し、泰山府君祭によって晴明を蘇生させる。さらに伯道は道満のもとを訪れ、晴明が生きているか死んでいるかで賭けをしようと提案する。当然、道満は死んでいる方に賭けるが、晴明はよみがえっていたため、今度は道満が首をはねられて亡くなった。その後、蘇生した晴明が改めて編纂したものが、現在に伝わる『簠簋内伝』なのだということ。

近世の浄瑠璃『蘆屋道満大内鑑《あしやどうまんおおうちかがみ》』では、道満は晴明と敵対せず、むしろ協力者として描かれる。道満は安倍保《あべのやす》名《な》という人物に『簠簋内伝』を渡そうとするが、自分はもう出世の道がないからと彼の子に渡すように頼まれる。道満は保名の子に書を渡し、狐と人の間に生まれた子であるという特殊な出生譚とその聡明さに感じ入り、彼に「晴明」の名を与える。

その後、晴明と道満が術比べをする場面もあるが、彼らは敵対することはなく、共に陰陽師として末代まで語り継がれる存在となった、と記されている。

また、『笈埃随筆《きゅうあいずいひつ》』では、人魚の肉を食べて不老長寿になったという八百比丘尼《やおびくに》の父親の名前が「秦道満《はたのどうまん》」とされており、これは蘆屋道満のことであるという説がある。

安倍有行　あべのありゆき

不明（十一世紀頃）

平安時代の陰陽師。安倍晴明《あべのせいめい》の子孫であり、陰陽博士を務めた。

◉百年の時を超える式神

『続古事談《ぞくこじだん》』には、有行が過去の陰陽師の残した式神を見破った話が載る。

神泉で馬競《うまくらべ》が行われた際、有行は陰陽師の埋めた式神がいまだに解放されず残っていることを指摘したという。

この式神は有行の百年ほど前に生きていた源高明《みなもとのたかあきら》の前にも出現しており、二人の大男の姿をしていたという。この式神に名を呼ばれた高明は、それからしばらくして左遷されたとされる。

安倍晴明 あべのせいめい

九二一〜一〇〇五年

平安時代の陰陽師。出生地については摂津国《せっつのくに》、讃岐国《さぬきのくに》などさまざまな説がある。賀茂忠行《かものただゆき》・保憲《やすのり》父子に陰陽道や天文道を学び、朝廷に仕えて大膳大夫、左京権大夫、天文博士などを歴任した。宮廷では陰陽道の祭祀、吉凶の占い、病気治癒の祈禱、物の怪の調伏などさまざまな活躍をしたという。

◉人と狐の間に生まれた子

安倍晴明には多くの怪異・妖怪譚が残っているが、その伝説は出生時から始まっている。

大阪府和泉市の信太森葛葉稲荷神社や、大阪市阿倍野区の安倍晴明神社では、安倍晴明は葛《くず》の葉《は》という白狐と安倍保名《あべのやすな》という人間の間に生まれた子どもであるとされる。「葛の葉伝説」などと呼ばれる伝説の概要は以下のようなものだ。

ある時、保名は狩人に追いつめられた白狐を助ける。狩人と争った保名は傷を負って気を失い、気付けば葛の葉という女性に介抱されていた。それから葛の葉は保名を見舞うようになり、やがて恋仲となった二人は婚姻を結んで一人の男児をもうける。童子丸《どうじまる》（安倍童子《あべのどうじ》とされる場合もある）と名付けられたその子どもはすくすくと育ったが、童子丸が五歳になったある日、葛の葉は眠っている最中に白狐の正体を現してしまう。正体を童子丸に見られたことに気付いた葛の葉は、「恋しくば　尋ね来てみよ　和泉なる　信太の森の　うらみ葛の葉」という和歌を残して家を去った。それを見た保名は妻の正体に気付き、母を慕って泣く童子丸を連れて信太の森に赴く。そこに現れた葛の葉は、水晶の玉と黄金の箱を二人に渡して去っていった。童子丸は後に晴明と名を変え、歴史に残る陰陽師となった。

◉幼少時から光る陰陽道の才

清明の子どもの頃の話として、『今昔物語集《こんじゃくものがたりしゅう》』にはこんな話が載る。

晴明が賀茂忠行の供として下京に向かった時のこと。清明の目に、前方から彼らの方に向かってくる鬼の群れが見えた。晴明が慌てて牛車で寝ている忠行を起こすと、忠行は急いで晴明や部下たちを術で隠して難を逃れた。この出来事をきっかけに晴明の才能を知った忠行は、陰陽道で自分の知り得る限りのことを彼に教えたという(賀茂忠行の項目を参照)。

また同書には、智徳法師《ちとくほうし》にその術と才を試された際、彼の式神を隠して懲らしめたという話や(智徳法師の項目を参照)、寛朝《かんちょう》という僧に式神の力を見せてほしいと頼まれ、庭に生えていた葉を使って蛙《かえる》をつぶした話(寛朝の項目を参照)なども載る。

『宇治拾遺物語《うじしゅういものがたり》』には、『今昔物語集』と同様の話の他に、以下のような話が載る。

藤原道長《ふじわらのみちなが》が、可愛がっていた犬が自分を家に入らせまいとするのを見て、晴明を呼んで占わせたところ、道長を呪うための呪詛が込められた道具が道に埋められていることが分かった。掘り出してみると、それは二つの土器が黄色のこよりで十文字に結ばれたもので、土器の底には朱で一つの文字が書いてあった。晴明が犯人を探るために紙を鳥の形に結んで宙に投げると、その紙は白鷺となって南方へと飛び去った。この鳥が落ちた場所を探すと、そこは道摩法師《どうまほうし》の家の前であった。道摩法師は呪詛の理由を問われ、堀川顕光《ほりかわあきみつ》(藤原顕光《ふじわらのあきみつ》)の命によるものと白状したという(藤原顕光の項目を参照)。

道摩法師は晴明のライバルとして有名な蘆屋道満《あしやどうまん》と同一人物であるとされる。道満と晴明についてはさまざまな伝説が残されているが、特に有名なのが浄瑠璃『蘆屋《あしや》道満大内鑑《どうまんおおうちかがみ》』で描かれる以下のような話だ。

まだ八歳であった晴明と、彼の後見人であった道満は、農民が拾ってきた長櫃の中身を言い当てる勝負を命じられる。先に道満が占うことになり、道満は中身の一つは人形で、一つは斬殺された男の死体であると答える。次に晴明が占うと、道満が占った時と同じものが見えたが、死体の魂魄《こんぱく》がいまだ体を離れていないことを見抜き、まだ男は生きていると答える。心配した道満は占いの結果が同じでも恥ではないと説得するが、晴明は一心不乱に蘇生の術を唱え、ついに成功させる。すると長櫃の中からは晴明の父・保名が現れた。保名は自分を殺害した石川悪右衛門《いしかわあくえもん》らを告発し、さらに悪右衛門らを使って権力争いの相手である小野好古《おののよしふる》を蹴落とすためにその娘・六《ろく》の君《きみ》を誘拐しようとした左大将・橘元方《たちばなのもとかた》の悪行を公にする。この術比べによって、晴明と道満は共に後世に名を残す大陰陽師となったという(蘆屋道満の項目も参照)。

悪役として描かれることが多い現在の道満のイメージ

とは違い、この作品では道満は物語を通して晴明の味方として描かれる。一方、より古い『簠簋内伝《ほきないでん》』などでは、道満は晴明の妻と密通して晴明が唐から持ち帰った秘伝書『簠簋内伝』(晴明が自身の編著書の元にしたとされる同名の書)を盗み、晴明に「お前がその書を持っているはずがない」とつめ寄られると、「持っていたならばお前の首を頂く」と言って実際に晴明の首をはねるなどの所業を行っている。しかし晴明はその後、彼に『簠簋内伝』を授けた伯道上人《はくどうしょうにん》が日本に渡ったことで蘇生し、道満は伯道に首をはねられる。

この他にも、近世初期に記されたと考えられる『簠簋内伝』の注釈書『簠簋抄《ほきしょう》』には、前述の道満との術比べの場面で、道満が小石を燕に変え、晴明がそれを小石に戻す、という描写がある。その後の対決で、道満は長櫃の中には蜜柑が入っていると答え、それは正解であったが、晴明は中身を鼠に変化させた上で見事中身を言い当てる。敗北した道満は、晴明の弟子になったという。

◉伝説の妖狐の正体を暴く

同書では、晴明は幼少時に竜宮城の乙姫が化身した小蛇を助けたことで竜宮城に招かれ、神宝をもらって神変力を得たとされる。また、晴明は狐と人の間に生まれた子であるため、生まれてから二百年以上経っても生きていたとされており、近衛天皇《このえてんのう》の時代に現れた九尾の妖狐・玉藻前《たまものまえ》と対決する場面も描かれる。天皇の病を占い、それが玉藻前の祟りであることを突き止めた晴明は、彼女は周《しゅう》や夏《か》、殷《いん》など、中国の王朝を滅ぼしてきた妖狐であり、その正体はかつて周に戦で負け、絶世の美女を人質として差し出すことを要求された国が、四人の僧侶を集めて老狐を変化させ、周に人質として送り込んだものだと告げる。そして泰山府君祭を執り行い、その正体を暴いた。玉藻前は七色の狐となって那須野に逃亡したが、討伐されて殺生石《せっしょうせき》となり、最後には玄能《げんのう》という僧に砕かれたという。

◉妖怪退治の名アドバイザー

晴明は妖怪退治で名を馳せた源頼光《みなもとのよりみつ》とその家来である頼光四天王の物語にも登場する。『大江山絵詞《おおえやまえことば》』によれば、一条天皇《いちじょうてんのう》の時代、平安京の若い女性が次々と行方不明になることがあった。晴明が占ったところ、大江山の鬼・酒呑童子《しゅてんどうじ》の仕業であることが判明する。そこで頼光らは大江山に酒呑童子を討伐しに赴くことになる(源頼光の項目も参照)。

頼光四天王の一人・渡辺綱《わたなべのつな》の物語にも晴明が登場する。『平家物語《へいけものがたり》』では、一条戻橋で女の鬼の腕を斬った綱が晴明のもとに相談に訪れる。晴明は綱に七日間物忌みするように伝えてこの鬼の腕を封印する。この女鬼は橋姫《はしひめ》と呼ばれることが多い（渡辺綱の項目も参照）。また、一条戻橋は晴明が式神を隠していた橋としても有名である。

類似したものに、酒呑童子の代わりにその配下の鬼である茨木童子《いばらきどうじ》が登場する話がある。一条戻橋や羅城門で茨木童子と戦い、その腕を斬り取った綱が晴明にその後どうすればよいか相談すると、晴明は七日間の物忌みを行うよう伝える。しかし七日目の夜、綱の乳母に化けた茨木童子がまんまと綱の家に招き入れられることに成功し、腕を取り返す。この鬼はもともと茨木童子であるとは断定されておらず、後に茨木童子と同一視されたと考えられている。

晴明にはこの他にも、多くの不可思議な伝説が残っている。現代でも晴明は荒俣宏《あらまたひろし》の小説『帝都物語《ていとものがたり》』や、夢枕獏《ゆめまくらばく》の小説『陰陽師《おんみょうじ》』でその活躍が描かれるなど、多くの創作作品に登場する。今後も彼の活躍は、時代を超えて描かれることになるのだろう。

安倍泰親　あべのやすちか

一一一〇～一一八三年

平安時代の陰陽師。安倍晴明《あべのせいめい》の五代目の子孫。雅楽頭《うたのかみ》、陰陽博士、陰陽助、大膳権大夫を歴任し、正四位上に上った。土御門内裏の炎上や承安二年（一一七二年）の斎宮《さいぐう》の死を予知し、治承三年（一一七九年）に起こった地震から大変事の発生を予見し、実際にその後平清盛《たいらのきよもり》が後白河法皇《ごしらかわほうおう》の院政を停止させる政変が起こるなど、占いをよく的中させたことで有名。

◉怪異から流星まで、何でも占う陰陽師

陰陽師として晴明以来の名声を得た泰親は、後の時代でも英雄視され、妖怪退治譚に登場することも多かった。特に鳥羽上皇《とばじょうこう》とは活躍した時代が重なっていることもあり、白面金毛《はくめんきんもう》九尾の狐（玉藻前《たまものまえ》）の正体を見破ったという話が『絵本三国妖婦伝《えほんさんごくようふでん》』などで描かれている。玉藻前の伝説については、詳細は鳥羽天皇の項目を参照。

また『古今著聞集《ここんちょもんじゅう》』には、落下してきた流星を検分し、天変を占ってその結果を天皇に奏上した話が載る。それによれば、この流星は水晶のような形で光を放ち、二丈余り（約六メートル強）の尾があった、とまるで生き物のような姿をしていたと記されている。

安倍泰成　あべのやすなり

不明（十二世紀頃）

平安時代の陰陽師。安倍晴明《あべのせいめい》の子孫と考えられるが、

玉藻前《たまものまえ》伝説にしか名前が見られず、伝説上の人物であった可能性がある。

◉九尾の狐の正体を見破る

鳥羽上皇《とばじょうこう》の寵姫であった玉藻前の正体が九尾の狐であったという玉藻前伝説において、泰成はその正体を見破る役割を担って登場する。

古くは『神明鏡《しんめいかがみ》』や謡曲『殺生石《せっしょうせき》』にその名前が見え、陰陽術によって人間に化けていた玉藻前の正体を暴く。妖狐であることが露見した玉藻前は、那須野に飛び立つこととなる。

また、近世の『絵本玉藻《えほんたまも》譚《ものがたり》』では、鳥羽上皇の皇后である美福門院《びふくもんいん》（藤原得子《ふじわらのとくし》）と共に九尾の狐の正体を暴く。この美福門院は、玉藻前のモデルになった人物ではないかという説が滝沢馬琴《たきざわばきん》によって提唱されている。

「玉藻前伝説」における泰成の役割は、作品によって安倍泰親《あべのやすちか》や安倍晴明《あべのせいめい》に取って代わられる。しかし南北朝時代や室町時代に書かれた玉藻前に関する物語では、泰成がこの役割を担っているため、玉藻前の正体を暴く陰陽師として最も古くから登場するのはこの泰成であると考えられる。

在原業平　ありわらのなりひら　八二五～八八〇年

平安時代の貴族。平城天皇《へいじょうてんのう》、桓武天皇《かんむてんのう》の血縁にあたるが、薬子《くすこ》の変で天皇の系譜が嵯峨天皇《さがてんのう》に移ったため、皇族を離れ在原姓を与えられて臣下となる。歌人としても有名で、六歌仙、三十六歌仙の一人に数えられる。美男子の代名詞とされる人物であり、多くの女性との恋愛譚が記録や伝説に残っている。平安初期の歌物語『伊勢《いせ》物語《ものがたり》』は業平を主人公のモデルにしたという説が古くから有力であり、同物語には彼の和歌が多数収録されている。

◉鬼に食われた恋人

『今昔物語集《こんじゃくものがたりしゅう》』にはこんな話が載る。

ある時業平が、美人と名高く、両親に大切にされていて、思いを遂げられない女性をこっそり連れ出したことがあった。しかし彼女を隠す場所がなく、さ迷っているうちに寂れた山荘にたどり着き、そこで一夜を共にしようとしたところ、突如雷鳴が鳴り響いた。

業平は女を後ろに隠し、太刀を抜いて警戒していたが、しばらくすると雷がやんで夜が明けた。その間、女は一度も声を発さなかったので、ふり返って見ると、女の頭と着ていた衣だけが残り、体はすべてなくなっていた。

業平は恐ろしくなり、着物も忘れて逃げてしまった。それからしばらくして、あの山荘は人を取って食う鬼が住む場所であったことが分かったという。

細部は違うものの、この話はもともと『伊勢物語』に同じ筋書きの話がある。先述の通り同物語の主人公は業平と考えられていたため、『今昔物語集』にも彼の説話として収録されたものと考えられる。

また、この女を食った鬼は鳥山石燕《とりやませきえん》の妖怪画集『今昔《こんじゃく》百鬼拾遺《ひゃっきしゅうい》霧《きり》』に「鬼一口《おにひとくち》(❶)」という名で描かれている。ここでは女は「藤原高子《ふじわらのたかいこ》」とされているが、これは彼女が業平と恋愛関係にあったという説からの連想と思われる。

安徳天皇 あんとくてんのう
一一七八〜一一八五年

平安時代の天皇。父は高倉天皇《たかくらてんのう》、母は平徳子《たいらのとくこ》。二歳で天皇に即位するも、壇ノ浦の戦いで平氏が敗れたため、平氏一門と共に入水し、わずか八歳で命を絶った。

●神剣を求めた八岐大蛇《やまたのおろち》の生まれ変わり

『平家物語《へいけものがたり》』などによれば、安徳天皇が入水した際、三種の神器も平氏と共に海に沈んだ。その後八尺瓊勾玉《やさかにのまがたま》と八咫鏡《やたのかがみ》は海中から見つかったが、草薙剣《くさなぎのつるぎ》だけは最後まで

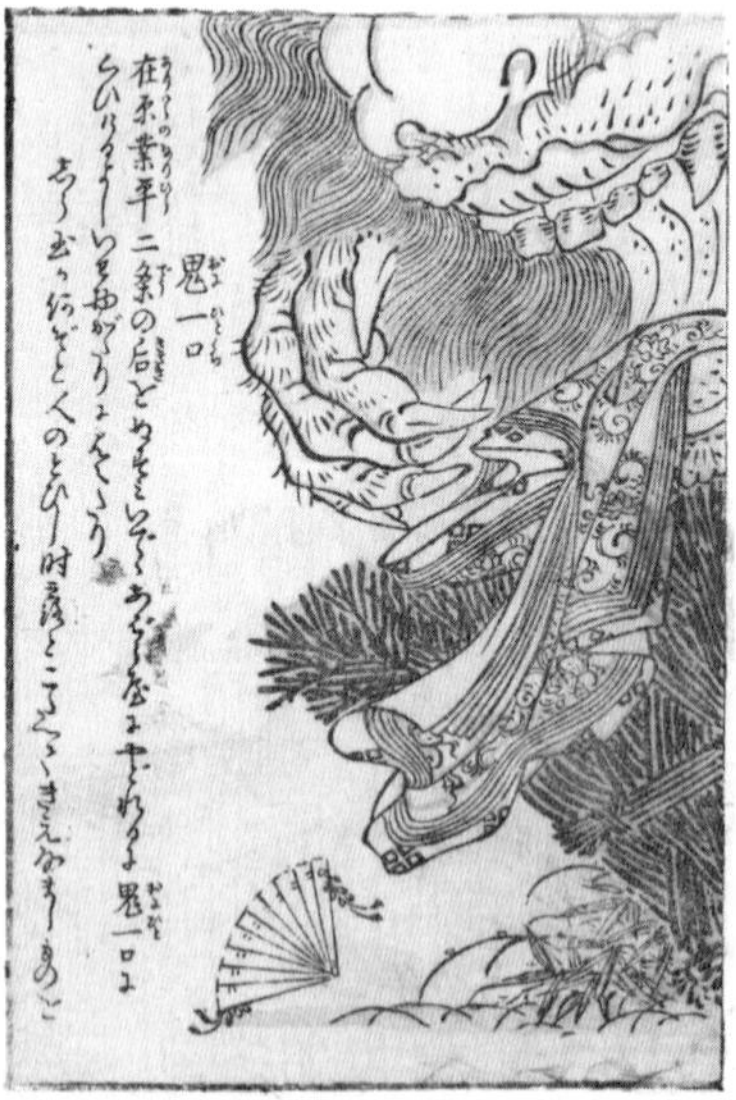

❶鳥山石燕「鬼一口」(国立国会図書館デジタルコレクション蔵)

見つからなかったという。

草薙剣は『古事記《こじき》』や『日本書紀《にほんしょき》』において須佐之男《すさのお》命《みこと》が八岐大蛇の尾を斬った際に出てきたとされているものだが、『太平記《たいへいき》』の「剣の巻」では、八岐大蛇が安徳天皇に転生し、剣を取り返して海底の竜神の宝としたと記されている。さらに『源平盛衰記《げんぺいせいすいき》』では、法華経を身に纏った海女《あま》がこの剣を探して海底に潜り、竜宮城に行ったところ、剣をくわえた大蛇と安徳天皇に出会ったことが記されている。八岐大蛇はこの大蛇の次男であり、日本武尊《やまとたけるのみこと》と戦うなどして何度も転生を繰り返しては草薙剣を取り戻そうとしていたが、安徳天皇の時代になってやっと取り戻せたと語ったという。詳細は日本武尊(弥生時代以前)の項目を参照。

一方『愚管抄《ぐかんしょう》』ではまた別の説が記されている。平清盛が厳島神社《いつくしまじんじゃ》で祈願を行ったところ、そこに祀られていた竜神・沙伽羅竜王《しゃがらりゅうおう》が自ら転生して生まれたのが安徳天皇であり、沙伽羅竜王は水神でもあるため、最後は入水して海に帰ったのだという。

和泉式部 いずみしきぶ

不明(十～十一世紀頃)

平安時代の歌人。冷泉天皇《れいぜいてんのう》の皇后である昌子内親王《しょうしないしんのう》に仕えた。橘道貞《たちばなのみちさだ》と結婚して小式部内侍《こしきぶのないし》を産み、道貞が和泉守となったことで和泉式部と呼ばれた。後に道貞とは別居し、冷泉天皇の皇子である為尊親王《ためたかしんのう》の寵愛を受ける。しかし親王も疫病に倒れ、死別する。その後、為尊親王の同母弟である敦道親王《あつみちしんのう》から求愛を受けるも、敦道親王もまた病に倒れて死去する。やがて一条天皇《いちじょうてんのう》の中宮・藤原彰子《ふじわらのしょうし》に仕え、藤原保昌《ふじわらのやすまさ》と結婚した。その自由奔放な生き様から当時の貴族の評価はさまざまであったが、歌の才は確かなもので、中古三十六歌仙の一人に数えられている。

●梅花がよみがえらせた菩薩の記憶

和泉式部には多くの伝説が残っており、彼女を題材にした創作作品も豊富である。

能『東北《とうぼく》』では、和泉式部が死後、霊となって現れる。その概要は以下のようなものだ。

東国の僧侶の一行が京へ上った際、東北院という寺院を訪れ、そこで「和泉式部」と名付けられた梅があると教えられる。その梅を眺めていると一人の女性が現れ、この梅は「和泉式部」ではなく「軒端梅《のきはのうめ》」という名であり、この梅の木を植えた人物こそが和泉式部なのだと教える。そして女は自身が和泉式部の霊であることを明かして、姿を消す。一行のうち一人の僧は、もう一度彼女の霊に会おうと、東北院に留まることにした。夜になり、僧が法華経を読んでいると、和泉式部の霊が再び現れ、「この経を聞くと、昔を思い出す」と在りし日の記憶を語る。彼女は自分がすでに解脱して歌舞の菩薩となっていることを明かし、舞いを見せる。そして暇《いとま》を告げて方丈の部屋へと消えていく和泉式部を見送ったところで、僧は夢から覚めたという。

◉鹿に育てられた歌人

佐賀県杵島郡白石町にある福泉禅寺には、和泉式部は鹿の子であったという伝説が残っている。

ある時、この寺のお堂の裏で、白い鹿が人間の赤子に乳をあげていた。そこへ子どものいない長者である大黒丸《だいこくまる》とその妻がやって来て、夢で薬師如来に女の子を授けられたと語り、その赤子を引き取る。この赤子が後に和泉式部となったという。和泉式部は鹿の子であったため、足の指が二本しかなく、いつも足袋で隠していた、という伝説もあるようだ。

一条天皇　いちじょうてんのう　九八〇～一〇一一年

平安時代の天皇。花山天皇《かざんてんのう》の突然の出家により、わずか七歳で即位したため、藤原兼家《ふじわらのかねいえ》が摂政となって政治を執り行った。兼家の死後は藤原道隆《ふじわらのみちたか》が関白となり、娘の定子《ていし》を皇后として嫁がせた。しかし道隆は数年後に病没したため、その弟の藤原道兼《ふじわらのみちかね》が関白となるも、わずか十一日で死去する。その後は藤原道長《ふじわらのみちなが》が内覧となって実権を掌握し、娘の藤原彰子《ふじわらのしょうし》を皇后としたことで一帝二后の体制が作られた。

一条天皇の時代、定子に仕えた清少納言《せいしょうなごん》、彰子に仕えた紫式部《むらさきしきぶ》らによって女流文学が盛んとなり、天皇自身も文芸を好んだという。また温和な性格で、多くの人に慕われていたと伝えられる。

◉死を知らせた壺の怪

『続古事談《ぞくこじだん》』には、一条天皇の死の予兆について記されている。

造酒司《みきのつかさ》（律令制で酒や酢を醸造する役所）に大刀自《とじ》という壺があり、普段は上部の二尺（約六十センチメートル）ほどを残して土に埋められていた。この壺がひとりでに地上に出現したことがあり、それから間もなく一条天皇は亡くなったという。

碓井貞光　うすいさだみつ　九五五～一〇二一年

平安時代の武将。源頼光《みなもとのよりみつ》に仕えた四天王の一人であり、相模国《さがみのくに》碓氷峠近くの生まれという説と、上野国《こうずけのくに》碓氷峠近くの生まれという説の二つが伝わっている。

◉仏の加護を得た大鎌

群馬県と長野県の境界にある碓氷峠には、以下のような伝説が残る。

昔、碓氷峠に大蛇が住みつき、人を食らっていた。帰郷してこの大蛇の退治を頼まれた貞光は、十一面観世音菩薩に大蛇退治の成功を祈願して峠を登った。

人々が語った通り、碓氷峠には巨大な毒蛇がおり、火炎と毒気を吐いて貞光に襲いかかってきた。貞光は太刀を抜いて応戦し、隙を窺っていると、天に一筋の光明が差し、大鎌を持った十一面観世音菩薩が現れ、これをもって毒蛇を退治すべしと告げた。貞光はこの大鎌を振り、見事大蛇を討伐したという。

その後貞光は寺を建立し、そこに十一面観世音菩薩と大蛇の骨を納めた。これが現在の碓氷山定光院金剛寺であるという。

この他にも、貞光は頼光四天王の一人として、酒呑《しゅてん》童子《どうじ》や土蜘蛛《つちぐも》など、多くの妖怪を退治した伝説が残る。詳しくは源頼光の項目を参照。

卜部季武 うらべすえたけ

九五〇～一〇二二年

平安時代の武将。源頼光《みなもとのよりみつ》に仕えた人物で、頼光四天王の一人として、多くの妖怪退治譚が残る。同じく妖怪退治の英雄である坂上田村麻呂《さかのうえのたむらまろ》の子孫という説もある。『今昔物語集《こんじゃくものがたりしゅう》』などの説話では、平季武《たいらのすえたけ》の名で知られる。

◉酒呑童子《しゅてんどうじ》退治の英雄

頼光四天王として妖怪を退治した話としては、『大江《おおえ》山絵詞《やまえことば》』にある大江山の酒呑童子を退治した伝説や、『平家物語《へいけものがたり》』にある土蜘蛛《つちぐも》を退治した伝説が有名である（詳しくは源頼光の項目を参照）。

また、神楽の演目『滝夜叉姫《たきやしゃひめ》』では、鬼女と化した平将門《たいらのまさかど》の娘・滝夜叉姫に頼光が宝刀・蜘蛛切丸《くもきりまる》を奪われ、季武と頼光四天王の一人である碓井貞光《うすいさだみつ》が共に刀を取り返す、というあらすじとなっている。他にも、滝夜叉姫は酒呑童子の妹とされるものもある。

◉産女《うぶめ》を逆にビビらせる

また『今昔物語集』には、季武が主役の説話が載る。

頼光が美濃守の役職に就いていた頃、武士たちが部屋に集まり、物語をしていた。そこで「この国の渡《わたり》というところには産女がいて、夜になって川を渡ろうとすると泣いている赤子を差し出し、この子を抱いてくださいと言うそうだ」という話が出た。武士たちの中の一人が「誰か今すぐにその場所に行ってみる者はいないか」と言うので、季武は「私が行こう」と申し出た。集まった武士たちの中には、絶対に渡ることなどできないと言う者が複数いたため、その者たちと川を渡れるかどうか賭けをして、実際に出かけていった。

その川に至った季武は、川を渡った証拠として向こう岸に矢を突き刺し、引き返そうとした。すると女の声で「この子を抱いてください」と言う者があり、赤子の鳴き声が響いた。直後、生臭い匂いが辺りに漂い、子を抱いた女が現れた。

季武は全く怯まず「では抱いてやろう」と言い、女は子を渡したが、季武はそのまま子を抱いてその場を去ろうとした。すると女の方があせった様子で「その子を返してください」と言う。季武は「返してやるものか」と告げて岸へと戻ってしまった。

季武がそのまま武士たちの待つ部屋へと戻ると、赤子はいつの間にか木の葉に変じていた。季武が本当に川を渡ったのか、こっそりついて来て一部始終を見ていた三人の者がその様子を詳しく話して聞かせた。そこで季武が本当に川を渡ったことが知れ、皆が彼を誉めそやしたという。

この産女は狐が化けたものとも、産褥で死んだ女の霊が変化したものとも言われている。

『今昔物語集』におけるこの説話は、日本の文献上に初めて「産女」が登場した例とされる。

永超　えいちょう　一〇一四～一〇九六年

平安時代の僧侶。法相宗の僧で、興福寺の僧であったが、後に子院に移った。興福寺をはじめとする諸寺院の所蔵した仏典目録として撰述した『東域伝燈目録《とういきでんとうもくろく》』が有名。僧でありながら、魚食を好んだことでも知られる。

●ほどこしが防いだ伝染病

『古事談《こじだん》』には、永超の魚好きにまつわるこんな話が載る。

永超は魚がなければ他のものも食べない、というほどの極度の魚好きであった。あるとき朝廷の命で京に召され、その間は魚が食えず、すっかり衰弱してしまった。そのため、帰路の途中で弟子の一人が近くの村の在家から魚をもらってきて、それを昼飯として永超に食べさせた。

それからしばらくして、永超のために魚を分けた家の主人は、夢の中で、何か恐ろしいものたちが村の家々に印を付けているのを見た。しかしその主人の家にだけは印を付けなかったため、わけを問うと「この家は永超僧《そう》都《ず》に捧げ物をした家だ。よってこの家だけは印を付けない」と答えた。

その年、村で疫病が流行り、次々と人が死んだ。しかし永超のために魚を分けた家だけは、誰も病気にかからなかったという。

この夢に出てきたのは、疫病神かと思われる。

大江匡房 おおえのまさふさ　一〇四一～一一一一年

平安時代の公卿。学者としても有能で、有職故実に精通しており、後三条天皇《ごさんじょうてんのう》、白河天皇《しらかわてんのう》・堀河天皇《ほりかわてんのう》の侍読を務めた。平安時代の説話集『江談抄《ごうだんしょう》』はこの匡房の談話を藤原実兼《ふじわらのさねかね》が筆記したものである。

●正体は火星の精？

『江談抄』には、以下のような話が記されている。

匡房自身が語ることには、「世間の人々は、匡房は熒惑《けいこく》の精ではないか、そうであれば、地獄の閻魔庁《えんまちょう》にこの世のことを知らせるために来ているのではないかとうわさしている。これを聞いて以来、我ながら自分が特別な人間なのではないかと思う。唐が宋であった時代には、熒惑の精は燕《えん》・趙《ちょう》の山に白髪の翁の姿で降り立ったという話が残っている。また李淳風《りじゅんぷう》（唐の天文学者）も熒惑の精だったと言われている。このようなことは、ままあることなのだ」とのことだった。

熒惑は熒惑星のことを指し、現代でいう火星を意味する。火星が人の姿になって地上に降り立つ話は中国や日本でいくつか語られており、中国の『捜神記《そうじんき》』には、子どもの姿をした熒惑の精が春秋戦国時代を予言したという説話が載る。日本でも土師連八島《はじのむらじやしま》（飛鳥時代）や藤原致忠《ふじわらのむねただ》が熒惑の精と遭遇している。これらについては当該項目を参照。

緒方惟栄 おがたこれよし　不明

平安時代から鎌倉時代にかけての武将。平重盛《たいらのしげもり》の家臣であったが、治承・寿永の乱で平家と敵対し、大宰府から平家を追い落とすなど九州で平氏討伐の成果を挙げ、豊後国《ぶんごのくに》大野郡緒方荘（現在の大分県豊後大野市緒方地区）の領主となった。また、源義経《みなもとのよしつね》が源頼朝《みなもとのよりとも》に背反した際には義経を匿ったとも伝えられている。

●大蛇を先祖に持つ男

『平家物語《へいけものがたり》』には、彼の一族の出生にまつわる伝説が載る。

豊後国のある山里に一人の寡婦がおり、美しい娘を育てていた。その娘のもとにある男が夜な夜な通うようになり、娘は子どもを身ごもる。これを怪しんだ母親が「あなたのもとに通ってくるのは一体どのような男なのか」と問うと、娘はどこから来ているのかを知らないと言うので、母親は「それならば夜明け前にその男に印を付け、糸でつなぎなさい」と教えた。娘が男の狩衣《かりぎぬ》の襟首にあらかじめ糸を通した針を刺しておき、それをたどってみると、糸は姥ヶ嶽《うばがだけ》の麓《ふもと》の岩屋に達していた。

娘が岩屋の入り口に立ち、「お姿を拝見したく、ここまで参りました」と言うと、何者とも分からない声で「私は人間の姿ではない。もし今の姿を見れば、恐ろしさに正気を失ってしまうだろう。しかしあなたの腹の子は、人間の男児であることに間違いない。成長すれば、九州に肩を並べる者はいなくなるはずだ」と答えた。しかし娘はどのような姿であっても見たいと言う。すると、岩屋の中から頭から尾の先まで十四、五丈（約四十二～四十五メートル）もあろうかという大蛇が現れた。あまりの恐ろしさに娘は魂が抜かれたようになり、従者たちも散り散りに逃げ去った。しかしよく見ると、襟首に刺したと思った針は大蛇の喉笛を深くえぐっており、大蛇を大いに弱らせているようであった。

娘は悲しさと恐ろしさにやっとの思いで家に帰り、間もなく子を産んだ。生まれた子は普通の男の子であったが、大蛇の子であるため誰も育てようとせず、最終的に母方の祖父がもらい受けた。その子は人よりも早く成長し、七歳の頃には十五歳ほどの大きさになっていた。そのため早速元服の式を行い、祖父の大太夫という名にちなんで大太と呼ぶこととした。この子は夏も冬も手足にあかぎれができたため、胝大太《あかがりだいた》と呼ばれた。彼の五代目の孫にあたるのが緒方惟栄であるという。また、先述の大蛇は日向国《ひゅうがのくに》の高知尾明神であると伝えられている。

長田忠致 おさだただむね

不明（十二世紀頃）

平安時代の武士。尾張国《おわりのくに》知多郡に住んでいた人物。平治の乱で源義朝《みなもとのよしとも》を一時匿うが、裏切って殺害する。義朝の子・源頼朝《みなもとのよりとも》が挙兵するとその兵に加わり、懸命に働けば美濃尾張の地が褒美として手に入るという言葉を信じて戦った。しかし頼朝が覇権を握った後は頼朝に父殺しの罪を責められて処刑された。

◉蟹と化した怨念

愛知県には、忠致の怨霊が蟹に乗り移り、長田蟹《おさだがに》になったという伝説がある。これは実在する蟹の一種であるヘイケガニの甲羅が怒った人間の顔に見えることから生まれた伝説で、「長田蟹」はヘイケガニを指す尾張地方の方言となっている。ちなみに「ヘイケガニ」の名も壇ノ浦で敗れた平家の怨霊が乗り移った蟹である、という伝説から取られている。

小野小町《おののこまち》

不明（九世紀頃）

平安時代の歌人。六歌仙、三十六歌仙、女房三十六歌仙の一人に名を連ねる。仁明天皇《にんみょうてんのう》、文徳天皇《もんとくてんのう》の後宮に仕えた。絶世の美女であったと伝えられ、恋愛に関する逸話も多く、多くの物語の題材にもなった。

◉髑髏《どくろ》と成り果てた伝説の美女

『江家次第《ごうけしだい》』、『古事談《こじだん》』などには、小町の髑髏と在原業平《ありわらのなりひら》にまつわる以下のような話が載る。

業平が一条天皇《いちじょうてんのう》の皇后を連れ出そうとしてその兄たちに取り戻され、罰として髻を切られて平安京から関東方面へ出奔した時のこと。奥州八十島《やそしま》にて宿を取った夜中、「秋風の吹く般毎《たびごと》に穴目穴目」（秋風が吹くたびに、目の穴が痛む）という和歌の上の句を詠む声が聞こえてきた。業平が声のもとをたどってみると、そこに人の姿はなく、眼窩《がんか》から薄《すすき》の生えた髑髏があった。奇怪に思った業平がこの髑髏について人に尋ねてみると、ある人が言うことには「小野小町は、この国に下向して生涯を終えたと聞いています。その小町の亡骸が、あの髑髏なのです」と答えた。

それを聞いた業平は哀れに思い、彼女の詠む上の句に対し「小野とはなくし薄おひけり」（小野とは言うまい。薄が生えているのだから）と下の句を詠み、小町への慰めとしたという。

また、小町の墓であるとの謂れが残る山形県米沢市の美女塚周辺にも、彼女にまつわる数多くの伝説が残る。小町の怨霊の祟りによって鬼面川《おものがわ》に生える葦は全て片葉であるという話や、昔は怨霊を鎮めるための人身御供として鬼面川で何人もの子どもが溺れたという話や、美女塚に埋められた小町の髪が蛇になった話、この塚の周りを片足が不自由な人の真似をして三周すると小町の亡霊が出るという話などがある。

小野篁《おののたかむら》

八〇二〜八五二年

平安時代の公卿。『内裏式《だいりしき》』などの編纂に関わった小《お》野岑守《ののみねもり》の子。若年の頃は弓馬に熱中し、学問に手を付けなかったため、嵯峨天皇《さがてんのう》に嘆かれた。その後は悔い改めて学問を志し、文章生《もんじょうしょう》となる。遣唐副使に任命されるも、これを拒否して乗船せず隠岐に流される。その後許されて参議し、従三位、左大弁などを歴任した。

◉昼は公卿、夜は閻魔の補佐官

篁といえば、地獄と現世を行き来した話が有名である。『江談抄《ごうだんしょう》』には、急死した藤原高藤《ふじわらのたかふじ》があの世へ行くと、閻魔庁の第二冥官として篁が座っており、高藤を蘇生させたという話が載る。

『今昔物語集《こんじゃくものがたりしゅう》』には、藤原良相《ふじわらのよしみ》が重病で生死の境をさまよった際、閻魔王宮の使いにさらわれてあの世へ行き、そこにいた篁が閻魔大王に「この方は実直で、人のために働ける人です。この度の罪を私に免じて許して頂けませんか」と進言したのを見たという話が載る。これにより、良相は無事快癒したという。

京都市の六道珍皇寺《ろくどうちんのうじ》には、寺の裏側にある井戸から夜な夜な篁が冥府に足を運んでいたという伝説が残る。

また先に挙げた『江談抄』には、篁と高藤が百鬼夜行に遭遇する話も記されている。篁は百鬼夜行の存在に気付いていたが、高藤の衣服に尊勝陀羅尼像が縫い込まれていることを知っていたため、百鬼夜行は手が出せないだろうと考えてわざと教えなかったという。

京都府北区にある篁の墓の隣には、紫式部《むらさきしきぶ》の墓が並んでいる。これは地獄に落ちた紫式部を篁が閻魔大王に進言して救ったという伝説に基づいている。詳細は紫式部の項目を参照。

覚性法親王 かくしょうほっしんのう　一一二九～一一六九年

平安時代の僧侶。鳥羽天皇《とばてんのう》の第五皇子。幼い頃に出家して仁和寺に入り、灌頂《かんじょう》（密教における儀式の一つ。頭頂に水を注いで諸仏や曼荼羅《まんだら》と縁を結び、種々の戒律や資格を授けて正統な継承者とすること）を受ける。仁和寺の覚法法親王《かくほうほっしんのう》を師とし、修行の末に密教者として自立する。以後、国家守護のために多くの密教修法を主宰した。尊勝寺、四天王寺などの検校《けんぎょう》を務め、後に総法務に任命される。また和歌をよく詠み、死後に歌集として『出観集《しゅっかんしゅう》』が編まれた。

◉餓鬼《がき》への慈悲が仇《あだ》となる

『古今著聞集《ここんちょもんじゅう》』には、法親王が餓鬼と遭遇した話が載る。法親王がある日の夕暮れに一人で佇んでいたところ、簾の向こうに身長五十センチメートルほどの人間の足のようなものが見えた。見てみると、姿形は人間に近いが、顔は蝙蝠《こうもり》のようだった。そこで法親王が「お前は何者で、どうしてそのような姿になったのか」と尋ねると、その者は「私は餓鬼でございます。水に飢えることを耐えがたく思います。人々の間に流行り病を引き起こしているのは、私なのです。自分では水が飲めないので、水が飲みたくて人に取り憑き、その人が水を飲むことで渇きを癒していましたが、人々が天皇に申し上げて御手水《おちょうず》に数珠を置いたため、私の力が及ばなくなりました。ましてや加持祈禱《かじきとう》などされては、近寄ることもできません。しかし水が欲しくてたまらないのです。どうか助けてくださいませ」と言う。

哀れに思った法親王が盥《たらい》に水を入れて渡してやると、餓鬼は大層うまそうにその水を飲み始めた。そこで法親王が「もっと欲しいか」と問うと、餓鬼は「水に飽くことはありません」と言う。そこで水生の印（密教において、水を発生させる印）を結び、指を一本餓鬼の口に当ててやると、餓鬼は嬉しそうにその指に吸い付いた。しかしそのうち指に痛みが走り、それが全身に広がってきたので、慌てて火生の印（密教において火を生み出す印）を結び、難を逃れたという。

餓鬼にはさまざまな種類がいるが、この餓鬼は『古今著聞集』で水餓鬼《すいがき》と名付けられている。インドの仏典『正法念処経《しょうほうねんしょきょう》』には「食水餓鬼《じきすいがき》」という餓鬼が記されており、日本では源信《げんしん》の『往生要集《おうじょうようしゅう》』で引用されている。細部は異なるが、水に飢え、水を求め続ける餓鬼として紹介されているため、これが水餓鬼の元になったのかもしれない。

上総広常 かずさひろつね

不明〜一一八四年

平安時代の武将。平広常《たいらのひろつね》とも呼ばれる。保元・平治の乱で源義朝《みなもとのよしとも》軍に加わって武功を挙げた。源頼朝《みなもとのよりとも》が挙兵した際は頼朝側で参戦し、その勝利に貢献するも、謀反を疑った頼朝によって謀殺された。

◉妖狐を貫いた神の槍

鳥羽上皇《とばじょうこう》の寵姫であった玉藻前《たまものまえ》の正体が九尾の狐であったという「玉藻前伝説」において、広常は三浦義明《みうらよしあき》と共に玉藻前を討伐する命を受けた人物として登場する。謡曲『殺生石《せっしょうせき》』にその名が見える他、多くの玉藻前伝説を扱った作品に登場する。現在一般に伝わっている玉藻前の物語に大きな影響を与えた読本《よみほん》『絵本三国妖婦伝《えほんさんごくようふでん》』では、彼が常々信仰していた高良明神《こうらみょうじん》から大身の槍を授かり、玉藻前との決戦で三浦義明が二本の矢で妖狐を貫いた直後、その槍で突き刺してとどめを刺した。妖狐は槍に嚙みついて何とか引き抜こうとしたが、広常の怪力にはかなわず、やがて殺生石に姿を変じたとされる。

兼明親王 かねあきらしんのう

九一四〜九八七年

平安時代の皇族。醍醐天皇《だいごてんのう》の子で、一時は臣籍降下して源姓を名乗り、左大臣などを務めるが、晩年皇籍に復帰し、中務卿《なかつかさきょう》を務めた。和歌や書道に優れ、藤原佐理《ふじわらのすけまさ》、藤原行成《ふじわらのゆきなり》と共に、能書家の中でも特に優れた三人を指す「三蹟《さんせき》」に数えられることもある。ただし、一般的に三蹟といえば先の二人に加え、兼明親王ではなく小野道《おののみち》風《かぜ》を指す場合が多い。

◉生霊となった能書家

『江談抄《ごうだんしょう》』には、兼明親王が生霊と化した話が載る。

兼明親王が隠棲した頃、同じく三蹟と称えられる佐理が朝廷からひっきりなしに筆の仕事を与えられていた。しかしその間、佐理は兼明親王の生霊に悩まされ続けたという。

同書ではこの話の直前に佐理が生霊と化し、同じく三蹟の行成を祟ったという話が載っているが、その話は間違いで、兼明親王が佐理を祟った話が正しい、といった書き方がなされている。

賀茂忠行 かものただゆき

不明

平安時代の陰陽師。当時、比類する者がいないと言われるほど陰陽道に精通していた人物。承平・天慶の乱の際、大白衣観音法《だいびゃくえかんのんほう》（天変兵革はじめ一切の災難を自然に消散する効果があるとされる法）を行うよう藤原師輔《ふじわらのもろすけ》に進言した記録が残ることでも知られる。子に賀茂保憲《かものやすのり》、弟子に安倍晴明《あべのせいめい》がいるなど、後の陰陽師の育成においても大きな実績を残した。

◉鬼神を見た息子

息子・保憲にまつわる説話が『今昔物語集《こんじゃくものがたりしゅう》』に載る。

忠行がお祓いをするため出かけようとしたとき、当時十歳ほどの年齢であった保憲がどうしても一緒について行きたいと言って聞かなかった。連れて行くと、保憲は仕事中ずっと大人しくしていた。

帰りの牛車で、保憲は「先ほどのお祓いの場で、恐ろしい姿形をした、人のようで人ではない者たちが二、三十人くらいやって来て、お供えの物を食べた後、作って置いてあった船や牛車や馬などに乗ってばらばらに帰りました。あれは一体何だったのでしょうか」と問うた。

忠行はこれを聞いて「私は陰陽道について優れた者だが、幼い頃に鬼神を見ることはなかった。陰陽の術を習ってからやっと見えるようになったのだ。ところがこの子は幼い時分から鬼神が見えるとは、きっと優れた人物になるだろう」と考え、帰るとさっそく陰陽道について自分の知る限りのことを何一つ残さず熱心に教えたという。

◉安倍晴明の才を見出す

同じく『今昔物語集』には、若き安倍晴明に陰陽道を教えた話も残されている。

晴明が忠行の弟子であった頃、夜間に下京に行く供として晴明を連れて行った。忠行は車の中で寝入っていたが、見張りをしていた晴明が忠行を起こしたので、何事かと問うと、晴明は恐ろしげな鬼どもが前方からこちらへ向かってくるのが見えたと言う。そのため忠行は直ちに隠形《おんぎょう》の術を使ってその場をしのいだ。これ以降忠行は晴明をそばにおいて可愛がり、陰陽道のことを余すことなく教えた。後に晴明は陰陽道の大家として、公私にわたり重く用いられるようになったという。

観海 かんかい

不明（九世紀頃）

平安時代の僧侶。金峰山《きんぶせん》の縁起にその名が見られる。

◉悪竜に捧げられた法華経

『諸山縁起《しょざんえんぎ》』には、観海にまつわる以下のような伝説が載る。

貞観（八五九～八七七年）の頃、観海は金峰山の渓谷に住むという竜を見るため、その場所を訪れた。その竜は一つの頭に八つの体を持ち、首を上げると二丈（約六メートル）もある巨体で、顔は人間のようであったという。観海はこの竜の前に立ち、「法華経を八部写経し、あなたを苦難から救いましょう」と提案したが、竜は聞き入れず彼を害そうとした。

観海は大いに恐れ、菩薩に助けを祈ったところ、霧が立ち込めて目の前が見えなくなった。その直後霧が晴れると、観海はいつの間にか金峰山寺の本堂である蔵王堂《ざおうどう》の前にいた。この奇徳に感じ入った観海は、善祐《ぜんゆう》という法師を呼んで講師を頼み、ついに八部の法華経を写し終えたという。

『古今著聞集《ここんちょもんじゅう》』にも同様の話が載る。ここに現れる一頭八身の竜は、もともと元興寺（飛鳥寺）にいた阿古《あこ》という名の童子であったが、かつて経を読む試験で師に落第を告げられて怒り、そのまま金峰山の渓谷に身を投げて竜と化したという。阿古の身投げを知った師は嘆き、その渓谷に向かったが、竜と化した阿古が襲ってきたため、菩薩に祈ったところ、石が崩れてこの竜は封じられたと記されている。

観教　かんきょう

九三四〜一〇一二年

平安時代の僧侶。俗名は源信輔《みなもとのぶすけ》で、源公忠《みなもとのきんただ》の子。三条天皇《さんじょうてんのう》の時代、護寺僧（天皇護持のため勤行する僧）に任命され、長く護持を務めた。

◉猫に化けた謎の魔物

『古今著聞集《ここんちょもんじゅう》』には、こんな話が残されている。

ある時、嵯峨にある観教の山荘に唐の猫が迷いこみ、観教はこれを飼い始めた。この猫はお手玉を上手に取って遊ぶので、観教は大層可愛がっていた。

しかしある日、この猫は秘蔵の守り刀をくわえてどこかへ走り去ってしまった。その後も行方は分からず、人々は「あの猫は魔性のものが変化した姿で、守り刀を奪った後、観教に危害を加えたのだろうか」とうわさしたという。

現代の感覚では、単に猫がいたずらをしたまま帰って来なかったという話に思えるが、古くから猫は魔性の動物として恐れられてきた歴史がある。この猫もそのような視点で捉えられていたのだろう。

厳玄　がんげん

不明（十世紀頃）

平安時代の僧侶。『古事談《こじだん》』に名前が載るが、詳細不明。

◉まだ冥府には行かせない

『古事談』には、厳玄が死者をよみがえらせた話が載る。ある時、天台宗の僧・源信《げんしん》が隠棲していた恵心院に勤めていたとある承仕法師（雑用を行う法師）が、突然苦しみ出して死んでしまった。源信は死んだその法師に地蔵の宝号を与え、厳玄を呼んで祈禱させたが、生き返る気配はなかった。そのため源信は葬儀に出そうとしたが、厳玄は諦めずに祈禱を続けた。すると日暮れになって法師が息を吹き返した。

その法師が言うことには、「夢の中で人に捕らわれ、冥府へと向かう途中、美しく若い小僧が現れて私を引き渡すように頼みましたが、私を捕らえた人はそれを承知しませんでした。小僧は無理矢理に取り返すことはできぬか、と言って去って行きました。その後、今度は小童が二人現れて、私を捕らえていた者たちを追い散らし、私を取り返して先ほどの小僧に引き渡しました」と答えたという。

この僧侶の夢に出てきた小僧は源信が与えた地蔵の宝号によって現れた地蔵の化身と思われるが、後から現れた小童については、厳玄の祈禱によるものなのか、詳しい正体は不明である。ただし『沙石集《しゃせきしゅう》』にも同様の話が載り、そこでは勝算《しょうざん》という僧が呼ぶ不動明王の使いとされている。詳細は勝算の項目を参照。

勧修 かんしゅう

九四五〜一〇〇八年

平安時代の僧侶。天台宗の僧で、長谷大僧正《はせだいそうじょう》、解脱寺《げだつじ》僧正《そうじょう》とも呼ばれる。延暦寺の僧であったが、門徒の円仁《えんじん》と円珍《えんちん》が確執を起こして争った際に長谷の解脱寺に移った。その後、園城寺長吏を経て大僧正に任じられるが、翌年に辞職。晩年には藤原道長《ふじわらのみちなが》の帰依を受け、彼が建立した木幡浄妙寺《こはたじょうみょうじ》の検校《けんぎょう》となった。

◉引継ぎのために死者を蘇生

『古事談《こじだん》』には、勧修が死者をよみがえらせた話が載る。

高階業遠《たかしなのなりとお》が死去した際、道長は「遺言はなかったのだろうか。不便である」と言って、勧修を呼び寄せた。勧修が加持祈禱をすると、業遠は蘇生して、重要なことを言い残してから、再び目を閉じたという。

観智 かんち

不明

平安時代の僧侶。安芸国守であった藤原尹明《ふじわらのただあき》の子。権《ごんの》大僧都《だいそうず》を務めていた記録が残る。

◉お布施は地獄へつながる道

『古事談《こじだん》』には、彼の死について以下のような話が記されている。

観智は加持祈禱を引き受けた礼の布施で生活していた僧で、慈悲深く、忍耐強く、親切で親しみやすい人物だった。そのため人々はこの僧が亡くなった際、苦痛なく極楽に往生したものと思っていた。しかしそれからしばらく経ったある夜、観智の妻の夢の中に、ほとんど影のような姿の観智が現れた。妻が「あなたは生まれ変わったのですか。臨終の際には心安らかに逝かれたと思ったのに」と問うと、観智は「私は鬼道に堕ちてしまった。そこで耐えがたい苦痛を味わっている。それを伝えようとやって来たのだ」と言った。すると空から布施で渡される布が大量に落ちてきて、彼の体を埋めた。それからこの布に火がつき、観智の体を焼いてしまった。後に残ったのは消し炭と化した彼の亡骸だった。

しばらくすると観智の体は元に戻り、彼は「このような責め苦を、日に三度受けている」と泣いて去っていったという。

この時代、布施を目的として行う説法は大罪だった。観智は普段から善行を積んでいたが、それでもその罪を償うには足りず、鬼道、つまり餓鬼道《がきどう》に堕とされ、責め苦を受けることとなったのだと考えられる。

寛朝　かんちょう　九一六～九九八年

平安時代の僧侶。真言宗の僧で、敦実親王《あつみしんのう》の第二子であり、宇多天皇《うだてんのう》の孫にあたる人物。仁和寺で出家し、仁和寺、西寺、東大寺の別当を歴任。その後真言宗では初めて大僧正となる。広沢池ほとりの遍照寺の開祖であり、住持であったことから広沢大僧正《ひろさわだいそうじょう》とも呼ばれた。

◉天狗《てんぐ》となった怪力僧侶

『今昔物語集《こんじゃくものがたりしゅう》』には、寛朝が異様な怪力の持ち主だったことが記されている。

寛朝が追いはぎに出くわした際、寛朝がその尻を軽く蹴ると、追いはぎの姿は忽然と見えなくなり、後に足場として置かれた麻柱《あななない》（高い所に登るための足がかり）の上部に引っかかっているのが見つかったという。消えたように見えたのは、寛朝に蹴り飛ばされ、すさまじい勢いで飛んでいったからだと語られている。

同じく『今昔物語集』には、彼の僧房に安倍晴明《あべのせいめい》がやって来た時の話が載る。

寛朝が「式神の力を使えば、人を殺すことなどたやすいのでしょう」と尋ねると、晴明は「簡単には殺せません。しかし、少し力を入れれば必ずや殺せましょう。しかし生き返らせる方法を知らないならば、それはただの殺生となり、無益なことです」と答えた。そこで寛朝は庭にいる何匹かの蛙《かえる》を指し、「あの中の一匹を殺してみてはくださいませんか」と言った。晴明は「あなたは罪つくりな人だ。しかし、力をお試しになるというのなら、やりましょう」と生えていた葉をちぎり、何か呪文を唱えて蛙の方に投げると、その葉が背に乗った一匹の蛙は途端につぶれて死んでしまった。寛朝はこれを見て、ひどく恐れおののいたという。

また『太平記《たいへいき》』には、寛朝が死後天狗道に堕ち、日本を乱世に陥れる天狗の一人となったことが語られている。

桓武天皇　かんむてんのう　七三七～八〇六年

奈良時代から平安時代にかけての天皇。即位後、平城京で力を持った奈良仏教の影響を排除するために山城国《やましろのくに》へ遷都し、長岡京を造営するが、わずか十年で再び都を平安京に移す。その後、坂上田村麻呂《さかのうえのたむらまろ》を征夷大将軍に任命して蝦夷を平定する、空海《くうかい》や最澄《さいちょう》を重用して平安仏教を確立させるなど、多くの功績を残した。

◉怨霊を恐れて遷都した天皇

桓武天皇が長岡京から平安京へ短期間で遷都した理由の一つとして、怨霊の祟りを恐れたことが挙げられる。

桓武天皇の同母弟である早良親王《さわらしんのう》は、長岡京で藤原《ふじわらの》種継《たねつぐ》の暗殺事件に関与したとして流罪となり、淡路島に流される途中で無罪を訴えながら憤死した。これは桓武天皇にとって自身の子である安殿親王《あてしんのう》を即位させる絶好の機会となったが、その後桓武天皇の近親の女性が次々と死亡し、ついには安殿親王も病に倒れる。これを早良親王の怨霊の仕業と恐れた桓武天皇は、風水をもとに邪気を寄せ付けぬ都として平安京に遷都をしたという。

◉富士の神となったかぐや姫

また、『富士山大縁起《ふじさんだいえんぎ》』に載る『竹取物語《たけとりものがたり》』を元にしたと思しき伝説にも桓武天皇が登場する。

桓武天皇の時代、駿河国《するがのくに》の乗馬《のりうま》の里という場所に、子どものいない老夫婦が住んでいた。翁は箕作りを生業としており、「作竹の翁」と呼ばれていた。ある日、翁は竹林で竹の中に小さな女の子を見つける。女の子はすくすくと美しく成長し、その身から光を放っていたため、赫夜姫《かぐやひめ》と名付けられた。

赫夜姫が十六歳になった年、桓武天皇は自分の后を探すために各地に使いを出していたが、その使いの一人である坂上田村麻呂が赫夜姫のもとにやって来た。しかし赫夜姫は、自分は般若山（富士山）の岩屋に入ることを決めていると老夫婦に伝える。そのうわさは国中に広がり、赫夜姫が山に入る日は多くの人々が見送りに集まった。当時、富士山は人が立ち入らぬ未知の領域であったが、赫夜姫は一人で山の中へと踏み込んでいった。彼女を追いかけ、それまでの山への恐れを忘れたように多くの人々が富士山へと入ったが、赫夜姫は山の中腹で人々に別れを告げ、そのまま山中へと消えた。実はこの赫夜姫は神の化身であり、その後は富士山のご神体である浅間大菩薩になったという。彼女の話を聞いて駿河国にやって来た桓武天皇は、赫夜姫の育ての親である翁と共に富士山に登った。天皇が山頂に至ると赫夜姫が現れ、天皇はこれに歓喜したという。

浅間大菩薩や浅間大神は記紀神話に登場する木花之佐《このはなのさ》久夜毘売命《くやびめのみこと》と同一視されることが多いが、この『富士山大縁起』や『神道集《しんとうしゅう》』に収録される「富士浅間大菩薩事」では、赫夜姫（赫野姫）が浅間大菩薩の正体であると説いている。これは富士山が、『竹取物語』の終盤で帝がかぐや姫から渡された不死の薬を焼いた、天に最も近い山という大きな役割を果たすことに由来するものと思われる。

『竹取物語』では時の帝が誰であったのか具体的に記されていないが、『富士山大縁起』では桓武天皇とされており、彼に仕えた征夷大将軍である坂上田村麻呂が登場するなど、より年代が具体的になっている。

寛蓮《かんれん》

八七四年〜不明

平安時代の僧侶。俗名は橘良利《たちばなのよしとし》。囲碁の名人として有名で、歴史上はじめて「碁聖」と呼ばれた人物と考えられている。金でできた枕を賭けて醍醐天皇《だいごてんのう》と対局した伝説が残る。

●謎の女に負けた碁聖

『今昔物語集《こんじゃくものがたりしゅう》』には、先述の醍醐天皇との対局の話の他、宇多天皇《うだてんのう》の時代に寛蓮が妖怪と出会った話が載る。

寛蓮が参内した帰り、車を進めていると、一人の少女が寛蓮に仕えていた童子を呼び、「この近くにある家にお立ち寄りください。申し上げたいことがあるとおっしゃる方がいます」と告げた。

寛蓮が怪しく思いながらもこの少女について行くと、大きな屋敷があった。その家に入ると、綺麗に磨かれた碁盤が置いてあり、その奥の簾から女の声が聞こえ、「どうぞこちらへお寄りください」と言う。寛蓮が近づくと、その女は、かつて父に碁を習っていたが、父が亡くなってからそのような遊びをすることもなくなった。しかし碁の名人として名高い寛蓮が近くを通るというので、ぜひその腕を拝見したいと思い少女を遣わせた、と言う。

寛蓮は「それは面白い。では一局打ちましょう」と碁石の箱を一つ、簾の向こうに差し入れようとしたが、女は「面と向かって打つのは恥ずかしくてできませんので、碁石は二つともそちらに置いておいてくださいませんか」と言う。そこで女が簾の向こうから腕を伸ばして握った細い木の板で指示し、寛蓮が女の言う場所に石を置くことにした。そして対局が始まったが、寛蓮は手も足も出ず負けてしまう。そこでこの女が人間ではなく、変化の類であることを察した寛蓮は、思わず碁盤の上の石を押し崩してしまう。その様子を見た女が少し笑みを含んだ声で「もう一局いかが」と言うので、恐ろしくなって草履を履くのもままならず逃げ帰った。

寛蓮が事の次第を宇多天皇に報告すると、天皇はいぶかしがり、翌日その屋敷に人を遣わせた。そこには誰も住んでおらず、ただ留守番として死にそうな様子の女法師がいた。使いが昨夜この家にいたのは誰かと尋ねると、物忌みのために滞在していた方はいたが、昨夜帰ったと言う。そこでその者の素性を聞くと、「私は存じ上げません。この家の主人は筑後に下っているので、きっとその方の知り合いでしょう」と答え、結局何者なのかは分からなかった。

当時の人々は、あの寛蓮を完璧に打ち負かしたのだから、人であるはずがない。きっと変化の者がやって来たのだろうとうわさし合ったという。

碁石の精霊が現れて囲碁の極意を伝えたという話は江戸時代にも残っており、現在は「囲碁の精」などと呼ばれているが、この寛蓮が出会った女の正体は全く明かされていない。本書では便宜的にこの話の題である「碁打《ごうち》寛蓮値碁打女語《かんれんごうちのおんなにあうこと》」から取り、「碁打女《ごうちおんな》」と名付けたい。碁打女はただの人間であった可能性も否定できないが、当時の人々は妖怪でもなければ碁で寛蓮に勝つことができないと考えていた。碁聖と呼ばれた彼の実力のほどが窺える説話である。

桔梗《ききょう》

不明（十世紀頃）

平安時代の女性。平将門《たいらのまさかど》の愛妾であったという説や、将門の首を取った藤原秀郷《ふじわらのひでさと》の妹であったという説が残る。いずれにせよ将門を裏切り、彼の隠れ場所や秘密を敵方に自ら（もしくは騙されて）教え、将門が討伐されるきっかけを作った人物として語られることが多い。桔梗にまつわる伝説は各地に残るが、実在した証拠は残っておらず、伝説上の人物と考えられている。

◉将門に愛された大蛇の娘

桔梗の最期については、裏切りを知った将門によって殺されたという説や、将門の死を知って自ら命を絶ったという説があるが、中には妖怪化したという説も残っている。

福島県の半田沼を舞台にした伝説は以下のようなものだ。

ある時、藤原秀郷は大蛇に頼まれて、大蛇の敵である大百足《おおむかで》を討った（この話の詳細は藤原秀郷の項目を参照）。その大蛇は美女に化身し、秀郷と一夜の契りを結んだ。その後、この美女は一人の娘を生み、その子を桔梗姫と名付けた。桔梗姫は自分の出自を知ることなく、後に平将門の妾となる。

将門は朝廷に反旗を翻し、新皇を自称して朝廷と戦っていたが、常に影武者を置いていたため、朝廷の軍には見分けが付かなかった。そこで秀郷は身分を偽って将門の家来として侵入し、その秘密を探るために桔梗姫を利用した。桔梗姫は秀郷が自分の父親であるとも知らず、彼に心惹かれてしまう。秀郷は自身の名を半田半七《はんだはんしち》と名乗り、桔梗姫は恋慕の情から将門の秘密を教えてしまった。

秀郷はこの秘密を聞いて影武者と本物の見分け方を知り、すぐに将門と桔梗姫のもとを去って、敵将として将門の首を討ち取った。一方、桔梗姫は秀郷を追い求め、半田半七という人物を探した。しかしそんな人間がいるはずもなく、さ迷い歩いた末に桔梗姫は半田沼へとたどり着く。喉の痛みを覚えた桔梗姫は、水をすくおうとして沼をのぞき込み、水面に映る自分の姿が大蛇と化していることに気が付いた。桔梗姫は自分がもはや人ならざる身となったことを知り、山一つ向こうにある菅沼という沼に住みつき、その主となったという。

また、千葉県船橋市にはこんな話も残る。

かつて平将門の妾であった桔梗ノ前は、平将門の最期を見届け、彼の「落ち延びるように」という言葉を聞き、別れを惜しみつつその場を去って船橋までやって来た。数日後、将門の死を聞いた桔梗は、弔いに明け暮れる日々を送ったが、ついに後を追うことを決心した。そして聖観音像を抱いたまま船橋浦の遠ヶ澪から海に身投げし、そのまま果てた。以来、この場所にはそれまで見られなかった巨大な鮫《さめ》が現れるようになった。これは桔梗の化身であると伝えられたという。

紀遠助 きのとおすけ

不明（十二〜十三世紀頃）

藤原孝範《ふじわらのたかのり》に仕えていた人物。『今昔物語集《こんじゃくものがたりしゅう》』にのみ名前が見えるが、詳細不明。

◉預かった箱の中には……

遠助が京から美濃国《みののくに》に下る途中、勢田橋という橋に女が立っているのを見た。遠助が怪しみながら見ていると、女が「どこへ行かれるのですか」と尋ねてきたため、「美濃国へ赴くのです」と答えた。すると女は「言付けをお頼みしたいのですが、聞いていただけますでしょうか」と言う。遠助が承諾すると、女は「嬉しく思います」と言い、懐から絹で包んだ小さな箱を取り出して、「この箱を、方県郡《かたがたのこおり》の唐郷《もろこしのさと》にある、某《なにがし》という橋に持っていってくださいませ。そこに一人の女房がいるので、お渡しください」と頼んだ。

遠助は「つまらないことを引き受けてしまった」と思ったが、女が不気味で恐ろしかったため、断ることができず箱を受け取った。そして「その橋にいる女房は、どのような人か。もし会った時には何を聞き、どなたから預かったものと言えばよいのか」と聞いた。すると女は「ただその橋の袂《たもと》にいらっしゃれば、箱を受け取りにその女房がやって来ます。ですから、ただお待ちくださればよいのです。しかし、絶対に箱の中身をのぞいてはなりません」と言う。遠助が箱を受け取ると、女は帰って行った。

その後、馬に乗って美濃国に着いた遠助は、家に入ってから箱を届け忘れたことに気が付いた。遠助はいずれ出向いて箱を渡そうと、そのまま家に置いておいた。

しかし遠助の妻はたいへん嫉妬深く、この箱を遠助が置いた様子を見て、どこかの女に渡そうと京で買ってきたものを隠しているのだと考えて、遠助がいない間にその中身を見てしまった。

しかし箱の中にあったのは、くり出された人間の目玉と、毛を少し残して切り取られた男性器だった。妻はこれを見て気味悪く思い、帰ってきた遠助に報告したところ、遠助は「見るなと言われていたものを。困ったことをしてくれたな」と言って箱を閉じた。

その後、遠助は約束の橋にこの箱を持っていった。言われた通りに一人の女房が現れたので、箱を渡すと、女房は「この箱を開けて見ましたね」と言う。遠助は「決してそんなことはしておりません」と答えたが、女房はひどく機嫌の悪い様子で箱を受け取った。

遠助はそのまま家に帰ったが、気分が悪くなって床に臥した。そして「決して開くなと言われた箱を、大した理由もなく見たためだ」と言って死んでしまったという。

この女の妖怪は現在では「目玉しゃぶり」という名前で紹介されることが多いが、元となったこの話では目玉を食ったことは語られていない。この名前が付けられたのは南條武《なんじょうたけし》の児童書『完全図解シリーズ 妖怪ミステリー』以降と考えられ、ここでは目玉しゃぶりに会った人間はその後原因不明の病に倒れ、死体からは目玉がなくなっている、などと脚色されて解説されている。

紀長谷雄《きのはせお》　八四五〜九一二

平安時代の公卿。菅原道真《すがわらのみちざね》に師事し、官吏養成機関である大学寮で文章博士（大学寮で詩文と歴史を教授した教官）を務めるなど、学問にも優れていた。中納言を務め、紀納言《きのしょうげん》とも呼ばれた。また『延喜格《えんぎきゃく》』の編纂に当たるなど、政治においても活躍した。数々の怪異譚を残した人物とされ、自身も『紀家怪異実録《きけかいいじつろく》』という文書を記したとされるが、現在は散逸しており、読むことができない。

◉鬼が与えた絶世の美女

現代に伝わる怪異譚としては、彼を主人公とした『長谷雄卿草紙《はせおきょうそうし》』が有名であり、そこで長谷雄は平安京の朱雀門《すざくもん》に住みついた鬼と双六《すごろく》勝負を行ったと語られている。

長谷雄は朱雀門の前で目つきの恐ろしい人間の男に化けた鬼に呼び止められ、長谷雄は全財産を、鬼は絶世の美女を賭けて楼上で双六を行った。双六の名人であった長谷雄が連続で勝利すると、そのうちに男は心を乱し、本来の鬼の姿を垣間見せるようになる。しかし長谷雄は、勝ちさえすれば相手は鼠と変わらないのだと心に念じ、最後まで勝ち続けた。ついに鬼は降参し、約束通り女を届けることを伝えて朱雀門から降ろしてくれた。

約束の日、朱雀門の鬼は光を放つような絶世の美女を連れてやって来た。そして「百日の間は契りを交わしてはいけない。そうすれば必ずや不本意なことになるであろう」と言い残し、女を残して帰って行った。長谷雄はこの美しい女に心を奪われ、そばを離れなかった。

しかし八十日ほど過ぎた頃、長谷雄が「もうかなり日は過ぎた。必ず百日も待つ必要はあるまい」と考えて女と契りを結んだところ、女は水と化して消えてしまった。長谷雄は後悔したが、どうにもならなかった。実はこの美女は、朱雀門の鬼が死体から優れた部分を寄せ集めて一人の人間として作り上げたもので、百日経てば本物の人間になるはずだった。しかし約束を無視したため、溶けて消えてしまったのだ。

それから三カ月ほどして、長谷雄が内裏《だいり》を出ると、あの鬼が化けた男がやって来て、「あなたは信義をお持ちではなかったのか。素晴らしい方だと思っていたのに」と怒りの形相で迫ってきた。長谷雄が「北野天神よ、助けたまえ」と祈ると、天から「哀れな奴よ、去れ」と猛々しい声が聞こえて鬼は消えてしまった。

ここに現れる朱雀門の鬼は平安時代にもたびたび目撃されており、源博雅《みなもとのひろまさ》と笛を奏で合った話や、都良香《みやこのよしか》の詠んだ漢詩に感嘆した、などの話も残る。

また、『今昔物語集《こんじゃくものがたりしゅう》』にも長谷雄と朱雀門にまつわる怪異の話が載る。

月が澄み切った夜、長谷雄が羅城門の階段から朱雀門の方を見ると、冠をかぶって襖《あお》（武士の礼服）を着た、門の垂木に届くほど背の高い人がいた。その人物は漢詩を口ずさみ、漢文を朗読していた。長谷雄はそれを見て天人をこの目で見られるとは、まことに尊いことだ、と感激したという。

清原助貞《きよはらのすけさだ》

不明

平安時代の雅楽家。清原助種《きよはらのすけたね》の父とされるが、詳細不明。

◉大蛇と対峙した雅楽家

『古事談《こじだん》』には、以下のような話が載る。

助貞は役所での勤務態度が怠慢であったため、左近衛府の懲罰房に収容されたことがあった。この場所には大蛇が現れるといううわさがあり、助貞が怖がっていると、夜中になって本当に大蛇が出現した。

その大蛇は頭が祇園御霊会《ぎおんごりょうえ》で使われる獅子舞のように大きく、目は銀色に光り、舌の長さは三尺（約九十センチメートル）もあった。大蛇は口を開けてまさに助貞を食おうとしたが、助貞は信心が薄く、頼るべき神仏もいない。

しかし助貞がおそるおそる笛を取り出し、還城楽《げんじょうらく》（『見蛇楽《けんだらく》』ともいう雅楽の曲。蛇を好んで食べる人間が、蛇を見つけて喜んで持ち帰る場面を舞う曲）を吹いたところ、蛇は動きを止めてしばらくその曲を聞き、やがて帰って行ったという。

清姫《きよひめ》

不明（十世紀頃）

平安時代の女性。紀伊国牟婁郡《きいのくにむろ》に住み、熊野国造《くまののくにのみやつこ》である庄司清次《しょうじきよつぐ》の娘とされる。安珍《あんちん》という僧に恋心を抱くも裏切られ、大蛇となって和歌山県日高郡日高町に現存する道成寺で焼き殺したという伝説が伝わる。伝説上の人物と考えられるが、和歌山県田辺市には清姫の墓が存在している。

◉大蛇と化した恋する少女

清姫の物語の原型は『大日本国法華験記《だいにほんこくほっけげんき》』や『今昔《こんじゃく》物語集《ものがたりしゅう》』など平安時代の説話集に見られるが、初めて清姫の名が登場するのは近世の浄瑠璃『道成寺《どうじょうじ》現在《げんざい》蛇鱗《じゃうろこ》』と考えられている。

伝説の概要は、以下のようなものだ。

醍醐天皇《だいごてんのう》の時代、延長六年（九二八年）に安珍という美形の僧が熊野へ参詣する折、熊野国真砂で清次に宿を借りた。清次の娘・清姫は安珍に一目惚れし、夜這いをかけて迫るが、僧である安珍は参拝の途中だからと断り、帰りに必ず立ち寄ると清姫をだましてそのまま帰ってしまう。それを知った清姫は怒り、安珍を追うが、再会した安珍は自分を別人と偽って逃げ出す。怒りが頂点に達した清姫は、次第に口から火を吐く大蛇の姿へと変わっていく。安珍は日高川を渡って道成寺に逃げ込み、梵《ぼん》鐘《しょう》の中に匿ってもらうが、大蛇と化した清姫の前では何の意味もなく、川を渡った清姫は、梵鐘に巻き付いて安珍を焼き殺す。大蛇となった清姫は入水してその命を絶ち、梵鐘の中には焼けて骨となった安珍の死骸が残った。

その後、道成寺の老僧の夢に蛇となった安珍と清姫が現れて供養を頼み、老僧はそれに応えて法華経を読んだ。それから再び夢に現れた二人は蛇道を離れ、成仏することができたと老僧に感謝したという。

清姫の墓が残る和歌山県の真砂には、清姫の出生に関係する別の伝説も残っている。

この伝説では、清姫の父は清重《きよしげ》とされる。清重はある日、黒い大蛇に呑まれようとしている白蛇を助ける。この白蛇が女の姿に化身し、清重と結ばれて生まれたのが清姫だった。

真砂の清重の館には、毎年安珍という美形の僧侶が熊野詣の折に宿を取っていた。幼い清姫は彼を慕い、安珍はそんな清姫に「大きくなったらお嫁さんにしてあげよう」などと言って可愛がっていたが、清姫はそれを本気で信じてしまう。

清姫が十三歳になる頃、安珍は清姫が実は蛇の化身であることを知って恐れをなす。正体を知られた清姫は逆に安珍に「早く夫婦になりたい」とせがむが、安珍は熊野詣の帰りに迎えに来ると嘘を言い、真砂を通らないで帰ってしまう。そのことを知った清姫は潮見峠に上って安珍を探すが、見えたのは彼女に背を向けて逃げていく安珍の姿だった。それを見た清姫は怒りと悲しみのあまり富田川に身を投げて命を絶つ。しかしその怨霊は大蛇となり、道成寺の鐘に隠れた安珍を焼き殺してしまったという。

毎年家に泊まる熊野詣の僧のもとに将来嫁ぐことになると言われた娘が、それを本気にするという話は謡曲『道成寺』にも見られる。ただしここでは、結婚をほのめかすのは僧ではなく、娘の父親となっている。

また、京都市左京区の妙満寺には安珍・清姫伝説の後日談が伝わる。

清姫に鐘を焼かれた道成寺には新たな鐘が再鋳され、鐘供養が行われた。そこへ一人の白拍子が現れ、蛇に変化して鐘を引きずり下ろし、その中に消えてしまった。その後祈禱によってようやく鐘は上がったものの、音が悪く、悪病災厄が相次いで起こったため、僧たちはこれを清姫の怨念であると考え、鐘を山に捨てた。それから二百年以上経った後、豊臣秀吉《とよとみひでよし》の家臣である仙石権兵衛《せんごくごんべえ》がこの鐘を拾い、合戦の合図に使用するためそのまま京都に持って帰った。その後、清姫の怨念を晴らすために妙満寺に納められたという。

空海 くうかい

七七四〜八三五年

平安時代の僧侶。弘法大師《こうぼうだいし》の名でも知られる。真言宗の開祖で、讃岐国《さぬきのくに》に生まれ、十五歳で上洛する。遣唐使の船に同乗して最澄《さいちょう》らと共に入唐《にっとう》し、さまざまな書や法具を携えて帰国する。高雄山神護寺に入って真言密教を広め、一つの宗派として独立させて真言宗を開いた。その後、高野山を開き、金剛峰寺を建立。以降、高野山と東寺を拠点に各地を巡歴して仏教を教え、日本最初の庶民教育の学校として綜芸種智院《しゅげいしゅちいん》を開設するなど、社会福祉事業にも務めた。八三五年、高野山にて入滅。醍醐天《だいごてん》皇《のう》より弘法大師の諡号《しごう》が贈られた。

●竜王と交流した真言宗の開祖

空海は弘法大師の名で各地に伝説が残っており、中には妖怪に関するものも多数ある。

特に有名なのが、京都の神泉苑に住むという善如竜《ぜんにょりゅう》王《おう》が、弘法大師の願いを聞いて雨を降らせたというものだ。この物語は『弘法大師二十五箇条遺告《こうぼうだいしにじゅうごかじょうゆいごう》』をはじめ、さまざまな書に記されている。

また『金剛峰寺建立修行縁起《こんごうぶじこんりゅうしゅぎょうえんぎ》』には以下のような伝説が記されている。

ある時、弘法大師が流水のそばに佇んでいると、一人の童子が現れ、流水に文字を書くよう所望する。まず童子が流水に「龍」の字を書いたが、点が一つ足りなかったため、弘法大師が補ったところ、その文字は竜王となって昇天したという。

●数多の妖怪を封じた僧侶

静岡県浜松市や岡山県小田郡には、その地に住んでいた鬼を弘法大師が退治したり、諭したりしたという話が伝わる。また『大江山絵巻《おおえやまえまき》』などでは、京都を荒らしまわったことで有名な酒呑童子《しゅてんどうじ》を最澄と空海が追い出し、封じ込めたことが酒呑童子の口から語られる。

福島県の磐梯山《ばんだいさん》には、弘法大師が手長《てなが》と足長《あしなが》という名の夫婦の妖怪を封印した話が伝わる。足長は磐梯山と明神ケ岳を足でまたぎ、猪苗代湖《いなわしろこ》の水を掬ってばらまき、嵐を起こす巨大な妖怪だったという。弘法大師は手長と足長に「いくらお前たちでも、この小さな壺に入ることはできないだろう」と挑発し、手長と足長が壺に入った瞬間に閉じ込めたとされている。

『播磨名所巡覧図絵《はりまめいしょじゅんらんずえ》』には、播磨国《はりまのくに》のとある坂に巨大な蟹の化け物が現れ、人々の通行を妨げていたが、弘法大師がこの地を訪れた際、この大蟹を封じ込めたという伝説が載る。

山形県の羽黒山には、この山を歩いていた弘法大師の目の前に山姥《やまんば》が現れ、この山姥を法力で封じたという伝説が残る。

◉犬神の発祥

愛媛県では、弘法大師が犬の絵を描いた札を封じ、猪除けとして村人に渡したが、村人が決して封を切ってはならないという約束を破ったところ、犬の絵が飛び出して犬神になったという伝説が語られる。犬神は四国地方に伝わる憑き物で、犬神に憑かれた家の人間は犬神を使役すると考えられ、差別されたという歴史も残る。

◉天邪鬼と橋作り対決

和歌山県東牟婁《むろ》郡串本町にある橋杭岩は、弘法大師と天邪鬼《あまのじゃく》によって生まれたという伝説がある。昔、弘法大師は紀州行脚の途中でこの地に立ち寄り、海の向こうの島に渡るため、人に見られない夜のうちに天邪鬼に手伝わせて橋を架けようとした。しかし疲れ果てた天邪鬼は、夜明け前に鶏の鳴き真似をして弘法大師をだまし、橋は未完のまま放置されることとなった。これが橋杭岩なのだという。この伝説は、弘法大師と天邪鬼が夜のうちに沖合の島まで橋を架けられるかどうかを賭け、弘法大師が天邪鬼の予想以上に橋を造り始めたため、賭けに負けると慌てた天邪鬼が鶏の真似をして弘法大師をだました、とされることもある。

天邪鬼は昔話「瓜子姫《うりこひめ》」などにも登場する有名な鬼で、人の声を真似たり、人が言うことと反対のことをしたりする鬼として伝わる。また、天邪鬼が橋造りを邪魔するために鶏の声真似をするという話は、越後国《えちごのくに》と佐渡島をつなぐ橋を造ろうとした話や、因幡国《いなばのくに》から隠岐国《おきのくに》に橋を架けようとした話などもある。しかしこれらの話では橋を架けるのは弘法大師ではなく、その土地の神であるとされる。

この他にも、弘法大師にまつわる伝説は各地に残されている。あなたの地元にも、弘法大師の活躍が伝わっているかもしれない。

空也 くうや

九〇三〜九七二年

平安時代の僧侶。市聖《いちのひじり》、阿弥陀聖などとも称される。国分寺で出家した後、諸国を巡り、阿弥陀念仏を唱えて阿弥陀信仰を広げながら、道を開く、橋を架けるなど社会事業に尽力した。そのため幅広い帰依者を得て、民間に浄土教を広く普及させた。口元から南無阿弥陀仏を象徴する小像を吐き出し、彼の念仏を唱える様を表した有名な彫像「空也上人立像《くうやしょうにんりゅうぞう》」は六波羅蜜寺に現存し、重要文化財に指定されている。

◉竜神の恩返し

謡曲『愛宕空也《あたごくうや》』では、空也と竜神の出会いが描かれている。

空也が愛宕山に参拝した時のこと。山の地蔵権現に足を向け、法華経を読誦《どくじゅ》していると、どこからともなく一人の老人が現れた。老人が空也に願いを一つ叶えてほしいと言うため、空也が内容を問うと、老人は「実は私はこの山に住む竜神で、あなたが感得した仏舎利（釈迦《しゃか》の遺骨）を頂ければ、三熱（仏教において竜蛇が受ける三つの苦悩）の苦しみから解放されるのです。あなたはまだ仏舎利を感得していないと仰いますが、今読誦している巻物の軸に仏舎利はございます」と言った。

空也が巻物の軸を見ると、本当に水晶の中に入った仏舎利があった。空也がそれをそのまま老人に与えると、老人は「この御恩に、いかなることでも望みを叶えましょう」と言う。空也は「私自身には何も望みはありませんが、この山上には水がないため、麓《ふもと》から運ぶ必要があるようです。この愛宕山上に水を湧かせて、末代まで絶えることのないようにしてくださいませんか」と言った。老人は頷き、三日の間に本来の姿を現して水を湧き出させようと約束し、まるで夢であったかのように消えてしまった。

それから三日後、空也が空を見ていると、景色が突然変わり、霧と雷が発生して雨が降り始めた。その嵐の中に竜が出現し、峰に上って枯れ木を倒し、岩を砕いた。そしてその跡からは清水が湧き始めた。これに感激した空也は、岩に上って水を掬い、天地に捧げた。その後、竜は渓谷に向かって飛び去り、見えなくなったという。

邦利延 くにのとしのぶ

不明（十〜十一世紀頃）

三条天皇《さんじょうてんのう》に仕えていたという人物。『今昔物語集《こんじゃくものがたりしゅう》』では邦利延《くにのとしのぶ》、『宇治拾遺物語《うじしゅういものがたり》』では邦俊宣《くにのとしのぶ》と表記されるが、それ以外に資料がなく、詳細不明。

◉道に迷わせる神

『今昔物語集』や『宇治拾遺物語』には、以下のような話が載る。

三条天皇が石清水八幡宮に赴いた際、利延もそれに同行した。しかし歩いても一向に目的地に着かず、全く見当違いの場所に出てしまう。そこである人が「この辺りに迷《まど》わし神が出ると聞いている」と言うと、利延も「私もその話を聞いた」と答えた。

その後も目的地に着くことができずさまざまな場所を巡り続け、やがて日も暮れてしまった。前後を見ても人の姿は見えず、一緒に来ていたはずの人もいない。じきに夜になってしまったため、板葺きの堂の軒下に座って夜を明かしつつ、「こんな風に目的地に着かず、同じところを繰り返し歩いてしまったのは、迷わし神に憑かれてしまったのだな」と考えた。やがて夜が明けると、もう惑わし神はいなくなったらしく、利延は自分の家へ帰ることができたという。

源信《げんしん》

九四二〜一〇一七年

平安時代の僧侶。天台宗の僧であり、浄土真宗では七高僧の一人に数えられ、第六祖とされる。奈良の當麻寺《たいまでら》近くの生まれで、比叡山で修行し、十代で得度授戒《とくどじゅかい》する。さまざまな仏典から阿弥陀仏の浄土に往生するために必要な経文を抜粋した『往生要集《おうじょうようしゅう》』を著し、後世に大きな影響を与えた。

◉地獄のイメージを定着させる

『往生要集』は日本人の死後の世界観に大きな影響を与えた。特に『正法念処経《しょうほうねんしょきょう》』などの仏典から引用された「八大地獄では鬼や怪物が罪人に残酷な方法で罰を与え、餓鬼道《がきどう》に堕ちた人間は餓鬼という妖怪に生まれ変わってさ迷うことになる」という考え方は広く日本に定着した。こうした死後の世界観は庶民にも広まり、後の文学作品や絵画作品にも大きな影響を与えた。

◉哀れな鬼女との出会い

近世の怪談集『諸国百物語《しょこくひゃくものがたり》』には、源信自身が地獄を見て現世に帰還したという物語が載る。

一条天皇《いちじょうてんのう》の時代、源信が比叡山から下山していると、一人の美しい女が走ってきた。女が源信のそばに寄って泣くので、訳を問うと、女は「私は羅刹女《らせつにょ》という鬼なのです。男の前に現れる時は女の姿に、女の前に現れる時は男の姿となって、主である鬼に人をたぶらかして来いと命じられておりますが、今日は一人も人間を得ることができていません。このままでは、私が人の代わりに食われてしまいます。願わくは、あなたの法力によって成仏させてくださいませ」と言う。そして、信じられないなら後をついてきてほしいと言うので、源信が女について行くと、ある山に大きな門があり、女が門を叩くと恐ろしい鬼の声がした。そして女が獲物を得られなかったことを怒り、数多の鬼が寄ってたかってその女の四肢を引き裂き、食らった。不憫に思った源信が帰ってから経を読み、心を込めて供養したところ、夢にあの女が現れ、源信の法力のおかげで天上に生まれ変わることができたと告げたという。

小宰相局 こざいしょうのつぼね 一一六四～一一八四年

平安時代の女性。平通盛《たいらのみちもり》の妻。元は上西門院《じょうさいもんいん》の女房であり、宮中一の美女と謳われる人物であったという。治承・寿永の乱で平家が敗れ、夫と共に都落ちした後、一ノ谷の戦いで通盛が戦死したとの報せを受け、後を追うように入水して亡くなったという。

◉琵琶法師を襲った平家妻の怨霊

『宿直草《とのいぐさ》』には、江戸時代に小宰相の幽霊が出現した話が載る。

あるところに団都《だんいち》という座頭（盲人の階級の一つ。ここでは琵琶法師のことと思われる）がいた。団都が筑紫《つくしの》国《くに》に行く途中、多くの平氏の亡骸が葬られたという赤間関《あかまがせき》（現山口県下関市）のとある寺に立ち寄った。そこで何日か過ごしていると、ある夜、戸を叩く音で目が覚めた。団都が「誰ですか」と問うと、「あるお方の使いでございます。願わくはご一緒に来ていただき、物語をしていただけるようお願いしてまいれとの命を受けて参りました。私が案内をするので、一緒に来てくださいませんか」と言う。

団都が「行きましょう」と言うと、その者は団都の手を取って、豪奢な屋敷に連れていった。そこには多くの侍女の気配があり、簾ごしに吹いてくる風は素晴らしい香りがした。

しばらく進むと、艶やかな女性の声で「座頭様が来てくださってたいへん喜ばしゅう思います。願わくは、平家物語の一句をお聞かせ願えませんか」と言う。団都が「どの句を語りましょう」と問うと、「小宰相の句を語ってほしい」と言うので、団都は琵琶をかき鳴らし、抑揚をつけて語り始めた。その間、場は静まって皆が耳を傾けている様子だった。

語り終わると、屋敷の者たちは茶菓子などを出して団都をもてなしてくれた。しばらくして、もう一句語ってほしい」との要望があったため、また「どの句を語りましょうか」と問うと、「もう一度小宰相の句を」と言う。そこで再び琵琶を鳴らして語っていると、寺の住職の声で「そこで平家物語を語っているのは誰か」と問いかけられた。

不思議に思った団都が辺りを手探りすると、冷たい石塔に手が当たった。侍女がいると思う方に手を伸ばすと、苔むした卒塔婆《そとば》の感触がある。混乱した団都が「ここはどこだろう」と問うと、住職は「ここはうちの墓だ。その石塔は小宰相の石碑である」と答えた。

寺に帰り、団都が事のあらましを語ると、住職は小宰相の幽霊が現れたのだろうと言った。それから「小宰相は執心深いので、百夜の間、物語を聞きにくるだろう。小宰相が来たら声を出しても、身動きしてもならない」と言い、霊を回避するための経文を団都の体中に書き記したが、左耳のみ書き忘れてしまった。

その日も夜になると小宰相の幽霊がやって来たが、体中に経文を書いた団都の姿は見えず、触れてもわからないようだった。しかし「ここに団都の耳があるぞ」と言ったかと思うと、経文を書き忘れた左耳を千切って持っていってしまった。

以来、団都は「耳きれ団都」と呼ばれるようになったという。

似た話としては近代に入ってから小泉八雲《こいずみやくも》が『怪談』で紹介した「耳なし芳一《ほういち》」が有名だが、近世にはいくつかの類話があり、これもその一つである。だが平家の怨霊として、小宰相という個人が特定されているものは案外珍しい。

小式部内侍　こしきぶのないし

不明～一〇二五年

平安時代の女流歌人。女房三十六歌仙の一人で、和泉《いずみ》式部《しきぶ》の娘。藤原彰子《ふじわらのしょうし》に仕えた。多くの公達《きんだち》に求愛され、藤原公成《ふじわらのきんなり》と結婚して子をなすが、二十代後半の若さで逝去した。

◉鬼の心も動かした母への愛

『古今百物語《ここんひゃくものがたり》』には、小式部内侍が鬼に憑かれた話が載る。

ある夜、小式部内侍のもとに鬼がやって来て手を取り、小式部内侍はあまりの恐ろしさに息絶えてしまった。皆が驚いて水を飲ませるなどして介抱すると、ようやく息を吹き返したが、その後何日もの間高熱が下がらず、虫の息であった。母である和泉式部はこれを嘆き、常にそばにいて声をかけていたところ、ある時、小式部内侍が小さな声で「いかにせむ　行くべきかたも　おもほへす親に先だつ　道をしらねば」（どうすればよいのでしょう。行くべき方向さえ分かりません。親に先立ち、死に行く道を知らないのですから）と歌を詠んだ。すると天井の上から「あはれなれ」と恐ろしい声が響き、たちまち小式部内侍の病は癒えた。

鬼は小式部内侍が母親を想って詠んだ歌に感じ入り、

彼女に憑くことをやめて去って行ったのだという。

後朱雀天皇　ごすざくてんのう　一〇〇九〜一〇四五年

平安時代の天皇。一条天皇《いちじょうてんのう》の第三皇子。母は藤原《ふじわらの》彰子《しょうし》。即位した時期が摂関政治の全盛期であったため、関白であった藤原頼通《ふじわらのよりみち》が権勢を振るい、後朱雀天皇は思うように政治に関与できなかったとされる。一〇四五年に剃髪し、出家した。

◉屏風の向こうに現れた謎の人物

『古今著聞集《ここんちょもんじゅう》』には、後朱雀天皇の死の間際の様子について、以下のような話が記されている。

後朱雀天皇の晩年、清涼殿の四季の屏風の向こうに、首に赤紐を掛けた巨大な人が現れたことがあった。天皇はこれを見てから体の具合が悪くなり、いくばくもなくして亡くなった。

世間の人は石清水八幡宮の御神体が現れたのかとうわさしたが、なぜそういわれていたのかは分からないままだという。

巨勢金岡　こせのかなおか　不明（九〜十世紀頃）

平安時代の宮廷画家。宇多天皇《うだてんのう》や藤原基経《ふじわらのもとつね》に画才を認められ、その恩恵を得て活躍した。唐の影響を脱した大和絵の様式を確立した人物と言われ、その子孫は巨勢派と呼ばれる画家集団を形成した。多くのすぐれた絵画を残したと伝えられるが、作品は現存していない。

◉絵から飛び出した馬の怪

『古今著聞集《ここんちょもんじゅう》』には、金岡の絵にまつわるこんな話が載る。

仁和寺という寺に、金岡が腕を振るって描いた見事な馬の絵があった。この馬は夜ごとに絵から抜け出して近辺の田の稲を食い荒らした。しばらくの間は何者によるものなのか分からなかったが、ある時絵の中の馬の足が泥に濡れていることに人々が気付き、絵の中の馬の目をくり抜いたところ、それから田が荒らされることはなくなったという。

巨勢弘高　こせのひろたか　不明（十〜十一世紀頃）

平安時代の宮廷画家。一条天皇《いちじょうてんのう》の時代に活躍した、巨《こ》勢金岡《せのかなおか》の曽孫に当たる人物。采女正《うねめのかみ》、絵所長者などを歴任。平安時代の絵画様式の完成者と考えられている。

◉地獄絵の報せ

『古今著聞集《ここんちょもんじゅう》』には、弘高の絵にまつわるこんな話が載る。

ある時、弘高が屛風に地獄絵を描いていた時のこと。楼から鉾《ほこ》を落として罪人を刺し殺す獄卒の絵が、まるで魂が入ったように、格別に生き生きと描けた。これを見た弘高は「私の命も、もう終わる時が近いのでしょう」と言い、実際にそれからいくばくもなくして亡くなってしまったという。

西行　さいぎょう　一一一八～一一九〇年

平安時代末期から鎌倉時代初期にかけての僧侶。元は武士であったが、二十三歳で出家し、生涯を仏道と歌道に捧げた。『山家集《さんかしゅう》』、『新古今和歌集《しんこきんわかしゅう》』、『聞書集《ききがきしゅう》』などの和歌集にその和歌が収められ、「願わくは　花のしたにて　春死なむ　そのきさらぎの　望月の頃」などの和歌が広く知られている。また、妖怪退治伝説で有名な藤原秀郷《ふじわらのひでさと》の十代孫でもある。

◉人造人間を造って捨てる

『撰集抄《せんじゅうしょう》』には、西行が鬼の術を使って人造人間を造ろうとした逸話が載る。

高野山に住んでいた頃、西行は人恋しさに野原で人骨を拾い集め、人の形に並べて反魂の術を行ったが、立ち上がったのは人の姿に似れども心を持たない何かであった。その肌の色は悪く、声も汚い。そこで西行はこの人造人間を人の通らない場所に捨ててしまった。その後、都へ赴いた際に造り方を教わった徳大寺を訪ね、なぜ失敗したのか問うたところ、造り方を誤っていたことを教えられた。しかしそれ以降、何かつまらなく感じてしまった西行は、人を造ることはなかったという。

最澄　さいちょう　七六七～八二二年

平安時代の僧侶。日本天台宗の祖とされ、伝教大師《でんぎょうだいし》の名でも知られる。延暦二十三年、空海《くうかい》と共に入唐《にっとう》し、天台山で道邃《どうすい》、行満《ぎょうまん》らに師事する。天台宗の開創を許され、帰国後に日本天台宗を開いた。しかし旧仏教派から強い反発を受け、法相宗の徳一《とくいつ》と三乗一乗権実論争と呼ばれる論争を繰り広げた。死後、清和天皇《せいわてんのう》から伝教大師の諡号《しごう》を贈られ、日本初の大師号となった。

◉鬼の子を追い出した僧侶

御伽草子『伊吹童子《いぶきどうじ》』には、最澄が伊吹童子という鬼を追い出した話が載る。

伊吹童子は伊吹弥三郎《いぶきやさぶろう》という蛇神と近江国《おうみのくに》の娘との間にできた子で、母の胎内に三十三カ月おり、生まれた直後から髪と歯が生えそろっていて言葉を発する鬼子であった。この童子は伊吹山に捨てられるが、野生の獣たちに守られながらすくすくと成長した。

その後伊吹童子は伊吹山に自生する、不老不死の薬と呼ばれる「さしも草」の露を舐め、たちまち神通力を得る。さらに年を取らなくなり、いつまでも十四、五歳の姿のままだった。伊吹童子はその力を使って乱暴狼藉を働いたため、ついに伊吹明神の怒りを買って山から追い出される。伊吹童子はそのまま比叡山に移り住んだが、伝教大師こと最澄が法力によって伊吹童子を山から追い出してしまう。

その後伊吹童子は大江山に移り住み、やがて酒呑童子《しゅてんどうじ》という鬼の頭領になったという。

後世に作られた奈良絵本『酒呑童子』では、酒呑童子は八岐大蛇《やまたのおろち》と同一の存在である伊吹明神の子とされている。三歳で酒を飲んだため、修行のために延暦寺に出され、そこで最澄に師事する。しかし桓武天皇《かんむてんのう》が都を移した際の祝賀祭典で、鬼の面を被って大酒を飲んだところ、面が顔から離れなくなり、最澄に山を追われる。その後大江山に逃げ込み、鬼の頭領になったとされる。

斎藤実盛 さいとうさねもり

不明～一一八三年

平安時代の武将。越前国《えちぜんのくに》に生まれ、後に源義朝《みなもとのよしとも》に仕えて保元・平治の乱で功績を上げる。義朝の死後は平《たいらの》宗盛《むねもり》に仕え、平維盛《たいらのこれもり》と共に木曽義仲《きそよしなか》を追って篠原の戦いに挑むが、義仲軍に敗北。手塚光盛《てづかみつもり》によって討ち取られた。

●害虫となった武将の怨念

石川県加賀市篠原町には、実盛の亡骸が葬られたという実盛塚が現存しており、同地域には実盛が死後に害虫となった「実盛虫」の伝説が残っている。

義仲軍との戦いの際、実盛は騎乗していた馬が稲に足を取られてつまずいたところを討ち取られたため、その怨霊が稲虫（稲に害を与える虫の総称）となり、稲を食い荒らすようになったという。

この伝承は全国各地に伝わっており、石川県をはじめとする北陸一帯の他、和歌山県や島根県などでも、害虫駆除と豊作を祈念する行事「虫送り」において、実盛の名を呼んで祈る風習が残っている。

坂田金時 さかたのきんとき

不明（十～十一世紀頃）

平安時代の武士。公時ともいう。幼名は金太郎。源《みなもとの》頼光《よりみつ》に仕えた四天王の一人としてその名が伝わる。

●竜と山姥《やまんば》の間に生まれた金太郎

古浄瑠璃『公平誕生記《きんぴらたんじょうき》』や『前太平記《ぜんたいへいき》』では、金時の特殊な出生について以下のように語られている。

『前太平記』によれば、足柄峠の山姥が夢で赤竜と交わった後、雷鳴の音で飛び起きると腹の中に宿っていた子が金時（この書では公時）だとされている。金時は山々を駆け抜け、岩を軽々と持ち上げる身体能力を持っていた。頼光の部下の一人・渡辺綱《わたなべのつな》にその力を見込まれて頼光のもとに招致されたことで、金時を含めた四天王が揃ったとされている。

頼光四天王の一人となった金時には、頼光や他の四天王と共に土蜘蛛《つちぐも》や酒呑童子《しゅてんどうじ》といった多くの妖怪たちと戦った伝説が残っている（詳細は源頼光の項目を参照）。また幼名の「金太郎」は、金時をモデルにした童話のタイトル及び主人公の名として現在も親しまれている。

坂上田村麻呂 さかのうえのたむらまろ

七五八～八一一年

奈良時代から平安時代にかけての武将。桓武天皇《かんむてんのう》に重用され、征夷副使として蝦夷《えみし》を討伐する。その後征夷大将軍となり、再び蝦夷の征討に成功する。桓武天皇に続き、平城天皇《へいぜいてんのう》、嵯峨天皇《さがてんのう》と三代にわたって天皇家に仕えた。多くの武勇伝を残したことから、希代の名将と称えられた。京都の清水寺の創建者としても知られる。

●数多の妖怪を討った英雄

坂上田村麻呂には、多くの妖怪たちと戦った伝説が残っている。また、彼と藤原利仁《ふじわらのとしひと》をモデルにした伝説上の人物坂上田村丸《さかのうえのたむらまる》が登場する物語も多い。特に有名なのは、鈴鹿御前《すずかごぜん》や大嶽丸《おおたけまる》、悪事《あくじ》の高丸《たかまる》といった鬼たちにまつわる話だろう。

『太平記《たいへいき》』には、女盗賊とも鬼とも伝えられる鈴鹿御前と田村麻呂が剣合わせをしたという記述が見られる。鈴鹿山には立烏帽子《たてえぼし》という盗賊がいたことが各種文献に記されており、これが鈴鹿御前と同一視されるようになったと考えられる。鈴鹿御前は御伽草子『田村の草子《たむらのそうし》』では天女として描かれており、坂上田村丸俊宗《さかのうえのたむらまるとしむね》（田村麻呂をモデルにした伝説上の人物）と夫婦の契りを結び、近江国《おうみのくに》蒲生に巣くう鬼・悪事の高丸を夫婦で倒す。その後二人は鈴鹿山に潜む背丈十丈（約三十メートル）の鬼・大嶽丸を倒すため、鈴鹿御前が大嶽丸に取り入って隙を作り、田村丸が見事大嶽丸を討伐する。大嶽丸は魂魄《こんぱく》のまま天竺へ戻り、再び日本に戻って陸奥国《むつのくに》霧山を拠点する鬼神として暴れたため、再び田村丸によって討伐される。この大嶽丸の首は、現在も宇治の平等院の宝蔵に収められているという。

奥浄瑠璃『田村三代記《たむらさんだいき》』では、第六天魔王または第四天魔王の娘として鈴鹿御前が登場する。はじめ大嶽丸と手を組もうとした鈴鹿御前は、求婚に応じない大嶽丸を諦め、田村丸利仁と夫婦になる。そして夫婦は大嶽丸や悪事の高丸を討伐する。この話では、田村丸が閻魔大王に訴えて早逝した鈴鹿御前を生き返らせる展開も見られる。

この他にも東北地方には、蝦夷の首長であり、鬼と見なされた悪路王《あくろおう》を田村麻呂が討ったという伝説が数多く残っている。また『信府統記《しんぷとうき》』には、魏石鬼八面大王《ぎしきはちめんだいおう》という鬼を討った伝説が記されている。

他にも、岩手県には魔王丸《まおうまる》という鬼を退治したという伝説が、山形県には男に化けて女をだます杉化け石なる妖怪を田村麻呂が斬ったという伝説が残っている。田村麻呂に関する伝説は枚挙にいとまがない。

貞保親王　さだやすしんのう

八七〇～九二四年

平安時代の皇族。清和天皇《せいわてんのう》の第四皇子で、藤原高子《ふじわらのたかいこ》の子。管絃長者、天下無比の名手と呼ばれるほどの楽器の名手で、勅命で横笛や琵琶の伝授を行った。『新撰《しんせん》横笛譜《よこぶえふ》』『南宮琵琶譜《なんぐうびわふ》』などの著作もある。

◉霊も感心した音楽の才

『古今著聞集《ここんちょもんじゅう》』には、楽器の名手であった貞保親王にまつわる以下のような話が載る。

貞保親王が桂川の山荘で気ままに管弦を奏でていると、灯火の後ろから天冠をかぶった人影が現れた。人々が恐れていると、影は「私は唐の廉承武《れんしょうぶ》の霊である。五常楽《ごしょうらく》を百度奏でる頃に、必ずまた来よう」と言って消えたという。

廉承武は唐の音楽家で、琵琶の達人と伝えられる人物。遣唐使として唐に渡った藤原貞敏《ふじわらのさだとし》に琵琶を教えた人物としても知られる。この霊は村上天皇《むらかみてんのう》のもとに現れた話もある（村上天皇の項目を参照）。ここでは、管弦の名手である貞保親王が五常楽を百度演奏した際には、貞保親王を守護することを伝えるために現れたと考えられる。

五常楽は代表的な雅楽の楽曲で、現在でも演奏される機会が多い。

佐原義連　さはらよしつら

不明（十二〜十三世紀頃）

平安時代から鎌倉時代にかけての武将。治承・寿永の乱で源頼朝《みなもとのよりとも》につき、源義経《みなもとのよしつね》に従って一ノ谷の戦いで「鵯越《ひよどりごえ》の逆落とし」の先陣を切ったなどの記録が残る。没年についてはさまざまな説があり、定まっていない。神奈川県横須賀市に所在する満願寺に墓が残る。

◉沼沢湖の大蛇退治

福島県金山町に存在する沼沢湖、及びその付近に存在する沼御前神社の由来は、以下のように伝えられている。

沼沢湖がまだ沼沢沼と呼ばれていた時代のこと。この沼には「沼御前」と呼ばれる雌の大蛇が住み、美女に化けて男を誘い込むなどして村人に害を与えていた。そこで当時の会津領主であった義連は、大蛇を退治するため部下を連れて沼沢沼へ赴いた。船に乗り、沼の中ほどまで行って大蛇を罵ると、大波が起きて大蛇が姿を現し、義連は沼に飲まれてしまった。しかし義連は大蛇の首に組み付き、その首に刀を突き立てて殺してしまった。

義連はいつも兜の中に観音像を秘めていたので、その加護で無事であったのだという。

この大蛇の頭は沼の近くに埋められ、住民安堵のために社が建てられた。これが現在も金山町に残る沼御前神社なのだとされる。

この伝説では沼御前は殺害されているが、その後も何度か沼沢湖で目撃されている。詳細は金山谷《かなやまだに》三右衛門《みえもん》（江戸時代）の項目も参照。

三条宗近　さんじょうむねちか

不明（十世紀頃）

平安時代の刀工。山城国《やましろのくに》の人物。一条天皇《いちじょうてんのう》の時代に活躍し、日本の国宝の一つである日本刀「三日月宗近《みかづきむねちか》」の作者と伝えられる。この他にもいくつか、宗近の作とされる刀が現存している。

◉稲荷明神と共に打った宝刀

一条天皇の宝刀「小狐丸《こぎつねまる》」はこの宗近の作と伝えられており、能『小鍛冶《こかじ》』では、この刀を作るまでの物語が以下のように語られている。

ある日、一条天皇に仕える橘道成《たちばなみちなり》という人物が宗近のもとを訪れた。天皇が夢でお告げを受け、宗近に刀を打つよう命じたのだという。しかしよい相槌人が見つからず、途方に暮れた宗近は、伏見稲荷に赴いて事の成就を願う。すると童子のような姿の男が宗近に近づいてきて、まだ誰も知らないはずの勅命の内容を言い当てる。そして日本武尊《やまとたけるのみこと》が使った草薙剣《くさなぎのつるぎ》について語り、宗近が打つ刀もまた草薙剣に劣ることはないと伝え、稲荷山の方へ昇って消えてしまった。

私宅に戻った宗近は、壇の四方を守護神の絵で囲み、祝詞《のりと》をあげて神々の助力を祈念した。すると稲荷明神が現れて相槌を務め、おかげで宗近は刀を打つことができた。

宗近は仕上げとして、刀の表に「小鍛冶宗近」と命を入れ、裏に「小狐」と入れた。その刀の刃は雲を乱したような乱れ模様でまさに天叢雲剣《あめのむらくものつるぎ》、つまり草薙剣と言えるような刀であった。

やがて道成がこの刀を取りに来た。稲荷明神は彼に「この刀をもって天下を治めれば、五穀豊穣の太平の世となるだろう。私は汝の氏神である稲荷明神である」と告げ、刀を渡して稲荷の峰へ帰っていったという。

重明親王 しげあきらしんのう

九〇六～九五四年

醍醐天皇《だいごてんのう》の第四皇子。学才にも楽才にも優れ、弟にあたる朱雀天皇《すざくてんのう》の治世を補佐し、管弦でも重んじられた。

◉謎の銅器の精

『今昔物語集《こんじゃくものがたりしゅう》』には彼にまつわる不思議な逸話が載る。

重明が平安京の東三条殿に住んでいた頃、身の丈三尺（約九十センチメートル）ほどの大きさの、太った五位の男がたびたび姿を現し、南の山へ歩いていった。これを怪しんだ重明が陰陽師に占わせたところ、「これは物の怪であるが、人に害を及ぼすものではありません」と言う。「これは何の霊であるか」と尋ねると、「銅の器の精です。この邸宅から見て東南の端の土の中にあります」と答えた。この陰陽師の言うことに従ってその場所を掘ってみると、五斗入りほどの大きさの銅の提下《ひさげ》が出てきた。あの五位は、この銅の提下が人の姿に化けて現れたものであったのだ。

このことから、人々は「物の精はこのように人の姿になって現れるのだ」と語り継いだという。

滋岳川人 しげおかのかわひと

不明～八七四年

平安時代の陰陽師。『世要動静経《せようどうせいきょう》』、『滋川新術遁甲書《しげかわしんじゅつとんこうしょ》』などの著書があるとされるが、いずれも現存していない。著名な陰陽師の一人で、律令制において中務省に属する機関の一つ、陰陽寮の長官である陰陽頭を務めた。『江談抄《ごうだんしょう》』では、川人が五竜祭（陰陽道における祈雨の祭）を行ったと記されており、『日本三代実録《にほんさんだいじつろく》』にも、虫害を避けるため大和国《やまとのくに》吉野郡高山で祭礼を行ったとの記録が残るなど、祈禱に重用されていたことが窺える。

◉大納言を守った伝説の陰陽師

『今昔物語集《こんじゃくものがたりしゅう》』では、彼が地神《つちのかみ》に襲われるも、その危機を脱した話が載る。

文徳天皇《もんとくてんのう》が崩御した際、安倍安仁《あべのやすひと》という大納言が天皇の御陵を建造するため、川人を連れて建造にふさわしい場所を占っていた。その仕事を終えて帰る途中、川人は地神が二人を追っていることに気づく。安仁にそのことを報告すると、「どうすべきか分からない、助けてくれ」と言うため、川人は頷いて従者たちを先に行かせることにした。

日が暮れた頃、二人は暗闇に紛れて先に馬を行かせ、田の中に入り、刈って積んであった稲の中に安仁の身を隠した。川人はその周りを歩きながら読経し、自身も稲の中に入った。しばらくすると、まるで一千万もの人が往来したような足音が過ぎていった。しばらくすると、そのうちの一部がもどって来て騒ぎ始めた。その声は人のようであるが、人のものではない。そして「この辺りで馬の足音が軽くなった。この辺りの土を一、二尺（三十～六十センチメートル）ほど掘り下げて探せば、いくら川人でも逃れられまい。あやつは古《いにしえ》の陰陽師に劣らぬ陰陽師であるから、身を隠す術を心得ている。しかしあの大納言は逃してはならない」と罵る声が聞こえた。

しかし地神たちがいくら探しても二人の姿は見つからず、地神たちの中の長と思しき者の声で「どこへ逃げようとも逃げ切れることはあるまい。今宵見つけられなくとも、最後には必ず見つかることだろう。次に来る晦日の夜中に、土の下、空の上まで、天下の至るところを隅々まで探してやる。もはやあやつらに隠れられる場所はない。故にその夜は必ず集え」と言って去っていった。

それを聞いて安仁が「どうすればよいのか」と川人に尋ねると、川人は当日までに詳しい対処法を教えると約束し、その日はそれぞれの家へと帰った。

やがて十二月の晦日の日がやって来た。川人は安仁に「絶対に誰にも見つからないように、二条大路と西大宮大路との辻に、日暮れの頃においでください」と伝えた。安仁がその通りにすると、待っていた川人は彼を嵯峨寺へと連れていった。そしてお堂の天井に上り、川人は呪文を唱え、安仁は密教の行を修して地神たちを待った。

しばらくして真夜中に気味の悪い異様な匂いの風が生温かく吹き、地響きが過ぎていった。その後は何事もなく朝が訪れ、川人は「もう恐れることはありません。とは言うものの、私だからこそこのようにうまく逃れることができたのです」と伝えて帰っていった。安仁は川人に拝むようにして感謝し、彼もまた家に帰ることができたという。

慈心 じしん

不明（十二世紀頃）

平安時代の僧侶。藤原公経《ふじわらのきんつね》の子で、年少の頃に比叡山に入り、法華三昧《ほっけざんまい》を修めた。俗名は尊恵《そんえ》。

◉閻魔大王が告げた浄土への道

『平家物語《へいけものがたり》』や『古今著聞集《ここんちょもんじゅう》』には、慈心が閻魔大王に招集された話が載る。

慈心が摂津国《せっつのくに》の清澄寺に暮らしていた時のこと。ある時、法華経を読んでいると、夢かうつつか、浄衣《じょうえ》に烏帽子《えぼし》を身に着け、わらじに脚絆《きゃはん》を付けた男が文を持って現れた。その文には閻魔王宮に十万人の僧侶を呼び、法華経を転読すること、そして招集された僧の中に慈心も含まれていることが記されていた。慈心はそれを了承する旨を書いた文を渡そうとしたところで目が覚めた。

慈心がこのことを光影房《こうえいぼう》という僧侶に話すと、光影房は「かつて同じようなことがあったと聞いている。心の準備をしておくべきだ」と助言した。

それから何日かして、閻魔王宮への招集日である十二月二十五日の夜、いつものように念仏を唱えていると急に眠くなり、部屋に突っ伏してしまった。すると丑《うし》の刻頃に閻魔王宮の使いの男が二人現れ、慈心を呼ぶので、参ろうとしたところ、法衣《ほうえ》も鉢もないことに気付いた。どうしようかと思っていると、いつの間にか法衣を纏っており、空から黄金の鉢が降ってきた。そして寺の前に七宝で飾った車が現れ、慈心は喜んでそれに乗った。車は西の空を翔《かけ》て、やがて閻魔王宮に到着した。

王宮は果てしなく広く、中には七宝で飾られた大極殿《だいごくでん》があった。そこには十万の僧が集まっており、慈心はその一人として法華経を読んだ。それが終わると他の僧は皆帰っていったが、慈心だけは往生の妨げになるものは何であるかを聞くため、閻魔王に近づいていった。

閻魔王は慈心を見て「他の僧たちは皆帰ったのに、なぜ御坊は一人だけやって来たのか」と問うた。そこで慈心が「私は幼少の頃から毎日法華経の読経を休みなく続けています。しかしいまだ往生の妨げになるものが何であるか分からない故、こうしてお尋ねしたいのです」と答えた。

すると閻魔王は「極楽に往生できる、できないは人の信仰心にかかっている。確かに法華経は、現在、過去、未来三世の諸仏が悟りを得て衆生《しゅじょう》が成仏するための道である。たとえわずかな時間でも、仏の教えを信じ理解するという功徳は、菩薩の修行よりも優れている。また法華経を五十人に次々と語り伝える功徳は、八十年かけて僧に施しをすることよりも優れている。故に、汝はその功力によって、次の世は弥勒《みろく》の浄土に生まれるだろう」と言った。そして閻魔王は部下の冥官に慈心の善行を記した文を持って来させ、彼の前で読み上げた。

それから慈心は車に乗って冥府を出て、やがて夢から覚めるように息を吹き返したという。

守敏 しゅびん

不明（九世紀頃）

平安時代の僧侶。真言宗の僧侶で、空海《くうかい》の宿敵であったとされる。嵯峨天皇《さがてんのう》から空海は東寺を、守敏は西寺を贈られるなど、空海と並んで有名な僧侶だったという。

◉雨乞いで敗れた空海のライバル

『古事談《こじだん》』には、守敏と空海が雨乞いの儀式で術比べをした話が載る。

日本で干ばつが続いたある時、雨乞いのために空海が天皇に呼ばれると、守敏は自ら書を天皇に奉上し、「私は空海よりも長年修行を積んでおり、同じ経を学んでおります。そのため、まず私が儀式を行うべきでしょう」と申し上げた。

雨乞いの儀式を命じられた守敏が七日間祈り続けたところ、黒雲が立ち込め、平安京の空は夜のように暗くなり、雷が響いて大雨が降り出した。しかしこの雨は京にだけ降り、それ以外の地域では変わらず干ばつが続いていた。

そこで空海が同じ経を読んで祈ったが、七日間経っても雨の降る気配がない。空海は守敏が日本中の竜を水瓶の中に閉じ込めてしまったことに気が付いた。そこでさらに精神を集中させて瞑想したところ、二日目の夜、空海に竜神の託宣があり、「神泉苑に竜がおります。善如《ぜんにょ》竜王《りゅうおう》という竜です。この竜は八大竜王の一つにして、勧請《かんじょう》（神仏の来臨を願うこと）を受けるつもりです。この竜は人に対して慈悲の心があり、害する心はありません。真言を尊び、姿を現すでしょう」と言う。そして現れた竜は、長さ八寸（約二十四センチメートル）ほどの金色に光る姿で、九尺（約二・七メートル）の蛇の上に乗っていた。この善如竜王は守敏の術から逃れた竜で、空海の雨乞いに応え、日本中に雨を降らせたという。

この話は『太平記《たいへいき》』にも載る。守敏は空海に敗れたことを悔しく思い、空海に向かって呪詛を行ったが、呪詛返しをされ、ついに亡くなったと記されている。

春舜房 しゅんしゅんぼう

不明

平安時代の僧侶。上醍醐《かみだいご》の出身で、東大寺で僧侶をしていた。

◉さらう相手を間違えた天狗

『古今著聞集《ここんちょもんじゅう》』には、春舜房が天狗にさらわれた話が載る。

春舜房が上醍醐で法華経を書写していると、柿色の衣と袴を纏った恐ろしい法師が現れ、春舜房を担ぎ上げて飛び去ってしまった。春舜房が連れていかれたどことも分からない山の中には、彼を連れてきた法師と同じような恐ろし気な法師たちが大勢いた。その中の位の高そうな法師が春舜房の前にやって来て、「どうしてこのような御坊を連れてきたのか。あってはならないことだ。速やかに元の場所にお帰ししなさい」とたいへん驚いた様子で言った。すると先ほどとは別の法師がやって来て、春舜房を背負って空を飛び、上醍醐の僧房に帰してくれた。これは天狗の仕業だったのだという。

性空 しょうくう

九一〇～一〇〇七年

平安時代の僧侶。天台宗の僧で、十歳にして法華経を誦経《じゅきょう》したとされる。書写上人《しょしゃしょうにん》の名でも知られる。三十六歳のとき、比叡山で修行し、出家。その後も山々を巡って修行を積み、兵庫県姫路市の書写山に現存する圓教寺の開祖となった。この寺には花山法皇《かざんほうおう》も参詣したという。

◉地獄の人口流出問題

『古今著聞集《ここんちょもんじゅう》』には、法華経持経者であった性空にまつわるこんな話が載る。

いつの頃か、性空が法華経を写経していたところ、閻魔宮から冥官がやって来て「衆生《しゅじょう》は、自らの罪を償うため、地獄にやって来ます。しかしあなたが法華経を広めるので、まだその罪を償い終わらないうちに、多くの人が人間界や天上に生まれ変わり、浄土に往生するので、地獄から人がいなくなり荒廃しております。願わくは、これ以上法華経を書き写すのをやめてくださいませんか」と言った。

しかし性空は「この行いは、私の意思のもと行われるものではありません。やめさせたいのならば、釈迦如来に頼むことです」と返事をしたという。

また、『三国名勝図会《さんごくめいしょうずえ》』にはこんな話も載る。

宮崎県と鹿児島県の県境付近に広がる霧島山にあるとある洞窟で、性空が護摩行の修行をしていた時のこと。九つの頭を持つ竜が現れ、宝珠を性空に渡した。この竜は千手観音の化身であったとされ、末世の衆生救済を誓願したという。この宝珠は霧島山の噴火によって池の中に沈み、今は失われたとされる。

勝算 しょうざん

九三九～一〇一一年

平安時代の僧侶。天台宗の僧で、一条天皇《いちじょうてんのう》、藤原彰子《ふじわらのしょうし》、藤原頼通《ふじわらのよりみち》らの病気を加持で治療したと伝えられる。また延暦寺の僧であったが、円仁《えんじん》と円珍《えんちん》という二人の門徒が対立した際に僧房を焼かれて比叡山から逃れ、門弟と共に修学院に居したという。

◉死者の奪還に勝算あり

『沙石集《しゃせきしゅう》』には、勝算が死者をよみがえらせた話が載る。『往生要集《おうじょうようしゅう》』の著者として有名な源信《げんしん》の妹・安養尼《あんように》が息絶えた際、修学院にいた勝算が火界の呪（密教における、不動明王が身から炎を出すことで悪魔や煩悩を焼き尽くすことを示す呪文）を唱えて祈念すると、安養尼は現世によみがえったという。

また源信の弟子が絶命した際には、慈救の呪（密教における、災厄から逃れるために唱える不動明王の呪文）を唱えて祈禱すると、弟子は息を吹き返したという。その弟子が言うことには、「冥府の使者と思しき四、五人の男たちが私を連れて行こうとしましたが、そこに若い僧侶が現れ、私を取り返そうとしました。しかし男たちがその僧侶を追い払ったため、僧侶は無理矢理連れ戻すわけにはいかない、と言いました。すると白い杖を持った二人の童子が現れ、男たちを追い払い、私を僧侶のもとに届けました。そしてこの世に帰ってきたのです」ということだった。

この話は『古事談《こじだん》』に類話が載るが、祈禱を行う僧は勝算ではなく厳玄《がんげん》という人物になっている。詳しくは厳玄の項目を参照。

性信入道親王 しょうしんにゅうどうしんのう

一〇〇五～一〇八五年

平安時代の僧侶。三条天皇《さんじょうてんのう》の第四皇子。真言宗の僧で、後三条天皇《ごさんじょうてんのう》の出家の戒師を務めた。祈禱によって皇族や関白の病を癒し、空海《くうかい》の後継などと言われた。晩年には皇族としては初めて二品《にほん》に叙され、皇子出家後叙品の元祖とされる。

◉幼子をあの世から連れ戻す

『古事談《こじだん》』や『往生伝《おうじょうでん》』には、性信が死者を蘇生させたことが記されている。

藤原伊綱《ふじわらのこれつな》の娘がわずか五歳で亡くなり、伊綱は性信に護持を頼んだ。性信がしばらくの間念じると、伊綱の娘の魂が体に戻り、やがて彼女は蘇生したという。

浄蔵　じょうぞう

八九一〜九六四年

平安時代の僧侶。三善清行《みよしきよゆき》の子。出家して密教や悉曇《しったん》を学んだ。宇多天皇《うだてんのう》の弟子。祈禱に優れた人物であり、平将門《たいらのまさかど》の乱では大威徳法を勤行し、将門が降服する一因になったと伝えられている。

◉耳から出てきた菅原道真《すがわらのみちざね》の怨霊

平安当時著名な呪術師であったらしく、多くの伝説が残されている。『撰集抄《せんじゅうしょう》』においては、父である清行をよみがえらせた話が載る。詳しくは三善清行の項目を参照。

『扶桑略記《ふそうりゃっき》』には藤原時平《ふじわらのときひら》が菅原道真の怨霊によって病に倒れた際、その病を平癒させるべく加持祈禱を行っていた浄蔵と、見舞いに来た清行との前で、時平の左右の耳から青竜の姿となった道真の怨霊が現れたとされる。道真は「この怨敵に対する罰は天の許しを得たものだ。今すぐに祈禱をやめることだ」と告げた。すると時平の様態は急変し、息を引き取ったという。

『江談抄《ごうだんしょう》』では笛の名手であった浄蔵が深夜、笛を吹きながら朱雀門の横を歩いていると、門に住む鬼が大いに感じ入り、笛を浄蔵に与えたという。この笛は葉二《はふたつ》と呼ばれ、天下に並ぶもののない名笛であったという。

『十訓抄《じっきんしょう》』ではこの葉二を朱雀門の鬼から授かったのは源博雅《みなもとのひろまさ》とされる。浄蔵は博雅の没後、彼と並ぶ笛の名手であると葉二を渡され、天皇の命で朱雀門の前で吹くこととなった。すると門の楼から「やはりこの世にまたとない一品かな」という声が聞こえ、それでこの笛の元の持ち主が鬼であったことが知れる、という話になっている。詳しくは源博雅の項目を参照。

小中将の君　しょうちゅうじょうのきみ

不明（十一世紀頃）

藤原彰子《ふじわらのしょうし》に仕えていたとされる女房。夫はいなかったが、藤原隆経《ふじわらのたかつね》が時折この女房のもとに通っていたとされる。『今昔物語集《こんじゃくものがたりしゅう》』にのみ名前が見え、詳細不明。『紫式部日記《むらさきしきぶにっき》』にも同名の人物が登場するが、別人と思われる。

◉炎の中に現れたもう一人の自分

『今昔物語集』には、小中将の死の様子が以下のように記されている。

小中将が薄色の衣に紅色の単衣を着て、女御殿で仕事にあたっていたある日の夕方のこと。燭台に火が灯されると、小中将とそっくり同じ姿が火の中に映し出された。それを見た女房たちは「本当に似ている」と騒ぎ立てたが、どう対処すべきか知る年長者もおらず、ただ集まって見ているうちに火は消えてしまった。

その後、このようなことがあったと女房が小中将に語ると、「それはたいへんお見苦しい姿をしていたでしょうに、どうしてすぐに火を消していただけなかったのでしょう。なんと恥ずかしい」と言った。それからしばらくして年長者がその話を聞いて「あれは燃え残りを飲むものだというのに、それを私に知らせることなく、終わりにしてしまったとは」と語ったという。

それから二十日ほどが経ち、小中将は風邪をひいて二、三日休んだかと思うと、「苦しい」と言って親元へ下がっていった。藤原隆経が小中将に会いに女御殿に行ったところ、親元に帰っていると教えられたため、彼女の実家を訪ねると、妻戸の内側に小中将が見えたので、中に入った。隆経は自分が来たことだけ知らせてすぐに帰ろうと思っていたが、どうしてかいつもより小中将が愛おしく思え、彼女も心細げであったため、語り合って一夜を共に過ごした。

隆経は翌朝家に帰ったが、どうしても小中将のことが気になり、家に着くや否や「どうにも落ち着かないので、すぐに引き返しましょう」と文を書いて使いに届けさせた。

今か今かと返事を待っていると、小中将のもとにやった使いが戻ってきた。返信には「鳥部山」(古くから葬送に使われていた地名)とのみ書かれていた。

それから隆経は彼女の家へと向かったが、人が出て来て言うことには、「亡くなってしまいましたので、昨夜鳥部山に御葬送申し上げました」とのことだった。

火の中に人の姿が見えた時は、その燃え残りをかき落としてその人に飲ませ、祈禱をしなければならなかったのに、燭台の火に小中将の姿を見た女房たちはそれをしなかった。そのために小中将は死んでしまったのだという。

『今鏡《いまかがみ》』にも、ある男が火の中に女の姿を見て、その燃え残りを飲ませようと取っておこうとしたものの、忘れてしまったため女が亡くなった、という話が載る。これも同様の事例だろう。

聖宝　しょうぼう

八三二〜九〇九年

平安時代の僧侶。真言宗の僧で、醍醐寺の開祖とされる。諸国を巡って修行し、後世における修験道の中興の祖と称された。また、真言宗小野流の祖師とも伝えられる。

◉鬼神や大蛇を退散させた真言僧侶

『古今著聞集《ここんちょもんじゅう》』には、こんな話が載る。

聖宝がまだ若かった頃、住む房がなかったため、東大寺は東僧房の南第二室に住んでいた。この場所は東大寺成立の頃から鬼神が住みついており、誰も手入れさえしなかったため荒れ果てていた。聖宝が住み始めてからも、鬼神はさまざまな姿で出現したが、聖宝は一切動じず、根負けした鬼神はついにその場所を去ったという。

また奈良県の竜泉寺には、こんな伝説が伝えられている。

この竜泉寺がある大峰山（現在の大峰山脈）に、悪者や毒蛇（大蛇という話もある）が現れ、大いに人を悩ませた。そこに聖宝が現れ、真言の法力によってこれらを退散させたという。

同じく奈良県の鳳閣寺《ほうかくじ》には、聖宝が大蛇を退治した伝説が残されている。この大蛇はやはり大峰山に現れ、人々に危害を与えていた。そこで聖宝は箱屋勘兵衛《はこやかんべえ》という男と共に山へ登った。聖宝が山で法螺貝を吹いて祈禱すると、音は峰々に響き渡り、まるで百の法螺貝が一斉に音を出したかのような大音となった。

その音により大蛇が姿を現したため、聖宝が法力で大蛇を動けなくし、勘兵衛が刀で斬り殺した。それからこの山は百貝岳と呼ばれるようになったとされる。

白井の君　しらいのきみ

不明

平安時代の僧侶。『今昔物語集《こんじゃくものがたりしゅう》』に藤原良貞《ふじわらのよしさだ》という人物と親しくしていたと記されているが、両人とも詳細不明。

◉井戸の中に消えた提子《ひさげ》

『今昔物語集』には、白井の君が掘り出した銀の椀にまつわる怪異譚が載る。

白井の君が僧房に井戸を掘っていた時、金属を叩くような音がしたため、見てみると銀でできた椀があった。白井の君はそれに別の銀などを混ぜて、提子に作り変えて使うこととした。

ある時、藤原良貞が下女たちと共に白井の君の僧房を訪れた。下女の一人が先ほどの銀の提子を借りて井戸に行き、水汲みをしようとして誤って提子を井戸の中に落としてしまった。その様子を見ていた白井の君は人を呼んで探させたが、一向に見つからない。最終的に井戸の水を全部汲み出したが、それでも見当たらなかった。

そのため、人々はあの鉄の椀の元の持ち主が、霊となって取り返してしまったのだろうとうわさしたという。

真済　しんぜい　八〇〇～八六〇年

平安時代の僧侶。真言宗の僧であり、空海《くうかい》の弟子。師の後を継いで神護寺の住持となる。その後、東寺の長者となり僧正《そうじょう》へと進んだ。空海の詩文を集めた『性霊集《しょうりょうしゅう》』を編纂している。

◉情欲に溺れ、大天狗《だいてんぐ》と化した高僧

『拾遺往生伝《しゅういおうじょうでん》』や『古事談《こじだん》』には、彼が天狗と化した話が載る。

かつて真済は文徳天皇《もんとくてんのう》の女御《にょうご》である藤原明子《ふじわらのあきらけいこ》に恋心を抱き、邪念と執心によって天狗道に堕ちた。天狗となった真済は柿本天狗《かきもとてんぐ》と呼ばれ、明子に取り憑いて悩ませた。そこで相応《そうおう》という僧侶が祈禱によって調伏したという。

また、『扶桑略記《ふそうりゃっき》』や先述の『拾遺往生伝』には、真済が鵲《かささぎ》の姿で現れた話が載る。

玄昭《げんしょう》という天台僧が修法を行っていたところ、真済の霊が鵲の姿となって現れたため、玄昭は護摩壇にこれを置いて焼き殺した。すると今度は真済が小人の姿で空から現れるようになり、その姿を見るたび玄昭は心を乱されるようになる。そこで弟子の浄蔵《じょうぞう》がこの霊を調伏したという。この浄蔵には他にも怪異譚が多い。詳しくは浄蔵の項目を参照。

真済が化した天狗は太郎坊《たろうぼう》とも呼ばれ、日本最高位の天狗とされる愛宕山《あたごやま》の太郎坊天狗《たろうぼうてんぐ》と同一視されることもある。ただし、『太平記《たいへいき》』では、太郎坊と真済は別人として登場している。

菅原文時　すがわらのふみとき　八九九～九八一年

平安時代の公卿、漢学者。菅原道真《すがわらのみちざね》の孫で、文章博士を務め、晩年には従三位に叙せられた。詩人として高名で、その詩文は『本朝文粋《ほんちょうもんずい》』や『扶桑集《ふそうしゅう》』などに収められている。

◉疫病神を遠ざけた名歌

『江談抄《ごうだんしょう》』には、彼が「隴山《ろうざん》雲暗し　李《り》将軍が家に在る　穎水浪閑《えいすいなみしず》かなり　蔡征虜《さいせいりょ》がいまだ仕へざる」（「隴山には雲が暗く立ち込め、李広《りこう》はまだ家にいる。潁水の波は静かで、蔡遵《さいじゅん》は仕える者なく過ごしている」中国の『史記《しき》』の内容を元に、優れた将軍となるべき人物は辺境の地に埋もれているかもしれないことを説いた歌）と詠んだ話が載る。

ある人は夢の中で、疫病神（原文では「行疫神」）がこの歌によって文時の家を訪れることをやめたと語ったのを聞いたという。

この話は『十訓抄《じっきんしょう》』や『古今著聞集《ここんちょもんじゅう》』でも紹介されている。

菅原道真 すがわらのみちざね

八四五～九〇三年

平安時代の公卿。宇多天皇《うだてんのう》、醍醐天皇《だいごてんのう》に重用され、文章博士や蔵人頭《くろうどのとう》などを歴任し、右大臣となる。しかし左大臣であった藤原時平《ふじわらのときひら》が醍醐天皇に「天皇を廃位し、自分の娘婿である斉世親皇《ときよしんのう》を即位させようとしている」と嘘の密告をしたことで大宰権師《だざいのごんのそち》に左遷され、大宰府で没した。現在は学問の神として親しまれている。

◉学問の神となった日本最強の怨霊

道真は死後、怨霊と化して平安京を祟ったという。

『扶桑略記《ふそうりゃっき》』によれば、彼を嵌《は》めた時平は道真の怨霊に取り殺されたという（詳細は藤原時平の項目を参照）。続いて道真失脚の首謀者の一人とされ、道真の後に右大臣となった源 光《みなもとのひかる》が狩りの最中に溺死する。さらに醍醐天皇の息子や孫も次々と病死し、『日本紀略《にほんきりゃく》』では、これを道真の怨霊によるものと記している。

道真の怨念を鎮めるためにさまざまな措置が取られたが、天皇の御所である清涼殿に雷が落ち、道真の左遷に関わった人間が何人もこの落雷で死亡した。醍醐天皇はこの事件を間近で見たことで体調を崩し、三カ月後に崩御した。この事件をきっかけに道真が雷神になったという風説も流れた。『北野聖廟縁起《きたのせいびょうえんぎ》』では、この落雷を天《てん》満大自在天神《まんだいじざいてんじん》（道真を神格化した呼び名）の眷属である火雷火気毒王《からいかきどくおう》の仕業であると記している。

『道賢上人冥途記《どうけんしょうにんめいどき》』には、道真が道賢《どうけん》という僧侶に地獄に堕ちて苦しんでいる天皇を見せる場面がある（詳細は日蔵《にちぞう》の項目を参照）。また同書には、道真には十六万八千の悪神が眷属として仕えているとの記述がある。

その後、道真を祀るために北野天満宮が建立されたが、『太平記《たいへいき》』によれば、建立してからもしばらくは怪異が治まらず、内裏《だいり》が三度焼けたという。そこで一条天皇《いちじょうてんのう》が道真に太政大臣の位を贈ったところ、「今、すべからく望みが叶った。これからは皇居を護ることとしよう」という声が天から聞こえたという。

以来、道真を怨霊と見なす風潮は薄れ、彼が儒家の出身であったことから儒家の神、さらに詩文の神として崇められるようになった。その後近世の寺子屋で書道や学問の神として道真が崇拝されるようになり、戦後には学問の神や受験の神として崇められるようになった。

崇徳天皇　すとくてんのう　一一一九～一一六四年

平安時代の天皇。鳥羽《とば》天皇《てんのう》の第一皇子。五歳にして即位するが、白河法皇《しらかわほうおう》および鳥羽上皇が院政を行ったため、実権はなかった。その後、鳥羽上皇の意向により近衛《このえ》天皇《てんのう》に皇位を譲り、上皇となって新院と呼ばれるが、本院と称される鳥羽上皇との対立が激化する。そんな中で近衛天皇が十七歳で逝去し、崇徳院は我が子の即位に望みをかけるが、同母弟の雅仁親王《まさひとしんのう》が後白河天皇《ごしらかわてんのう》として即位する。鳥羽上皇（法皇）の死後、ついに藤原頼長《ふじわらのよりなが》らと共に挙兵して保元の乱を引き起こすも天皇側に敗れ、讃岐国《さぬきのくに》に流されて失意の中で没した。

◉天狗《てんぐ》と化した日本三大怨霊

崇徳天皇は菅原道真《すがわらのみちざね》、平将門《たいらのまさかど》に並ぶ日本三大怨霊として数多くの怨霊譚を残しており、特に『保元物語《ほうげんものがたり》』に載る以下の話が有名である。

讃岐に流された崇徳院は、せめて来世では救われようと五部大乗経を写経し、その写本を京の寺に納めてほしいと朝廷に差し出すが、すげなく送り返されてしまう。崇徳院は「来世のために書いた経文さえ許されないならば、来世までの敵のようだ。願わくは、三悪道（地獄道・餓鬼《がき》道・畜生道）に身を投げて、日本国の大魔縁となろう」と告げて自分の舌を噛み切り、その血で写本の最後に誓いの言葉を記したという。

以来崇徳院は髪も剃らず爪も切らず、生きながらにして天狗の姿となり、讃岐に流されてから八年後に亡くなった。

崇徳院の生前、かつての召使いであった者が出家し、蓮如《れんにょ》と名乗って崇徳院のもとを訪れたことがあった。蓮如は崇徳院に歌を贈り、崇徳院も蓮如に歌を返した。その内容は「このような場所に来ても、何のかいもなく帰してしまうのは悲しい」というもので、蓮如は崇徳院の不遇を悲しみ、涙を流して帰ったという。

崇徳院の死後、ある日蓮如の夢の中に崇徳院が現れた。夢の中で崇徳院は源《みなもとの》為義《ためよし》、平忠政《たいらのただまさ》など、保元の乱で共に戦った者たちを引き連れて後白河院の御所へ押し入ろうとしていた。だが不動明王《ふどうみょうおう》と大威徳明王《だいいとくみょうおう》が御所を守っていたため断念し、今度は平清盛《たいらのきよもり》の屋敷へ攻め入った。後に清盛が身分不相応に出世し、おごり高ぶった暴君となって独裁を行うようになったのは、崇徳院の祟りによるものだとうわさされたという。また、蓮如は崇徳院の夢をよく見るようになり、夢の中で崇徳院が押し入った人間は、その後次々と息絶えたとされる。

その後讃岐国に西行法師《さいぎょうほうし》が訪れ、崇徳院の御陵に向かって歌を贈ったことで崇徳院は慰霊されたという。

史実でも、崇徳院の怨念を恐れた後白河天皇はさまざまな方法で鎮魂を試みている。それまで使用されていた「讃岐院」の呼び名を「崇徳院」と改め、崇徳院の御願寺として建立された成勝寺《じょうしょうじ》で祈禱を行い、讃岐の墓所を整備して山陵（白峰陵）とするなど、国家をあげて追善供養を行った。

しかし怨霊としての崇徳院のイメージは根強く残り続ける。『太平記《たいへいき》』では、国家を転覆させようと天狗化した天皇や僧侶たちの忠臣である上位の天狗として崇徳院が登場する。ここでの崇徳院は金色の鳶《とび》の姿で描写されている。

近世では上田秋成《うえだあきなり》の『雨月物語《うげつものがたり》』の中の一編「白峰《しらみね》」にて、西行が崇徳院の菩提を弔おうと白峰を訪れ、そこで怨霊となった崇徳院と対話する話が記されている。

崇徳院は現在でも、淡路国《あわじのくに》に流されて亡くなった淳仁《じゅんにん》天皇《てんのう》と共に京都府京都市上京区の白峰神宮に祀られている。現在は人々に恐れられることなく、多くの参拝客を迎えている。

清悦 せいえつ

不明（十二～十七世紀頃）

平安時代から江戸時代にかけての仙人。源義経《みなもとのよしつね》の家臣であったが、衣川の戦いで義経が敗北し、その後始末を命じられて常陸坊海尊《ひたちぼうかいそん》らと共に生き残ったとされる。その後、特殊な魚を食べ、不老長寿となって義経の物語を語り伝えたとされるが、実在の根拠が乏しく、伝説上の人物と考えられている。

◉義経の物語を伝えた仙人

『清悦物語《せいえつものがたり》』によれば、清悦は「ニンカン」という、皮がなく身が異様に赤い魚を食って不老長寿となったという。そして四百年以上の時を生き続け、奥州《おうしゅう》の伊達政宗《だてまさむね》の子・伊達宗高《だてむねたか》の小姓・小野太左衛門《おのたざえもん》を弟子として兵法を教えた。この太左衛門が清悦から聞いた物語を書き記したものが『清悦物語』であるという。

人魚の肉を食べて不老長寿になった人間としては八百《やお》比丘尼《びくに》が有名だが、清悦は特殊な魚の肉を食って不老長寿となったと語られる。伝説によっては、清悦ではなく、共に衣川の戦いを生き延びた常陸坊海尊が不老長寿になった、とされているものもある。詳しくは常陸坊海尊の項目を参照。

清少納言　せいしょうなごん　不明（十〜十一世紀頃）

平安時代の歌人、文学者。歌人の家柄に生まれ、幼少時から和漢の才を評価されていた。一条天皇《いちじょうてんのう》の中宮である藤原定子《ふじわらのていし》に仕え、随筆『枕草子《まくらのそうし》』を記す。定子が出産で亡くなると間もなく宮仕えを辞め、その後の生涯は謎に包まれている。

◉『枕草子』に記された「名おそろしきもの」

清少納言の代表作である『枕草子』の章段の一つ「名おそろしきもの」には、恐ろしい名前を持つものとして生霊や牛鬼《うしおに》が挙げられている。ここでいう牛鬼は地獄の獄卒である牛頭《ごず》のことだろうか。この章段で蛇苺や碇など、性質や姿ではなく名前の響きが恐ろしいものが挙げられているため、牛鬼が何を指すのか推定するのはなかなか難しい。ただし、「名よりも見るはおそろし」とも記されているため、何らかの姿が想定されていたのだろう。

また、清少納言は宮仕えを辞めてからの消息が明らかでないため、さまざまな伝説が生まれた。中には何らかの罪を犯して流罪になったとするものもある。

徳島県鳴門市のあま塚は清少納言の伝説が残る場所の一つで、清少納言の墓とされており、流罪となった清少納言は地元の漁師に辱めを受け、それを苦に海へ身を投げたと伝えられる。また別の話では、辱めを受けた清少納言は自らの陰部を刃物で抉り、海に投げ捨てて死んだとされている。その後、清少納言の亡魂はこの地をさ迷って疫病を流行らせたとされており、その魂を鎮めるために作られたのがあま塚であるという。

増智　ぞうち　一〇七八〜一一三五年

平安時代の僧侶。通称は白河僧正《しらかわそうじょう》。天台宗の僧で、平等院執印、京都法勝寺権別当《ごんのべっとう》などを務めた。

◉乗っ取られた崇徳院《すとくいん》

『古今著聞集《ここんちょもんじゅう》』には、こんな話が載る。

崇徳院の在位中、夢に増智が現れたことがあった。増智は柿色に染めた水干を纏い、久しく見参できなかった理由を話した。しかしその時点で増智はすでに死んでおり、夢から覚めた崇徳院はそれから体調を崩してしまった。さらにその後、まるで増智が乗り移ったかのように特有の節をつけて和歌や漢詩を歌ったり、「現身《うつしみ》のままで成仏させてほしい」と言ったり、最後には「私は僧正増智である」と言い出したという。

増智の霊がどこまで崇徳院を乗っ取っていたのかは分からない。しかし崇徳院は死後成仏することができず、日本三大怨霊の一つにも数えられる大怨霊と化した。詳しくは崇徳天皇の項目を参照。

醍醐天皇 だいごてんのう

八八五〜九三〇年

平安時代の天皇。宇多天皇《うだてんのう》の第一皇子。即位後は宇多天皇の指示で藤原時平《ふじわらのときひら》と菅原道真《すがわらのみちざね》の補佐を受けて政治を行ったが、後に道真が左遷されたため、時平を重用して親政を行った。『日本三代実録《にほんさんだいじつろく》』、『延喜式《えんぎしき》』を完成させるなど、政治・文化方面でも功績を残した。平安時代では最長の在位期間を誇り、醍醐天皇の治世は延喜の治と呼ばれ、公家の理想時代とされた。

◉怨念にさらされた天皇

先述した道真は時平の謀略によって大宰府に左遷され、その地で死亡した後、怨霊と化して自分を貶めた者たちを祟ったと語られている。醍醐天皇も例外ではなく、子の保明親王《やすあきらしんのう》や孫の慶頼王《よしよりおう》が相次いで亡くなったのは、道真の祟りによるものだと言われている。『扶桑略記《ふそうりゃっき》』には、道真の祟りによって天皇の居所である清涼殿に落雷があったことが記されている。大勢の人々が雷やそれに伴う火災で焼け死ぬ様子を目の当たりにした醍醐天皇はその後体調を崩し、約三カ月後に死亡したとされる。また、『道賢上人冥途記《どうけんしょうにんめいどき》』では、醍醐天皇は死後、生前の罪と道真の怨念によって地獄に堕ち、獄卒に責められ続けていることが語られている。これについては日蔵《にちぞう》の項目を参照。

また『古今著聞集《ここんちょもんじゅう》』には、醍醐天皇と霊剣にまつわる話も載る。

ある時、天皇が行幸の際に剣の石突を落としてしまったことがあった。それに気付いた天皇が臣下を高い丘に上らせて探させたところ、天皇の愛犬が石突をくわえてやって来るのが見えたという。この剣は雷が落ちると勝手に鞘から抜け出すことで知られ、「坂上宝剣《さかのうえのたからのつるぎ》」という名で呼ばれていた。

平敦盛 たいらのあつもり

一一六九〜一一八四年

平安時代の武将。平清盛《たいらのきよもり》の甥で、官職にはつかず、無官大夫《むかんだゆう》と称された。一ノ谷の戦いに平家方として参戦するも、源氏側の奇襲によって熊谷直実《くまがいなおざね》に討たれた。

●自らを討った男に救われる

謡曲『敦盛』には、敦盛の霊が現れる場面がある。

一ノ谷の戦いで敦盛を討った熊谷直実は、出家して法名を蓮生《れんしょう》と名乗っていた。ある時、蓮生は敦盛の菩提を弔うために摂津国《せっつのくに》の須磨の浦へ赴き、そこで笛の音を聞く。草刈りをしている男らに誰が笛を吹いていたのかと尋ねると、一人の男が笛にまつわるこの地の因縁を語る。やがて他の者たちが帰っていく中、その男だけは帰らずその場にとどまっていたため、蓮生が理由を問うと、男は言うまでもないことと答え、続けて十念（浄土宗において、南無阿弥陀仏の名号を十回念ずること）を授けてほしいと頼む。蓮生が理由を尋ねると、男は敦盛に縁のある者だと答える。そして二人で念仏を唱えると、男は「一声だけの弔いでも救われるのに、あなたは毎夜弔ってくださった。ありがたいことだ」と言って姿を消す。

これを聞き、男が敦盛の霊であったことに気付いた蓮生は、そこで一夜を明かし、改めて彼の菩提を弔うこととした。真夜中、蓮生が読経していると敦盛の霊が現れて平家一門の栄枯盛衰を語り、平家最後の宴を懐かしんで中之舞を舞い、自らが討ち死にする様子を再現してみせた。そして、かつて敵であった直実に巡り会えたら仇《かたき》を討とうと考えていたが、彼が自分に弔いを向けたことで、もはや敵ではないと悟ったと伝え、極楽浄土では共に蓮に生まれ変わろうと言い残し、敦盛の霊は姿を消したという。

平景清　たいらのかげきよ

不明〜一一九六年

平安時代から鎌倉時代にかけての武士。本名は藤原《ふじわらの》景清《かげきよ》。叔父の大日能忍《だいにちのうにん》を殺害したことから「悪七兵衛《あくしちびょうえ》」と呼ばれた。一ノ谷の戦い、壇ノ浦の戦いなどに平家方として参加するが、生き延び、平氏滅亡後は源《みなもとの》頼朝《よりとも》の配下となるも、やがて断食で自らの命を絶ったという。

●和歌を嗜む平家の亡霊

景清はその無念の死から、能や歌舞伎の登場人物としてよく演じられる。また、死後は亡霊になったという伝説も残る。

『閑度雑談《かんどざつだん》』などには、景清の墓に参ってそこで歌を詠むと、老人が現れて返歌を書いた紙を渡される話が載る。この老人は景清の亡霊だったとされている。

歌舞伎十八番の一つ『解脱《げだつ》』では、景清が娘の姿を借りて亡霊となって現れ、その怨念を見せた後に亡霊の本性を現し、迷いを捨てて解脱する、という内容で景清の活躍が演じられたようだ。

平清経　たいらのきよつね

一一六三～一一八三年

平安時代の武将。治承・寿永の乱では源氏追討副将軍を務めたが、平家一門の都落ちに伴い、豊前国《ぶぜんのくに》柳浦で入水した。

◉読経が晴らした無念

能『清経』では、清経の最期を元にした以下のような話が語られる。

清経の従者であった粟津三郎《あわづのさぶろう》は、豊前国柳浦で入水し果てた清経の遺髪を持って彼の妻のもとへと赴いた。しかし妻は悲しみが増すからと遺髪の受け取りを拒む。その夜、妻の夢の中に清経の霊が現れ、妻は清経が天命を全うせず、自ら命を絶ったことを責める。一方清経も、妻が形見の遺髪を受け取らなかったことを責めた。

互いの悔みを晴らすため、清経は妻に自らの最後の合戦の様子を話して聞かせた。そして自らが堕ちた修羅道の様子を話して聞かせるが、入水の直前に念仏を唱えたおかげで、無事成仏ができたと語ったという。

平清盛　たいらのきよもり

一一一八～一一八一年

平安時代末期の武将。平治の乱で源氏を政界から追放した功績から太政大臣に任命され、日本初の武家政権である平氏政権を打ち立てた。しかしその独裁が大きな反発を呼び、源氏の挙兵を起こすきっかけとなった。

◉髑髏《どくろ》とにらみ合いっこ

『平家物語《へいけものがたり》』では、福原（現兵庫県神戸市兵庫区）で清盛が自分の屋敷の中庭に無数の髑髏が転がっている光景に遭遇したことが記されている。この髑髏は合体して四十メートル以上の巨大な一体の髑髏と化し、清盛をにらみつけた。しかし清盛が負けじとにらみ返すと、髑髏は陽の光に溶けるように消えてしまった。

この怪異は江戸時代、鳥山石燕《とりやませきえん》が描いた妖怪画集『今昔百鬼拾遺《こんじゃくひゃっきしゅうい》』で「目競《めくらべ》」と名付けられている。

平維茂　たいらのこれもち

不明（十一世紀頃）

平安時代の武将。平貞盛《たいらのさだもり》の養子で、十五番目の子であったことから余五君《よごのきみ》、余五将軍などと呼ばれる。信濃守、出羽介《でわのすけ》を歴任し、藤原諸任《ふじわらのもろとう》を滅ぼすなど功績を挙げた。

◉鬼女・紅葉《もみじ》狩り伝説

能の謡曲『紅葉狩《もみじがり》』では、維茂が鬼と戦った伝説が語られている。

維茂一行が鷹狩りのために戸隠山《とがくしやま》へ赴いた時、紅葉狩りをして盛り上がっている女たちに出会う。維茂はそのまま通り過ぎようとするが、女たちから酒宴に誘われ、そこで勧められるままに酒を飲み、そのまま寝入ってしまった。すると女は鬼の姿に変じ、「目を覚ますなよ」と告げて山中に姿を消す。この女は戸隠山の鬼が化けたもので、維茂を殺してしまおうと考えていた。だが八幡宮の神が維茂の夢に現れ、神剣を授けて鬼神を退治するよう伝えたため、目覚めた維茂は刀を抜いて鬼女を打ち倒すことができたという。

歌舞伎の演目『紅葉狩』や『色狩剣本地《もみじがりつるぎのほんち》』では、この鬼女は「更科姫《さらしなひめ》」という名前を与えられているが、一般には鬼女「紅葉《もみじ》」の名前で知られる。この伝説は長野県の戸隠村（現長野市戸隠）、鬼無里《きなさ》村（現長野市鬼無里）、別所温泉などに伝わり、江戸時代の『新府統記《しんぷとうき》』にもその名が見える。また後世では維茂が偶然鬼女と遭遇するのではなく、自ら退治に向かうという設定の話が主流となっている。

『太平記《たいへいき》』にも戸隠山の鬼を退治する話が載るが、ここでは平維茂ではなく多田満仲《ただのみつなか》の功績とされている。また、この鬼女紅葉は第六天魔王の娘であるという過去が明かされる物語も残る。詳細は源経基《みなもとのつねもと》の項目を参照。

平忠盛　たいらのただもり　一〇九六〜一一五三年

平安時代末期の武将。平清盛《たいらのきよもり》の父。白河《しらかわ》、鳥羽《とば》両上皇に仕えた。検非違使《けびいし》、伯耆守《ほうきのかみ》、越前守、備前守を歴任。また、山陽・南海の海賊を討つなどの功績をあげ、刑部《ぎょうぶ》卿《きょう》に昇進して内昇殿を許された。日宋貿易に尽力し、平氏繁栄の基礎を作った人物としても知られる。

●網にかかった不気味な人魚

『古今著聞集《ここんちょもんじゅう》』には、忠盛のもとに人魚が献上された話が載る。

伊勢国《いせのくに》の別保という場所に忠盛が赴いた時のこと。ある猟師が網で捕らえたと不思議な魚を献上してきた。この魚は、体は普通の魚だが頭は人間のようで、歯は魚のように細かく、口は突き出ていて猿のようだった。三匹が捕らえられたが、そのうち二匹はすぐに死に、最後の一匹は人のように涙を流して、人と同じような声を出したという。忠盛はこれを見て恐れ、人魚を漁師に返したが、漁師たちは人魚を全て食べてしまった。しかしその後特に変わったことはなく、味は格段によかったという。

人魚の肉を食べた話としては、不老不死になったという八百比丘尼《やおびくに》の伝説が有名だが、この話では特に何事もなかったと語られている。八百比丘尼（飛鳥時代）については当該項目を参照。

平知盛 たいらのとももり

一一五二〜一一八五年

平安時代の武将。平清盛《たいらのきよもり》の四男。源平合戦では、源頼政《みなもとのよりまさ》が以仁王《もちひとおう》と共に挙兵した際にこれを鎮圧し、一ノ谷の戦いでも奮戦するが、敗れる。海路で屋島に逃れるも、追討に現れた源義経《みなもとのよしつね》に敗れ、続く壇ノ浦の戦いで安徳天皇《あんとくてんのう》及び平家一門の女性たちの入水を見届けて、自らも海に沈んだという。

◉白波に消えた平家の怨霊

知盛の壮絶な最期は多くの創作の題材になっている。能『船弁慶《ふなべんけい》』では、兄の源頼朝《みなもとのよりとも》と不仲になった義経が、弁慶と共に西国へ向かおうとした際、知盛の怨霊が現れる場面がある。

平家の者たちと共に荒武者の姿で海上に現れた知盛は、「義経よ。このような浦で相まみえるとは思わなかったが、船の音や船員の声をたよりにやって来たのだ。お前も海に沈めてやろう」と薙刀《なぎなた》を振り回して義経に襲いかかった。しかし義経は慌てずに太刀を抜いて知盛と渡り合う。主人が不利だと見た弁慶は、彼らの間に入り、数珠を揉んで祈禱を行った。すると知盛の怨霊は次第に遠ざかって行った。やがて船は陸地に着いたが、再び知盛ら平家の怨霊たちが襲いかかってきたため、さらに弁慶が祈禱を行うと、怨霊たちは波にさらわれて見えなくなり、後には白波だけが残ったという。

平将門 たいらのまさかど

不明〜九四〇年

平安時代の武将。下総国《しもうさのくに》の出身で、平安京に上って藤原忠平《ふじわらのただひら》に仕えるも、志を得ず国に戻る。その後は関東で勢力を養い、幾度もの内乱を経て下野国《しもつけのくに》、上野国《こうずけのくに》を制圧する。新皇を称し、関東の独立を図って平将門の乱を引き起こすが、藤原秀郷《ふじわらのひでさと》、平貞盛《たいらのさだもり》らによって討たれる。

◉今も祟り続ける平安の大怨霊

平将門には、生前から多くの伝説が残っている。『太平記《たいへいき》』によれば、その体は鉄でできており、いかなる武器でも傷つけることができなかった。しかし祈禱により天から降ってきた一本の矢が将門の眉間に刺さると、秀郷は将門のこめかみを突いてこれを討つことができたという。獄門に晒された将門の首は三カ月経っても生きており、目を閉じることなく「斬られた我が五体はどこにあるのか。頭とつながって今一度戦をしよう」と夜な夜な喋り続けた。しかし近くを通りかかった人が「将門はこめかみよりぞ斬られける。俵藤太《たわらのとうた》が謀《はかりごと》にて」と歌ったところ、そのまま目を閉じて屍《しかばね》になったという。

御伽草子の『俵藤太物語《たわらのとうたものがたり》』では、将門には六人の分身がおり、影がない分身は光を当てることで見破ることができる、という伝説が伝えられている。

さらに『将門純友東西軍記《まさかどすみともとうざいぐんき》』では、首を斬られた胴体が首を探し求めて歩き回り、武州で力尽きたという話が載り、『前太平記《ぜんたいへいき》』では宙を飛んだ首が武蔵国《むさしのくに》の辺りに落ちて、毎夜光り輝いたと記されている。

他にも『御府内備考《ごふないびこう》』には、承平天慶の乱の後、平家に縁のある者が将門の首塚を築いたところ、祟りが起こり、天変地異が相次いだと記されている。この将門の祟りは近現代でも続いており、東京都千代田区に現存する将門塚で祟りを起こすと語られている。

大正時代には関東大震災の後、将門の眠る将門塚を発掘調査したところ、それに関わった人間が相次いで死亡した。また戦後には、将門塚のあった場所と知らずに空襲の焼け跡を整備したところ、事故が多発して死者まで出たという。

平康忠 たいらのやすただ

不明～一一五九年

平安時代の武士。近衛天皇《このえてんのう》の時代に滝口武者《たきぐちのむしゃ》（蔵人《くろうど》所《どころ》で内裏《だいり》の警護にあたる武士）となる。平治の乱にて左《さ》衛門尉《えもんのじょう》として三条殿の警備に当たっていたところ、藤原信頼《ふじわらののぶより》らの軍勢に襲撃され、討死した。

●転生後も変わらぬ天皇への忠義

『古今著聞集《ここんちょもんじゅう》』には、転生した康忠の話が載る。

平治の乱で討死した夜から数年後の仁安（一一六六～一一六九年）の時代、黒のまだら模様がある奇妙な風体の雄犬が宮中に現れた。その夜、ある者の夢の中に康忠が現れ、「天皇のおそばにお仕えする意志が強く、このような犬の姿に転生し、改めて参上した」と告げたという。

平頼度 たいらのよりたび

不明（十二～十三世紀頃）

平安時代から鎌倉時代にかけての官吏。左近将監《さこんのしょうげん》、佐《さ》馬助《まのすけ》、若狭守《わかさのかみ》などを歴任し、暲子内親王《しょうしないしんのう》の蔵人《くろうど》を務めた。

●捕らえられたいたずら狸《たぬき》

『古今著聞集《ここんちょもんじゅう》』には、以下のような話が載る。

後鳥羽天皇《ごとばてんのう》の時代、暲子内親王の住む八条院に化け物が現れることがあり、その正体を暴くために頼度が召されることとなった。

頼度は寝殿の狐戸に隠れて見張っていたが、何も起きない。そのまま七日が過ぎ、つい緊張の糸が緩んでうとうとしていると、素焼きの土器の欠片がぱらぱらと頼度に向かって落ちてくる。頼度が「出たな化け物」と待ち構えていると、やはり頭上から素焼きの土器の欠片を落とす者がある。しばらくの間は上を見ても何もいなかったが、不意に頭上を黒い何かが通る気配があり、それを摑んで引きずり下ろすと、年老いて毛も抜け落ちた古狸であった。頼度はこれを生きたまま暲子内親王のもとに届け、太刀と宿衣《しゅくえ》を賜ったという。また、それ以来八条院で怪異は起きなくなったとされる。

滝夜叉姫 たきやしゃひめ

不明（十世紀頃）

平安時代の妖術使い。平将門《たいらのまさかど》の娘とされ、天慶の乱で将門が討たれたことで、仇《かたき》を取るために貴船明神に祈りを捧げて妖術を授けられたとも、父の菩提を弔うため尼になったとも伝えられる。伝説上の人物と考えられるが、茨城県つくば市にかつて存在した西福寺には、彼女がこの寺で尼になったという伝説と、彼女の墓が残されていたとされる。現在は西福寺のすぐそばにある東福寺で彼女の伝説が語られている。

◉復讐の鬼と化した姫

滝夜叉姫は本名を五月姫《さつきひめ》と言い、父の遺志を継いで貴船明神の荒神に妖術を授けられたことで滝夜叉姫と名乗るようになったという。この伝説が語られるようになったのは山東京伝《さんとうきょうでん》の読本《よみほん》『善知鳥安方忠義伝《うとうやすかたちゅうぎでん》』以降と思われるが、彼女のモデルは『元亨釈書《げんこうしゃくしょ》』などに将門の娘として記される如蔵尼《にょぞうに》だと考えられる。

如蔵尼は地蔵菩薩に帰依し、尼として一生を終えた人物と伝えられ、『善知鳥安方忠義伝』における滝夜叉姫も、はじめは仏道に励む如月尼《にょげつに》という名の女性として描かれる。しかし肉芝仙《にくしせん》という蝦蟇《がま》の精霊が化けた仙人の手によって父の仇討ちを誓う復讐鬼と化し、弟の良門《よしかど》と共に妖怪や盗賊の仲間を集め、朝廷の転覆を企てる。しかし源頼信《みなもとのよりのぶ》の家臣・大宅太郎光圀《おおやのたろうみつくに》に討伐されて自ら命を絶つが、最期に如月尼としての自我を取り戻すという悲惨な死を迎える。

この物語には滝夜叉姫がたくさんの骸骨を出現させる場面があり、これは後に歌川国芳《うたがわくによし》の『相馬《そうま》の古内裏《ふるだいり》』という錦絵の題材となった。この絵画ではたくさんの髑髏《どくろ》が一体の巨大な骸骨に置き換えられて描かれ、この髑髏は昭和時代に生まれた妖怪「がしゃどくろ」のイメージとしても定着した。

この作品は後世に大きな影響を与え、歌舞伎『忍夜《しのびよる》恋曲者《こいはくせもの》』などの元となっている。

橘嘉智子　たちばなのかちこ　七八六～八五〇年

平安時代の皇后。嵯峨天皇《さがてんのう》の后で、仏教への信仰が厚く、嵯峨国《さがのくに》に檀林寺を建てたことで檀林皇后《だんりんこうごう》とも呼ばれた。仁明天皇《にんみょうてんのう》、正子内親王《まさこないしんのう》の生母であったため、嵯峨天皇の譲位後も皇太后、太皇太后として権力を持ち、橘氏の勢力拡大に尽力した。

◉自らの亡骸で世の無常を示した后

『絵本百物語《えほんひゃくものがたり》』には、「帷子辻《かたびらがつじ》」という題で以下のような話が載る。

檀林皇后は世に類まれなる美人であったため、その姿を見て心を動かされない者はいなかった。皇后の死後、遺言に「亡骸を埋めず、辻に放置するように」と記してあったため、遺言通りその亡骸は辻に遺棄された。

亡骸は日に日に腐敗し、犬や鳥がその死肉を食らい、最後には白骨となった。この遺言は、人々に世の無常を示し、永遠なるものは一つもないのだ、ということを示すために皇后が残したのだという。

この話の中には不可思議な存在や現象は出てこず、現在の価値観では怪異や妖怪の話とは考えにくいかもしれない。しかし出典となった『絵本百物語』が近世を代表する妖怪資料であるためか、他の妖怪話と並んでこの話が紹介されることがある。

この辻は現在の京都府にある帷子ノ辻《かたびらのつじ》周辺だと思われ、与謝蕪村《よさぶそん》の『蕪村妖怪絵巻《ぶそんようかいえまき》』では、顔に目鼻口がなく、尻に目玉が一つある「ぬっぽり坊主《ぼうず》」という謎の妖怪がこの辻に出たという話が記されている。この「ぬっぽり坊主」は現在では水木しげるの著作などで「尻目《しりめ》」という名で紹介され、近年ではそちらの名が有名になっている。

丹後局　たんごのつぼね　不明（十二～十三世紀頃）

平安時代から鎌倉時代にかけての女性。丹後内侍《ないし》とも呼ばれる。源頼朝《みなもとのよりとも》の乳母である比企尼《ひきのあま》の娘とされ、二《に》条《じょう》天皇《てんのう》に女房として仕えた。

子の島津忠久《しまづただひさ》は後に九州最大の戦国大名となる島津家の初代当主となる。

◉狐火に導かれたお産

先述した忠久の出生について、大阪府大阪市に所在する住吉大社には、こんな伝説が伝わっている。

頼朝の寵愛を受けて子を身ごもった丹後局であったが、頼朝の正室である北条政子《ほうじょうまさこ》の嫉妬を買い、殺害されそうになったところを家臣の本田次郎《ほんだじろう》の助けで難を逃れ、摂津国《せっつのくに》の住吉に至った。そこで日が暮れ、雷雨となったため、前後不覚となったが、不思議なことに数多の狐火が現れ、彼らを住吉大社に導いた。

その境内で丹後局は産気づいたが、近くにあった石を抱き、次郎が住吉明神に祈ると、安産となって男児が生まれた。これが忠久だと言われ、この伝説により丹後局が抱いた石は誕生石《たんじょういし》と名付けられ、現在も住吉大社に残されている。

丹後局が頼朝の子を身ごもったという話は当時の文献に記録がなく、後世に生まれた伝説である可能性が高い。しかし島津家はこの伝説から稲荷明神を信仰するようになり、後に稲荷の使いである狐が戦の際に島津家の人間を助けたという話がいくつか生まれることとなった。島津家の戦を助けた狐の伝説については、島津義久《しまづよしひさ》、島津《しまづ》義弘《よしひろ》（戦国時代）の項目を参照。

丹波忠明 たんばのただあき

九九〇〜不明

平安時代の医師。典薬寮《てんやくりょう》（律令制で中央の医事を担当した寮）で長官を務め、針博士として針治療に従事し、後一条天皇《ごいちじょうてんのう》の病を治すなどしたとされる。

●妖怪関連の病を治療した医師

『今昔物語集《こんじゃくものがたりしゅう》』には、忠明が妖怪にまつわる病を治療した話が載る。

宮中の警備をしていた侍たちが、何をすることもなく退屈していた。そこで一人が酒と肴を取りに行ったところ、それきり帰ってこなかった。心配になった侍たちが翌日様子を見に行くと、彼は死んだように眠っている。そこで忠明を呼んでその様子を見せると、忠明は「薬用の灰を集め、そこに彼を埋めてしばらく様子を見なさい」と告げた。侍たちがその通りにすると、やがてその侍は正気に戻った。

侍たちが事情を尋ねると、その侍は「昨日、酒と肴を取りに帰る途中、神泉苑の西側で突然雷が鳴り、夕立が降り始めた。神泉苑の中は真っ暗になり、金色に光る手が見えたかと思うと、辺りは完全な闇に包まれた。それから前後不覚になり、何とかこの屋敷にたどり着いたまでは覚えている」と話した。

侍たちはたいへん不思議に思い、忠明に事の次第を伝えに行くと、忠明は「やはりあの男は竜の姿を見て、病みついていたのだ。こういう場合には、あの治療法の他に快癒する方法はないのだ」と会心の笑みを浮かべたという。

◉平安妖怪バスターズ

『古今著聞集《ここんちょもんじゅう》』には、藤原道長《ふじわらのみちなが》に呼ばれた客の一人として忠明が登場し、とある呪いを見破る話が載る。

道長のもとには忠明の他に、陰陽師の安倍晴明《あべのせいめい》、武士の源《みなもとの》義家《よしいえ》、高僧の勧修《かんしゅう》も呼ばれていた。そこへ農民が瓜を持ってきたところ、晴明がこの瓜には毒があると看破する。すかさず勧修が数珠を手に呪文を唱えると、瓜は突然跳躍して転がり始めた。忠明が針で刺すと瓜は動かなくなり、義家が刀で真っ二つにすると、中から銀色の蛇が現れた。義家の刀は蛇の頭を断ち切っており、忠明の針は蛇の目を貫いていた。各々の技を披露された道長は大いに喜び、彼らをもてなしたという。

この話は『夜窓鬼談《やそうきだん》』にも載るが、ここでは源義家の役割を担うのは源《みなもとの》頼光《よりみつ》になっている。

丹波雅忠 たんばのまさただ

一〇二一〜一〇八八年

平安時代の貴族であり、医師。丹波忠明《たんばのただあき》の子。典薬頭《てんやくのかみ》、施薬院使《せやくいんし》などを務める。名医として名高く、国外にもその名は知られ、日本の扁鵲《へんじゃく》（中国戦国期の名医）と称された。

◉秘伝の書を守った神

『続古事談《ぞくこじだん》』には、以下のような話が載る。

雅忠が典薬頭であった頃、彼の夢に七、八歳の子どもが現れたことがあった。その子どもは寝殿に走って行き「あなたの先祖、康頼《やすより》の祈りに応えて丹波家に伝わる文書を守っていたが、この度火事が起こることが分かった。注意せよ」と告げた。それから二十日ばかり後、実際に家で火事が起きたが、文書は一巻も燃えることはなかった。この文書を守ったのは、守宮神《すくじん》という神で、諸道諸技芸の守り神なのだという。

智徳法師 ちとくほうし

不明（十〜十一世紀頃）

平安時代の陰陽師。一条天皇《いちじょうてんのう》の時代に播磨国《はりまのくに》にいた人物とされるが、資料が乏しく、詳細不明。一説では安倍《あべの》晴明《せいめい》のライバルであった蘆屋道満《あしやどうまん》と同一人物と考えられているが、創作された架空の人物という説もある。

◉晴明に式神を隠される

『今昔物語集《こんじゃくものがたりしゅう》』には以下のような話が記されている。

智徳は二人の少年を連れた老法師の姿で晴明の家を訪れる。そこで陰陽道を習いたいと晴明に申し出るが、晴明に熟練した陰陽師であることを見破られ、従者の少年二人を隠されてしまう。実はこの少年たちは智徳の式神で、晴明の術によって姿を見えなくされたのだ。智徳は慌てて式神を探すが、見つからない。最後には晴明を試したことを認め、「なにとぞお許しください」と懇願したため、式神を返してもらえた。それから彼は晴明の弟子となったという。

この話では、智徳が晴明に負けたのは、力量が劣っていたのではなく、式神を隠す術がなかったゆえだと記されている。智徳も晴明も、当時の人々にとっては時代を象徴する大陰陽師であったのだろう。

◉術で海賊をこらしめる

同書には、智徳が明石の海で海賊に襲われた人々を救った話も載る。

ある時智徳は、海賊に襲われて仲間数人の命と荷物の全てを奪われた船に出会った。訳を聞いた智徳は自ら海に出て、海面に文字を書いて呪文を唱え、人をやって最初に海賊が現れた辺りを見張らせた。すると七日目にどこからともなくその海賊船がやって来た。海賊たちは皆酩酊したような状態だったためすぐに捕まえられ、彼らが奪った荷物はそっくり元の持ち主に返された。そして智徳は海賊たちに、「これより罪を犯すことをしてはならぬ。本来であればお前たちは命を絶たれてもおかしくないようなことをしたが、それも殺生の罪となるため、今回は許してやろう。しかしこの国には私のような老法師がいることを忘れるな」と告げて、追い払った。

貞崇 ていすう　八六六～九四四年

平安時代の僧侶。真言宗の僧で、醍醐天皇《だいごてんのう》の護持僧（天皇の身体護持のために祈禱を行う僧）となる。醍醐寺の僧・聖宝《しょうぼう》から灌頂《かんじょう》（菩薩が仏位に上る時、その頭に諸仏が水を注ぐ儀式）を受け、晩年はこの聖宝が創設した鳳《ほう》閣《かく》寺《じ》に隠棲した。

◉邪を退け、神を呼んだ大般若経

『古今著聞集《ここんちょもんじゅう》』には以下のような話が載る。

延長八年（九三〇年）六月二十九日の夜、貞崇は天皇の命を受けて天皇の御寝所がある清涼殿で宿直《とのい》をしていた。夜が更けてきた頃、清涼殿の庇《ひさし》（寝殿造において、母屋の外側に付けられた細長い部屋）から大きな人の足音が聞こえた。しかし御簾《みす》を上げても人の姿はない。そのうち、今度は小さな子どもの足音が聞こえ、さらに女性の声で「どうしてそこにいるのですか」と問いかけられた。貞崇が「天皇の命によるものです」と答えると、その声は「先ほど、あなたは大般若経を読経していました。最初に歩いてきた者は邪気です。あなたの読経により調伏させられたのです。その後に読経していた金剛般若経は霊験がありませんでした。この旨を天皇に申し上げ、大般若経の読経に努めなさい。私、稲荷神からの勧告です」と告げて消えてしまった。貞崇はこれを受け、天皇にこの夜の出来事を報告したという。

邪気はおそらく邪鬼と同義で、物の怪の類《たぐい》全般を指す言葉である。稲荷神は稲を象徴する農耕神で、たびたび狐と結びつけられるが、狐はあくまで神の使いであるため、稲荷神自体は人の姿で描かれることが多い。平安時代にはすでに、伏見稲荷大社を中心とした稲荷信仰が広まっていた。

道命　どうみょう

九七四〜一〇二〇年

平安時代の僧侶。藤原道綱《ふじわらのみちつな》の子。中古三十六歌仙に数えられる歌の名手であり、歌集として『道命阿闍梨集《どうみょうあじゃりしゅう》』がある。また和泉式部《いずみしきぶ》と交際していた記録も残されている。

◉地獄から天界へ導く読経

『大日本法華経験記《だいにほんほけきょうげんき》』には、道命が悪霊を救った話が載る。

ある時、一人の女性が悪霊に取り憑かれて悩乱したことがあった。この悪霊は「自分はこの女の夫である」と名乗り、生前に殺生を好み、僧侶の物を盗むなど悪行を働いたために阿鼻地獄に堕ち、地獄の責め苦のため妻を害する心がないにも関わらず妻に取り憑いて苦しめてしまうのだと言う。そこで道命が法華経を読経すると、その声は貴く、また美しく、悪霊はそれを聞いて喜んだ。道命の読経によって悪霊は地獄の苦しみから逃れ、罪が軽くなって蛇に転生することとなったという。

それからしばらく経ったある日、悪霊に憑かれていた女が道命のもとを訪れ、改めて読経を求めた。道命が経を読むと再び男の霊が現れ、今度は蛇の身さえも免れて、天上に生まれ変わったと話した。このようなことは、他にも数多くあったという。

鳥羽天皇　とばてんのう

一一〇三〜一一五六年

平安時代の天皇。父・堀河天皇《ほりかわてんのう》の死によって五歳で即位し、しばらくは祖父である白河法皇《しらかわほうおう》の院政が続いた。法皇の死後は自身も院政を執り、その期間は崇徳天皇《すとくてんのう》、近衛天皇《このえてんのう》、後白河天皇《ごしらかわてんのう》の三代にわたる約二十八年間に及んだ。崇徳天皇と対立して天皇を退位させ、近衛天皇を即位させた上で崇徳院の子・重仁親王《しげひとしんのう》の即位を阻み、後白河天皇を擁立したことが、鳥羽天皇の死後、保元の乱が起きる原因となった。

◉九尾の狐にたぶらかされる

近衛天皇の時代、院政を執っていた鳥羽上皇に寵愛を受けた女官として、玉藻前《たまものまえ》という九尾の狐が登場する。

はじめ藻女《みずくめ》と呼ばれていたこの女官は、二つとない美貌と、どんな問いにも明瞭に答えられる博識さを併せ持っていた。そのため鳥羽上皇に気に入られ、そばに置かれるようになる。ある時、突風が吹いて内裏《だいり》の灯火が全て消え、辺りが暗闇に包まれた。すると藻女の体が光り輝いて内裏中を照らしたため、藻女は玉藻前と呼ばれるようになる。

しかしそれ以来、鳥羽上皇は病に臥すようになる。そこで陰陽師の安倍泰親《あべのやすちか》（安倍泰成《あべのやすなり》、安倍晴明《あべのせいめい》とされる場合もある）を呼んで占わせたところ、上皇の病は玉藻前の仕業によるものであるとの結果が出る。彼女の正体は白面金毛《はくめんきんもう》九尾の狐であり、ある時は殷《いん》で紂王《ちゅうおう》をたぶらかし、国を滅ぼした妲己《だっき》という名の妖婦であり、またある時は天竺で摩掲陀《まがだ》国の王子・斑足太子《はんぞくたいし》をたぶらかして千人の首をはねさせた花陽夫人《かようふじん》であり、またある時は周で幽王《ゆうおう》を惑わした褒姒《ほうじ》であったことが判明する。

正体を見破られた玉藻前は東国の那須野へと逃げるが、そこで討伐され、その死骸は毒を放つ殺生石《せっしょうせき》と化したという。

この伝説は古くは『神明鏡《しんめいかがみ》』に見られ、能『殺生石《せっしょうせき》』、御伽草子『玉藻《たまも》の草子《そうし》』、読本《よみほん》『絵本三国妖婦伝《えほんさんごくようふでん》』など、さまざまな創作の題材となった。

巴御前 ともえごぜん　不明

平安時代から鎌倉時代にかけての女性。源義仲《みなもとのよしなか》の側室であり、武勇に優れ、義仲に従ってしばしば共に出陣した。宇治川の戦いでも義仲と共に戦うが、敗れる。義仲に諭されて戦から落ち延び、その後は和田義盛《わだよしもり》の妻となるが、彼の死後は出家して尼になったという。

◉死後なお晴れぬ忠義と無念

能『巴《ともえ》』では、巴御前の亡霊が現れて過去を語る場面が描かれている。

木曽の山奥に住む僧侶が都に上る途中、近江国《おうみのくに》栗津の社で休んでいると、里の女が現れて神前で涙を流す。その社に祀られている神は木曽義仲《きそよしなか》（源義仲）であり、女は自分がある人物の幽霊であることを伝えて消える。

僧侶が土地の者に尋ねると、その女はかつて義仲に仕えていた巴御前であろうと教えられる。僧侶が彼女の霊を弔っていると、鎧を身に纏った巴御前の霊が現れる。彼女は義仲と最期を共にできなかった無念から、彼の最期の土地である粟津ヶ原に留まっていたのだ。

巴御前は在りし日の合戦の様子や、義仲に共に自害をしようと伝えて逆に生き延びろと言われた時の無念、敵軍との最後の戦いの様子、そして自害した義仲の形見を取って木曽へ落ち延びたことを語り、自身が執心から解放されるための弔いを僧侶に頼んで消える。

また『雑説嚢話《ざつせつのうわ》』には、かつて巴御前が木曽川に投げた石が、夜になると勝手に動き出し、川を下って「ヤヨヒ」というところに行く、という話が載る。この石は「通《かよい》の浮石《うきいし》」と呼ばれているという。

この他、長野県木曽郡木曽町の徳音寺には、巴御前は巴ヶ淵の竜神の化身であるという伝説が残っている。

伴善男 ともよしお

八〇九〜八六八年

平安時代の公卿。大納言として権勢を振るったが、貞観八年（八六六年）、権力を争っていた源信《みなもとのまこと》に応天門に放火した罪を着せようとするが、罪がばれて伊豆へ配流となり、そこで没した。この事件は応天門の変と呼ばれ、大伴氏の没落のきっかけとなった。

●疫病神になった大納言

『今昔物語集《こんじゃくものがたりしゅう》』には、善男が死後に疫病神となって現れた話が載る。

ある時、国中で咳病《しわぶきやみ》（咳の出る病気。現代でいうインフルエンザか）が流行り、身分の高い低いに関わらず皆病床に伏していた。そんな中、ある屋敷で働いていた調理人が夜中に帰宅する途中、赤い正装の上着を身に纏った、恐ろし気な男に出会った。調理人がその前に跪くと、男は「お前は私を知っているか」と問う。調理人が「知りません」と正直に答えると、男は「私は昔この国で大納言として働いていた伴善男という者だ。伊豆に配流され、早死にしてしまった。それ以来疫病を流行らせる神となったのだ。私は罪を犯したが、朝廷に仕えている間はたくさんの恩を受けた。それ故、今年は天下で疫病が流行り、国の人間は皆死ぬはずだったが、私はそれを咳病に抑えたのだ。そのことを聞かせるためにここに降り立った。だから恐れなくともよい」と言って消えてしまった。

調理人は家に帰ってこのことを語り伝えたため、善男が疫病神になったことが人の知るところとなった。しかしどうしてこの調理人にそのことを告げたのか、その理由までは分からなかったという。

那須資隆　なすのすけたか　不明

平安時代の武士。那須氏初代当主。元は須藤の姓を名乗っていたが、資隆の代に那須氏に改名。弓の名手として有名な那須与一《なすのよいち》の父親と伝えられる。

◉神に阻まれた英雄の誕生

『那須記《なすき》』では、与一の誕生にまつわるこんな話が載る。

資隆には十二人の男児がいたと伝えられるが、そのうち十一男にあたる赤ん坊は、二十四カ月経っても出生せず母親の胎内におり、一向に生まれる気配がなかった。そこで資隆が八幡神社に参拝すると、信託があり、「大櫛村《おおかしむら》の八竜神の祟りである。急いで参内し、八竜神を改めて大頭竜権現《だいとうりゅうごんげん》として宝号を与えれば、祟りは治まって子も生まれるだろう」と伝えられた。資隆が急いで言われた通りにすると、無事子どもが生まれた。これが後の那須与一だという。

八竜神はもともと岩嶽丸《いわだけまる》という鬼神で、資隆の先祖である須藤貞信《すどうさだのぶ》（藤原資家《ふじわらのすけいえ》）によって調伏されたが、その後祟りを引き起こしたため、貞信によって八竜神という名を与えられて祀られたとされる。詳細は藤原資家の項目を参照。

また、資隆の子である那須与一が築いた城が妖怪化したという逸話が残されている。詳細は那須与一の項目を参照。

那須与一　なすのよいち　不明（十二世紀頃）

平安時代の武将。出生年と没年には諸説あり、一一六六～一一六九年頃生まれ、一一九〇年頃没したと考えられる。弓の名手として知られ、源平が争った屋島の戦いでは、馬上から平氏の船上に掲げられた扇の的を射落としたという話が有名。しかし史料には名前が出てこず、伝説上の人物であった可能性も指摘されている。

◉トランスフォームする魔城

栃木県那須烏山市に実在した烏山城には、以下のような伝説がある。

ある時、与一が那珂川《なかがわ》の東の山に城を築こうと考え、四天王像を四方に埋めて天神地祇《てんじんちぎ》を祀り、幣束を立てた。

ところがそこに数万もの鳥が恐ろしい叫び声をあげながら現れ、幣束を山頂に移してしまった。与一は悲しみふさぎ込んでいたが、ある夜、彼の夢に白髪の老人が現れ、幣束が移された山に城を築くことを勧めた。

夢のお告げに従って与一はその山で築城を始め、数十頭もの牛を屠って城の礎の下に埋めた。殺された牛の血は流れて川となり、その川の水はやがて透明になって清水川と呼ばれるようになった。

こうして完成した烏山城は不思議な力を持ち、敵が近づくと臥せた牛の姿に変形し、唸り声を上げて大地を震わせたため、臥牛城《がぎゅうじょう》とも呼ばれた。また敵勢が城門まで来ると、城内に巨大な亀が出現し、水を吹いて濃霧を生じさせて敵を惑わしたという。そのおかげで那須家の者たちは敵を難なく撃退することができたが、那須家が滅ぶと城の不思議な力は失われたという。

二条天皇　にじょうてんのう

一一四三～一一六五年

平安時代の天皇。後白河天皇《ごしらかわてんのう》の第一皇子だったが、院政を否定して天皇親政を行おうとしたため父と対立した。また即位の翌年に平治の乱が発生し、幽閉されるも、平清盛《たいらのきよもり》によって救出される。若くして病に倒れたため、院政下で政治の主導権を握ることができないまま死去した。

◉郭公《かっこう》が告げた死の報せ

『古事談《こじだん》』には、二条天皇の死の直前に起きた怪事について記されている。

二条天皇の死の一カ月前、突如として平安京のいたるところに郭公が現れ、共食いするという異常な現象が起きた。二条天皇はこの怪異を見て天皇の位を子の順仁《のぶひと》親王《しんのう》（後の六条天皇《ろくじょうてんのう》）に譲り、翌月に崩御したという。

日蔵　にちぞう

九〇五～九六七年

平安時代の僧侶。真言密教や修験道を学んだ。三善清行《みよしきよゆき》の子で、浄蔵《じょうぞう》の兄弟。法名は道賢《どうけん》。九八五年没という説もある。

◉地獄で目にした怨嗟の末路

『扶桑略記《ふそうりゃっき》』に引用されている『道賢上人冥途記《どうけんしょうにんめいどき》』には、彼にまつわる以下のような伝説が載る。

天慶四年（九四一年）八月二日、日蔵は金峰山《きんぶせん》にて断食の修行の末、息絶えた。そこに執金剛神《しゅうこんごうじん》（仏教における護法善神）が現れ、日蔵を蔵王菩薩（修験道の本尊）のもとに導いた。

蔵王菩薩は日蔵を金峰山の浄土へと連れて行き、そこで金剛力士《こんごうりきし》、雷神鬼王《らいじんきおう》、夜叉《やしゃ》などの眷属を引き連れた日《に》本太政威徳天《ほんだじょういとくてん》（菅原道真《すがわらのみちざね》）に引き合わせる。道真は日蔵を白馬に乗せ、巨大な池の中にある島へと連れていった。島には中に蓮華が飾られた八肘《はっちゅう》（約三百六十八センチメートル）ほどの方壇があり、その上には塔が立っていて、またその中には法蓮華経が置いてあった。またそこから北を見ると、大きな城があり、光明に照らされていた。その城は道真のもので、道真は日蔵を城に招き入れた。

そこで道真は「醍醐天皇《だいごてんのう》に右大臣の位を追われ、無念の死を遂げた恨みから病や災害を引き起こし、人民を傷つけ、国土を穢したいと考えていた。私の生前流した涙は、必ずや日本国を滅ぼす海の水となるだろうと。しかし、それから八十四年経ち、日本では私の愛する密教が流行り、仏神も私を慰撫する。そのため、もう恨みは十分の一もない」と告げた。さらに「だからいまだ国土を滅ぼすような災厄は起こしていない。私の眷属には十六万八千の悪神がいる。その気になれば、これらの者たちがあらゆるところで損害を引き起こすことができる」と言った。

そこで日蔵は「日本の人々は身分の上下に関わらず火《か》雷天神《らいてんじん》を敬い、信仰しています。どうしてまだ恨みの心があるのでしょうか」と尋ねた。道真は「この国は私にとって怨賊だからだ。私もいつかこの古い怨嗟と悪心を忘れたいと思っている。しかし、仏にならぬ限りはそれも難しいだろう。私の形像《ぎょうぞう》を作り名号をとなえて慇懃に祈る者には、災厄を与えないことを誓おう」と告げた。

その後、日蔵は地獄へと行き、その途中で地獄の責め苦を受ける醍醐天皇と出会う。彼は生前の罪と道真の怨念により地獄に落ちたことを日蔵に告げ、「自分の苦難を救うため、善根（よい報いを招くもとになる行為）を施してほしい」と頼んだ。

その後地獄を抜けた日蔵は現世に帰還し、よみがえったという。

●自分の怨念に苦しむ鬼

『宇治拾遺物語《うじしゅういものがたり》』には以下のような話も載る。

日蔵が吉野山で修行をしていたところ、身の丈七尺（約二・一メートル）ほどの鬼が現れた。その肌は紺青色で、髪は火のように赤く、首は細くあばらが浮き出ていて、足も細長く、腹は膨れあがっていた。この鬼は日蔵を見つけると泣き出し、日蔵が「何をする鬼なのか」と尋ねると、鬼は「私は今から四千五百年前の人間です。恨みにより鬼と化し、恨みを晴らすため憎き者たちの一族を全て滅ぼしました。そして恨みを向ける者がいなくなり、彼らが転生した者たちを見つけて殺そうと思いましたが、それを知る術がありません。私一人、尽きぬ怨恨に燃え焦がされ、終わらぬ苦しみを受けています。このような心がある故に極楽浄土には行けず、ただ果てしない責め苦を受けることに言いようのない悲しみを覚えます。人に恨みを残すことは、そのまま自分にも返ってくるのでしょう。私の命がいつ尽きるかは分かりません。恨みを残して死ねばこのようなことになると分かっていれば、恨みなど残さなかったものを」と泣き続けた。日蔵はこの鬼を哀れに思い、彼の罪滅ぼしを助けるため、さまざまなことをしたという。

仁海 にんがい

九五一～一〇四六年

平安時代の僧侶。真言宗の僧で、小野流の元祖とされる。雨乞いを得意とし、祈れば必ず雨を降らせたと伝えられる。そのため、「雨僧正《あめそうじょう》」の名でも知られている。曼荼羅寺（現京都府京都市山科区の随心院）を創建した人物でもある。

◉牛に見た母の面影

仁海が創建したと随心院の由来として、以下のような話が伝えられている。

かつて仁海の夢の中に、亡き母が牛に生まれ変わった姿で現れたことがあった。仁海はその牛を探して買い求め、寺で飼って養った。しかしその牛は程なくして死に、母が畜生の身から転生したことを悟ったが、仁海は悲しみ、その皮を使って両界曼荼羅の尊像を描き、それを本尊とした。そのため、当時この寺は牛皮山《ぎゅうひざん》曼荼羅《まんだら》寺《じ》と呼ばれたという。

また『太平記《たいへいき》』では、仁海は死後天狗道《てんぐどう》に堕ちたとされ、日本を乱世に導かんとする天狗の一人として登場する。

播磨安高 はりまのやすたか

不明（十世紀頃）

平安時代の近衛舎人《このえのとねり》（宮中の警護や、天皇・皇族・大臣らの近侍などを仕事とする職）で、藤原兼家《ふじわらのかねいえ》に仕えたという人物。『今昔物語集《こんじゃくものがたりしゅう》』にのみ名前が見え、右近将監貞正《うこんのじょうさだまさ》の子であると書かれているが、詳細不明。

◉少女に化けた狐を取り逃がす

『今昔物語集』には彼が変化を見破った話が載る。

ある時、安高が西の都にある自分の家に帰ろうと道を歩いていると、宴の松原という場所の近くで少女を見かけた。その少女は濃紫色の袙《あこめ》に紫苑色の袙を重ねて着ており、体や顔つきが月明かりに美しく映えていた。安高が少女と並んで歩いてみると、絵の描かれた扇で顔を隠して見せようとしない。しかし、額や頬に髪がかかっている様子は大変色香があった。

安高が「この夜更けにどこへ行くのですか」と尋ねると、少女は「西の都の人に呼ばれて行くのです」と答える。安高が「そんな人のところに行くより、私の家にいらっしゃい」と誘うと、少女は笑いながら「あなたのことを何も知らないのに」と答えた。それが大層可愛らしく、互いに言葉を交わしながら歩いていると、近衛の門の中に入っていた。

安高は「豊楽院《ぶらくいん》の中には人を謀《たばか》る狐がいると聞いている。もしかしたらこの女がそれかもしれない。脅して確かめてみよう。顔を見せないのも怪しい」と思い、突然追いはぎのふりをして刀を抜き、着ているものを渡すように迫った。すると少女は何とも言えぬ臭い尿をひっかけて安高を驚かせ、狐の姿に変じて「こうこう」と鳴きながら門の外へ走り去っていった。

これを見た安高は「もし人であったならと殺さないようにしていたが、あやつの正体を知っていたならば、必ず殺していたのに」と腹立たしく思ったという。しかしそれ以来、狐は懲りたのか現れなくなったと語られている。

磐次磐三郎　ばんじばんざぶろう　不明（九世紀頃）

平安時代の猟師。磐次《ばんじ》と磐三郎《ばんざぶろう》という二人兄弟で、盗賊であったとされることもある。関東から東北にかけて伝わる伝説の狩りの名手で、実在したかは定かでないが、狩猟の神として信仰されている。

◉鬼退治をした山賊の兄弟

宮城県仙台市の秋保温泉付近に伝わる伝説では、磐次と磐三郎は、とある姫と彼女を助けた大猿との間に生まれた兄弟であるとされる。成長した二人は大東岳の主となって山賊のようなことを行っていたが、ある時、この地を訪れた慈覚大師《じかくだいし》に諭され、改心して弓矢を捨てたという。その後、この付近に鬼が現れて悪事を働いた際は再び弓を取り、鬼たちを追い払ったという。

常陸坊海尊　ひたちぼうかいそん　不明（十二～十七世紀頃）

平安時代から江戸時代にかけての僧侶。源義経《みなもとのよしつね》に仕えた。義経の最後の戦いとなった衣川の戦いでは、山寺に参拝していたため生き延びたとされ、義経を裏切ったとも、彼を逃すための準備をしていたとも言われている。岩手県洋野町には、常陸坊海尊の墓とされる石碑が現存する。

◉亡き主君の物語を伝えた不老長寿の僧

『義経記《ぎけいき》』などに名前が見える常陸坊海尊だが、衣川の戦いを生き延びた後の消息についてはさまざまな説がある。宮城県や岩手県に伝わる伝説では、不老長寿となって源平合戦や義経の物語を語り伝えたとされている。彼がそのような存在となったのは、赤魚もしくは人魚の肉を食べたためとされることが多い。江戸時代の人物が常陸坊海尊と出会った、という伝説が存在するため、少なくとも数百年は生きていたと考えられていたようだ。

　常陸坊海尊と同じく義経の家臣であり、『清悦物語《せいえつものがたり》』では衣川の戦いを共に生き延びたとされる清悦《せいえつ》と同一視されることもある。清悦については当該項目を参照。

藤原顕光　ふじわらのあきみつ　九四四〜一〇二一年

平安時代の公卿。家柄のよさを武器に左大臣まで昇りつめるが、政治に疎く、失態を繰り返したため、無能者として知られていた。

◉宿敵・道長一族を祟る

顕光と藤原道長《ふじわらのみちなが》の間には、多くの因縁があったことで知られる。

　顕光は長女である元子《げんし》を一条天皇《いちじょうてんのう》の女御《にょうご》としたが、道長の娘である彰子《しょうし》も後に女御となり、中宮となって天皇の子を産んだ。さらに顕光の次女・延子《えんし》が三条天皇《さんじょうてんのう》の子・敦明親王《あつあきらしんのう》の女御となって子を産んだが、敦明親王は延子を捨てて道長の五女・寛子《かんし》のもとへ通うようになる。絶望した延子は病みつき、ほどなくして病死してしまったという。

　これらの因縁からか、『宇治拾遺物語《うじしゅういものがたり》』や『十訓抄《じっきんしょう》』には、顕光が陰陽師の道摩法師《どうまほうし》（蘆屋道満《あしやどうまん》）に依頼して道長に呪詛をかけようとするも、道長の飼っていた犬と安倍晴明《あべのせいめい》によって阻止される、という話が記されている。

　しかし顕光の恨みはその後も続いたのか、『栄華物語《えいがものがたり》』や『宇治拾遺物語』には、顕光は死後、悪霊となって道長の一族に祟ったと記されている。実際、顕光の死の数年後に寛子が病死しており、『栄華物語』では彼女の死に際して顕光と延子の怨霊が「ああ胸がすいた」と叫び、罵ったと語られている。

　また『宇治拾遺物語』では、顕光は怨霊と化したため、死後は「悪霊左府《あくりょうさふ》」と呼ばれた、と記されている。

藤原明子 ふじわらのあきらけいこ

八二九～九〇〇年

平安時代の女御《にょうご》。文徳天皇《もんとくてんのう》の女御であり、清和天皇《せいわてんのう》の母でもある。染殿后《そめどののきさき》とも呼ばれた。たいへん美しい人物だったと伝えられる。

◉鬼に魅入られた悲劇の美女

『今昔物語集《こんじゃくものがたりしゅう》』には、明子の美しさに心が乱れ、鬼と化した聖人の話が載る。

ある時、明子が物の怪に憑かれたことがあった。何人もの僧侶を呼んで祈禱させても効果がなく、金剛山に名高い聖人がいると聞いた文徳天皇と明子の父・藤原良房《ふじわらのよしふさ》は、その聖人を呼び寄せて祈禱させることとした。

聖人がやって来て祈禱を始めると、明子に仕えていた侍女の一人がたちまち苦しみ出し、その中から一匹の老狐が飛び出した。聖人はこれを法力で捕らえ、二度と人に悪さをしてはいけないと教えて放してやった。このおかげで翌日には明子の病も癒えたという。

この聖人はその功績から、しばらくの間宮内に滞在することを許された。だが夏のある日、聖人はふと簾の隙間から明子の姿を見てしまう。その美しさに正気を失った聖人は、ある夜、力ずくで明子を手籠めにしてしまう。怒り狂った天皇は聖人を牢獄に幽閉するが、聖人は「私はたちまち死んで鬼と化し、お后殿がこの世にいる間に、再び現れるでしょう」と告げた。良房は驚き、この聖人を元の山に帰らせた。

しかし山に戻った後も聖人の明子への思いは消えず、「願わくば鬼にならん」と念じ、十日の断食の末に餓死する。その直後、聖人は鬼へと変じた。その姿は、頭はざんばら髪で、体長は八尺（約二・四メートル）もあり、肌は漆を塗ったように黒く、目は爛々と光り、口には剣のような牙が生えそろっていた。鬼はふんどしを履き、槌を腰に差して明子の寝ている帳《とばり》のそばに現れた。この鬼の姿を見た人々は次々に気を失い、明子は鬼の術によって正気を失わされ、自分の寝床へ鬼を招き入れた。その後、鬼と明子とは仲睦まじい恋人同士のように言葉を交わし、一夜を共にしたが、翌朝、鬼が消えると明子は何も覚えていなかった。

そのようなことが毎日のように続き、対策を講じた天皇が数多の僧侶を呼び寄せて祈禱を行うと、鬼は三カ月ばかり来なかった。そのため天皇は安堵して明子を宮内に戻らせたが、すぐにまた例の鬼が現れ、皆の目の前で明子を犯した。天皇はどうすることもできず、以来高貴な女性のもとに法師を近づけてはいけないと語られるようになったという。

この話には類話が多く、『古事談《こじだん》』や『平家物語《へいけものがたり》』では明子に憑くのは真済《しんぜい》という僧侶が天狗と化したもので、相応《そうおう》という僧侶に退治される物語となっている。詳しくは真済の項目を参照。

藤原朝成　ふじわらのあさひら　九一七～九七四年

平安時代の公卿。官位は従三位・中納言。笙《しょう》の名手であった。また、肥満体であり、大食漢であったことが記録に残る。

●出世の恨みは怖い

『古事談《こじだん》』には以下のような話が載る。

藤原伊尹《ふじわらのこれただ》が朝成と出世を争っていた時のこと。朝成は伊尹が参議に値しない理由をいくつも述べて、彼の出世を妨害していた。しかし実際は伊尹が先に出世することとなり、大納言に欠員が生じた際、朝成は自分を推薦する理由を伊尹に説明しなければならなくなった。この時摂政となっていた伊尹は、かつての仕返しのためか朝成を数時間待たせたうえで面会し、朝成の話には答えず「かつて私を陥れようとあれこれと申し立てなさったが、次の大納言を誰にするかは私の一存で決まるのだよ」と言った。恥をかかされた朝成は怒り、退出する際に中心が裂けた笏《しゃく》を伊尹の方へ投げつけた。その後、伊尹は病に倒れて亡くなってしまう。人はこれを朝成の生霊のせいだと恐れ、伊尹の子孫は朝成の旧邸に入ることをやめた。この邸宅は三条西洞院であり、鬼殿（妖怪が出る邸宅の総称）であると言われている。

また、『大鏡《おおかがみ》』には、前記に似ているが展開に差異のある話が記されている。

朝成と伊尹に、蔵人頭《くろうどのとう》に任命される順番が回ってきた頃のこと。朝成が伊尹に「あなたは身分もよく、蔵人頭などいつでもなることができる方です。しかし私は、この機会を逃せば次はないかもしれません。このことを考えて、どうか、次の蔵人頭は私に譲っていただけないでしょうか」と頼んだ。伊尹もそれに同意し、今回は蔵人頭を志願をしないと朝成に伝えた。しかし心変わりしたのか、その後伊尹は何の挨拶もなく蔵人頭となり、これにより朝成との間に確執が生まれることとなる。

そんなある時、朝成が伊尹の家来に無礼を働いたとのうわさが伊尹の耳に届き、弁解のために朝成が伊尹の邸宅を訪れた。当時、自分より身分が上の者の邸宅に入る際は、その邸宅の人間から案内がない限り家に上がることは許されなかった。しかし一向に案内の者は来ず、季節は六、七月の暑い頃だったため、次第に体力も奪われていった。「伊尹様は、自分を炙り殺そうとしているのだな」と考えると、朝成の心に怨みの念が生じてやまなかった。そのまま夜になり、家へと帰った朝成は「藤原伊尹の一族を根絶やしにしてやる。男であろうが女であろうが満足には暮らさせぬ。これを気の毒だなどと同情するものがあれば、そやつも祟り殺してやろう」と誓って死んだ。以来、朝成は伊尹の一族を呪う悪霊と化したという。

藤原有国 ふじわらのありくに

九四三〜一〇一一年

平安時代の公卿。藤原兼家《ふじわらのかねいえ》に重用され、平惟仲《たいらのこれなか》と共に「左右の眼《まなこ》」と評された。その後、兼家の後継者として藤原道兼《ふじわらのみちかね》を推すが、兼家は藤原道隆《ふじわらのみちたか》を後継者に選んで没する。道隆に怨まれた有国は蔵人頭《くろうどのとう》を退任させられ、ついには殺人の汚名を着せられて朝廷を追われる。翌年、本位の従三位に復帰するが、数年の間不遇の時代を過ごした。

しかし道隆の没後、政権を握った藤原道長《ふじわらのみちなが》が有国を大宰大弐《だざいのだいに》に任じてからは、道長の家司《けいし》として重用された。

◉親子の絆が成功させた蘇生の呪術

『今鏡《いまかがみ》』や『古事談《こじだん》』には、有国が死者をよみがえらせた話が載る。

有国がまだ若かった頃、豊前守であった父・輔道《すけみち》が病気で死んでしまった。有国が死者を蘇生させる秘術である泰山府君祭を執り行ったところ、輔道は数時間で息を吹き返した。

輔道が言うことには、地獄の閻魔庁《えんまちょう》で「お前に素晴らしい供物があったので、帰してやろう」と閻魔大王から言われて蘇生したという。

この時、ある冥府の官人が「有国は陰陽道の専門家でないにも関わらず、この祭を執り行った。輔道は帰しても、有国はすぐに冥府に召されるべきだ」と言ったが、別の官人が「いや、有国に罪はない。彼は親への親愛の情から泰山府君祭を行ったのだ。これを罪に問うてはならない」と返すやり取りがあったことも記されている。

泰山府君祭は本来陰陽師が行う呪術であり、『今昔《こんじゃく》物語集《ものがたりしゅう》』で死の間際にあった僧侶を安倍晴明《あべのせいめい》がこの呪術で救った話が有名。この他にもいくつかこの術が行われた記録が残っているが、延命のために使われることが多く、死者を蘇生させた有国のエピソードはかなり珍しい例となる。

藤原祇子 ふじわらのぎし

不明～一〇五三年

平安時代の貴族。藤原頼通《ふじわらのよりみち》の妻。橘俊綱《たちばなのとしつな》、藤原寛子《ふじわらのかんし》、藤原師実《ふじわらのもろざね》らの母。後に宮中に仕え、進命婦《しんのみょうぶ》と呼ばれた。具平親王《ともひらしんのう》の落胤という説があり、源氏姓で表記されることもある。

◉鬼を救った宮中エリートたちの母

『古事談《こじだん》』や『宇治拾遺物語《うじしゅういものがたり》』には、祇子に恋慕の情を抱き、鬼と化した僧侶の話が載る。

祇子がまだ若かった頃、いつも参拝していた清水寺で彼女の師を務めていた僧侶が、情欲を起こして病に倒れてしまった。弟子たちが「何かお悩みの事があるのですか」と尋ねると、僧侶は「京より参拝に来る女房と親しくなるにつれ、話をしたいと願うようになり、ついには物も食えぬ病に侵されてしまった。このままでは女房への思いで蛇道に堕ちるに違いない。何とも憂鬱なことだ」と言った。

弟子たちが祇子のもとへ向かってこのことを伝えたところ、祇子は程なくして僧侶の病室へとやって来た。この時僧侶は、剃られていない髪が針金のように固くなり、まさに鬼の姿に変貌していた。しかし祇子は恐れる様子もなく、「あなたを師と仰いだ年月は浅いものではありませぬ。どのようなことがあろうとも、あなたの命に背いたりしましょうか。このような御身になられる前に、どうして仰ってくださらなかったのです」と問うた。すると僧侶は身を起こし、「来てくださり本当に嬉しい。私がこれまでに読み奉った八万部の法華経の中で、最も重要な一文をあなたに贈ろう。俗人をお生みになるならば、関白、摂政をお生みなさい。女児をお生みになるならば、女御《にょうご》、后をお生みなされよ。僧をお生みになるならば、法務の大僧正をお生みなされよ」と言い、そのまま死んでしまった。その後、祇子は藤原頼通の寵愛を受け、藤原師実、藤原寛子、覚円座主《かくえんざす》の母となったという。

藤原惟成 ふじわらのこれなり

九五三～九八九年

平安時代の貴族。母が花山天皇《かざんてんのう》の乳母であったことから、天皇の即位と同時に蔵人《くろうど》に任命される。しかし寛和の変により花山天皇がわずか二年で退位したため、自身も出家に追い込まれて政界を去る。その後は、僧侶に勝るほど修行に励んだという。

◉夫を没落させた妻の怒り

惟成がまだ貧しかった頃、彼の妻はその貧しさを見せぬよう、工夫を凝らして彼を立てていた。しかし花山天皇が即位し、自分もまた昇進した途端、惟成はこの妻と離縁して捨ててしまった。

　その仕打ちに大いに怒った妻は、貴船神社に参って「すぐに殺しては気が晴れぬ。あの男を乞食に落とし、苦しませてください」と神に祈った。その祈りは百日間に及び、その夜、妻の夢に貴船明神が現れた。貴船明神は「惟成は大変幸運な男であるので、ただちに乞食にすることはできない。しかしやりようはある」と告げた。

　それから程なくして花山天皇は出家し、惟成も同時に修行の身となったという。

藤原貞嗣　ふじわらのさだつぐ

七五九～八二四年

　奈良時代から平安時代にかけての公卿。備前守、典《てん》薬頭《やくのかみ》、皇后宮大夫《こうごうぐうのだいぶ》、蔵人頭《くろうどのとう》などを経て参議に任じられる。その後右大弁を経て中納言に昇進。『日本後紀《にほんこうき》』の編纂にも参加するが、完成を待たずに逝去した。

◉天狗《てんぐ》に踏まれて死んだ公卿

『続古事談《ぞくこじだん》』では、貞嗣の死について以下のように語られている。

　貞嗣がある寺に参拝した時、その寺の僧である洞照《とうしょう》という人物が「あなたは顔色が優れませんね。おそらく鬼神によるものでしょう」と忠告した。しかし貞嗣は「特に体調に変わりはありません」と聞き入れなかった。家に帰るべきだと洞照がなんとか説得していると、突然貞嗣が気絶し、その後起き上がって家に帰っていった。それから貞嗣に取り憑いていたらしき物の怪が洞照の前に現れ、「何のことはない。我々が歩いている前をこの者が通ったから、胸を踏みつけただけだ」と言った。これは天狗の仕業であり、その三日後貞嗣は死んでしまったという。

藤原実方　ふじわらのさねかた

不明～九九八年

　平安時代の官吏。歌人としても有名で、中古三十六歌仙の一人。侍従、右馬頭《うまのかみ》、左近中将を経て、陸奥守に任命されるが、そのまま任地で死去した。清少納言《せいしょうなごん》と恋愛関係にあったという説もある。

◉恨みから雀《すずめ》になった平安貴族

『古事談《こじだん》』や『十訓抄《じっきんしょう》』には、実方が死後、雀に変じた話が記されている。

　実方は蔵人頭《くろうどのとう》ではなく陸奥守に任命されたのは左遷であると考えていた。そのため、死後に雀と化して内裏《だいり》に出現し、小台盤（蔵人頭が食事をする際に使う台）に上って飯をついばんだという。

この雀は『和漢三才図絵《わかんさんさいずえ》』で「饒奈雀《じょうなすずめ》」と名付けられているが、現在では鳥山石燕《とりやませきえん》が描いた「入内雀《にゅうないすずめ》」の名が有名。

また、恋愛関係にあったという説がある清少納言の『枕草子《まくらのそうし》』には、毎年祭で舞い人をしていた頭中将《とうのちゅうじょう》が、亡くなってから神社の橋の下に亡霊として現れるようになった、という話が載っており、この頭中将は実方のことを指しているという説がある。

藤原実資　ふじわらのさねすけ

九五七～一〇四六年

平安時代の公卿。有職故実に精通した人物で、三条《さんじょう》天皇《てんのう》の信頼を得て右大臣にまで昇りつめ、「賢人右府《けんじんうふ》」と呼ばれた。実資の残した日記『小右記《しょうゆうき》』は、摂関政治確立期の史料として有名である。

●飛び跳ねる謎の油瓶

『今昔物語集《こんじゃくものがたりしゅう》』には、実資が遭遇した以下のような怪異譚が語られている。

実資が参内したある日、大宮大路を下っていると、牛車の前で小さな油瓶が飛び跳ねながら移動していた。これは物の怪の仕業に違いないと実資がこの油瓶を追うと、とある屋敷の門の前にたどり着いた。門は固く閉じられていたが、油瓶は門の前で何度も飛び上がり、鍵穴に触れた直後その中に入ってしまった。

実資はこの様子を見届けて帰宅し、家来にあの屋敷の様子を見てくるように命じた。

子細を調べて帰ってきた家来によれば、あの屋敷には若い娘がいたが、ここ最近、病に伏せており、今日の昼頃に亡くなったという。そこで実資はやはりあの油瓶は物の怪が化けたもので、娘を取り殺したのであろうと考えたという。

藤原実頼　ふじわらのさねより

九〇〇～九七〇年

平安時代の公卿。村上天皇《むらかみてんのう》の時代、父・藤原忠平《ふじわらのただひら》の後を継いで左大臣として政治に携わり、冷泉天皇《れいぜいてんのう》の時代には関白に任命される。その後藤原氏による他氏排斥事件である安和《あんな》の変によって藤原氏の覇権が決定的なものとなるが、この事件の首謀者が実頼であるという説がある。また、関わっていなかったという説もある。

この事件の後、冷泉天皇が譲位して円融天皇《えんゆうてんのう》が即位し、実頼はこの幼い天皇の摂政となる。しかし翌年に病に倒れ、死去した。

◉挨拶にやって来た竜神

『富家語《ふけご》』には、以下のような逸話が載る。

実頼が方違《かたたが》え（やむなく凶方位へ行かなければいけない時に、一度目的地とは別の吉方位へ移動してから本来の目的地に向かうこと）のために神泉苑を訪れ、三条大宮の辺りに佇んでいたところ、空が晴れ、水干袴《すいかんばかま》に烏帽子《えぼし》姿の男が現れ、実頼の方にやって来た。「どなたでしょうか」と問うと、「西に住む者です。今からよそへ参りますが、近くにいらっしゃったと伺ったので、ご挨拶に参りました」と答えた。実頼が「承知しました」と答えると、急に男の姿がかき消えたように見えなくなった。怪しく思っていると、黒雲が空を覆い、雷が落ちて神泉苑に建てられた楼を破壊した。実頼は「あの方は神泉に住む竜であったか」と納得し、破損した楼はそのまま撤去されたという。

神泉苑には仏教における竜神である善女竜王《ぜんにょりゅうおう》が住むとされ、現在も祀られている。実頼が目撃したのも、その善女竜王だったと考えられる。

また同書には、実頼の邸宅である小野宮の古い門に、菅原道真《すがわらのみちざね》の霊がやって来て夜通し実頼と話していた、という逸話も載る。

藤原彰子　ふじわらのしょうし　九八八～一〇七四年

一条天皇《いちじょうてんのう》の中宮。晩年は出家し、上東門院《じょうとうもんいん》と呼ばれた。和泉式部《いずみしきぶ》や紫式部《むらさきしきぶ》ら才女が仕えた女性で、自身も聡明で穏やかな人柄であったと伝えられる。

◉物の怪や鬼が寄りついた后

『紫式部日記《むらさきしきぶにっき》』や『栄華物語《えいがものがたり》』では、彰子が敦成親王《あつひらしんのう》（後の後一条天皇《ごいちじょうてんのう》）を出産した際、多くの物の怪たちが騒ぎ立てて彰子に取り憑いたため、僧や陰陽師をかき集めて祈禱させ、何とか難産を乗り切った様子が描かれている。

また『俊頼髄脳《としよりずいのう》』には以下のような話が載る。

彰子が京極殿に住んでいた頃、桜が満開の季節の昼間、花の様子を眺めていた。すると南の方から「こぼれてにおふ花ざくらかな」（咲きこぼれる桜花のなんと美しいことよ）という歌が、神々しい声で聞こえてきた。しかし人の姿はどこにもなく、鬼神か何かが詠じたのだろうかと恐ろしくなり、藤原頼通《ふじわらのよりみち》に相談したところ、「それは京極殿に住む鬼の仕業でしょう。いつもそのように歌を詠じるのです」と答えた。以来彰子は恐ろしくなり、歌の聞こえた辺りには近寄らなくなったという。

藤原資家　ふじわらのすけいえ　不明

平安時代の武将。藤原道長《ふじわらのみちなが》の子孫であり、那須与一《なすのよいち》の祖父で、那須氏の祖とされる。岩嶽丸《いわだけまる》という鬼神を討ち取ったことで、下野国《しもつけのくに》那須郡を賜って同地に下向し、そこで須藤権守貞信《すどうごんのかみさだのぶ》を名乗る。その後神田城を築き、初代城主となった。

◉那須氏の祖VS蟹の鬼神

『那須記《なすき》』には、先述した岩嶽丸退治について、以下のような話が記されている。

崇徳天皇《すとくてんのう》の時代、下野、常陸《ひたち》、奥州《おうしゅう》の三国にまたがる八溝山《やみぞさん》に、岩嶽丸という鬼神が住んでいた。この鬼は人を取っては食らい、家畜を襲っては引き裂くといったことをしていたため、退治の命が下される。資家は鬼の討伐を自ら申し出て、軍勢を率いて下野国へ向かった。

早速八溝山に登った資家一行だったが、岩嶽丸の姿はない。資家が困っていると、一人の老人が現れて「この山の北方の中腹に、笹嶽《ささだけ》という場所がある。山は険しく、岩石が立ち並び、鳥も獣も容易には通れない。常に黒雲が辺りを覆っているが、一カ所だけ光っているところがある。そこが岩嶽丸のすみかだ。そこへ行って岩嶽丸を討て。私も子を取られて無念に思っている」と告げ、鏑《かぶら》矢《や》を手渡した。資家が老人に素性を尋ねると、老人は「私は大己貴神《おおなむちのかみ》（大国主命《おおくにぬしのみこと》の別称）である」と言って消えてしまった。

資家は老人が去った跡を三度伏し拝み、鏑矢を胸に抱いて、鬼神を倒すことはもはや必定《ひつじょう》であると喜んだ。そして三十人の精鋭を連れて先ほど教えてもらった岩嶽丸のすみかへと赴き、虚空に向かって「南無山王大権現、鬼神の姿をお見せください」と祈ると、黒雲が消えて鬼神が姿を現した。その姿は口が耳まで裂け、舌は紅蓮の炎のようであった。その吐息も火炎のようで、手足は合わせて十本もあり、まるで風が木の葉を飛ばすように岩石を投げる怪力を持っていた。

資家が先ほどの鏑矢を放つと、岩嶽丸の頭骨に当たった。怒り狂った岩嶽丸は貞信に襲いかかったが、他の武士たちによって切り裂かれ、刺し貫かれて倒れ込んだ。よく見ると、その正体は数千年の時を経た蟹の化け物であった。その身長は六尺（約一・八メートル）以上、頭は牛に似ており、髪と眉は白馬の毛のようで、額からは二尺（約六十センチメートル）以上ある角が生えていた。金の鞠に朱を差したような両眼は一尺（約三十センチメートル）ほど飛び出しており、十本の手足はそれぞれ四尺七寸（約一・四メートル）もの長さがあり、二本の前足には蟹のハサミが付いていた。また体には毛が熊のように生えていた。

資家がこの化け物の首を斬ると、蟹の頭は浮かび上がり、光を放ちながら西へ向かって飛び去ろうとしたが、木に引っかかったため、資家がこれを追いかけて撃ち落とし、首を櫃に入れて平安京に持ち帰った。この功績によって、資家は下野国那須郡の守護を任されたという。

その後、岩嶽丸の怨霊が大蛇となって人を襲い、夜になると光り物が飛び回るようになった。大己貴神を祀る神社に人々が救いを求めたところ、大己貴神が若い女性に宣託して言うことには、「岩嶽丸の霊魂が毒蛇となって現れるので、私は大猿に変化して、夜な夜なこれと戦っている。祟りを鎮めるには、大嶽丸を祀る社を建てるのがよい」とのことだった。人々が急いで国司に訴えると、これを聞いた資家は社《やしろ》を立てて八竜神として岩嶽丸を祀ったという。

この八竜神は後に資家の子孫である那須資隆《なすのすけたか》を祟り、子どもが二年経っても母親の胎内から生まれないようにしたという話が残っている。後に生まれたこの子どもこそが那須与一であるが、これについては那須資隆の項目を参照。

藤原資仲 ふじわらのすけなか 一〇二一～一〇八七年

平安時代の公卿。権中納言《ごんちゅうなごん》、正二位。後に大宰権帥《だざいのごんのそち》となる。晩年は出家し、師入道《もろにゅうどう》と呼ばれた。歌人としても優れており、『後拾遺和歌集《ごしゅういわかしゅう》』などにその和歌が残る。

◉人を踏みつぶす門の霊

『江談抄《ごうだんしょう》』には、資仲が語ったというこんな話が載る。

安嘉門（平安京の大内裏《だいだいり》の北面にある三つの門のうち、西側にある門）の額は、髪が逆さまに生えた童子が靴を履いた姿をしている。昔、この門の下を通る者が、門の霊によって踏みつけられ、死ぬことがあった。そこである人が門に登り、門の真ん中の文字をこすり落としたという。

この話は、『古今著聞集《ここんちょもんじゅう》』でも紹介されている。

藤原佐理 ふじわらのすけまさ 九四四～九九八年

平安時代の公卿。平安中期の能書家の中でも特に優れた名筆家を指す「三蹟《さんせき》」の一人に数えられる。大嘗会《だいじょうえ》（天皇が即位した後、初めて行う新嘗祭《にいなめさい》）の際に行われる、悠紀《ゆき》・主基《すき》の節会《せちえ》に用いられる大嘗会屏風の色紙形の筆者として三度選ばれた。蔵人《くろうど》、左少弁、讃岐国司《さぬきこくし》、大宰《だざい》大弐《だいに》などを歴任するが、宇佐八幡宮の神人《じにん》と乱闘騒ぎを起こし、官職を解かれて京に連れ戻される。その後復帰して朝参を許され、正三位《しょうさんみ》・兵部卿《ひょうぶきょう》に在任するが、翌年に没した。

●嫉妬にかられて生霊化？

『江談抄《ごうだんしょう》』には以下のような話が載る。

藤原行成《ふじわらのゆきなり》が某所の扁額《へんがく》の筆者となるよう勅命を受けた際、佐理の生霊が現れて行成を悩ませたという。扁額（原文では門額）は建物の内外や門、鳥居などの高所に掲げられる額で、当時の書人にとってこれに文字を書く命を与えられることは、甚だ名誉なことであった。行成がその命を与えられたことで、同じく優れた能書家であった佐理が嫉妬心を起こし、生霊となって現れたのではないかと思われる。

しかし、同書では続く話でこの話は間違いであると語られている。詳しくは兼明親王《かねあきらしんのう》の項目を参照。

藤原高房 ふじわらのたかふさ　七九五～八五二年

平安時代の官吏。備後国《びんごのくに》、肥後国《ひごのくに》、越前国《えちぜんのくに》などの諸国守を歴任。身長が八尺（約二百四十センチメートル）あり、剛力で豪快な性格であったという。

●恐れ知らずの合理主義者

『日本文徳天皇実録《にほんもんとくてんのうじつろく》』には、高房が当時には珍しく徹底した合理主義者であった様子が記されている。

美濃介在任中、安八郡《あんぱちぐん》で堤防が決壊したとき、人々がこれは神の祟りだとして誰も修理しなかったところ、高房がやって来て堤防を修理したという。

また席田郡《むしろたぐん》に、霊を使って心をのぞき、人を惑わす妖《よう》巫《ふ》が現れたことがあった。他の官吏は恐れて誰も手を出さなかったが、高房は単身で乗り込み、この妖巫とその郎党を捕まえたという。

藤原高藤 ふじわらのたかふじ　八三八～九〇〇年

平安時代の公卿。妻である宮道列子《みやじのれっし》との娘・藤原胤子《ふじわらのいんし》が後に宇多天皇《うだてんのう》の后となったことで大きく昇進し、従三《じゅさん》位《み》の地位を授けられる。その後中納言、大納言を経て内大臣となるも、就任後わずか二カ月後に死去した。この内大臣は約百二十年ぶりに復活した令外官《りょうげのかん》（律令の令制に規定のない新設の官職）で、左大臣、右大臣の座が空いていなかったため新設されたという。

●百鬼夜行を退けた陀羅尼《だらに》

『江談抄《ごうだんしょう》』には、高藤が百鬼夜行に遭遇した話が載る。

高藤が中納言であった頃、小野篁《おののたかむら》と牛車に同乗して朱雀門《すざくもん》の前を通っていると、百鬼夜行が現れた。高藤が牛車から降りると、鬼たちは彼を見て「尊勝陀羅尼《そんしょうだらに》」と言った。高藤本人は知らなかったが、彼の衣服には尊勝陀羅尼（尊勝仏頂の悟りや功徳を説いた陀羅尼）が縫い込まれており、これによって高藤は鬼の災厄を逃れることができたという。

また、同書には高藤が急死した際、篁がその手を握って引っ張ると蘇生したという話も載る。高藤が話すことには、閻魔庁で篁が第二の冥官として座っていたという。

小野篁は、昼は人の世で、夜は冥府で仕事をしていたという伝説の残る人物である。詳細は当該項目を参照。

藤原忠実 ふじわらのただざね　一〇七八～一一六二年

平安時代の公卿。鳥羽天皇《とばてんのう》の摂政で、後に関白となる。長男・藤原忠通《ふじわらのただみち》と対立し、保元の乱の一因となった人物でもある。当時の朝廷内の政治や儀式の資料となる日記『殿暦《でんりゃく》』の作者としても有名。

●怨念が奏でる箏《そう》の音

『古今著聞集《ここんちょもんじゅう》』には、忠実が死後残した箏にまつわる以下のような話が載る。

忠実の寵愛を受けた小物御前《こものごぜん》という女性がいた。後に播磨殿と呼ばれることになるこの女性は、遺影の傍らに、忠実の形見である箏を立てかけていた。

その箏は夜更けになるとひとりでに鳴ることがあり、忠実が恨みから箏を弾いているのだろうと小物御前は考えていた。

不思議なことに、小物御前が何か願かけする際、願いが叶う時は必ずその予兆として箏の音が聞こえたという。

藤原忠平 ふじわらのただひら　八八〇～九四九年

平安時代の公卿。兄・藤原時平《ふじわらのときひら》の死後、藤原氏の長者となり、右大臣となって政権を握った。その後左大臣、太政大臣へ昇進。その間、朱雀天皇《すざくてんのう》の摂政、関白を務め、村上天皇《むらかみてんのう》の時代も引き続き関白として政治を導く。しかし老齢であったため、村上天皇の関白となってから間もなく病に倒れ、死去した。温厚で人望に厚い人物であったと伝えられる。

●斬りもせず鬼を退散させた人格者

『大鏡《おおかがみ》』には、以下のような話が載る。

醍醐天皇《だいごてんのう》（もしくは朱雀天皇）の時代、勅命を受けて忠平が天皇のもとへ向かう途中、紫宸殿《ししんでん》の御帳台《みちょうだい》の後ろを通った時、何者かが近づいてくる気配があった。

その者が太刀の先を摑んだようだったので、手探りで触ってみると、それは毛むくじゃらで、爪が小刀のように鋭い鬼の手だった。忠平が「天皇の勅命により、公事《くじ》の評定に参上する者を捕まえるとは何者か。放さねば身のためにならぬぞ」と脅し、太刀を抜いてその毛だらけの手を摑むと、鬼はうろたえて手を放し、鬼門の方角である東北へ逃げてしまったという。

この物語は江戸時代に月岡芳年《つきおかよしとし》が『和漢百物語《わかんひゃくものがたり》』にて、「貞信公《さだのぶこう》」という題で錦絵にしており、ここでは簾の向こうから忠平をのぞく赤鬼が描かれている。また明治時代にも『新形三十六怪撰《しんけいさんじゅうろっかいせん》』にて、同様の場面を再び描画している。

忠平の兄・時平は謀略によって菅原道真《すがわらのみちざね》を大宰府に左遷させ、道真の怨霊化の直接の原因となったと伝えられており、道真の祟りによって亡くなっている。一方、忠平は生前の道真と親交があり、道真の死後もその祟りに遭うことはなかった。これも忠平の人となりを示すエピソードだろう。

藤原定家 ふじわらのていか

一一六二～一二四一年

平安時代末期から鎌倉時代の公卿。歌人としても有名で、『新古今和歌集《しんこきんわかしゅう》』、『新勅撰和歌集《しんちょくせんわかしゅう》』、『小倉百人一首《おぐらひゃくにんいっしゅ》』などの撰者となった。著書に『詠歌大概《えいがたいがい》』、『明月記《めいげつき》』などがあり、『源氏物語《げんじものがたり》』をはじめとした古典文学の研究者としても業績を残すなど、その活躍は多岐にわたる。

●日本初の猫又《ねこまた》の記録

定家の日記『明月記』には、天福元年八月に「猫胯《ねこまた》」が出現したとの話が記録されている。

この猫胯は一夜にして七、八人の人間を食らい、殴り殺した。その姿は、目は猫のようで、体は犬のように大きかったという。また同書には、二条天皇《にじょうてんのう》の時代に「猫胯病」なる病気が流行したとの記述もある。これは日本の文献上初めて、尾の先が二つに分かれた猫の妖怪である「猫又」について記述されたものと考えられている。

◉葛となってからみつく恋情

定家は式子内親王《しきしないしんのう》と恋愛関係にあったという説が古くから存在するが、能『定家』では、二人の死後の様子について以下のように描写されている。

ある時、北国から上洛した僧侶が時雨に遭って由緒ありげな家に避難したところ、そこで里の女と出会う。女はその家を定家が建てた家だと話し、式子内親王の菩提を弔ってくれるように依頼する。

依頼を承諾した僧侶は女に連れられて式子内親王の墓へと赴き、そこで女から定家と式子内親王の悲恋に終わった物語を聞く。女は、定家は死後もなお式子内親王に恋い焦がれており、彼女の墓に葛となってまとわりついていると語る。そして自分こそが式子内親王の霊であることを明かし、束縛からの解放を願って消える。僧侶が墓に向かって弔うと、墓の中から葛に捕われた式子内親王が現れた。僧侶が法華経の功徳によってその葛を解いてやると、式子内親王はそれに感謝し舞を舞ったが、その解放は一時的なものだった。式子内親王が感謝の言葉を残して墓の中に帰っていくと、やがてその墓には元通りに定家の葛がまとわりつき、埋もれてしまったという。

この定家葛は、現在は「テイカカズラ」という植物の名前の元になっている。

藤原時平　ふじわらのときひら　八七一～九〇九年

平安時代の公卿。醍醐天皇《だいごてんのう》の時代、菅原道真《すがわらのみちざね》と共に内覧に任命される。その後左大臣となるが、同じく右大臣を任された道真と対立。昌泰《しょうたい》の変で道真を大宰府に左遷させた。その後意欲的に政治改革に取り組み、『日本《にほん》三代実録《さんだいじつろく》』や『延喜式《えんぎしき》』の編纂を行ったが、三十九歳の若さでこの世を去った。

●怨霊・菅原道真を生んだ男

時平の謀略によって左遷され、その二年後に死去した道真は、後に日本三大怨霊の一人に数えられる恐ろしい怨霊となり、数々の祟りをなしたと伝えられる。道真が怨霊化する直接の原因となった時平のもとにも、道真は何度か現れている。

『大鏡《おおかがみ》』には、道真が怨霊と化し、雷神となった後、清涼殿に向かって雷を落とそうとしていたことが記されている。その際、清涼殿の大臣であった時平は太刀を抜き、「御身は生前、私の次の位におられた。今雷神になったからといって、現世においては私に一目置くのが当然であろう」と雷神をにらんで言ったところ、その時だけは雷が収まったという。

ただし、これは時平の位が上であったためではなく、朝廷の掟を乱してならないと道真が弁《わきま》えを示したためだろうと記されている。事実、時平が三十九歳の若さで亡くなったのは、道真の祟りのためだと考えられていた。『扶桑略記《ふそうりゃっき》』には、道真の祟りによって時平が急病で床に伏せる様子が記されている。

この時、生前の道真と対立していた三善清行《みよしきよゆき》が見舞いに来ており、清行の子であり僧侶の浄蔵《じょうぞう》が怨霊を退散させる祈禱を行っていた。すると二人の目の前で時平の左右の耳から道真が青竜の姿で現れ、加持祈禱をやめるように迫った。浄蔵が祈禱をやめると、まもなく時平は命を手放したという。

藤原利仁 ふじわらのとしひと　不明

平安時代の武将。上野国《こうずけのくに》、上総国《かずさのくに》、下総国《しもうさのくに》、武蔵国《むさしのくに》など東国の国司を歴任し、鎮守府将軍を担った。越前国《えちぜんのくに》敦賀の豪族である藤原有仁《ふじわらのゆうじん》の娘婿。

●狐を脅して迎えを呼ぶ

『今昔物語集《こんじゃくものがたりしゅう》』には以下のような話が載る。

ある年の正月、利仁が主人の家で宴に参加した時、一人の侍が芋粥を腹いっぱい食ってみたいと独り言を言うのを聞いた。利仁はその侍にぜひご馳走しようと持ちかけ、数日後、彼に芋粥を食べさせるため、共に越前国敦賀にある彼の家へと向かっていた。途中で狐を見つけた利仁は、よい使いがいたとそれを捕らえた。そして狐に向かって「お前は神通力を持っているのだから、今夜のうちに我が家へ行ってこう伝えよ。急にお客人をお連れすることになった。馬二頭に鞍を置いて、高島の辺りまで迎えに来るように」と告げて狐を放した。同伴している侍は怪訝な様子だったが、狐は何度か利仁たちの方をふり返ってから、敦賀の方角に向かって走り去った。

翌日、二人が高島の辺りに着くと、本当に利仁の家臣たちが馬を連れて彼らを迎えに来た。食料も持っていたので、腹ごしらえして一息ついていると、家臣の一人がこう語った。「昨夜、不思議なことが起きたのです。奥方が急に胸を押さえたので、何があったのかと思っていると、奥方が口を開いて『私は狐です。今日の昼頃、利仁様が京から下る際に私を捕まえ、言伝《ことづて》を命じました。急にお客様をお連れすることになったので、馬二頭に鞍を置いて、高島の辺りまで迎えに来るようにと。また、今夜中に言伝をしなければ私をつらい目に遭わせるぞと。ですから、どうか早く準備をして、高島へ向かってください。遅くなってしまったら、私はひどい目に遭わされてしまいます』と仰いました。それを聞いた大殿がたやすいことだと答えると、奥方は正気に戻られました。それでこうして迎えに上がった次第です」

これを聞いた利仁は、少し笑って同伴していた侍に目配せをしたという。

この話は芥川龍《あくたがわりゅう》之《の》介《すけ》の小説『芋粥《いもがゆ》』の元になったことでも有名であり、『宇治拾遺物語《うじしゅういものがたり》』にも同様の話が載る。

利仁は『今昔物語集』の別の話にも登場し、そこでは新羅《しらぎ》征服のために派遣される将軍として描かれる。利仁の襲来を察知した新羅は、法全阿闍梨《ほうぜんあじゃり》という名の唐の僧侶に調伏を依頼する。利仁は法全の密法により、しばらく病みついた後に突然走り出し、剣を抜いて踊り狂い、自分の体を傷つけて死んでしまったと記されている。

藤原知定 ふじわらのともさだ

不明（十一〜十二世紀頃）

平安時代の貴族。兵庫頭《ひょうごのかみ》を務めた。祭の際に楽器を演奏して歌う陪従としても活躍した話が残っており、雅楽家である藤原博定《ふじわらのひろさだ》の養父であると考えられている。

●神の怒りを鎮めた歌

『続古事談《ぞくこじだん》』では、知定が神の使いと遭遇した話が載る。

知定の妻が出産した後、三十日を過ぎても産後の穢れによる災いが起きなかったため、公務を再開して八幡の神楽に参加した。そこでも特に何も起きなかったため、今度は臨時祭に参加したところ、突然鼻血が噴き出した。思いを巡らせてみると、穢れの原因はやはり出産しかない。「あの祟りだ」と疑っていると、十歳になる娘の様子が突然豹変し、「私は八幡神の使いである。お前を戒めようと考えてやって来た。なぜ産婦と寝床を共にした後、八幡大菩薩の前に参上したのだ。神罰を下すところだが、お前の歌を久しく聞いていない。早く歌いなさい」と告げた。知定が「出産の穢れは、どれぐらいの期間忌むべきなのですか」と尋ねると、「三十三日忌むべし。本来であれば私は大人に憑くべきであったが、疑い深く、穢れがあるので憑かなかった。幼い子どもは疑うことをせず、穢れてもいない。それ故この子に憑いて宣託したのだ」と告げた。その直後娘は元通りになり、知定は八幡神社に参拝した後、神楽に参勤したという。

出産の穢れは産穢《さんえ》と呼ばれ、出産の後一定期間その子どもの父母の身にかかるものとして長い間信じられていた。産穢の期間中は神事などを慎むこととされていたが、知定はそれを破って神楽に参加したため、祟りが引き起こされたと考えられる。この話では改めて神楽に参加するところまでしか語られていないが、知定は八幡神の使いの言うことに従い、得意の歌によって八幡神の怒りを鎮めたのであろう。

藤原成佐 ふじわらのなりすけ

不明〜一一五二年

平安時代の貴族。藤原道長《ふじわらのみちなが》の学問の師であり、共に研究を行ったとされる。延命や蘇生のために行われる儀式である泰山府君祭の祭文「泰山府君都状《たいざんふくんとじょう》」を記した記録が残る。

◉死後は口下手な貴族

『続古事談《ぞくこじだん》』や『古今著聞集《ここんちょもんじゅう》』には、成佐の霊が現れた話が載る。

成佐の死後、菅登宣《すがのとのり》という者の夢に、成佐がやせ衰えた姿で現れた。「後世はどうですか」と登宣が尋ねたところ、成佐は「三途《さんず》（仏教における地獄、餓鬼《がき》、畜生の三悪道）を免れなかった」と答えた。登宣が「あなたは生前、善行を積むのは無益なことだ。諸法の真の姿を見極め、静かに観念することこそ肝要だ、とおっしゃっていましたが、それはどうしたのですか」と尋ねると、成佐は「閻魔大王《えんまだいおう》に質問された時、生前のようにはっきり主張することができなかったのだ」と答えたという。『続古事談』ではこの話の後に、生前才覚があった者も、死者となって別の世界に行けば、思うようには弁明できないものなのだろう、という旨の言葉が続く。

一方で『古今著聞集』では、単に仏法を疎かにしたことが悪道に堕ちた原因であると説いている。

藤原成親　ふじわらのなりちか　一一三八～一一七七年

平安時代の公卿。後白河上皇《ごしらかわじょうこう》の寵臣。平治の乱にて藤原信頼《ふじわらののぶより》に与《くみ》し、敗れて解官されるも、妹婿であった平重盛《たいらのしげもり》のとりなしで許される。その後、憲仁親王《のりひとしんのう》立太子事件に巻きこまれて再び解官されるが後に復任するなど、何度かの解官を経て、正二位大納言にまでのぼりつめる。しかし平氏打倒を企てた鹿ケ谷《ししがたに》事件に関与していたことが露見し、備前へ流される途中で殺害された。

◉妊婦を狙う貴族の亡霊

『平家物語《へいけものがたり》』には、成親が怨みから死霊と化して清盛の娘に取り憑いた話が載る。

建礼門院《けんれいもんいん》（平徳子《たいらのとくこ》）が懐妊と共に病に倒れ、弱っていた時のこと。この機を逃すまいとばかりに、多くの物の怪たちが彼女に取り憑いた。僧侶たちが祈禱を行い、依代《よりしろ》に霊たちを乗り移らせて不動明王の術で縛ったところ、讃岐院《さぬきいん》（崇徳天皇《すとくてんのう》）の霊、藤原頼長《ふじわらのよりなが》の怨念、藤原成親の死霊、西光《さいこう》の悪霊、鬼界ヶ島の生霊を名乗る霊たちが現れたため、清盛はこの霊たちをなだめるよう命じたという。

崇徳天皇の詳細についてはそれぞれの項目を、西光については藤原師光《ふじわらのもろみつ》の項目を参照。

藤原成通 ふじわらのなりみち

一〇九七年～不明

平安時代の公卿。蹴鞠の達人として知られ、後世では「蹴聖《しゅうせい》」と呼ばれた。詩歌にも優れ、特に今様の達人として知られた。大納言の位を授かった後、出家している。

◉鞠の精霊も惚れ込む蹴鞠の達人

蹴鞠の達人であった成通は、『成通卿口伝日記《なりみちきょうくでんにっき》』で「鞠の精」と名乗る存在に出会ったことを記している。

成通が蹴鞠の鍛錬に励む日が千日に達した日の夜のこと。そのことを日記に記そうと机に向かうと、顔が人、手足と体が猿といった様相の、三、四歳の子どものような者が三人現れた。成通が驚いて何者か問うと、鞠の精霊であると答える。そして「昔からこれほどまでに蹴鞠をお好みになる方はいまだおりません。この千日の満願の日にお礼を申すため、そして蹴鞠にまつわることについて語るべく、参上しました」と言い、それぞれ眉にかかっていた髪を押し上げて、「春楊花」「夏安林」「秋園」という金色の文字を見せ、それがそれぞれの名前であることを教えた。

成通が「蹴鞠が行われていない時にはどこにいるのか」と問うと、「蹴鞠の際はこの鞠に、蹴鞠のない時は柳の茂った林やきれいな場所の樹木に住んでいます。蹴鞠が好まれる世は、国が栄え、正しい人が出世し、福があり、長寿で、病もなく、来世の幸福まで約束されます」と言う。成通が「来世のことまでは分からない」と言うと、「人の身には日ごとに数えきれないほどの煩悩が生じ、それらは皆罪です。しかし鞠を好む人は、一度鞠を蹴り始めたらそれ以外のことを考えませぬ。故にそれが後世安楽の機縁となり、功徳が進むのです」と答えた。そして「蹴鞠の時に我々の名を呼んでいただければ、木を伝い参上して奉仕いたします。ただし、木のない庭で鞠を蹴っても、助けに行くことはできませぬ。今後は、我々のような者がいることを心にかけてくだされば、蹴鞠の技をさらに高めて差し上げましょう」と言って姿を消したという。

『撰集抄《せんじゅうしょう》』では、鞠の精は一人の小男の姿で現れる。そして「私は鞠の精です。あなたの素晴らしい蹴鞠を見て、鞠の真の姿で現れたのです」と言って消えた。以来、鞠の精はたびたび現れ、成通の蹴鞠の様子をまばたきすらせず見つめていたという。

藤原信通 ふじわらののぶみち

不明

平安時代の官人。左京進、少納言、伊賀守、遠江守、常陸守などを歴任した。

◉浜に打ち上げられた大女の死体

『今昔物語集《こんじゃくものがたりしゅう》』には、常陸国《ひたちのくに》に巨人の死体が現れた話が載る。

信通が常陸守であった頃、強風が吹いた夜の翌朝、某郡の東西浜という場所に死体が打ち上げられた。

その死体は女であったが、身長が五丈（約十五メートル）もあり、首と右手、左足は鮫《さめ》などに食い千切られたのかなくなっていたという。

『今昔物語集』では、この話に続き陸奥国《むつのくに》でも同様に巨人の死体が打ち上げられた話が載る。この死体を見たある僧侶は「これは阿修羅女《あしゅらめ》ではないだろうか」と推察したという。

この死体は日を経るにつれて腐敗し、辺り十〜二十町（一〜二キロメートルあまり）の人々はそこに住めなくなるほどの悪臭を放っていたとされる。

阿修羅は仏教における鬼であり、守護神。略して修羅とも呼ばれる。ここでは鬼の意で使われていると考えられる。

藤原教通　ふじわらののりみち　九九六〜一〇七五年

平安時代の公卿。藤原道長《ふじわらのみちなが》の子。左大臣となった後に娘の歓子《かんし》が後冷泉天皇《ごれいぜいてんのう》の后となったため、関白も務めたが、その数日後に天皇が崩御する。歓子と後冷泉天皇の間に子はなかったため、後に即位した後三条天皇《ごさんじょうてんのう》の政権下では実権を失い、その後藤原氏の権勢は下り坂となった。

◉腹から火を出し燃える尼

『続古事談《ぞくこじだん》』には、教通の日記に書かれていた不思議な出来事について記されている。

六条壬生《ろくじょうみぶ》（六条大路と壬生通りの交差する場所）に尼の死体が放置されており、そこらにいた犬が死体の腹を食い破ると、そこから炎が噴き出して死体を焼いたという。

同書では、この尼は菩薩が姿を変えて現世に現れたものではないかと考察されている。教通の日記は『二東記《にとうき》』と呼ばれ、現在は逸文のみが残っている。

仏や菩薩が人の姿になって現れたものは化人《けにん》、化女《けじょ》などと呼ばれ、多くの文献に記録が残されている。

藤原秀郷　ふじわらのひでさと　不明（十世紀頃）

平安時代の武将。下野国《しもつけのくに》の豪族であったが、平将門《たいらのまさかど》の乱にて将門を討ち取り、その功績で下野守となる。またこの乱で功績を挙げた平貞盛《たいらのさだもり》、源経基《みなもとのつねもと》らと共に、軍事貴族として中央に進出する道を開いた。相模国《さがみのくに》の田原を領有していたことから、俵藤太《たわらのとうた》とも呼ばれる。

●大百足《むかで》を退けた豪傑

秀郷は、俵藤太の名で多くの妖怪退治伝説を残しており、特に『太平記《たいへいき》』や『俵藤太絵巻《たわらのとうたえまき》』で描かれた大百足退治の伝説が有名である。

『太平記』によれば、ある時、秀郷が琵琶湖の瀬田の唐橋を渡ろうとすると、二十丈（約六十メートル）もの大蛇が横たわっていた。しかし秀郷は恐れることなく、その蛇を踏んづけて橋を渡ってしまった。

それから間もなくして小さな男が秀郷の前に現れ、「私は橋の下に住んで二千年余りになる竜神です。あなたほど勇敢な人は見たことがありません。今、私には長年争っている敵がおります。もしよろしければ、私の敵を討ち取ってはくださいませんか」と言う。秀郷はこれを承知し、この男を先に歩かせて瀬田の方へと戻った。

男に続いて琵琶湖の中に入ると、大きな楼門があった。そこをくぐると、見たこともない豪華絢爛な城が現れ、秀郷は中に招き入れられた。そこは竜宮城で、秀郷はさまざまなもてなしを受けた後、討伐のための準備を始めた。

まず、愛用していた普通なら五人の人間で引くような強力な弓の手入れをし、これまた普通の矢よりもずっと長い矢を三本だけ用意して、今か今かと敵がやって来るのを待ちかまえた。すると夜も半ばを過ぎた頃、風雨が過ぎて、雷が鳴り、琵琶湖の西方の山地の峰から、巨大な百足の化け物が無数の足を松明《たいまつ》のように光らせながら、竜宮城に向かって迫ってきた。秀郷は愛用の弓に矢をつがえ、力一杯に引き絞ると、大百足の眉間目がけて矢を放った。しかし矢は金属音を響かせて跳ね返った。秀郷は迷わず次の矢をつがえ、再び寸分狂わず同じ場所へ向けて射ったが、やはりその矢も弾かれた。後がなくなった秀郷は、最後の矢の矢尻に唾を付け、また同じ場所に向かって放った。すると百足にとって毒である唾を付けたためか、それとも全く同じ場所を三度射られたためか、矢は大百足の眉間を貫いて喉まで達した。

直後、松明のような光を放っていた百足の足から光が消え、島のように巨大な胴体が地響きを立てて大地に倒れた。竜神は大いにこれを喜び、鎧を一揃え、絹織物の巻物を一つ、口を結わえた俵を一つ、そして赤銅の鐘を秀郷に与えた。

秀郷はこれらの宝を都に持って帰ったが、絹織物はどれだけ使っても尽きず、俵の中の米をどれだけ食べてもなくならなかった。そのため、秀郷はこの俵にちなんで俵藤太と呼ばれるようになったという。

先述したように、俵藤太という名の由来は田原を有していたためと考えられている。おそらく俵の伝説は、この名前から生み出されたものなのだろう。また、『俵藤《たわらのとう》太《た》物語《ものがたり》』などでは竜宮城の長は男性の竜ではなく、女性として登場することもある。

この他にも、栃木県宇都宮市には秀郷が百目鬼《どうめき》という妖怪を討った伝説が残る。

秀郷が下野国の大曽という場所を通りかかった時、老人が現れて「ここから北西にある兎田に、百の目を持つ鬼がいる」と告げた。秀郷が兎田に向かうと、両腕に百の目があり、刃のような髪を生やした身の丈一丈（約三メートル）の鬼がいた。秀郷が弓でその胸を射ると、鬼は悲鳴を上げて逃げていき、やがて倒れてその身から炎と毒を吐き出した。そこへ本願寺の智徳上人《ちとくしょうにん》が現れ、呪文を唱えたところ、百目鬼は人の形をした死骸となった。以来、その場所は百目鬼と呼ばれるようになったという。

現在でも宇都宮市には「百目鬼通り」という地名が残っており、そこに伝わる伝説では、秀郷に退治された百目鬼は、四百年後に美しい女の姿で現れ、自身が流した血を吸って力を取り戻そうとしたとされる。しかし本願寺で智徳上人の説教を聞くうちに改心し、角を折り、爪を捧げたと伝えられている。ただし、智徳上人は秀郷と同時代の人物なので、時代が合わない。智徳上人はこの他にも安倍晴明《あべのせいめい》と対決した話も残っている。詳しくは智徳法師の項目を参照。

また、秀郷の百足退治と同様に、竜神の頼みで大百足を討った伝説が三十六歌仙の一人、猿丸大夫《さるまるだゆう》（奈良時代）にも残っている。こちらも詳しくは当該項目を参照。

藤原通輔　ふじわらのみちすけ　一〇五九〜一〇九五年

平安時代の貴族。大工頭《だいくのかみ》、五位蔵人《ごいくろうど》などを歴任した。

◉転生に導いた父母の供養

『続古事談《ぞくこじだん》』では、通輔の霊が夢に現れた話が載る。堀河天皇《ほりかわてんのう》の時代、通輔は若くして亡くなったが、その子である藤原公明《ふじわらのきんあき》の夢に通輔が現れたことがあった。

夢の中で通輔は「初受下地五濁浪、漸重上界三銖衣」（はじめは地に生まれ、さまざまな災厄が身に降りかかってきたが、今は天上に生まれ変わり、炎魔天の天人の羽衣を着て過ごしている）という漢詩を贈った。これは通輔の父母が千日の間経典を読誦し、通輔を供養したため天界に生まれ変わることができたためだという。

炎魔天は夜魔天《やまてん》とも呼ばれ、六道における最高位の世界である天上界の中でも地上、つまり人間界に近い場所にあり、いまだ欲望にとらわれる世界である六欲界の三番目にあたる。

藤原道長　ふじわらのみちなが　九六六～一〇二八年

平安時代の公卿。左大臣として政権を掌握した後、娘の彰子《しょうし》、妍子《けんし》、威子《いし》の三人を皇后にすることで摂政として実権を握り、政権を独占して藤原氏の全盛時代を築いた。父・藤原兼家《ふじわらのかねいえ》の葬儀の際、その堂々たる態度を見て、後に妖怪退治で有名になる源《みなもとの》頼光《よりみつ》が自ら従うようになったという話がある。また、文学を愛好し、紫式部《むらさきしきぶ》の『源氏物語《げんじものがたり》』の第一読者となったり、和泉式部《いずみしきぶ》を庇護したりするなど、多くの逸話を持つ。

◉天神に祟られ、邪気に憑かれた文学愛好家

『本朝世紀《ほんちょうせいき》』には、一条天皇《いちじょうてんのう》の時代、道長が天神の怒りを買った話が記されている。

祇園天神祭という祭が平安京で行われた際、頼信《よりのぶ》という雑芸者がいた。頼信はその体の柔らかさから「無骨」というあだ名で呼ばれ、人々の人気を集めていたが、ある時この頼信が祇園天神の社頭で、大嘗会《だいじょうえ》の標山《しめやま》（神を祀るために設置する山型の造形物）にそっくりの山を象った造形物を造り、京中を引き回した。道長はこれに驚き、検非違使《けびいし》に頼信の捕縛を命じた。しかし頼信は捕まらずに逃げ切り、天神が怒って宣託を下した。その深夜に火災が発生し、内裏《だいり》が全焼してしまったという。

また『古事談《こじだん》』には、道長が邪気に憑かれた話が載る。道長が邪気に憑かれて患っていた時、藤原実資《ふじわらのさねすけ》に先払いの声（貴人が牛車で通るとき、前方にいる人々を追い払うために出す声）が聞こえ、邪気が離れていった。そして別の人間に憑いた邪気は、「賢人の声が聞こえた。あの者には出会ってはならないと思ったのだ」と語ったという。

邪気は邪鬼とも書かれ、人に憑いて悪さをする物の怪全般に使われる言葉。実資には他にも怪異を退散させた逸話が残っている。詳しくは藤原実資の項目を参照。

藤原宗輔　ふじわらのむねすけ　一〇七七～一一六二年

平安時代の公卿。中納言、権大納言、大納言、淳和院《じゅんないん》別当などを歴任し、最後は太政大臣まで上りつめた。音楽の名手としても知られ、鳥羽天皇《とばてんのう》の笛の師でもあった。

また当時の公家には珍しく、自ら花を育てていたという記録がある。さらに蜂飼大臣《はちかいだいじん》との異名を持つほどの蜂好きで、多くの蜂を飼い慣らしていたことでも有名。『堤《つつみ》中納言物語《ちゅうなごんものがたり》』の「虫愛《め》づる姫君」のモデルは、この宗輔とその娘・若御前《わかごぜん》という説がある。

◉神を笛で魅了した蜂使い

宗輔の蜂好きについて、『十訓抄《じっきんしょう》』は以下のように伝えている。

宗輔は自分の飼っている蜂一匹一匹に名前を付けて可愛がっていた。蜂たちも宗輔に懐いていたらしく、彼が何かを命じるとその通りに動いたという。また、宗輔がどこかへ出かける際にはその牛車の後を蜂がついて来て、宗輔が「そこに止まりなさい」と言うと、その通り車にとまったという。

また『古今著聞集《ここんちょもんじゅう》』では、彼の音楽の才にまつわる以下のような話が載る。

ある時、宗輔が内裏《だいり》での仕事を終えて外へ出ると、大層趣《おもむき》のある月が出ていた。そのため牛車の中で「陵王《りょうおう》」（北斉の国の蘭陵王長恭《らんりょうおうちょうきょう》という人物が、その美貌を隠すため仮面をつけて戦いにのぞんだという故事に由来して作られた曲）を笛で奏でると、小さな人が現れ、陵王の装束を身に纏って見事に舞うのが見えた。不思議に思った宗輔は、牛車を止めて曲を最後まで奏でたところ、小さな人は万里小路《までのこうじ》の東の角にある社へと消えていった。これは宗輔の笛の音を聞いて現れた神だったという。

藤原宗忠　ふじわらのむねただ　一〇六二〜一一四一年

平安時代の公卿。弁官、蔵人頭《くろうどのとう》などを歴任し、右大臣まで上りつめる。有職故実《ゆうそくこじつ》に精通し、詩歌にも優れた。宗忠の日記『中右記《ちゅうゆうき》』は当時の歴史を知る基本資料となっている。

◉魔を払う方法を伝授

『中外抄《ちゅうがいしょう》』によれば、ある時宗忠は「魔物に取り憑かれてしまった人がいれば、五大尊（密教における五大明王。不動・降三世《ごうざんぜ》・軍荼利《ぐんだり》・大威徳・金剛夜叉を指す）の像を造り、その腹部に大般若経を込めて祈り奉れば、魔物は去っていく」と話したという。

藤原致忠　ふじわらのむねただ　不明（十〜十一世紀頃）

平安時代の貴族。大納言であった藤原元方《ふじわらのもとかた》の子であり、後世に伝わる盗賊「袴垂《はかまだれ》」と同一視された藤原保輔《ふじわらのやすすけ》の父であると伝えられる。橘 惟頼《たちばなのすけまさ》とその郎党を殺害した罪で流刑に処され、佐渡国《さどのくに》でその生涯を終えた。

●便所で火星に怒られた男

『江談抄《ごうだんしょう》』には村上天皇《むらかみてんのう》の時代、備後守であった致忠について以下のような話が載る。天文博士である賀茂保憲《かものやすのり》が天皇に呼ばれた際、使いとして致忠がその行き帰りを送り、そこで天文について教えてもらった。その後、厠で人に天文について語っていたところ、何者かが放った矢が飛んできて、近くの柱に突き刺さった。致忠は「厠という不浄な場所で天文について語ったことが熒惑星《けいこくせい》の怒りを買い、矢で射られたのだ。しかし今年は木星の助けを得られる年であったから、自分からそれて柱に当たったのだ」と理解したという。

熒惑星は火星のことで、聖徳太子《しょうとくたいし》の時代には人の姿になって地上に降りてきた話があるなど、人格を持つ存在として認識されていた。

藤原基隆　ふじわらのもとたか　一〇七五～一一三二年

平安時代の公卿。播磨国《はりまのくに》、伊予国《いよのくに》の国守、内蔵頭《くらのかみ》、大膳大夫、修理大夫《しゅりだいぶ》などを歴任。白河院《しらかわいん》、鳥羽院《とばいん》の別当としても活躍し、晩年は職を辞任して出家するが、その数カ月後に死去した。

●神を裏切った神主

『古今著聞集《ここんちょもんじゅう》』には、彼が周防国《すおうのくに》の国主であった頃に語ったというこんな話が載る。

保安三年（一一二二年）、周防国には島の明神と呼ばれる神がいた。ある時、この神を祀る神主が困窮し、神田の稲を刈って財をなそうとした。すると社殿から三百匹の蛇が現れ、そのうち二匹には角が生えていた。それでもなお稲を刈ろうとすると、今度は数万の烏が現れ、稲を嘴《くちばし》で抜き取って全て社殿の上に乗せてしまったという。

角のある二匹の蛇はこの島の明神そのものであったのだろうか。『常陸国風土記《ひたちのくにふどき》』には夜刀神《やとのかみ》という角のある蛇の姿をした神が、葦原を開墾しようとする人々を妨害した話が載る。詳細は壬生連麿《みぶのむらじまろ》（古墳時代）の項目を参照。島の明神も、このような神だったのかもしれない。

また、基隆が周防国の国主であったという記録はないが、この話ではなぜかそうであったと設定されている。

藤原師輔　ふじわらのもろすけ　九〇八～九六〇年

平安時代の公卿。村上天皇《むらかみてんのう》の時代に娘・安子《あんし》を天皇の后とし、右大臣として朝政を支えた。安子は冷泉天皇《れいぜいてんのう》、円融天皇《えんゆうてんのう》の母となったことから、自身は摂政・関白とはならなかったものの、子孫である兼通《かねみち》、兼家《かねいえ》、道長《みちなが》と続く摂関家の祖となった。

◉大地震から天皇を救った予知夢

『続古事談《ぞくこじだん》』には、師輔が死後も朝廷を助けた話が載る。

ある日、すでに退位していた冷泉院が「池の中嶋に帳《とばり》を建てなさい。そこにいなければならない理由がある」と言ったため、人々は疑問に思いながらも言う通りにして帳で待機していた。

その直後に大地震が起き、逃げ遅れた大勢の人々が建物の下敷きになって命を落とした。帳に避難していた人々が冷泉院に、なぜ地震が起きることを知っていたのかと問うと、冷泉院は「昨夜の夢に藤原師輔殿が現れ、明日の未時《すえとき》(十三〜十三時)に地震が起きるでしょう。中嶋におはしませ、と教えてくれたのだ」と答えた。人々は涙を流しながら、師輔様の霊はいまだに天皇をお守りなさっているのだ、とささやきあったという。

藤原師光 ふじわらのもろみつ

不明〜一一七七年

平安時代の官人であり、僧侶。阿波国《あわのくに》の在庁官人で、藤原通憲《ふじわらのみちのり》に仕えたが、平治の乱で通憲が敗死したことで出家する。法名は西光《さいこう》。その後は後白河院《ごしらかわいん》の近臣として権力をふるうも、鹿ケ谷《ししがたに》で平治打倒の謀議が発覚し、平清盛《たいらのきよもり》によって処刑された。この事件は鹿ケ谷事件と呼ばれる。

◉妊婦を狙う僧の亡霊

『平家物語《へいけものがたり》』には、師光が怨霊となって現れたと記されている。

平清盛の娘・建礼門院《けんれいもんいん》(平徳子《たいらのとくこ》)は懐妊後体調が優れず、日に日に弱っていった。何人もの僧侶が呼ばれてさまざまな祈禱が行われたが、体調は好転せず、逆に物の怪たちが彼女の体に取り憑いてしまった。

そこで霊の依代《よりしろ》となる人間を用意し、不動明王《ふどうみょうおう》の縄目にかけたところ、霊たちがその姿を現した。彼らは讃岐《さぬき》の院(崇徳天皇《すとくてんのう》)の霊、藤原頼長《ふじわらのよりなが》の怨念、藤原成親《ふじわらのなりちか》の死霊、西光こと師光の悪霊、そして鬼界ヶ島《きかいがしま》の生霊たちであったため、清盛は慌ててこの霊たちを慰めたという。

崇徳天皇以外の二人は鹿ケ谷事件で罪に問われた人物であり、鬼界ヶ島はこの事件に関わった者たちの流刑地として使われた島である。崇徳天皇および藤原成親の詳細については、それぞれの項目を参照。

藤原保昌 ふじわらのやすまさ

九五八〜一〇三六年

平安時代の延臣。肥前国《ひぜんのくに》、大和国《やまとのくに》、摂津国《せっつのくに》などの国守を歴任し、左衛門督、左馬頭などを務めた。藤原道長《ふじわらのみちなが》の家司《けいし》も務め、その優れた武勇から源頼信《みなもとのよりのぶ》、平維衡《たいらのこれひら》、平致頼《たいらのむねより》と共に道長四天王の一人に数えられた。また、道長の薦めで和泉式部《いずみしきぶ》と婚姻を結んでいる。

◉頼光四天王と共に戦った貴族

『大江山絵詞《おおえやまえことば》』などによれば、保昌は源頼光《みなもとのよりみつ》とその四天王（渡辺綱《わたなべのつな》、卜部季武《うらべすえたけ》、碓井貞光《うすいさだみつ》、坂田金時《さかたのきんとき》）らと共に、大江山に巣くう鬼・酒呑童子《しゅてんどうじ》の討伐に遣わされたとされる。保昌の具体的な活躍が描かれるものは少ないが、頼光やその四天王に負けず劣らず、酒呑童子やその配下の鬼たちと対等以上に渡り合った武人として描かれている。

藤原泰通 ふじわらのやすみち

一一四七〜一二一〇年

平安時代から鎌倉時代にかけての公卿。藤原成通《ふじわらのなりみち》の猶子《ゆうし》。官位は正二位で、権大納言、按察使《あぜち》などを歴任し、晩年には出家した。

◉狐の懇願と恩返し

『古今著聞集《ここんちょもんじゅう》』には、彼の夢に老狐が現れた時のことが記されている。

泰通の邸宅の近くには狐がよく現れ、人々を化かしたり、狼藉を働いたりしていた。そこで泰通は狐狩りを行って一匹残らず駆除することに決め、従者にその旨を伝え、明日決行すると告げて用意をさせた。

その夜、泰通の夢に一人の老齢の寺童子が現れた。寺童子は木賊色《とくさいろ》の狩衣《かりぎぬ》を着ており、屋敷の坪庭の木の根元にかしこまっていた。

泰通が「お前は誰であるか」と問うと、寺童子は「私は御邸宅の敷地内に住んでいる者です。私には子や孫が数多くおり、勝手に狼藉を働いております。気付いた限り戒《いまし》めてはいるのですが、言うことを聞かず、あなた様にご迷惑をおかけしているので、お怒りはもっともなことだと思います。しかし、明日皆が命を取られると知ると、恐れながらもこの心中を打ち明けられずにはいられませぬ。どうか、お許しくださいませ。これ以降、もし私の子や孫が狼藉を働いたならば、いかなる処罰も受け入れます。若者たちに泰通様がお怒りである様子を話し聞かせたならば、どうして懲りずにいられましょうか。これまでの狼藉をわび、今後は泰通様の家の守り神となって、吉兆があれば必ずお告げします」と言い、頭を下げたのが見えた直後、泰通は夢から覚めた。

すでに日が昇り始めていたため、泰通が起きて遣戸《やりど》を開けると、夢で寺童子がいた木の根元に、毛がほとんどなくなるほど年老いた狐が一匹座っていた。狐は泰通を見ると、恐れ敬う様子を見せてそっと簀《さく》の下に入っていったため、その日の狐狩りは中止とした。それ以来、狐が人を化かすことはなくなり、泰通の家に吉事がある時には、必ず狐が鳴いて知らせるようになったという。

藤原行成　ふじわらのゆきなり

九七二〜一〇二八年

平安時代の公卿。能書家としても知られ、書道の流派の一つ、「世尊寺流《せそんじりゅう》」の開祖であり、当時の書道の大御所三人を指す「三蹟《さんせき》」に数えられた人物。後世において行成の書は「権蹟《ごんせき》」と呼ばれ、尊ばれた。一条天皇《いちじょうてんのう》に重用され、藤原道長《ふじわらのみちなが》にも厚く信任された。道長と同月に死去。行成の日記『権記《ごんき》』は当時の政情や生活状況を知るための重要資料となっている。

◉地獄の官人も認めた道徳人

『中外抄《ちゅうがいしょう》』には、行成が死を免れた以下のような話が載る。

ある人が地獄の閻魔庁《えんまちょう》の官人のもとに赴いた際、「行成を連れてこい」と命じられた。しかし別の官人がやって来て、「その人間は、世のため人のため、清く正しく生きている。しばらくはこちらに召さなくてもよいだろう」と言った。このことから、真っすぐ正しく生きている人間は、冥府の召喚からも逃れることができるのだと語られている。

この地獄の官人の話を聞いた人物の名前は明かされていないため、不明。

不破内親王　ふわないしんのう

不明（八〜九世紀頃）

奈良時代から平安時代にかけての皇族。聖武天皇《しょうむてんのう》の皇女。氷上塩焼《ひかみのしおやき》の妃となり、氷上志計志麻呂《ひかみのしけしまろ》を産むが、塩焼は恵美押勝《えみのおしかつ》の乱で処刑され、さらに志計志麻呂を皇位につけようと称徳天皇《しょうとくてんのう》を呪った疑いで京外へ追放される。その後無罪となって京に帰るが、今度は別の息子である川継《かわつぐ》が謀反を起こし、それに連座して淡路国《あわじのくに》に流される。その後再び許され、和泉国《いずみのくに》に移ってそこで没したという。

◉蚕になった姫君

不破内親王は幼名を松虫姫《まつむしひめ》と言い、千葉県印西市にある松虫寺《まつむしでら》には、彼女にまつわる以下のような伝説が残っている。

聖武天皇の娘として生まれた松虫姫は、十四歳の頃に重い病を患い、どんな医者も治すことができなかった。

そんな時、姫の夢に下総国《しもうさのくに》萩原村の薬師如来《やくしにょらい》の使者を名乗る老人が現れ、姫が萩原の里へ下れば、必ず病は治ると告げたため、松虫姫は下総へ下ることになった。途中で山賊が現れて道を阻むと、姫の乗る牛が暴れてその頭領を殺し、大蛇が現れて道を阻むと、供をしていた権の太夫がこれを倒して無事に萩原村へとたどり着いた。そこで二十一日間、一心に祈りをささげたところ、夢の中で病気平癒のお告げがあり、松虫姫の体は平癒したという。

また別の伝説では、若くして病死した松虫姫は、死後、蚕になったという物語も語られている。

堀河天皇《ほりかわてんのう》

一〇七九～一一〇七年

平安時代の天皇。白河天皇《しらかわてんのう》の第二皇子で、八歳で父から譲位されて即位。関白の藤原師実《ふじわらのもろざね》が摂政となって摂関政治を行った。成人後は師実の後を継いだ藤原師通《ふじわらのもろみち》の助けを借りながら自ら政治を行ったが、師通の死後、後継の藤原忠実《ふじわらのただざね》が未熟であったことから法皇となっていた白河法皇に次第に実権が移り、院政が始まった。その後、政務を離れたことで管弦や和歌などの趣味に力を入れ、才覚を発揮して慕われたが、生来病弱であったこともあり、若くして崩御した。

●補佐官が見抜いた死の兆候

先述した忠実の言談を集めた『中外抄《ちゅうがいしょう》』において、堀河天皇の崩御の際に起こったことが以下のように記されている。

堀河天皇が病に倒れてからしばらく経ったある時、忠実が「今朝はよくお食事を取られたようです」と天皇の補佐をしていた大江匡房《おおえのまさふさ》に伝えたところ、匡房は「病気の人は、死期が近くなるとよく物を食べるようになるのです。なぜなら、体に取り憑いた冥府の鬼たちが食物を欲するからです。そのため、物をよく食べ始めたのは悪い兆候でしょう」と言った。その言葉の通り、堀河天皇はその日の夕方に崩御してしまったという。

三浦義明《みうらよしあき》

一〇九二～一一八〇年

平安時代の武将。娘が源義朝《みなもとのよしとも》の側室になったことから、義朝の子・義平《よしひら》が叔父の義賢《よしかた》と戦った大蔵合戦に参戦するなどして武功を挙げる。その後、義朝の遺児である源頼朝《みなもとのよりとも》の挙兵に合流しようと居城の衣笠城《きぬがさじょう》から出撃するが、頼朝の敗戦を聞いて引き返し、畠山重忠《はたけやましげただ》と籠城戦を行った末に戦死した。

◉妖狐を貫いた神の弓矢

鳥羽上皇《とばじょうこう》の寵姫であった玉藻前《たまものまえ》の正体が九尾の狐であったという「玉藻前伝説」において、三浦義明は上総《かずさ》広常《ひろつね》と共に玉藻前を討伐する命を受けて登場する。

玉藻前伝説に関する初期の資料である『神明鏡《しんめいかがみ》』に登場する他、御伽草子の『玉藻前物語《たまものまえものがたり》』、『玉藻《たまも》の前《まえ》』など玉藻前伝説を扱うほとんどの作品にその名が登場する。

現在一般に伝わっている玉藻前伝説に大きな影響を与えた読本《よみほん》『絵本三国妖婦伝《えほんさんごくようふでん》』では、彼が常々信仰していた諏訪大明神から白木の弓と鷲《わし》の羽の矢を二本授かり、玉藻前との決戦において「神力よ、私を擁護したまえ」と叫んで九尾の狐に矢を放った。その矢は見事に妖狐の脇腹を貫き、二射目はなおも飛びかかろうとする妖狐の首筋を貫いたという。

その後玉藻前は同じく神から授けられた広常の槍《やり》に貫かれ、殺生石《せっしょうせき》に姿を変えたとされる。

源公忠 みなもとのきんただ 八八九～九四八年

平安時代の貴族。光孝天皇《こうこうてんのう》の孫。右大弁として政治の場で活躍した。歌の名手としても有名で、三十六歌仙の一人に数えられる。鷹狩の名人でもあり、毎日のように鷹狩に出かけていたという話も伝わる。

◉忠告のためによみがえる

『江談抄《ごうだんしょう》』には、公忠が蘇生した話が載る。

ある時、公忠は急死して三日後に突然よみがえった。公忠は「私を参内させてくれ」と家中に呼びかけ、そのただならぬ様子を見た人々によって参内が叶った。公忠が言うことには、「死んだ時、思いがけず私は冥官（地獄の役所）に至りました。門前には身の丈が一丈余り（三メートル以上）の人間が一人おり、紫の袍《ほう》を身に纏い、金の文字で書かれた書状を捧げ、延喜の主（醍醐天皇《だいごてんのう》）の行いは全くよくない、と言っておりました。堂の上には朱と紫の印綬（身分や位階を表す印を下げた組み紐）を纏った者が二、三十人おり、その中で第二の座に座っていた者が、醍醐天皇はたいへんに軽率だ。それとも改元して態度を改めるか、と言っておりました。これを聞いた後、私はたちまち蘇生したのです」とのことだった。

これを聞いた醍醐天皇はすぐに改元し、元号を延長としたという。

ここで現れる身の丈一丈余りの男は菅原道真《すがわらのみちざね》と考えられる。道真は醍醐天皇の時代、無実の罪によって左遷され没した後、平安京に数多の祟りを引き起こしたと伝えられる（詳しくは菅原道真の項目を参照）。

●油を盗む妖怪を撃退

『今昔物語集《こんじゃくものがたりしゅう》』には、公忠が醍醐天皇を悩ませていた妖怪を撃退した話が載る。

ある時、天皇は真夜中に仁寿殿《じじゅうでん》（儀式や内宴に使われた殿舎）にやって来ては御燈の油を盗んでいく正体不明の怪異に悩まされていた。そこで公忠がこの正体を見破ろうと見張っていたところ、丑《うし》の刻（午前二時頃）に足音が聞こえてきた。「こいつか」と公忠が思っていると、やはり油を取って去ろうとしている。重い足音を響かせているが、その姿は見えず、油だけが浮いているように見えた。公忠が走り寄り、あたりをつけて思いきり足で蹴り上げたところ、足に痛みが走って油がこぼれるのが見えた。

変化の者は南の方に走り去っていったようで、公忠が火を灯して足元を見ると、親指の爪が欠けて血が出ていた。変化の者を蹴り飛ばした場所を見てみると、暗紅色の血が床を汚していたが、他には何も見えなかった。それ以来、油を盗む者が現れることはなくなったという。

源重信　みなもとのしげのぶ　九二二〜九九五年

平安時代の公卿。宇多天皇《うだてんのう》の皇子・敦実親王《あつみしんのう》の四男。六条左大臣と称されるも、左大臣に昇った翌年に亡くなった。音楽に秀で、人懐こい性格だったと伝えられる。また源融《みなもとのとおる》が創設し、宇多天皇を経由して重信の所有物となった宇治の別荘は後に平等院となった。

●鬼に盗まれた食糧

『今昔物語集《こんじゃくものがたりしゅう》』には、重信が怪異に出し抜かれた話が載る。

重信が方違《かたたが》え（やむなく凶方位へ行かなければいけない時に、一度目的地とは別の吉方位へ移動してから本来の目的地に向かうこと）のために朱雀院《すざくいん》で一夜を過ごすことになった際、藤原頼信《ふじわらのよりのぶ》に餌袋（食料を入れた袋）を持たせて先に行かせた。

頼信は餌袋を押さえながら待っていたが、待てども重信が来ないので、そのうち寝てしまった。その後重信がやって来て彼を起こすと、頼信は驚き慌てながら衣服の紐を締め直し、外に出て警備を始めた。

重信が餌袋を開けてみたところ、中には何も入っていない。そのため頼信を呼んで訳を尋ねると、「私はこの餌袋を受け取ってからここに来るまで一度も目を離しませんでした。ここに着いてからもしっかりと袋を押さえつけながら寝ていたので、盗まれるはずがありません。鬼か何かが盗ったとしか思えません」と答えた。

たしかに一部が盗まれたのではなく、最初から何も入っていなかったかのようにすっかりなくなっているのは、人の仕業ではないだろうと重信もまた納得し、人々は恐れおののいたという。

現代の感覚では、誰かが盗んだか、頼信が盗んで食べたことを隠すために言い訳をした、という方が納得できるが、当時の人々はこれを鬼の仕業と信じたようだ。また、この話に登場する藤原頼信は他に名前が見えないが、石見守であったと記されているため、源頼信《みなもとのよりのぶ》のことではないかと考えられる。

源高明 みなもとのたかあきら

九一四～九八三年

平安時代の公卿。醍醐天皇《だいごてんのう》の皇子。左大臣として活躍したが、安和の変で源満仲《みなもとのみつなか》によって謀反を密告され、大宰府に左遷された。その後罪を許されて帰京するも、政治に関わることなく隠棲し、死去した。

◉穴から出てくる不気味な手

『今昔物語集《こんじゃくものがたりしゅう》』には、彼が遭遇した不思議な怪異の話が載る。

当時彼が住んでいた邸宅の寝殿の母屋の柱には、一つの穴が空いていた。夜になるとその穴から子どもの腕のようなものが現れ、人を招くようになった。高明はたいそう怪しみ、経文を書いて穴の上に結びつけたり、仏像を掛けたりしてみたが、怪異は一向にやまなかった。

ある時、征矢をその節穴に差し込んでみたところ、子どもの手のようなものは出てこなくなった。そこでさらに矢じりの部分だけを深く打ち込んでみたところ、ぱったりと怪異はやんだ。

当時の人々は征矢が神仏の功徳に勝るものとは思えず、なぜ経文や仏像でやまなかった怪異が征矢でやんだのか、皆不思議がったという。

高明はこの怪異の後、安和の変で地位を追われることとなる。もしかするとこの怪異はそのことを知らせに来ていたのかもしれない。

また、『十訓抄《じっきんしょう》』には廉承武《れんしょうぶ》という唐の人物の霊が少女に取り憑き、高明に秘曲を授けたという話が載る。この霊は村上天皇《むらかみてんのう》や貞保親王《さだやすしんのう》のもとに現れた話も伝わる。詳しくはそれぞれの項目を参照。

源為朝　みなもとのためとも　一一三九～一一七〇年

平安時代の武将。剛勇の武士で、弓の名人として知られる。十三歳で父・為義《ためよし》の怒りを買い、九州に追放されるが、その武力で九州に勢力を広げ、鎮西八郎《ちんぜいはちろう》と名乗った。その後、保元の乱では崇徳上皇《すとくじょうこう》方について戦うが、敗北して伊豆大島へ流される。その後の消息は詳しく分かっておらず、そのことがかえって多くの伝説を生んだ。

●鬼を脅し、疱瘡神《ほうそうのかみ》を駆逐する

『保元物語《ほうげんものがたり》』では、伊豆大島に流された為朝は、その後鬼ヶ島に渡ったと語られている。

鬼ヶ島を見つけた為朝は、そこで身の丈一丈（約三メートル）の人々と出会った。その者たちは、かつて自分たちは鬼であったが、（鬼が持っているとされた）隠れ蓑や隠れ笠がなくなってしまったため、今はもう雄々しい心もないと話した。為朝は彼らを弓で脅して年貢を納めるように要求し、三年に一度、この島に渡ると伝えたという。

また、江戸時代には疱瘡除けとして為朝の絵を飾る風習が生まれた。これは八丈島に疱瘡除けの神として為朝を祀る為朝神社があったことや、滝沢馬琴《たきざわばきん》が読本《よみほん》『椿説《ちんせつ》弓張月《ゆみはりづき》』で八丈島に現れた疱瘡神を為朝が追い払い、「二度とこの地に入らない」と手形を押させるという話を書き、それが広まったことに由来するという。

源経信　みなもとのつねのぶ　一〇一六～一〇九七年

平安時代の公卿。大納言を経て大宰権帥《だざいのごんのそち》（大宰府の長官。大宰師の副官にあたる役職）の地位を授けられ、大宰府に赴くもその三年後に死亡した。博識多才で詩歌に優れ、当時の歌壇の重鎮であった。

●歌を解する風流な鬼

『撰集抄《せんじゅうしょう》』には、彼の詩歌にまつわる以下のような話が載る。

経信が八条に住んでいた頃、月が明るいのを見て「からころも 打つ声聞けば 月清み まだ寝ぬ人を そらに知るかな（唐衣を打つ音を聞くと月がより清らかに澄み、まだ床についていない人があることを、それとなく知ることよ）」と歌を詠んだ。すると庭の植込の方から「北斗星前横旅鴈、南楼月下擣寒衣」という詩を、ひどく恐ろしい声で諳んじる者があった。経信は誰がこのような声を出すのかと思い、驚いて見ると、一丈五、六尺（約四・五～四・八メートル）ほどの大きさの、天に向かって髪が生えた大男が現れた。経信は八幡大菩薩に祈ったが、男は「どうして祟りなど起こそうか」と言って消えてしまった。この男は朱雀門の鬼だったのではないかと言われているという。

この場面は後年、月岡芳年《つきおかよしとし》の『月百姿《つきのひゃくし》』や歌川国芳《うたがわくによし》の『百人一首之内《ひゃくにんいっしゅこれうち》』で浮世絵として描かれている。

「北斗星前横旅鴈、南楼月下擣寒衣」の漢詩は劉元叔《りゅうげんじょ》の『妾薄命《しょうはくめい》』に載る中国由来の詩であるが、『和漢朗詠集《わかんろうえいしゅう》』にも選集されている。

朱雀門の鬼は反対側にある羅城門に住む鬼と並んで平安京でよく目撃された鬼であり、どちらも楽器や詩歌を理解する風流な鬼として捉えられていたようだ。

源経基 みなもとのつねもと

九一七～九六一年

平安時代の武将。清和天皇《せいわてんのう》の第六皇子・貞純親王《さだずみしんのう》の長子であったことから、六孫王《ろくそんおう》と呼ばれた。また、妖怪退治伝説で有名な源頼光《みなもとのよりみつ》の祖父にあたる。平将門《たいらのまさかど》の乱にて征夷副将軍となり、藤原純友《ふじわらのすみとも》の乱では追捕南海凶《ついぶなんかいきょう》賊使次官《ぞくしじかん》となって功績を上げる。現在も京都府京都市の六孫王神社に墓が現存する。

◉魔王の娘を愛した武将

『北向山霊験記《きたむきさんれいげんき》』をはじめとする明治時代の鬼女紅葉伝説に関わる文献において、経基は重要な役割で登場する。

経基は琴の名人であるという話を聞いて呼び寄せた紅葉という名の美しい女性を気に入り、召し抱えて寵愛する。ところがこの紅葉は第六天魔王の娘として生まれた存在で、怪しい妖術を使って経基の后を病に倒れさせた。この行いが露見し、紅葉は信濃国《しなののくに》の戸隠山《とがくしやま》に流されることになったという。

経基の名は『太平記《たいへいき》』をはじめとする古い紅葉伝説にはなく、江戸後期から明治初期にかけて作られたものと考えられる。戸隠山に流された紅葉はその後、盗賊の長と化し、やがて平維茂《たいらのこれもち》に退治される。詳細は平維茂の項目を参照。

源融 みなもとのとおる

八二二～八九五年

平安時代の貴族。嵯峨天皇《さがてんのう》の皇子であったが、源朝《みなもとのあ》臣《そん》の姓を受けて臣籍に下り、後に仁明天皇《にんみょうてんのう》の養子となる。左大臣まで昇進し、六条河原に河原院という邸宅を建て、河原左大臣と呼ばれた。また宇治に別荘を持ち、それが後の平等院となった。『源氏物語《げんじものがたり》』の主人公・光源氏《ひかるげんじ》のモデルの一人とも考えられている。

◉死後なお邸宅を名残惜しむ

いくつかの文献には、融の死後、河原院に彼の幽霊が出現したという記録が残る。

『今昔物語集《こんじゃくものがたりしゅう》』によれば、宇多天皇《うだてんのう》が河原院に滞在していると、夜中に昼の装束を着て帯刀した人の霊が出現した。宇多天皇が「あなたは誰か」と問うと、「この家の主です」と答える。「融の大臣か」と問うと、「さようでございます」と答える。何の用かと問うと、「ここは我が家で、私が以前より住んでいるのに、帝がお出ましになると恐れ多く、窮屈にしております。出ていっていただくことはできませんか」と言う。宇多天皇が「それはおかしなことだ。この邸宅はお前の子に献上されたものだ。無理矢理奪ったわけでもないのに、礼儀も道理も弁《わきま》えていないのは、そちらではないか。なぜ死してから恨むのか」と言うと、融の霊は闇へ消えてしまったという。

◉主君の妻を欲しがる幽霊

『江談抄《ごうだんしょう》』には前述の話の他に、宇多天皇と融の霊にまつわる別の話が載る。

宇多天皇が妻の京極御息所《きょうごくのみやすどころ》と河原院で夜の営みを行っていると、塗籠《ぬりごめ》（厚く塗った壁で囲い、妻戸によって出入りする部屋。現代でいう納戸のような場所）に人の気配があり、戸が開いたかと思うと融の霊が現れた。融は「融でございます。御息所を賜りたく思います」と言う。宇多天皇は「お前は生前私の臣下で、私が主だった。それなのになぜそのようなことを言い出すのか。すぐに退け」と命じた。すると融は宇多天皇を恐れたような様子を見せながらも、御息所に抱きついた。すると御息所は半ば死んだように顔色を失い、倒れた。宇多天皇は御息所を牛車に乗せて急いで宮中に戻り、浄蔵《じょうぞう》大法師を呼んで祈禱させたところ、御息所は息を吹き返したという。

これと同様の話は『紫明抄《しめいしょう》』にもあるが、こちらでは御息所はよみがえらず、息を引き取っている。

◉塗籠に潜む河原院の怪

融の仕業とは明言されていないが、『今昔物語集』には河原院の怪にまつわる以下のような話が載る。

東国から上京した夫婦が荒れ果てた河原院で一夜を明かそうとしたところ、突然河原院の塗籠の戸が開き、中から腕が現れて、妻を妻戸の内に引きずり込んだ。驚いた夫が妻戸を開けようとするも、全く開かない。そこで人を集めてやっとの思いで戸を壊し、中を見ると、血を吸いつくされた無残な妻の死体が鴨居から吊るされていたという。

この妻を殺した怪異は鬼であろうかと語られているが、融の霊と同じく河原院の塗籠に潜んでいたことから、河原院に執着し、霊と化しても離れられなかった源融が、時を経て鬼と化してしまったのかもしれない。

源博雅　みなもとのひろまさ　九一八～九八〇年

平安時代の公卿。醍醐天皇《だいごてんのう》の第一皇子であり、克明親王の子。雅楽に精通した人物で、箏《そう》、琵琶、琴、笛などの名手であり、音楽にまつわるさまざまな逸話を残す。雅楽の笛譜『博雅笛譜《はくがてきふ》』の作者でもある。近年では夢枕《ゆめまくら》獏《ばく》の小説『陰陽師《おんみょうじ》』シリーズにて、安倍晴明《あべのせいめい》の相棒として活躍することで有名。

◉鬼に取られた琵琶を取り返す

『今昔物語集《こんじゃくものがたりしゅう》』には、博雅が鬼に楽器を返してもらった話が載る。

村上天皇《むらかみてんのう》の時代、皇室に代々伝わる玄象という琵琶が何者かに盗まれた。人々がみな寝静まったある夜、博雅が清涼殿にいると、南方から玄象を弾く音が聞こえてきた。自分が玄象の音を聞き間違えるはずがないと考えた博雅は、宿衣姿に靴だけを履き、従者の童を一人付けて玄象の音がどこで鳴っているのか探すこととした。

音は南の方から聞こえており、たどって行くと羅城門に行き着いた。音は門の上の方から聞こえてくる。博雅が「これは人ではなく、鬼が弾いているのだろう」と思っていると、音がやみ、しばらくして再び鳴り始めた。博雅は「これは誰が弾いていらっしゃるのでしょうか。玄象が消え失せ、天皇が探し求めておられたところ、清涼殿にて南の方にその音を聞き、訪ねて来たのです」と問いかけた。

すると天井から何かが下りてきたため、博雅は思わず身を引いた。そこにあったのは縄にくくられた玄象だった。博雅はこれを受け取り、天皇のもとに献上したところ、天皇は「鬼に取られていたのか」と言い、取り返した博雅にひどく感激したという。

◉笛が結んだ鬼との友情

『十訓抄《じっきんしょう》』には、博雅が鬼と笛の音を交わし合った話が載る。

月の明るい夜、博雅が朱雀門の前で笛を吹いていると、同じように直衣《のうし》を着て笛を吹いている男がやって来た。その笛の音がこの世にまたとないほど素晴らしいものだったので、近づいてみると、見たこともない人であった。博雅は言葉を発さず、その者も一言も話さなかったが、それ以来、月の明るい夜には朱雀門の下で行き会い、笛を吹くようになった。

ある時、試しに互いの笛を取りかえて吹いてみたところ、やはり他に匹敵するものがないほど素晴らしい笛であった。それから月夜のたびに男と出会ったが、笛を返してほしいとも言われず、返さぬまま博雅は亡くなってしまった。天皇はその笛を献上させて世の笛の名人たちに吹かせてみたが、博雅と同じような音色を出せる者はいなかった。

後に浄蔵《じょうぞう》という笛の名手を召して吹かせてみると、博雅にも劣らぬ音色であった。そこで天皇は、この笛の主は朱雀門の辺りにいたようだから、そこで吹いてみよと命じた。浄蔵がその通りにすると、「やはりこの世にまたとない一品かな」と門の楼上から高く大きな声が聞こえてきた。そこでこの笛は朱雀門の鬼のものであったことが知れ、葉二《はふたつ》と名付けられたこの笛は、天下第一の笛として大切にされたという。

羅城門の鬼、朱雀門の鬼は平安時代によく出現した鬼である。このように人に危害を加えず、風流な様子を見せることもあったが、時には人を襲うこともあったという。

源信 みなもとのまこと　八一〇～八六九年

平安時代の公卿。嵯峨天皇《さがてんのう》の皇子であったが、皇族としての地位を離れ、臣下である源の姓を与えられた。左大臣であったが、確執のあった伴善男《とものよしお》によって応天門に放火した罪を着せられる。後に応天門の変と呼ばれるこの事件では無罪とされるが、以来信は籠居してあまり外へ出ることはなくなったという。

◉天人を招いた美しい箏《そう》の音

信は箏の名手としても有名であり、『今昔物語集《こんじゃくものがたりしゅう》』には彼の箏にまつわる説話が載る。

ある日、信が夜通し箏を弾いていたところ、明け方になって放ち出（寝殿造りにおいて、母屋から突き出る形で作られた建物のこと）が光っているのが見えた。確認してみると、身長一尺（約三十センチメートル）ほどの大きさの天人が二、三人、宙に浮いて舞を踊っていた。

信は自分の箏の音に惹かれ、天人たちがやって来て舞を見せてくれたのだといたく感動し、尊く思ったという。

源雅通 みなもとのまさみち　不明～一〇一七年

平安時代の貴族。丹波中将《たんばのちゅうじょう》とも呼ばれる。歌人としても有名で、『後拾遺和歌集《ごしゅういわかしゅう》』や『和泉式部集《いずみしきぶしゅう》』にその歌が載る。法華経をよく読み、死後往生したという説話が『本朝法華験記《ほんちょうほっけげんき》』、『今昔物語集《こんじゃくものがたりしゅう》』など複数の文献に載る。

◉子を奪おうとする変化の怪

『今昔物語集』には彼が出会った不可思議な怪異の話が載る。

雅通の家で乳母が二歳ほどの子どもを遊ばせていた時のこと。子どもの泣き声と乳母の叫び声が同時に聞こえたため、雅通は太刀を掴み、慌てて声の方へ駆けつけた。すると全く同じ姿の乳母が二人おり、それぞれ子どもの左右の足を摑んで引っ張り合っている。雅通はどちらかが変化の者だと考え、太刀を振り上げて走りかかったところ、片方の乳母が煙のようにかき消えた。

雅通が残った乳母に事情を尋ねると、「若君を遊ばせていたところ、全く見知らぬ女房が現れて、これは私の子だと言って若君を取り上げようとしたので、慌てて取られまいとしていたところに殿がおいでになったのです」と言った。

乳母に化けていたのは狐か何かの霊と思われたが、結局正体は分からずじまいであったという。

この話では、雅通の目には同じ姿をした乳母が子を奪い合っているように見えたが、当の乳母は全く見知らぬ女房が現れたと語っている。そのため、見た人間によってその姿を変えられる怪異だったのかもしれない。

源満仲　みなもとのみつなか　九一二～九九七年

平安時代の武将。源《みなもとの》経基《つねもと》の子で、源《みなもとの》頼光《よりみつ》の父。多田源氏を称したため、多田満仲《ただのみつなか》とも名乗る。安和の変で源《みなもとの》高明《たかあきら》を失脚させて地位を確立。越前国《えちぜんのくに》、摂津国《せっつのくに》などの国守や鎮守府将軍を歴任した。

◉受け継がれる鬼切《おにきり》の刀

『太平記《たいへいき》』には、満仲が信濃国《しなののくに》の戸隠山《とがくしやま》で鬼を刀で切り裂いた話が載る。

この刀はかつて坂上田村麻呂《さかのうえのたむらまろ》が鈴鹿山の鈴鹿御前《すずかごぜん》と戦った際に使った刀であり、満仲から子の頼光に渡り、代々妖怪退治に用いられたという。

この戸隠山の伝説は後に平維茂《たいらのこれもち》と鬼女紅葉《もみじ》の戦いに発展するが（平維茂の項目を参照）、『多田五代記《ただごだいき》』ではより詳しくこの話について語られている。

この戸隠山の鬼は牛馬などの家畜を奪っては殺し、人々に害を与えていたので、満仲が討伐を命じられた。満仲は戸隠山に赴き、何の苦もなくこれを討ち取ってその首を京に持ち帰った。その鬼の首は頰が朱を差したように赤く、眼光は月や太陽のように明るく、口の大きさは鉄盆のようで、歯は剣のように鋭かった。この鬼を討伐した功績で、満仲は正四位下の位に上り、この鬼を斬った刀は鬼切と名付けられた。

戸隠山の鬼については、満仲の父・経基との物語が別に語られることもある。詳しくは源経基の項目を参照。また、満仲の子・頼光は配下の四天王と呼ばれる武士たちと共に、多くの妖怪退治に関わったと伝えられる。こちらも詳細は源頼光の項目を参照。また、頼光の手に渡った鬼切は、その後四天王の一人である渡辺綱《わたなべのつな》の手に渡り、鬼の片腕を斬り落としたという。この詳細は渡辺綱の項目を参照。

源行任　みなもとのゆきとう　不明

平安時代の貴族。藤原彰子《ふじわらのしょうし》に仕えた人物。後に越後《えちご》、近江《おうみ》、丹波《たんば》、播磨《はりま》などの国守を歴任した。

◉浜に打ち上げられた小人の舟

『今昔物語集《こんじゃくものがたりしゅう》』には、越後国で起きた不可思議な事件に関する話が載る。

行任が越後守《えちごのかみ》を任されていた頃、ある浜に幅が二尺五寸（約七十五センチメートル）、深さが二寸（約六センチメートル）、長さが一丈（約三メートル）ほどの小さな舟が打ち上げられた。見つけた人は「これはどういうものだろう。誰かがいたずらで作って海に流したのだろうか」と考えたが、よく見ると、その船の舷《げん》に沿って一尺（約三十センチメートル）ほどの間隔で櫂《かい》の跡があり、しかもすっかり漕ぎ減らされている。

これを見た人は「明らかに人が乗った船だ。どんな小さな人が乗った船なのだろう」と不思議に思った。そこで国守である行任のもとに見せに行くと、行任もこれを見てたいへん不思議に思い、年長者に意見を尋ねた。

年長者が言うことには、「以前、同じようにこのような小さな船が打ち寄せられたことがありました」とのことだった。そのため、このような船に乗る小人がいるのだろうということになった。越後国に流れ着いたため、小人の国はここから北にあるはずだと言われるようになったという。

この小人は、原文では「少人《ちいさきひと》」と書かれている。小人の国があるという話は他にも存在しており、その多くは『山海経《せんがいきょう》』や『三才図会《さんさいずえ》』など中国の文献を典拠としている。

源義家　みなもとのよしいえ　一〇三九～一一〇六年

平安時代の武将。父・源頼義《みなもとのよりよし》と共に参戦した前九年の役で功績を挙げ、出羽守に任じられる。その後、鎮守府将軍となり、後三年の役を鎮圧した。この時、朝廷は私闘として賞を与えなかったが、義家は私財をはたいて戦に参加した将士をねぎらい、東国における源氏の基礎を築いて、天下第一の武人との名声を得た。

◉戦の英雄は地獄の罪人

『古事談《こじだん》』には、華々しい経歴を持つ義家の最期について、以下のような話が載る。

数々の戦で功績を挙げ、多くの人間をその手で葬ってきた義家だが、そのことを後悔する気持ちはなかった。そんな義家が病で倒れた時、向かいの家の女房が夢の中で以下のような光景を見た。

地獄絵に描かれるような鬼たちが義家の家に乱入し、義家を捕らえて「無間地獄の罪人、源義家」と書かれた札を置いて出ていった。

その夢から覚めた朝、この女房のもとに義家が死んだとの報せが届いたという。

源義経 みなもとのよしつね

一一五九～一一八九年

平安時代から鎌倉時代にかけての武将。幼名を牛若丸《うしわかまる》といい、絶世の美男子であったと伝えられる。平治の乱で父・源義朝《みなもとのよしとも》が敗死したことにより、母・常盤御前《ときわごぜん》によって大和国《やまとのくに》に避難させられる。その後鞍馬寺《くらまでら》へ預けられるが、僧になることを拒んで出奔し、藤原秀衡《ふじわらのひでひら》のもとに身を寄せた。その後、異母兄・源頼朝《みなもとのよりとも》が挙兵したと聞いて参戦する。源義仲《みなもとのよしなか》、平敦盛《たいらのあつもり》、平忠度《たいらのただのり》を討ち取り、壇ノ浦の戦いでは総帥として平家を滅亡させた。しかし鎌倉幕府成立後は後白河法皇《ごしらかわほうおう》に接近したことで頼朝と対立し、反逆を企てるも失敗する。藤原秀衡を頼るが、秀衡の死後は頼朝に屈した秀衡の子・泰衡《やすひら》に急襲され、衣川で自ら命を絶った。

◉天狗に兵法を教わる

謡曲『鞍馬天狗《くらまてんぐ》』などでは、義経が鞍馬寺に預けられていた時代、鞍馬山に住む大天狗から剣術や兵法を習ったと語られる。そこでは白峰の相模坊《さがみぼう》、英彦山《ひこやま》の豊前坊《ぶぜんぼう》など、さまざまな天狗が諸国から集まっており、嵐を引き起こすなどすさまじい光景が展開されていた。その鞍馬山で鞍馬天狗は義経を稽古する。そして稽古が終わった後、中国の故事を例に挙げて兵法を伝えた。鞍馬天狗は平家打倒を志す義経を称賛し、最後にどこにいてもあなたをお守りすると告げて去っていく。

この話は義経の生涯を記した『義経記《ぎけいき》』などには見られず、元になった伝承があると考えられているものの明確になっていない。しかし義経が天狗に兵法や武術を習うエピソードは、現在でも多くの創作作品に取り入れられている。

源義平　みなもとのよしひら

一一四一～一一六〇年

平安時代の武将。十五歳の時に合戦で叔父の源《みなもとの》義賢《よしかた》を殺して武名をあげ、悪源太《あくげんた》と称された。鎌倉を拠点に活動し、平治の乱では上洛して奮戦したが六波羅の戦で敗退した。その後、父・源義朝《みなもとのよしとも》の死の報せを聞き、平清盛《たいらのきよもり》を討とうとするも、難波経房《なにわつねふさ》に捕らえられて処刑された。

◉雷となって仇《かたき》を討つ

『平治物語《へいじものがたり》』には、義平が経房に処刑される際、「上手く斬らねば顔に食らいつく。それができなくとも、百日中に雷となってお前を蹴り殺す」と宣言したという話が載る。

その後、経房が清盛の命で摂津国昆陽野《せっつのくにこやの》まで来た時、晴れていた空ににわかに暗雲が立ち込め、雷が鳴り出した。経房は義平の言葉を思い出し、義平を斬った刀を抜いて雷に立ち向かおうとした。しかし雷は一層激しくなり、やがて本当に雷が経房を貫いて殺してしまった。また六波羅にも雷が激しく落ち、多くの人々が亡くなった。

この雷は清盛が高僧に命じて大般若経を読ませたところ、やっと治まったという。

源頼政　みなもとのよりまさ

一一〇四～一一八〇年

平安時代末期の武将。多くの妖怪退治伝説を残した源頼光《みなもとのよりみつ》の玄孫でもある。保元の乱では後白河天皇《ごしらかわてんのう》側につき、平治の乱では平清盛《たいらのきよもり》に味方して、二つの戦を勝者側で戦ったことで栄進する。そのため平氏が実権を握った後も中央に留まることができたが、後白河天皇の第三皇子・以仁王《もちひとおう》が平氏打倒のため立ち上がると、その中心となって戦った。しかし力及ばず、平等院にて自害し、この世を去った。

◉御所を狙う不気味な怪物

『平家物語《へいけものがたり》』によれば、近衛天皇《このえてんのう》の住む御所である清涼殿の上に、毎晩のように黒雲が立ち込めて空を覆い、天皇が怯えるということがあった。

側近たちはかつて源義家《みなもとのよしいえ》が弓を鳴らして天皇の病魔を祓った事例に倣い、武勇に優れた頼政に怪物退治を命じた。頼政は自分が天皇に仕えているのは、逆賊や命令に背く者たちを滅ぼすためであり、目に見えぬ物の怪を退治しろという命は承ったことがないと言ったが、勅命に応じて参上した。

ある夜、頼政は家来の猪早太《いのはやた》を連れ、先祖の源頼光から受け継いだ弓を手に、物の怪退治へと出向いた。するとうわさ通り清涼殿を不気味な黒雲が覆い始め、その中に怪しい影が見えたため、「南無八幡大菩薩」と心の中で祈念し、矢を射った。すると手応えがあり、猪早太がすかさず取り押さえて刀で止めを刺した。

退治した物の怪は、頭は猿、体は狸、尾は蛇、手足は虎、鳴き声は鳥に似ているという異様な姿をしていた。この物の怪は、後世ではその鳴き声から「鵺《ぬえ》」と呼ばれるようになった。

また、中世の御伽草子では、頼政が自害し、彼の墓が残る平等院には宝蔵があるとされ、室町時代の御伽草子では、酒呑童子《しゅてんどうじ》、玉藻前《たまものまえ》、大嶽丸《おおたけまる》という平安時代に暴れまわった大妖怪たちの首級や亡骸が納められていると伝えられる。

頼政はこの物の怪退治の功績によって、天皇から獅子《しし》王《おう》という名の名剣を賜ったという。

源頼光　みなもとのよりみつ

九四八～一〇二一年

平安時代の武将。頼光四天王と呼ばれる四人の武将を従え、自身も弓術を得意とし、剛勇で知られた。藤原《ふじわらの》道長《みちなが》に仕え、側近として彼を支えたことで知られる。

◉大江山の酒呑童子《しゅてんどうじ》退治

碓井貞光《うすいさだみつ》、卜部季武《うらべすえたけ》、坂田金時《さかたのきんとき》、渡辺綱《わたなべのつな》ら頼光四天王と共に、多くの妖怪を討伐した伝説が残る。特に有名なのが大江山の酒呑童子という鬼を討伐した話で、『大江《おおえ》山絵詞《やまえことば》』をはじめ多くの物語で語られる。

一条天皇《いちじょうてんのう》の時代、夜な夜な京に現れて姫君をさらうなどの悪行を行っていた犯人が、安倍晴明《あべのせいめい》の占いによって大江山の鬼たちであることが分かる。そこで頼光とその四天王及び藤原保昌《ふじわらのやすまさ》らは討伐に向かうよう命じられる。

頼光一行は途中で三人の翁と出会い、人には薬、鬼には毒になるという「神便鬼毒酒《しんぺんきどくしゅ》」という酒を授けられる。鬼たちの住む城にたどり着いた一行は、大将である酒呑童子と対面する。頼光らは山伏の姿に変装していたが、酒呑童子とその配下である茨木童子《いばらきどうじ》は、彼らが武将ではないかと疑う。そこで頼光らは酒宴で鬼たちを楽しませ、その隙に神便鬼毒酒を酒呑童子たちに飲ませることに成功する。

鬼たちが静かになったのを見計らい、酒呑童子の寝床をのぞくと、そこには鬼の姿を現して眠る酒呑童子の姿があった。頼光は刀を抜き、その首を一刀で斬り落とす。

直後、酒呑童子の首が頼光に飛びかかり、その頭に食らい付いたが、兜のおかげで難を逃れた。配下の鬼たちも四天王や保昌によって斬り伏せられ、頼光は無事この鬼の首を京に持ち帰ったという。

●山蜘蛛《やまぐも》を斬り伏せる

『平家物語《へいけものがたり》』では妖怪・山蜘蛛との戦いが描かれる。

ある時、頼光は病に倒れ床に伏していた。四天王も寝静まった深夜、長身の法師が頼光に忍び寄って縄をかけようとした。頼光はこれに気付き、枕元に立てておいた刀・膝丸《ひざまる》を取ってこの法師を斬りつけた。騒ぎを聞いて四天王が駆けつけたところ、血痕は北野天満宮の裏にある大きな塚に続いていた。塚を崩してみると、四尺（約一・二メートル）ほどの山蜘蛛がおり、頼光の病はこの妖怪によるものだと分かった。頼光の命で山蜘蛛は鉄串に刺されて河原に立て置かれ、この蜘蛛を斬ったことから頼光の刀は膝丸から蜘蛛切丸《くもきりまる》と名を変えたという。

この山蜘蛛は、前述の話を元にした能『土蜘蛛《つちぐも》』で土蜘蛛という名で語られ、現在ではその名が広く知られている。またこの能では土蜘蛛は葛城山の年を経た蜘蛛の妖怪とされる。

●母に化けた牛鬼《うしおに》

『太平記』では、牛鬼と頼光との戦いが記されている。

頼光は四天王の一人である渡辺綱に自身の刀である鬼切《おにきり》を渡し、大和国《やまとのくに》宇陀郡に夜な夜な現れ、往来する人を喰い殺し、牛馬を引き裂いている妖怪の討伐を命じる。事件の現場である森にやって来た綱は、髪を解いて女のように見せかけ、自身を囮《おとり》にして待っていた。すると、虚空から腕が現れて綱の髪を摑み、連れ去ろうとする者があった。綱が鬼切を抜いて斬り払うと、血しぶきが上がり、三本指の鬼の腕が斬り落とされた。

綱は頼光にこれを献上したが、その腕を置くようになってからというもの、頼光は悪夢を見るようになった。そこで夢占いをすると、七日間の物忌みをするように言われた。頼光はその通りにしていたが、七日目の夜に頼光の母が訪ねてきたため、家に上げてしまう。母が斬り落とされた鬼の腕を見たいと言うので、それを持ってくると、母親は身の丈二丈（約六メートル）の牛鬼と化して側にいた綱を抱き上げ、頼光に向かって走ってきた。しかし頼光は刀を抜き、すかさず牛鬼の首を斬り落とした。宙を飛んだ頭は太刀の鋒に食らい付いたが、ついに力尽きて地に落ちたという。

●鬼として生まれた弟

浄瑠璃『丑御前《うしごぜん》の御本地《ごほんち》』では、鬼と化した弟・丑御前と頼光の戦いが描かれている。

頼光には丑御前という弟がいたが、丑御前は生まれた時から歯も髪も生えそろい、両目が輝いている鬼子であった。そのため、父・多田満仲《ただみつなか》はすぐに丑御前を殺すよう命じたが、丑御前を愛していた母は、大和国《やまとのくに》の金峰山《きんぶせん》に彼を隠し、荒須崎《あらすざき》という怪力の女官に密かに育てさせた。

十五歳になった丑御前は、背が高く色白で、剛力の青年に成長していたが、ある時、荒須崎に自分の出生の秘密を知らされる。そして京からやって来た公人を襲い、自らを多田満仲の次男であると名乗ったため、丑御前の生存が満仲の耳にも届く。満仲は怒り、丑御前を下総《しもうさ》に流すことを決めて家臣を呼び寄せた。家臣の中では、自らもまた常人ならざる出生であったためか、坂田金時のみが反対した。呼び寄せられた荒須崎は、満仲の命には従わない、討伐に来るならば積もる恨みを晴らそうと宣言して帰ってしまう。

荒須崎からこのことを聞いた丑御前は、父の策略であるとは知らずに東国に下ることに同意し、東国へと向かった。しかし東国へ着くや否や、丑御前について来た下人は全員帰ってしまい、武器さえも奪われた。そこで自分が流刑にされたことに気付いた丑御前は、怒り狂って東国の者たちを味方につけ、朝廷に謀反を起こすことを決める。

そのうわさは満仲の耳にも入り、ついに丑御前に討伐の命が下される。満仲は頼光に四天王と七万の兵をつけて出陣させる。丑御前もまた東国の兵を集め、京に向かって攻め入った。やがて両軍は、武蔵国《むさしのくに》で激突した。

この戦いに金時は積極的に参加せず、江戸の城で成り行きを見ていたが、綱ら他の四天王が敗走したと聞いて頼光のもとに戻り、丑御前を生け捕りにすることを提案する。そして一人で丑御前のもとへと向かい、事の次第を聞かせるが、丑御前は兄との戦いは討つか討たれるかだとして、金時の提案を却下した。それから二人は共に酒を飲んだが、金時が帰ろうとすると、丑御前が彼を討ち取ろうとしたため、残りの四天王が現れて丑御前らに攻め入った。丑御前の軍勢は散り散りとなり、残るは丑御前と荒須崎のみとなった。すると丑御前は水に入って牛の怪物と化し、頼光軍を敗走させた。戦いの舞台となった浅草川には、今でも丑御前が稀に現れるという。

●父を殺された鬼の恨み

『古今著聞集《ここんちょもんじゅう》』には、鬼童丸《きどうまる》という名の盗賊に襲われ、それを返り討ちにした話が記されている。

鬼童丸は自分を縛る鎖を引き千切るほどの剛力の持ち主であった。頼光が鞍馬に参拝することを盗み聞きしていた鬼童丸は、先回りして市原野で牛を殺し、その皮をかぶって待ち伏せしていた。しかし実はそれは頼光の罠であり、渡辺綱によって牛の皮の上から矢を射られる。それでもなお頼光に飛びかかるが、一刀で斬り伏せられたという。

この鬼童丸は京都府福知山市雲原に、酒呑童子と彼が京からさらった女の間にできた子であるという伝承がある。

このように多くの妖怪退治譚の主人公となっている頼光だが、父・源満仲《みなもとのみつなか》や、その子孫・源頼政《みなもとのよりまさ》にも妖怪を退治した伝説が残っている。詳しくはそれぞれの項目を参照。

都良香 みやこのよしか

八三四〜八七九年

平安時代の貴族。漢学者、漢詩人でもあり、文章博士を務めた。『和漢朗詠集《わかんろうえいしゅう》』、『新撰朗詠集《しんせんろうえいしゅう》』、『扶桑集《ふそうしゅう》』などにその詩が載る。また六国史の一つである『日本文徳天皇実録《にほんもんとくてんのうじつろく》』の編纂に関わった一人としても知られる。

●下の句を詠む鬼

『撰集抄《せんじゅうしょう》』には以下のような話が載る。

良香が朱雀門《すざくもん》のほとりを通った際、春風に青柳がないているのを見て、「気晴れては風新柳の髪を梳り（空は晴れ渡り、風がまるで髪を梳くように新柳の枝を撫でている）」と詠み、下の句をどうしようかと考えていた。すると門の上から赤い鬼が大きな声で「氷消えては波旧苔の鬚を洗ふ（氷が消え、まるで髭を洗うかのように、波が古い苔を撫でていく）」と返し、ふと消えてしまったという。

『十訓抄《じっきんしょう》』では舞台が朱雀門ではなく羅城門となっているが、同様の話が載る。鳥山石燕《とりやませきえん》は『百鬼夜行拾遺《ひゃっきやこうしゅうい》』で「羅城門鬼」を描いており、この歌を返した羅城門の鬼は、後に渡辺綱《わたなべのつな》に腕を斬られる鬼と同じだろうかと記している。

また『撰集抄』や『十訓抄』よりも成立が古い『江談抄《ごうだんしょう》』にもこの歌にまつわる話が載るが、鬼は下の句を返すのではなく、ただ歌に感心して「あはれ」と言ったとされている。この話では良香の名は出てこないが、この歌は『和漢朗詠集』にすでに記されており、良香の作とされているため、それを受けての説話として記されたものと考えられる。

さらに古い『本朝神仙伝《ほんちょうしんせんでん》』には、羅城門ではなく朱雀門の鬼が良香の歌を褒めたたえた、という話が載るため、古くは下の句を継いだのではなく、感嘆したと伝えられていたものと思われる。また『本朝神仙伝』の作者は大江匡房《おおえのまさふさ》だが、『江談抄』はこの匡房の談話を藤原実兼《ふじわらのさねかね》らが筆録したものであるため、記録の過程で朱雀門と羅城門が入れ替わったという可能性も考えられる。

『本朝神仙伝』には、俗世を捨てて山に入った良香が百余年経った後、当時と変わらぬ姿でいたという伝説も載る。

三善清行 みよしのきよゆき　八四七～九一八年

平安時代の公卿、漢学者。学頭《だいがくのかみ》から参議兼宮内卿に至り、善相公《ぜんしょうこう》と呼ばれた。醍醐天皇《だいごてんのう》に提出した『意見《いけん》十二箇条《じゅうにかじょう》』は当時の政治の欠陥を指摘したものとして知られる。また『延喜格式《えんぎきゃくしき》』の編纂にも参加した。菅原道真《すがわらのみちざね》と対立し、その弟子であった紀長谷雄《きのはせお》を無才の博士と貶めるなどしている。怪異譚を収集した『善家秘《ぜんけひ》記《き》』の作者でもある。

●死後なお続く道真との因縁

菅原道真との対立は彼の死後も続いていたらしく、『扶桑略記《ふそうりゃっき》』には藤原時平《ふじわらのときひら》（道真が左遷されるきっかけとなった人物）が道真の怨念によって病に伏せた際、見舞いに来ていた清行と、その息子であり加持祈禱を行っていた僧侶・浄蔵《じょうぞう》の前に、時平の左右の耳から青竜の姿となった道真の怨霊が現れたという。道真が「この怨敵に対する罰は天の許しを得たものだ。今すぐに祈禱をやめることだ」と言うので、清行が浄蔵に命じて祈禱をやめさせたところ、時平の様態は急変し、息を引き取ったという。

●息子の祈禱でよみがえる

また、『撰集抄《せんじゅうしょう》』では、浄蔵が清行の死の報せを受けて平安京に戻ってきたところ、ちょうど父の棺が堀川を渡る橋を通るところだったため、これにすがって祈ると、清行が息を吹き返したという話が載る。この橋は「戻《もどり》橋《ばし》」と名付けられ、これが現在の京都の一条戻橋《いちじょうもどりばし》であるという。この橋には安倍晴明《あべのせいめい》が自身の式神を隠していたり、渡辺綱《わたなべのつな》が鬼と戦ったりと、さまざまな伝説が残っている。

●化け物屋敷に移り住む

『今昔物語集《こんじゃくものがたりしゅう》』には、清行が怪異と渡り合った話が載る。

平安京の五条堀川の付近に荒れ果てた古い家があり、怪異のすみかと化していた。ある時、清行はこの家を買い取り、そこに住むこととした。親戚が止めるのも聞き入れず、吉日を選んで最低限の物だけを持って移り住んだ。

荒れ果てた家屋の中には五間の寝殿があり、手入れされず苔や草が生え放題の庭が見えたが、清行はあまり気にせず掃除をさせて家の中に座りこんだ。

使いの者を帰らせ、まどろんでいると、真夜中、天井の格子の向こうに、隙間ごとに違う顔が並んでいるのが見えた。清行が騒がずにじっとしていると、やがてその顔は消えた。

その後、南側のひさしの板敷から四、五十人ほどの背丈一尺（約三十センチメートル）ぐらいの小さな人が現れ、馬に乗って西から東へと走っていった。清行はそれも気に留めなかった。

しばらくして、塗籠《ぬりごめ》の戸が三尺（約九十センチメートル）ほど開き、身の丈三尺ほどの女が現れた。檜皮色《ひわだいろ》の着物を纏い、髪が肩にかかる様子は大変気高く気品がある。漂う麝香《じゃこう》の香りもなんとも言えずあでやかで、赤色の扇の上に見える額も白く美しく、清行を見る切れ長の目もまた気味が悪いほど気品があった。

しかしその扇をよけると、鼻は赤く高々としており、口の端には四、五寸（約十二～十五センチメートル）の銀色の牙が生えていた。奇怪なやつだと清行が考えていると、女はやがて塗籠に入って戸を閉めてしまった。

それでも清行が騒がずにいると、有明の月が明るく照らす庭に浅黄色の着物を着た翁が現れ、文ばさみに文を挟んで清行に差し出した。清行が「そこの翁、何を申したいのか」と尋ねると、翁はしわがれた小さな声で「私はこの家に長年住んでいたのに、あなた様が住み始めたようなので、困り果ててお願いをしに現れたのでございます」と言う。清行が「何を憂うことがあろうか。私は正当な手続きを踏んでこの家を手に入れたのだ。それなのにお前は人を脅して住まわないようにし、この家を占領していた。極めて道理に合わぬことだ。本当の鬼神というものは、道理を知っていてそれを曲げないからこそ恐ろしいのだ。さては老狐が住みついて人を脅かしてもしているのだろう。鷹や犬でもいれば、皆殺しにしてしまうところだ。言い分があるならば申せ」と告げた。

翁が弁解することには、「仰ることには一つも間違ったところはございません。ただ、昔からここに住みついていたため、その訳を話しているのです。また、人を脅かしているのは私の仕業ではありません。子どもたちが制しても制してもそれを聞かず、勝手にやってしまったことなのです。しかしあなた様がここにお住まいになるならば、我々はどこに住めばいいのでしょう。世間にはほとんど我々が住むような場所はありません。ただ、大学寮の南の門の東の脇に空地がございます。もし許されるならば、そこに移り住もうと思うのですが、いかがでしょうか」という。

　清行がそれはよい考えだと賛同し、その空地に渡ることを勧めたところ、翁は大声で返答し、それに追随する四、五十人の声が聞こえた。

　それから清行はこの家を改築し、普通の家と変わらぬ状態にして住み始めたが、怪異が発生することはなかったという。

武蔵坊弁慶 むさしぼうべんけい

不明～一一八九年

　平安時代から鎌倉時代にかけての僧兵。幼少時に比叡山に預けられるも、修行をせず乱暴ばかり働いたため追い出され、自ら剃髪して武蔵坊弁慶を名乗る。その後、千本の刀を集めると決めて武士を襲い、刀を次々と奪っていたが、九百九十九本まで集めたところで牛若丸《うしわかまる》（後の源義経《みなもとのよしつね》）と出会い、戦って敗れたことで彼の忠臣となる。その後は平家討伐などで功績を挙げ、義経が都落ちした際も付き従った。最後は衣川の戦いで義経を守るため一人奮戦し、全身に矢を受けて立ったまま絶命した。

◉怨霊を祓い、怪物を倒した暴れ僧

『義経記《ぎけいき》』によれば、弁慶は母親の胎内に十八カ月もいてから生まれた子で、誕生時にはすでに歯が生えそろって髪が伸び、三歳児ほどの大きさの体をした鬼子であったという。

　同書には、都落ちし船出した義経一行を嵐が襲い、弁慶がそれを平家の怨霊の仕業であると見破る場面がある。弁慶が矢をつがえ、自身の名を告げて次々と射ると、死霊たちは消えてしまったという。

　兵庫県美方郡新温泉町には、以下のような伝説も残る。前原清水という場所に真っ白な怪物が現れるようになり、困った村人たちは弁慶にその退治を頼むことにした。弁慶がさっそく京から駆けつけると、村人たちの言った通り、夜になると真っ白で巨大な怪物が現れた。弁慶がその怪物に向かって薙刀《なぎなた》を振るうと、怪物の姿は消えてしまった。

　翌朝、その場所を調べると、薙刀の傷が付いた大岩が転がっており、その傷からは血が流れていた。そこでその怪物は弁慶と出会った際、岩に化けて攻撃を防ごうとしたが、変化が間に合わずそのまま切られてしまったのだと分かった。以来、この岩は弁慶岩と名付けられたという。

村上天皇 むらかみてんのう

九二六〜九六七年

平安時代の天皇。醍醐天皇《だいごてんのう》の第十四皇子。母は中宮穏子《ちゅうぐうおんし》。即位してからしばらくは藤原忠平《ふじわらのただひら》が関白を務めたが、忠平が死去してからは関白を置かず、自ら政治を行った。しかし実権は変わらず藤原家の実頼《さねより》と師輔《もろすけ》にあり、親政は名目に過ぎなかったという。

一方、文化面では優れた功績を残している。楽器に精通し、『後撰和歌集《ごせんわかしゅう》』の編纂を命じた。また歌合《うたあわせ》などを頻繁に催し、文人を数多く輩出して、宮廷文化を栄えさせた。

◉秘曲を伝えた唐の霊

『十訓抄《じっきんしょう》』や『平家物語《へいけものがたり》』には、村上天皇の音楽にまつわるこんな話が載る。

ある夜、村上天皇が清涼殿で玄象《げんじょう》という琵琶を弾いていたところ、空から影のようなものが現れて降りてきた。天皇が「何者か」と尋ねたところ、「唐の廉承武《れんしょうぶ》です。今この場所を通ったところ、素晴らしい音色が聞こえたので、参上しました。よろしければ、貞敏《さだとし》に授けることができなかった秘曲をあなたに授けたいと思います」と言った。

天皇はその提案に大変喜び、廉承武はそばに立てかけてあった青山《せいざん》という琵琶を手に取って、秘曲を天皇に教えた。これが「上玄《しょうげん》」「石上《せきしょう》」と呼ばれる曲であるという。

玄象や青山は、かつて藤原貞敏《ふじわらのさだとし》が唐から持ち帰ったと伝えられる琵琶。廉承武の言う貞敏とはこの人物のことで、廉承武に師事していた。また玄象は村上天皇の時代、羅城門の鬼に奪われたという話が残されている。これについては源博雅《みなもとのひろまさ》の項目を参照。

紫式部 むらさきしきぶ

九七三〜一〇一四年

平安時代の物語作者、歌人。藤原為時《ふじわらのためとき》の娘として生まれ、藤原彰子《ふじわらのしょうし》に仕えた。長編物語『源氏物語《げんじものがたり》』を著した他、三十六歌仙の一人に数えられるなど和歌でも有名。

◉世の儚さを告げる物語

紫式部の代表作である『源氏物語』では、主人公・光源氏《ひかるげんじ》の恋人の一人である六条御息所《ろくじょうのみやすどころ》が、嫉妬のあまり無意識のうちに光源氏の正妻・葵上《あおいのうえ》を祟る場面が有名である。六条御息所は死後も紫《むらさき》の上《うえ》や女三宮《おんなさんのみや》など、源氏の妻に次々と取り憑き、光源氏への恨み言を述べたとされる。

また『紫式部日記《むらさきしきぶにっき》』では、主人である藤原彰子の出産の際、物の怪たちが彰子に取り憑いた様子が描かれている。詳細は藤原彰子の項目を参照。

『今鏡《いまかがみ》』などでは、紫式部は死後、『源氏物語』で色恋の絵空事を書き、多くの人々を惑わせた罪で地獄に堕とされたと語られている。これは能『源氏供養《げんじくよう》』（『紫式部』とも）の題材にもなっている。

『源氏供養』では霊となった紫式部が登場し、石山寺に赴く途中の安居院《あぐい》の法師に光源氏の供養を頼んで消える。法師が供養を始めると、紫式部は在りし日の姿で現れ、舞を舞った後に自らの思いを巻物にしたためて法師に託す。そして夜明けと共に浄土に生まれ変わることができたと告げた。実は彼女はこの世の儚さを伝えるべく現れた石山観音の化身であり、『源氏物語』もこの世の儚さを知らせるために紡がれた夢の物語であったという。

石山寺は紫式部が参籠中に『源氏物語』を構想し、起筆したと伝えられる寺で、現在も紫式部ゆかりの寺、文学の寺として多くの文学者が参詣している。

また、京都市北区紫野西御所田町に現存する紫式部の墓は、平安時代の公卿・小野篁《おののたかむら》の墓の隣にある。前述の紫式部が地獄に堕ちたという伝説から、『源氏物語』の読者たちが地獄を行き来した伝説を持つ小野篁に彼女を救ってもらえるよう、彼の墓を紫式部の墓の隣に移動して祈りを捧げたとされる。その後、篁が閻魔大王を説得したことで、紫式部は地獄から解放された、とも伝えられているようだ。

陽成天皇　ようぜいてんのう　八六八～九四九年

平安時代の天皇。九歳で即位し、母・藤原高子《ふじわらのたかいこ》の兄である藤原基経《ふじわらのもとつね》が摂政として実権を握っていたが、幼い頃から乱暴だったため、基経とは対立していた。在位八年の頃、陽成天皇の乳兄弟であった源益《みなもとのまさる》が宮中で殴殺される事件が起き、それに関与したとして退位させられる。自身の意向に沿う光孝天皇《こうこうてんのう》の擁立を望む基経の謀略により、殺人事件の責任を取らされたという説もある。

●三種の神器にビビる天皇

『富家語《ふけご》』には、陽成天皇が三種の神器を見ようとしたために起きた怪異について記されている。

陽成天皇が八尺瓊勾玉《やさかにのまがたま》のしまわれている箱を開けようとしたところ、中から白雲が湧きあがった。恐れた天皇は、箱を平緒《ひらお》で縛る役目をしていた紀氏の人間を呼んで、すぐにそれを縛らせたという。

また、草薙剣《くさなぎのつるぎ》を鞘から抜いたこともある。その際、剣を安置していた清涼殿の夜御殿《よるのおとど》（塗籠《ぬりごめ》の部屋）が光り始めたので、陽成天皇が驚いて剣を捨てたところ、草薙剣はひとりでに動いて鞘の中に納まったという。

頼豪 らいごう

一〇〇二～一〇八四年

平安時代中期の天台宗の僧侶。祈禱に優れた人物で、白河天皇《しらかわてんのう》と「祈禱によって皇子を誕生させることができれば、望みを叶えよう」との約束をする。その後見事皇子が誕生し、頼豪は褒美として自身が住む園城寺の戒壇創設を願うが、敵対する延暦寺の怒りを恐れた天皇は約束を守らなかった。それを知った頼豪は恨みを抱きながら断食により命を絶ったと伝えられる。

◉恨みで鼠となった僧侶

『平家物語《へいけものがたり》』によれば、頼豪の断食を知った白河天皇は使いの者を送って説得しようとしたが、頼豪は「この程度の望みが叶わぬならば、私の祈禱によって生まれた皇子を道連れに魔道へ堕ちよう」と言い、対面しようとさえしなかった。そして頼豪の死後、皇子は病に倒れ、どんな祈禱も効果はなく、四歳の幼さで亡くなってしまう。皇子の枕元には、錫杖《しゃくじょう》を持った白髪の老僧が幻のように佇む様子が幾度も目撃されていた。

『太平記《たいへいき》』によれば、白河天皇はその後、延暦寺の良信《よしのぶ》大僧正に頼豪の怨霊を寄せ付けないよう祈禱を頼み、新たな皇子が誕生した。この皇子が堀河天皇《ほりかわてんのう》である。頼豪は鉄の牙と石の体を持つ八万四千の鼠と化して比叡山に上り、延暦寺の仏像や経文を食い破った。これを防ぐ手立てはなく、最終的に頼豪を祀る社が建てられたことでその怨念は鎮められたという。

頼豪が変化した鼠は、鳥山石燕《とりやませきえん》の妖怪画集『画図《がず》百鬼《ひゃっき》夜行《やこう》』にて「鉄鼠《てっそ》（次ページ❶）」と名付けられ、現在ではこの名が広く知られている。

良源 りょうげん

九一二～九八五年

平安時代の僧侶。朝廷から贈られた諡号《しごう》は慈慧《じえ》。天台宗の僧で、当時荒廃していた比叡山延暦寺を再興し、中興の祖として繁栄と俗化をもたらした。命日が正月の三日であったことから、「元三大師《がんざんだいし》」の名でも呼ばれる。多くの弟子がおり、中でも『往生要集《おうじょうようしゅう》』を著した源信《げんしん》は有名。

◉夜叉と化し、人々を守った天台僧

天台宗において、良源は「角大師《つのだいし》」の名で魔除けの護符によく描かれている。護符の中の良源は二本の角が生え、痩せこけた夜叉の姿をしている。その由来は、以下のように伝えられる。

❶鳥山石燕「鉄鼠」(国立国会図書館デジタルコレクション蔵)

かつて京で疫病が流行った時のこと。良源は自ら夜叉の姿に変じ、疫病神を追い払った。そして鏡に自分の姿を映し、「私の姿があるところには、必ず悪魔の類《たぐい》は到来しない」と言った。それ以来、夜叉となった良源の姿が護符に描かれ、門戸に貼られるようになった。これが角大師なのだという。

また『太平記《たいへいき》』には、慈慧の名で天狗道《てんぐどう》に堕ちた僧侶の一人として登場し、日本を乱世に導く天狗の一人として記されている。

渡辺綱 わたなべのつな　九五三〜一〇二四年

平安時代の武士。源頼光《みなもとのよりみつ》に仕えた頼光四天王の一人。源宛《みなもとのあつる》の子で、源敦《みなもとのあつし》の養子であったが、摂津国《せっつのくに》西成郡渡辺に住んでいたため、渡辺姓を名乗って渡辺氏の祖となったと伝えられる。剛勇ぶりで知られ、多くの妖怪と戦った逸話が残っており、また美男子でもあったという。

◉腕を斬り落とした鬼との因縁

渡辺綱と妖怪の戦いの中でも特に有名なのが、茨木童子《いばらきどうじ》との戦いだろう。この伝説は、『平家物語《へいけものがたり》 剣之巻《つるぎのまき》』の中に記された以下の話が元になっている。

頼光の使者として一条大宮に遣わされた綱は、一条戻橋で美しい女と出会う。女は「五条辺りまで行きたいが、一人では心細いので送ってほしい」と頼む。綱はその頼みを聞き入れ、彼女を馬に乗せるが、女は突然恐ろしい形相の鬼に変化する。そして「我が住むのは愛宕山《あたごやま》なり」と叫び、綱を摑んで飛び去ろうとした。綱は頼光から渡されていた宝刀・髭切《ひげきり》を抜き、鬼の腕を切り裂いて難を逃れる。その後、陰陽師に相談すると、鬼が腕を取り返しに来るだろうから、家に閉じこもって物忌みをし、その間は誰も家に入れてはならないと告げられる。綱が言われた通りにしていると、七日目の夜に摂津国から養母がやって来て、屋敷に入れてほしいと何度も頼む。綱が根負けして屋敷に入れると、養母はたちまち鬼の姿に変化し、斬り落とした片腕を取り返して去っていった。この鬼は橋に現れたことから『平家物語 剣之巻』では宇治の橋姫、『前太平記《ぜんたいへいき》』では鬼女と記されている。

『前太平記』には、大江山の酒呑童子《しゅてんどうじ》の眷属として茨木という鬼の名前が見える。この茨木は頼光と四天王によって酒呑童子が討伐された後、羅城門に住みついたとされる。頼光から茨木の討伐を命じられた綱は羅城門で茨木と戦い、腕を斬り落とす。そして養母に化けた茨木に腕を取り返される、という『平家物語』と同じ展開の物語が記されている。御伽草子『酒呑童子』にも、茨木童子という名の鬼が登場し、腕を切断されて取り返す話が記されている。

さらに『酒呑童子』には、頼光及びその四天王と酒呑童子及びその配下の鬼たちが大江山で激突する場面で、綱と茨木童子の戦いの様子が描かれている。茨木童子は酒呑童子が討たれたのを見て一人だけ逃げ延びるが、綱と茨木童子の戦いの最中に頼光が茨木童子の首を斬り落とす、という筋書きになっている話もある。

この他にも、頼光を狙う土蜘蛛《つちぐも》や鬼童丸《きどうまる》といった妖怪と戦った伝説が残っている。詳細は源頼光の項目を参照。

鎌倉時代

一一八五〜一三三三年

あこ法師　あこほうし

不明（十三世紀頃）

鎌倉時代の童《わらべ》。天皇が湯浴みをする御湯殿《おゆどの》の女官であった高倉《たかくら》という人物の子。ある時、怪異によって行方不明となる。

◉自我を妖怪に奪われた幼子

『古今著聞集《ここんちょもんじゅう》』には、あこ法師が失踪した時のことが以下のように語られている。

ある時、あこ法師が日暮れ時に他の子どもたちと相撲を取っていると、あこ法師の背後から垂布《たれぬの》のようなものが覆いかぶさり、直後にあこ法師の姿は消えてしまった。他の子どもたちは恐ろしくなって逃げ回り、それきりあこ法師は帰ってこなかった。

高倉女官は必死に探し回ったが、一向にあこ法師は見つからない。それから三日後、高倉女官の家の戸を叩く者がいた。高倉女官が「誰でしょうか」と尋ねると、「いなくなった子を返してやる。戸を開けよ」という声がした。それでも恐ろしく思い開けずにいると、軒先《のきさき》から大勢の笑い声が聞こえ、何かが投げ込まれた。

怖がりながら火を灯して見てみると、そこにはいなくなったあこ法師がいた。あこ法師は何も言わず、ただ目を瞬《また》いている。様子がおかしいので、修験者を呼んでよりまし（神や物の怪を人形に寄り付かせる祈禱）を行わせると、何やらたくさん群がってくる。それは馬の糞であった。糞はたらいにたっぷり三杯分もあり、取り除いたが、それからあこ法師が物を言うことはなかった。十四、五歳まで生きたそうだが、その後どうなったかは分からないという。

五十嵐小文治　いがらしこぶんじ

不明〜一二一三年

鎌倉時代の武将。越後国蒲原郡《えちごのくにかんばら》の豪族で、源頼朝《みなもとのよりとも》、北条義時《ほうじょうよしとき》らに仕えた。和田合戦で戦死したとされる。

◉人と大蛇のハーフ戦士

新潟県三条市には、小文治は大蛇の子だという伝説が残る。

昔、笠堀の村長の娘のもとに通う若い男がいたが、決して素性を明かさなかった。娘は男が帰る時に着物の裾に針を刺しておき、そこに通した糸をたどって男の後を追ったところ、川の淵で苦しんでいる大蛇のもとにたどり着いた。大蛇は金属が苦手であるため、針を刺されたことで瀕死となっており、娘の家を守ることを誓った後に姿を消した。それから娘は大蛇の子を生んだが、その子の脇には三枚の鱗が付いていた。この子こそ、後の小文治であったという。

小文治は人と大蛇の間に生まれた子どもらしく怪力を持っていたとされ、力試しに投げた岩が現在も五十嵐神社の杉の大木に挟まっていると伝えられる。

伊東祐時 いとうすけとき

一一八五～一二五二年

鎌倉時代の武将。日向国《ひゅうがのくに》伊藤氏の祖。父・工藤祐経《くどうすけつね》が曽我祐成《そがすけなり》・時致《ときむね》兄弟の仇討ちによって殺害される。成人後は源実朝《みなもとのさねとも》や九条頼経《くじょうよりつね》に仕え、検非違使《けびいし》左衛門尉、大和守などを歴任した。

◉宙に揺らめく無念の霊火

祐時は六十八歳まで生きたと考えられているが、長野県伊那市にある深妙寺には、犬房丸《いぬふさまる》（祐時の幼名）がこの地に流罪となり、若くして没したという伝説が残されている。

またこの地に残されている彼の墓からは霊火が現れ、対岸の孤島からもそれが見えたという伝承も残されている。

桐姫 きりひめ

不明（十三世紀頃）

鎌倉時代の女性。北条時頼《ほうじょうときより》の娘であり、千葉県我孫子市に残る正泉寺《しょうせんじ》を建立したと伝えられる。出家後の名前は法性尼《ほっしょうに》。

◉血盆地獄に堕ちた尼僧

『女人成仏血盆経縁起《にょにんじょうぶつけつぼんきょうえんぎ》』によれば、応永四年、下総国《しもうさのくに》中相郡発戸村という場所に住んでいた十三歳の娘に、桐姫の霊が取り憑いたという。

ある日突然体がおかしくなったこの娘は、腰から下が赤く染まり、頭上に五色の炎と煙を噴き出しながら、苦しい、痛いと暴れて泣き叫んでいた。医者や陰陽師に治療をさせるも、一向に治る気配がない。そんな時、娘が口を開いて「法性寺《ほっしょうじ》（正泉寺の旧名）の僧に会わせてほしい」と言った。そこで斯《かく》という僧を招くと、娘は礼拝して「私が言うことを疑わないでくださいませ。今ここに宿因を語りましょう。私は北条時頼の娘、法性という比丘尼《びくに》です。法性寺の開祖でもあります。故にあの寺は法性寺と号されているのです。私は比丘尼といえども華やかな生活をし、三業を慎むことなく日々を送りました。そして死後地獄に堕ち、無限に責め苦を受けております。生前の罪から蛇身となり、頭に十六の角が生え、三熱（仏教において蛇が受ける三つの苦しみ。熱風に骨肉を焼かれること、悪風に居所や衣服を奪われること、金翅鳥《こんじちょう》に食われることを指す）に苦しんでいます。その上さらに血盆地獄の苦しみを受けているのです。もし疑うなら、証拠を見せましょう」と言って、紙で体を拭った。するとその紙は真っ赤に染まり、彼女が血盆地獄に落ちたことが事実であることが分かった。

斯が血盆地獄について問うと、法性尼は「女として生を受けた者は必ずこの地獄に堕ちます。これは月の穢《けが》れのためであり、子を産む際に不浄の血で神仏を穢すためです。この地獄では昼夜六度にわたって血を飲まされ、拒めば鬼に鉄杖で殴られます。さらに血の池の虫に体を食い破られ、その苦しみは言葉にできません。どうか、血盆経という経を読んで、私をこの地獄からお救いください」と答えた。

斯がさっそくこの経を求めると、夢に地蔵菩薩が現れ、竜宮界にあるという血盆経を斯に授けた。斯はこれを寺に持ち帰り、僧たちと共に毎日読誦《どくじゅ》し、写経して法性尼の墓に納めた。すると七日後、僧たちの夢に法性尼が現れ、血の池と蛇身から脱し、極楽浄土に往生したことを伝えたという。

血盆地獄は血の池地獄のことで、本来血に関わる罪を犯したものが堕ちる地獄であったが、日本では出産や月経を穢れとする思想と結びつき、女性が堕ちる地獄とされた。これは当時の価値観によるものであり、現在では改められている。

後鳥羽天皇《ごとばてんのう》

一一八〇～一二三九年

平安時代から鎌倉時代にかけての天皇。先代の安徳《あんとく》天皇《てんのう》が平家と共に神器を持って西国に逃れたことから、神器の継承なしにわずか四歳で天皇となる。その後十九歳で譲位するが、土御門《つちみかど》、順徳《じゅんとく》、仲恭天皇《ちゅうきょうてんのう》の三代にわたり院政を行った。鎌倉幕府の打倒を目指すも敗れ（承久の乱）、隠岐《おき》に流されてそこで生涯を終える。

◉北条家を祟った上皇の怨念

当時、隠岐に流されて無念の死を遂げた後、後鳥羽上皇は怨霊化したと認識されていた。

『平戸記《へいこき》』には、承久の乱で鎮圧にあたった北条時房《ほうじょうときふさ》が急死した際、これは後鳥羽上皇の祟りによるものだ、とのうわさが人々の間でささやかれていたとの記述がある。また同書には、時房と共に乱の鎮圧にあたっていた北条泰時《ほうじょうやすとき》が悩乱して死亡した際、その背後に後鳥羽上皇の怨霊が出現したのを人々が目撃した、との記述もある。

これらの伝承から、『太平記《たいへいき》』では同じく配流されて怨霊化した崇徳院《すとくいん》と共に、日本を乱世に導く天狗《てんぐ》と化したことが記されている。

三条実親 さんじょうさねちか

一一九五～一二六三年

鎌倉時代の公卿。信濃権介、越前権守などを歴任し、権大納言に任命された後、大納言を経ずに右大臣まで昇る。晩年には出家し、六十九歳で死去した。

◉虚空から飛んでくる石つぶての怪

『古今著聞集《ここんちょもんじゅう》』には、実親が狸《たぬき》の引き起こす怪異に悩まされた顛末が記されている。

実親の邸宅は鴨川の東側にあり、どこからか石つぶてを投げつけられる怪現象が発生していた。人々は怪しんだが、犯人が分からない。そのうち投げつけられる石つぶてが増えていき、一日でたらい二杯分ほどの量になった。しかもこの石は戸を通り抜けてくるが、貫通した跡はなく、どのように屋内に入ってくるのか分からなかったため、対策ができなかった。

そんなある日、田舎から来ていた侍が「これを止めるのはとても簡単なことです。皆さま、狸を捕まえてきてください。また、酒を用意してください」と言った。そこでその通りにすると、侍は畳を持ってきて庭に敷き、火を起こして捕らえられてきた狸を調理し、食いながら酒を飲んだ。そして「どうしてお前らのような者どもが、大臣の家を石で打つのか。こんなふざけたことを続けていると、こうして食ってしまうぞ」と何度も繰り返した。それからというもの、石つぶてが実親の邸宅に投げつけられることはなくなったため、やはり狸の仕業だったのだろう、とうわさされたという。

このように、突然石つぶてが降ってくる現象は現在では総称として「天狗礫《てんぐつぶて》」の名前で紹介されることが多い。これはその名の通り犯人を天狗と考えていたことに由来するものだが、狐狸《こり》の仕業と考えられることもあった。実親が遭遇した怪異も、この天狗礫の類《たぐい》なのだろう。

春豪房《しゅんごうぼう》

不明

平安時代から鎌倉時代にかけての僧侶。東大寺の僧であるということ以外詳細不明。

◉救った蛤《はまぐり》に恨まれる

『古今著聞集《ここんちょもんじゅう》』には、春豪房にまつわるこんな話が載る。

ある時、春豪房は伊勢の海で漁師たちが蛤を採っているのを見て憐れに思い、それを買い取って海に放してやった。春豪房は功徳を積んだと喜んでいたが、その夜、夢に蛤たちが現れ、「我々は畜生の身に転生し、いつこの畜生道から逃れられるのか分からないでいます。この度は、たまたま伊勢神宮の分社の一つの前に参り、もうすぐ蛤としての生を終えることができたところだったのに、あなたがつまらぬ同情をかけたことで、また蛤の生を脱する機会を失いました。悲しい。悲しい」と言うのを聞いて目が覚めた。春豪房は自分のしてしまったことに気付き、ただ涙を流したという。

貞慶《じょうけい》

一一五五〜一二一三年

平安時代から鎌倉時代にかけての僧侶。法相宗の僧であり、戒律を遵守し、堕落を嫌って奈良仏教の復興に尽力した。朝廷からの信頼も厚く、寺社の復興にも貢献している。また朝廷に法然《ほうねん》の専修念仏の禁止を求めた『興《こう》福寺奏状《ふくじそうじょう》』を起草したことでも有名。

◉天照大神《あまてらすおおみかみ》に救われたストイック僧侶

『太平記《たいへいき》』には、貞慶が第六天魔王や巨人と遭遇した話が記されている。

伊勢神宮を参拝した貞慶が外宮の前で読経していた時のこと。夜になると空が曇り、轟音と共に雨風が吹き始め、馬の蹄の音が東西から聞こえてきた。貞慶が肝を潰していると、突然虚空に黄金の宮殿楼閣が現れ、庭に幕が張られた。

続いて二、三千もの車馬が現れ、その上座には身の丈二、三十丈（約六十〜九十メートル）もあろうかという巨人がいた。肩の上には十二の頭が並び、その顔は夜叉のようであった。腕は四十二本あり、手には太陽や月、剣や鉾が握られ、八頭の竜に乗っている。その眷属たちも人の姿ではなく、八本の腕に六本の足を持ち、三つの頭が一つにくっついている。また鉄の盾を脇に挟み、金の鎧を身に纏っていた。

やがて眷属たちが各々の席に収まると、上座の巨人が彼らに言うことには、「この頃、帝釈天《たいしゃくてん》との戦に勝ち、太陽と月を手に入れた。我が身は一歩で大海を踏み越えることができるが、我が眷属は、毎日数万失われている。なぜなのかと見てみれば、日本に解脱房《げだつぼう》（貞慶の異称）という僧侶がいて、衆生《しゅじょう》を仏道に教化し、魔障の力を弱めているからだと分かった。この男がいる限り、再度帝釈天と戦を行うことは叶わぬだろう。どうにかしてあの男の仏道を妨げたいものだ」ということだった。すると第六天魔王と刻まれた兜《かぶと》をかぶった者が前に出て、「解脱房の信仰心を失わせるのは簡単なことです」と言い、その計画を話した。それによれば、まず後鳥羽院《ごとばいん》を利用して鎌倉幕府を滅亡に追い込むように仕向け、六波羅を攻撃させれば、今度は北条義時《ほうじょうよしとき》が官軍に抵抗して合戦となる。これは後鳥羽院の敗北で終わり、後鳥羽院は遠国に流刑となって、義時は高倉天皇《たかくらてんのう》の第二皇子・広瀬院守《ひろせいんもり》貞親王《さだしんのう》を即位させる。そうなれば解脱房は、守貞親王の御帰依《ごきえ》厚い僧侶であるため、官僧として天皇間近に召し抱えられることとなる。出世が約束されれば仏道の修行は疎かになり、俗界に堕ちることとなる、ということだった。

これを聞いた悪魔外道の者たちは、間違いないと賛成して、それぞれ東西に向かって飛び去った。

貞慶は、これは天照大神のお導きに違いないとひどく感激し、山城国《やましろのくに》の笠置《かさぎ》という山にこもり、誰に呼ばれても決して仏道の修行を怠ることはなかったという。

上座に座っていた巨人が何者であったのかは記されていないが、帝釈天と戦ったという話から阿修羅ではないかと思われる。貞慶を助けた天照大神については、天照が伊勢に鎮座した時に第六天魔王が現れ、日本に仏法が広まると力を失うという理由で天照を妨害した話が『太平記』や『沙石集《しゃせきしゅう》』に載る。この時天照は自ら「仏法僧には近づかない」と宣言し、第六天魔王は彼女に対して「世界が滅びるまで、天照の末裔にあたる人をこの国の主としよう。もしこの主の命に従わないものがあれば、我が眷属がその者たちを罰し、命を奪うだろう」と誓いを立てたという。

天照は仏道から離れた立ち位置にいるものとされているが、巨人と遭遇した話では貞慶に阿修羅たちの姿を見せることで、間接的に仏道を助けている。これは、天照は表には出さないものの、内心では深く仏法僧を守っているという当時の認識による。

菅原満佐

すがわらのみちすけ

不明（十二～十三世紀頃）

鎌倉時代の武将。菅原道真《すがわらのみちざね》の子孫と伝えられ、美作《みまさかの》守《かみ》を務めた。また三穂太郎《さんぶたろう》と名乗り、那岐山《なぎさん》に城をかまえたとされる。満佐には七人の子がおり、この子どもたちが菅家七流と呼ばれる有元氏、広戸氏、福光氏、植月氏、原田氏、鷹取氏、江見氏の祖となったという記録も残る。

◉人と大蛇の間に生まれた巨人

岡山県那岐山の麓《ふもと》一帯には、満佐は人と大蛇の間に生まれた巨人であるという言い伝えが残っており、三穂太郎の名で多くの伝説に登場する。

ある時、菅原道真の子孫を名乗る人物が、那岐山の近くで一人の女と出会い、子をもうけた。しかし妻となった女は、実は大蛇の化身であった。見るなと言っていた産屋《うぶや》をのぞかれ、蛇の姿で子に乳をやるところを見られた妻は、故郷の山へ帰ってしまう。男は妻を探し、子を抱いて山中を歩き続け、ある淵で大蛇と再会する。大蛇は五色に光る珠を取り出し、子が乳を欲しがったらこの珠をしゃぶらせるよう男に伝えると、淵の中に消えてしまった。

以来この子はその珠を肌身離さず育ったが、珠の力によるものか、それとも大蛇の血によるものか、自在に空を飛ぶ力を身につけ、普通の人間よりもはるかに大きな、雲を突き抜けるかのような巨人に成長した。彼は美作国《みまさかのくに》から京都まで三歩で通ったことから三歩太郎(三穂太郎)と呼ばれたという。

三穂太郎は豊田姫《とよたひめ》という女性と結婚し、七人の子をもうけたが、同時に播州の佐用姫《さよひめ》という女性のもとにも通っていた。嫉妬した佐用姫が三穂太郎の草履に針を仕込んだところ、大蛇の血を引いているため金属に弱かった三穂太郎はそのまま死んでしまった。その後、三穂太郎は神としてこの地で崇められるようになったという。

なお『三穂太郎記《さんぶたろうき》』によれば、三穂太郎が通っていたのは同じ村の小菅戸姫《こすげとひめ》という美しい女性で、草履に針を仕込んだのは彼女に横恋慕していた頼光《よりみつ》という男だったと記されている。

世尊寺行能　せそんじゆきよし　一一七九〜一二五五年

鎌倉時代の公卿。藤原行能《ふじわらのゆきよし》の名でも知られる。藤原《ふじわらの》行成《ゆきなり》の子孫であり、彼が建立した世尊寺を家名とした。世尊寺家八代目当主。官位は従三位、右京大夫。能書家や歌人としても名高く、書では世尊寺三筆の一人に数えられ、歌は勅撰和歌集に四十九首採録されている。

◉病床に現れた天人のお告げ

『古今著聞集《ここんちょもんじゅう》』には、能書家としての行能にまつわる以下のような話が載る。

建長三年（一二五一年）、行能が病で臥せ、起き上がることもできなくなっていた時のこと。夢に天人が現れ、額を見せてきた。天人が「この額の文字が消えかかっているので、直してはくださいませんか」と言うため、行能は夢の中でそれを直した。すると天人は喜んだ様子で、「五日後にまた額の修繕をお願いする人がやって来ます。その願いを必ず聞きなさい。さすれば浄土に生まれ変わる機縁となるでしょう」と教え、それからすぐ行能は夢から覚めた。

その五日後、藤原孝時《ふじわらのたかとき》が彼のもとを訪れ、音楽寺という寺の扁額の修繕を頼んだ。そこであの天人が言っていたことが本当だったことを知り、行能は涙を流すほど喜んで、その修繕を引き受けたという。

曽我祐成 そがすけなり

一一七二～一一九三年

鎌倉時代の武士。幼少時に父・河津祐泰《かわづすけやす》が暗殺され、母の再婚相手である曽我祐信《そがすけのぶ》のもとで育つ。武士となった祐成は弟・時致《ときむね》と共に、源頼朝《みなもとのよりとも》が巻狩りを行った際、父の仇《かたき》である工藤祐経《くどうすけつね》を討つ。しかし直後に頼朝を襲おうとしたため、新田忠常《にったただつね》によって逆に討たれた。この顛末は『曽我物語《そがものがたり》』にまとめられ、近世では歌舞伎の題材になるなど民衆の人気を博した。

◉解脱《げだつ》した仇討ちの亡霊

『善悪因果集《ぜんあくいんがしゅう》』には、江戸時代に祐成の霊が現れた話が載る。

元禄（一六八八～一七〇四年）の頃、肥前国《ひぜんのくに》（現佐賀県及び長崎県の大部分）のある僧の夢に、気高い武士が現れた。武士は「私は曽我祐成である。久しく転生を繰り返していたが、いまだ解脱することができない。しかし、私の子孫や親族はもうこの世にほとんどいない。ただ、あなたのみがいるだけだ。あなたは知らないかもしれないが、我が子孫なのだ。幸いにしてあなたは出家している。私の死を弔ってくれまいか」と頼んだ。そこで僧は目が覚めたが、それから三度同じように夢に祐成が現れ、同じことを告げたため、きちんと法事を執り行って弔った。するとまた祐成が夢に現れ、大層喜んだ様子で「あなたの弔いのおかげで、無事極楽浄土に生まれ変わることができた。何か恩返しをしたいと思う。この袈裟《けさ》は地蔵菩薩から賜ったものだ。一度これを見た者は、三悪道《さんあくどう》（地獄道《じごくどう》・餓鬼道《がきどう》・畜生道《ちくしょうどう》）から離れ、あるいは心身の病を防ぐことができ、災難を免れることができる。これによって衆生《しゅじょう》を導きなさい」と告げ、西へと飛び去った。そこで僧は夢から覚め、慌てて枕元を見ると、本当に袈裟が置いてあったという。

平業光　たいらのなりみつ　不明

鎌倉時代の官吏。平業兼《たいらのなりかね》の子。正四位下補任や宮内卿となった記録があるが、詳細不明。

◉夢で訴えた巻貝の尼僧

『古今著聞集《ここんちょもんじゅう》』には、業光が遭遇した怪異について、こんな話が載る。

業光の家で宴が催された際、酔った業光は角火鉢の近くに巻貝をたくさん置いたまま、火鉢を枕にして寝てしまった。すると夢の中にたくさんの小さな尼僧たちが現れ、火鉢の近くで泣いていた。驚いて起きると、火鉢の近くには巻貝があるばかり。もう一度寝ると、やはり小さな尼僧の夢を見る。そんなことが何度も続いたので、どうにも訳が分からなかったが、ふと火鉢を見ると今度は実際に巻貝の中に小さな尼僧が交じっており、やがて消えるのが見えた。それから業光は巻貝を食べなくなったという。

智願上人　ちがんしょうにん　不明

鎌倉時代の僧侶。阿波国《あわのくに》（現徳島県）の僧侶であったというが、詳細不明。

◉転生後も変わらぬ乳母との絆

『古今著聞集《ここんちょもんじゅう》』には、智願と彼が飼っていた馬にまつわる不思議な話が載る。

建保（一二一三〜一二一九年）の頃、智願の乳母であった女性が亡くなった。それからすぐに、智願は荷物の運搬などに使うための馬を手に入れた。この馬は足が速いだけでなく、悪路も河川も難なく乗り越え、急ぐ用事がある時は鞭を使わなくても勝手に急ぎ、逆に急ぐ必要のない時は静かに歩くなど、何かにつけて珍しい馬であった。だがこの馬はすぐに死んでしまい、智願はひどく嘆いた。すると少し経ってから、その死んだ馬と寸分違わない馬が彼の前に現れ、智願はたいへん喜んで大切に扱った。

そんなある日、一人の尼僧に何者かの霊魂が取り憑き、智願が「誰が何のために参ったのか」と尋ねると、「私は智願様の乳母であった尼僧です。智願様のことを心にかけていたために、馬となってあなたを背に乗せて歩きました。間もなく命が終わった後も、智願様のことを忘れられず、また同じ馬となって今もここにおります」と言った。智願はこれを聞き、恐ろしいほど自分の心持ちを察知して思うままに動いてくれた馬を思い、とても感激して、堂を建てて仏像を作り、乳母の菩提を弔った。そしてその生まれ変わりである馬を大層可愛がり、いたわってそばに置いたという。

中原師員 なかはらのもろかず　一一八五～一二五一年

鎌倉時代の御家人。藤原頼経《ふじわらのよりつね》に仕えた人物で、頼経が鎌倉幕府第四代征夷大将軍になった際には、共に鎌倉に下向し、侍読となった。その後、評定衆となり、大夫外記、摂津守、明経博士等を歴任した。

◉ありがた迷惑を訴えた蛤《はまぐり》

『古今著聞集《ここんちょもんじゅう》』には、師員にまつわるこんな話が載る。

師員は月ごとに市で蛤を四十八匹買い、海に帰すことを習慣としていた。するとある日の夢の中で、海人《あま》（尼の可能性もある）たちが現れ、「偶然にも人に食われることでこの蛤の生を終えることができそうだったものを、あなたが私を海に放ったことで、その道も絶たれてしまいました」と泣いているのが見えた。それ以来、師員は蛤を買って海に帰すことをやめたという。

日蓮 にちれん　一二二二～一二八二年

鎌倉時代の僧侶。日蓮宗の開祖。安房国《あわのくに》の漁師の子であったが、若くして清澄寺に入門して出家する。その後、鎌倉や比叡山などで学んだ後、法華経を通じてのみ国家に平安が訪れるという確信を得る。法華経を至上として浄土教を批判するなどしたため、清澄寺を追われて鎌倉に移動し、辻説法を行う。幕府に『立正安国論《りっしょうあんこくろん》』を献上して国難を予言するなどしたが、受け入れられず伊豆に配流となった。

その後すぐに赦《ゆる》されて鎌倉に帰ったが、再び国難を訴えて捕らえられ、今度は佐渡へ流され、流罪中に『開目鈔《かいもくしょう》』、『観心本尊鈔《かんじんほんぞんしょう》』などを著した。それから数年後に赦され、身延山《みのぶさん》にて久遠寺の開山となり、そこに隠棲した。

◉天女に護られた日蓮宗

『身延鑑《みのぶかがみ》』には、以下のような話が載る。

日蓮が身延山に隠棲した後の話である。建治年中（一二七五～一二七八年）、日蓮が庵室で読経していると、それを聞きに来る齢二十ばかりの女性がいた。女性は柳色の衣に紅梅の袴を穿いていたが、同じく読経を聞きに来ていた人々は、この辺りに住む人ではないと彼女のことを不思議に思っているようだった。日蓮が「あなたはこの辺りでは見慣れぬお方です。いずこより来られるのですか」と尋ねると、女性は「七面山の池に住む者です」と答えた。日蓮が名を問うと、「厳島女《いつくしまめ》と申します」と答えた。日蓮が「安芸国《あきのくに》厳島の神女であられましたか」と言うと、「私は厳島弁財天です。霊山にてお約束しました。末法護法の神となりましょう」と答える。日蓮が「本当の姿を見せてください」と頼んで花瓶を差し出すと、女性はその水に姿を映して一丈（約三メートル）の赤い竜の姿に変化し、皆も彼女の正体を知って納得したという。

この女神は七面天女と呼ばれることが多い。地元に残る伝承では、日蓮はいつか七面山に登ってこの女神を祀ろうと考えていたが、生きている間には叶わなかった。そこで弟子の日朗《にちろう》が七面山に登ってこの女神を勧請《かんじょう》したという。七面天女は、日蓮宗における法華経の守護神として今日にも伝えられている。

◉九尾の狐を救った僧侶

栃木県那須郡那須町の喰初寺《くいぞめでら》には、日蓮と九尾の狐にまつわるこんな話が残る。

かつて日本を滅ぼそうとして玉藻前《たまものまえ》という女性に化けていた九尾の狐は、安倍泰親《あべのやすちか》に正体を見破られてこの地に逃げ込んだ。やがて朝廷に討伐され、石となった九尾の狐は、その後も怨念によって近づく者を取り殺していたが、玄翁《げんのう》という和尚《おしょう》がその石を二つに割る。詳細は源《げん》翁心昭《のうしんしょう》（南北朝時代）の項目を参照。それでもなお怨念は残っていたが、たまたまこの地を訪れた日蓮が、法華経の功徳によって狐の怨念を晴らした。その後、九尾の狐はその地の守護神となったという。

秦武文 はだのたけぶん

不明（十三〜十四世紀頃）

鎌倉時代の武士。後醍醐天皇《ごだいごてんのう》とその子・尊良親王《たかよししんのう》に仕え、土佐に流された尊良親王のもとに都に残った彼の妃を連れてくる命を受けた。その際、海賊にだまされて妃を奪われ、切腹して海に沈んだとされる。

◉使命のために竜神となった武士

『太平記《たいへいき》』には、武文の切腹後について以下のように語られている。

武文は切腹する際、「今この時、海底の竜神となって、貴様たちの船を追おう」と海賊たちの船に向かって言い、腹を十字に斬って海底に沈んだ。

妃を乗せた海賊船はその後九州へ向かったが、阿波《あわ》の鳴門《なると》を通過する時、にわかに風向きが変わって船が動かなくなった。それから渦潮が現れて、船を海中に引きずり込み始めた。これは竜神の祟りだとして、海賊たちは刀や鎧などを投げ入れてその怒りを鎮めようとしたが、どうにもならなかった。船は渦潮から逃れることができないまま、三日三晩の時が過ぎた。そんな時、船員の一人が「この鳴門は竜宮城の東門にあたります。竜神の欲するものを海に沈めねば、毎回このような不思議が起こるのです。今、竜神は女性を欲しがっているようです。あの女性を海に沈めて、他の百人以上の命を助けてくださいませ」と言った。そこで船の頭である松浦五郎《まつうらごろう》が尊良親王の妃のもとへ行き、彼女を担いで海へ捨てようとした。だが船に乗っていた一人の僧が彼の袖を引き、「その方を生きたまま海へ沈めれば、竜神の怒りはさらに増すでしょう。ここはお経を唱えるべきです」と提言したため、妃は一命を取り留めた。船員たちが皆で経を唱えていると、海上に次々と亡霊が現れ、最後に武文が出現し、船を止めろというような仕草をした後、海の底に沈んでいった。海賊たちはこれは武文の怨霊による怪異だと考え、尊良親王の妃を小舟に乗せて海に送ることにした。

　すると風向きが再び変わり、海賊の船は西へ流されていった。妃が乗った小舟は沈むことなく、淡路島の武島に流れ着いたという。

福富新蔵　ふくとみしんぞう

不明（十三世紀頃）

鎌倉時代の武士。梶原景時《かじわらかげとき》が梶原景時の変で幕府から追放された際、その孫である景親《かげちか》を守護して尾張国《おわりのくに》の羽黒に落ち延びた七家臣の一人・福富国秀《ふくとみくにひで》の子孫にあたるとされる人物。新蔵が建立に深く関わった徳林寺には彼の墓が現存する。

●人間を愛した山姥《やまんば》

徳林寺の縁起や地元に伝わる話として、新蔵が山姥と戦った伝説が残されている。話によって細部は異なるが、要約すると以下のような話となる。

当時、新蔵には小池与八郎《こいけよはちろう》という名の友人がおり、その与八郎が玉という名の妻を娶った。

ある日の夜、新蔵は山中で山姥と遭遇し、その左目を矢で射抜いた。逃げ出した山姥の血痕を追っていくと、与八郎の家にたどり着いた。家の中に玉の姿はなく、「求めなき契りのすえのはらはれて終《つい》には帰るふるさとの空」（求めてならぬ婚姻でしたが、素性を知られたからにはここにいることができません。私は故郷へ帰りましょう）との和歌が書かれた紙が残されていた。

血痕はその後木曽川へと続いており、新蔵と与八郎は玉が故郷へ帰っていったことを知った。玉の正体が自分が射った山姥であったことを知った新蔵は出家して名を両福坊《りょうふくぼう》と改め、小さな庵を作って余生を静かに暮らした。

その後、与八郎と玉の息子が母のために徳林寺を建てた。その際、両福坊の使っていた庵は移設され、彼の名を冠した塔頭《たっちゅう》になったという。

この話には続きがある。岐阜県の苧ヶ瀬《おがせ》池には竜が住むという伝説があり、その竜（大蛇の場合もある）こそが玉であったという。玉は池で二千年を過ごした竜神であり、美女や山姥に化けては人に害を与えていたが、与八郎と婚姻を結んで子を産んだこと、そして新蔵に退治されたことで心根に変化があったのか、その後人を害することはなくなった。

そして時代が室町に移ると、彼女は一人の僧侶によって救われることとなる。その伝説については笑堂常訴《しょうどうじょうそ》（室町時代）の項目を参照。

藤原清長　ふじわらのきよなが　一一七一～一二二五年

鎌倉時代の公卿。蔵人頭《くろうどのとう》、左京大夫などを歴任し、従三位に上る。その間、後鳥羽院院庁の院司となるが、四十四歳で死亡した。

◉数年越しに効いた死人の穢《けが》れ

『古今著聞集《ここんちょもんじゅう》』では、清長の死について以下のように語られている。

清長が蔵人頭だった頃、船岡山で虫を採っていると、風が吹いて清長の冠を飛ばした。冠は不思議なほど遠くに飛び、地面に倒れていた死人の頭に乗った。清長はこれを見て穢らわしく思ったが、冠を放置する訳にもいかず、そのまま被った。それから数年後、清長は亡くなってしまったという。

怪事から数年経っているので、現代の感覚では因果関係はないように思われるが、『古今著聞集』ではこれを怪異として記載している。

藤原信光　ふじわらののぶみつ　不明（十二～十三世紀頃）

鎌倉時代の官吏。右近衛将監《うこんえのしょうげん》に任命され、覲子《きんし》内親王の判官代を務めたとの記録が残る。

◉生を求めた蛤《はまぐり》たち

『古今著聞集《ここんちょもんじゅう》』には以下のような話が載る。

信光は夢の中で、尼僧の姿をした蛤が泣いているのを見た。そこで食べようと置いておいた蛤を皆海に放してやったという。

ただし同書には、春豪房《しゅんごうぼう》や中原師員《なかはらのもろかず》が善意から売られている蛤を海に放したところ、夢の中で「もう少しで蛤としての生を終え、生まれ変わることができたのに」と恨み言を言われるという話も載る（詳細はそれぞれの項目を参照）。同じ蛤でも、生を望むか死を望むかは異なるようだ。

北条高時 ほうじょうたかとき 一三〇三～一三三三年

鎌倉時代の武将。鎌倉幕府第十四代執権。十四歳という幼さで執権となったため、実権は岳父の安達時顕《あだちときあき》と、内管領の長崎円喜《ながさきえんき》・高資《たかすけ》父子が握っていた。自身は田楽や飲酒にふけり、幕政が乱れたと評価されることもあるが、これは誇張されたもので、実際は異なるという説もある。在任中に後醍醐天皇《ごだいごてんのう》が正中の変を引き起こし、これに関わった者を処罰した。

◉天狗《てんぐ》と踊った酔っ払い

『太平記《たいへいき》』には、高時が田楽に興じていた際に遭遇した怪異について記されている。

ある夜、酒を飲んで泥酔した高時が一人精彩を欠いた様子で田楽を舞っていたところ、どこからか田楽座の人々が十人あまり現れて、座敷に並んで舞い始めた。そして「天王寺の妖霊星を見よう」などと囃《はや》し立てる。これを聞いたある官女が、あまりの面白さにそっとのぞいてみたところ、そこにいたのは人ではなく、顔が鳶《とび》のようであったり、翼のある山伏のようであったりする、異類異形の者たちだった。官女は急いで安達時顕を呼びに行った。時顕がやって来る足音が響くと、異形の者たちは消えてしまった。しかし高時は酔いが覚めず、ぼんやりとした状態で寝転がっていた。その宴の後には、天狗《てんぐ》が舞ったと思しき鳥獣の足跡がいくつも残されていたという。

後に南家の儒者である刑部少輔仲範《ぎょうぶのしょうなかのり》という人物が語ることには、「天下がまさに乱れようという時、妖霊星という悪星が落ちてきて、災いを引き起こすと伝えられている。天王寺は日本における仏法の最初の霊地であり、聖徳太子《しょうとくたいし》は自ら日本の未来を『未来記《みらいき》』に書き記された。それ故、かの化け物たちが天王寺の妖霊星と歌ったのは、天王寺の辺りから天下の動乱が発生し、国家が滅亡することを意味しているのだろう。天皇は徳を示し、武家は仁義を示して、怪異を消滅させるよう努めるべきだ」ということだった。

この天狗たちが予言した天下の動乱は、鎌倉幕府滅亡の契機となった正中の変及び元弘の変を示していたと考えられる。これらは実際に現在でいう京都府や大阪府など、天王寺のある関西方面で行われた企てや挙兵から始まった。

妖霊星は現在では流星の一種として考えられている。天狗と流星の関係は深く、『日本書紀《にほんしょき》』には空から落ちる大きな星を指して、あれは流星ではなく「天狗《あまつきつね》」である、と語られる場面がある。また、この思想は中国から流入してきたものらしく、『史記《しき》』には、流星のような姿をして、声を発しながら落ちてくる「天狗」という生き物がおり、地面に降りると狗《く》（犬のこと）のような姿をしている、と記されている。

これらは『太平記』に記されているような半獣半人の天狗とはまた別の姿をしていたと考えられるが、古くから語られていた流星と天狗の関係が、天狗たちに妖霊星の歌を歌わせたのかもしれない。

北条時政 ほうじょうときまさ

一一三八～一二一五年

平安時代から鎌倉時代にかけての武将。鎌倉幕府初代執権であり、源《みなもとの》頼朝《よりとも》の正室・北条政子《ほうじょうまさこ》の父。頼朝の挙兵を助け、鎌倉幕府の創業に貢献した。頼朝の死後、二代目将軍の源《みなもとの》頼家《よりいえ》を退けて源《みなもとの》実朝《さねとも》を擁立した。しかしその後、後妻の娘婿である平賀朝雅《ひらがともまさ》を将軍に擁立しようとして失敗。娘である政子らによって幕府を追放され、引退して伊豆に移り、そこで没した。

●北条家 家紋三つ鱗の由来

『太平記《たいへいき》』には、鎌倉北条氏の家紋である「三つ鱗」紋について、以下のような伝説が記されている。

鎌倉幕府が創設されたばかりの頃のこと。時政が江ノ島に参籠し、子孫繁栄の祈りを捧げていた。その祈りが二十七日目に及んだ日の夜、赤い袴と柳裏の衣を纏った美しい女性がやって来て、「あなたは前世で箱根神社の社僧であった時、六十六部の法華経を書き写し、六十六カ国の霊地に奉納した善行によって、再びこの国に人間として生まれることができました。そのため子孫は永く日本の主となり、栄華を誇るでしょう。しかし、その振る舞いが仏の道に背くことがあれば、七代続くことなく栄華は絶えることとなります。私の言うことを信じられないならば、法華経を納めた霊地を訪れなさい」と告げた。女はそのまま背を向けて去っていったが、その姿はやがて二十丈（約六十メートル）もの大蛇となり、海の中へと消えていった。後には三枚の鱗が残されており、時政はそれを旗の紋様に用いた。これが後に北条家の家紋として使われるようになったという。

江ノ島には縁起として弁財天が降り立ったという伝説が残されている。弁財天はインドではサラスヴァティという水神であり、中国を経由して日本に流入してからは、同じく水神である蛇神や竜神と結びつけられることもある。実際に、現在の江ノ島神社では時政の前に現れたのは弁財天であると伝えられているようだ。また江ノ島神社の社紋もこの伝説にちなみ、三つ鱗とされている。

源実朝 みなもとのさねとも　一一九二～一二一九年

鎌倉時代の将軍。源頼朝《みなもとのよりとも》と北条政子《ほうじょうまさこ》の子で、兄・頼家《よりいえ》の跡を継いで鎌倉幕府第三代将軍を務めた。しかし当時の幕府の実権は北条氏に握られており、甥の公暁《くぎょう》に暗殺されて命を落とした。和歌に秀でており、万葉調の歌を得意とした。歌集に『金槐和歌集《きんかいわかしゅう》』がある。

◉大地震の直前に現れた女の怪

『吾妻鏡《あづまかがみ》』には、実朝が遭遇したという以下のような怪異譚が記されている。

深夜、実朝が明かりの消えた家で月を見ながら歌を詠んでいると、丑《うし》の刻（午前二時頃）の頃、一人の青女《あおおんな》が前庭を走り過ぎた。実朝は何度かその女に呼びかけたが、名も名乗らない。そのまま門外に出た女の周辺には光り物が現れ、松明《たいまつ》のような光を放っていた。そこで宿直《とのい》の者を呼び、陰陽師の安倍親職《あべのちかもと》に占わせたところ、「大きな変異ではありません」とのことであった。しかし念のため、その庭では招魂祭が行われたという。またその翌日、この青女が現れたのと同じ時刻に大地震が発生したとも記録されている。

「青女」という言葉はもともと若い女性を指す意味があり、『吾妻鏡』においてもその意味で使われたものと思われる。地震の前兆として発生した怪異とも考えられるが、同書ではこの女の正体については言及されておらず、何者であったかは想像するしかない。

源仲兼 みなもとのなかかね　不明（十二～十三世紀頃）

平安時代から鎌倉時代にかけての官吏。宣陽門院《せんようもんいん》の蔵人《くろうど》。近江国《おうみのくに》などの国守、后宮少進を歴任し、鎌倉幕府では源実朝《みなもとのさねとも》に仕えた。火災にあった比叡山の大講堂の再建を担当した記録も残る。

◉夕暮れの東大寺で妖怪と格闘

『古今著聞集《ここんちょもんじゅう》』には、彼が妖怪と戦った話が載る。

源光遠《みなもとのみつとお》が法住寺を造設していた時、仲兼は毎日赴いて奉公していた。そんなある日、日暮れの道を通っていると、東寺の辺りで牛車の後ろに直垂《ひたたれ》を纏った一人の法師が現れた。その人物が最近勘当して追い出した次郎《じろう》という法師に似ていたため、さては報復に現れたかと仲兼は牛車に置いてあった刀を摑み、その法師に走り寄った。だが次郎かと思われた法師は次第に巨大化し、突然消えてしまった。その直後、空から現れた何かが仲兼の烏帽子を打ち払い、髪を摑んで持ち上げた。仲兼が刀を突き上げると手応えがある。そこでさらに刺し込むと、何者かは仲兼を放してどこかへ行ってしまった。仲兼の体には彼を摑んでいた何者かのものと思われる血が付着しており、刀も血で濡れていた。その後仲兼は気を失ったが、主がいないことに気付いた部下たちが彼を救出し、無事数日後に目を覚ましたという。

源仲俊 みなもとのなかとし

不明(十二〜十三世紀頃)

平安時代から鎌倉時代にかけての官吏。薩摩守や蔵人《くろうど》を歴任し、覲子《きんし》内親王の判官代も務めた。

●池から飛び出す光る老婆

『古今著聞集《ここんちょもんじゅう》』には、仲俊が妖怪退治をした逸話が載せられている。

仲俊が水無瀬山(現大阪府三島郡島本町)の辺りで兄の仲隆《なかたか》、仲康《なかやす》と共に、貴人の側近として仕えていた頃のこと。近くに水鳥がよく飛んでくる古い池があり、この水鳥を取ろうとすると化け物が現れて殺されてしまうといわれていた。

仲俊は「その化け物を見てもいないのに、恐れて水鳥を狩りに行かないなど、意気地のない話だ。私一人で行こう」と考え、実際にその池を訪れた。

池に着くと、仲俊は弓を取り出し、矢をつがえて池に放った。矢は水中に沈んだが、待っていると池の中が光って何者かが飛び出してきて、池のほとりの松の木の上に飛び乗った。それに向かって矢を射ろうとすると、化け物はすぐ池の中に戻り、矢を水中に放つと松の木の上に飛び上がる。そこで仲俊は射落として倒すことは諦め、弓を置いて太刀を抜いた。するとその光る化け物が仲俊の方へ向かってきた。その姿は光の中でにやにやと笑う老婆であった。仲俊は太刀で斬りつけようと思ったが、組み合った方が効果的に思われたため、太刀を捨てて老婆に組みついた。老婆は仲俊を池の中に引きずり込もうとしたが、仲俊は松の根を利用して力強く踏ん張り、抵抗しながら腰から短刀を抜いた。それを老婆に突き刺すと、老婆が放っていた光は消え、狸《たぬき》が正体を現したという。

源頼朝 みなもとのよりとも 一一四七～一一九九年

平安時代から鎌倉時代にかけての武士であり、鎌倉幕府初代将軍。武家政治の創始者として知られる。平治の乱で伊豆に流されるも、以仁王《もちひとおう》の平氏討伐の命を受けて挙兵。鎌倉を本拠地として勢力を伸ばし、平氏を全滅させて武家政権を樹立する。しかし政権を握った後、弟の義経《よしつね》や範頼《のりより》と対立して一族の諸将を殺害したため、幕府内部の抗争を招いた。これにより、源氏滅亡を招くきっかけとなったとされる。

◉源氏の亡霊の復讐

頼朝の死は落馬を原因とする説があるが、『北条《ほうじょう》九代《くだい》記《き》』などでは、この落馬は頼朝に殺された亡霊たちの仕業であると記されている。

頼朝が相模川で行われる橋供養に出かけた帰り、その頭上に義経の従者たちや、義経と共に頼朝に反旗を翻して処刑された伯父の行家《ゆきいえ》の亡霊が現れた。亡霊たちは頼朝の顔をじっと見すえていたが、頼朝はなんとかこらえて道を進んだ。すると稲村ヶ崎の辺りで、今度は海の波間に十歳ばかりの子どもが現れて頼朝を見つめた。この子どもは壇ノ浦の戦いで海に消えた安徳天皇《あんとくてんのう》の亡霊であり、これを見た頼朝はついに気を失って落馬した。落馬後、頼朝の容態は悪化し、そのまま亡くなったとされる。

護良親王 もりよししんのう 一三〇八～一三三五年

鎌倉時代の皇子。後醍醐天皇《ごだいごてんのう》の子で出家していたが、父の討幕運動に協力し、元弘の乱の頃に還俗する。反幕府勢力を募り、二年間にわたって戦い続けた。討幕が叶った後は征夷大将軍に任命されたが、足利尊氏《あしかがたかうじ》と対立して鎌倉に幽閉され、足利直義《あしかがただよし》によって殺害された。

◉物の怪を退けた皇子の祈禱

『太平記《たいへいき》』には、討幕運動を続ける最中に出会ったある武家との交流について記されている。

幕府の追手から逃れながら旅をしていた護良親王一行は、十津川の辺りで由緒のありそうな家を見つけた。護衛の一人である源尊《げんそん》が耳を澄ますと、「ああ、どなたか霊験あらたかな山伏の方でも来てくれないものでしょうか。祈禱をお願いしたいのに」という話し声が聞こえてきた。追手から逃れるため、護良親王一行は山伏の格好をしていた。これ幸いと源尊が「私どもは熊野那智の三重の滝に七日間打たれ、その後那智に千日こもった後、三十三カ所の巡礼のため出て来た山伏でありますが、道に迷ってこの里に来ました。なにとぞ一夜の宿を恵み、この一日の飢えをなだめてはくれませんか」と声高らかに問うた。すると一人の下女がやって来て、「これぞ神仏のご加護に違いない」と一行を屋敷に招き入れた。

屋敷の中では主人の妻が物の怪に憑かれて寝込んでいた。そこで護良親王が祈禱を捧げると、妻の体は不動明王の呪縛にかかったように縮こまって震え続け、やがて汗が噴き出して物の怪がその体を抜けて去っていった。妻の病はすっかり癒え、屋敷の主人は大層喜び、護良親王らが屋敷に逗留することを勧めたので、一行は追手を逃れて体を休めることができたという。

その後、戸野兵衛《とのひょうえ》というこの屋敷の主人は、護良親王の正体を知り、彼の護衛として仕えたと語られている。

唯蓮房 ゆいれんぼう

不明（十二～十三世紀頃）

平安時代から鎌倉時代にかけての僧侶。徳大寺の僧だが、雲居寺に参籠して七日祈誓し、夢の中で阿弥陀に摂取（仏教において慈悲の力で衆生《しゅじょう》を救うこと）とはどういうことかを教えられた逸話が伝わる。

◉天狗《てんぐ》にストーカーされる

『古今著聞集《ここんちょもんじゅう》』には、唯蓮房と天狗が対決する様子が描かれている。

建保（一二一三～一二一九年）の頃、唯蓮房が法華経を書写していると、天狗が現れてそれを邪魔することが続いていた。ある日の昼間、唯蓮房が名前を呼ばれて声のする方を見ると、恐ろしげな山伏の姿をした天狗がいた。唯蓮房が十羅刹《じゅうらせつ》（法華経において仏教を守護する十人の女鬼、十羅刹女《じゅうらせつにょ》とも呼ばれる）を念じ、一心不乱に写経を続けていると、天狗は帰っていった。しかし数日もすると今度はたくさんの僧形《そうぎょう》の天狗を引き連れた法師がやって来て、葛でできた縄を唯蓮房にかけて連れていこうとした。唯蓮房は剣をふるい、縄を斬り払って難を逃れたが、天狗は次の日もやって来た。

その天狗は障子を開けて堂々と入ってきたため、唯蓮房は十羅刹を念じて抵抗したが、天狗は腕を掴んで「さあ来られよ」と言う。唯蓮房がとっさに小刀を天狗の腕に突き立てると、天狗は「よくもそんな真似を」と怒り出し、手荒く唯蓮房を外へと連れ出した。

直後、天狗は唯蓮房を掴んだまま空を飛び、あっという間にどこかの山の中まで唯蓮房を連れ去ってしまった。その山には古びた立派な屋敷があり、中には多くの天狗がいて、ご馳走が並んでいた。唯蓮房が屋敷に通されると、法師が一人、酒と肴を持って彼のところへやって来た。法師はしきりに酒を勧めるが、僧であるから断酒していると唯蓮房が断ると、今度は美しい膳に見たこともない食べ物をよそって差し出した。唯蓮房は持斎《じさい》（仏教において、午前に一度食事をし、午後には断食すること）の旨を伝え、ひたすら十羅刹の加護を祈った。すると白装束の童子が二人、細い木の枝の鞭を持って現れ、直後に天狗たちは消えてしまった。唯蓮房は十羅刹が護法童《ごほうどう》子《じ》を遣わしてくれたのだと確信し、その童子たちに導かれ空を翔《かけ》て、もとの僧房に戻ることができたという。

結城宗広 ゆうきむねひろ

不明～一三三八年

鎌倉時代から南北朝時代にかけての武将。初めは鎌倉幕府に所属していたが、元弘の乱で後醍醐天皇《ごだいごてんのう》側につき、新田義貞《にったよしさだ》と共に幕府を滅ぼした。その後、足利尊氏《あしかがたかうじ》から京都を取り返すなどの功績を上げ、奥州の統治を任されるが、再起した尊氏と戦い、敗れる。そこで吉野に逃れるが、海路を使って奥州に帰る途中で暴風雨に襲われて遭難し、伊勢国安濃津《いせのくにあのつ》に流れ着き、そこで病死した。

◉地獄に堕ちたサイコパス

『太平記《たいへいき》』には、宗広の死後の様子について、以下のように書かれている。

宗広は生前、残虐なふるまいを好む人間だった。罪のない者の首をはね、僧侶や尼僧を殺害したことは数えきれない。常に人の生首を眺めていないと気分が晴れないと言い、毎日二、三人の首を斬っては目の前に飾らせていた。そのため、彼の周りは常に死肉に満ちていた。

そんな悪逆非道な人物であったため、彼は死後、阿鼻《あび》地獄《じごく》に落とされた。その地獄には数え切れないほどの牛頭馬頭《ごずめず》の獄卒たちがおり、火を噴く毒蛇が並んでいた。そんな場所に火車《かしゃ》に乗せられて連れてこられた宗広は、まず鉄の板の上に乗せられ、体の上にさらに鉄の板を乗せられた。獄卒がその板を上から押すと、まるで長江《ちょうこう》の流水のようにおびただしい量の血が流れ、体は紙のように潰されてしまった。さらに鉄の串を体に突き刺され、獄卒によって火あぶりにされた。焼けた体は刃物でずたずたに切り裂かれ、最後は銅の箕《み》の中に入れられた。獄卒が「生き返れ」と命じると宗広の体は元通りになり、何度も同じ責め苦を繰り返し受けなければならなかった。獄卒は「これは地獄であって地獄ではない。お前の罪を償わせているのだ」と言う。泣こうとしても目が炎に焼かれているので涙は出ず、叫ぼうとしても鉄の玉で喉をふさがれているので声が出ない。その責め苦を、罪が償い終わるまで宗広は受け続けるのだという。

阿鼻地獄は無間地獄《むげんじごく》と同義で、八大地獄の中でも最も重い罪を犯した者が堕ちる地獄である。

吉田兼好　よしだけんこう　一二八三〜一三五二年

鎌倉時代から南北朝時代の歌人、随筆家。本名は卜部《うらべ》兼好《かねよし》で、吉田は京都の吉田神社の神職の家に生まれたことにちなんだ通称である。没年は一三五二年以降とする説がある。

後二条天皇《ごにじょうてんのう》に仕えるが、三十歳前後で出家して隠遁生活に入る。二条為世《にじょうためよ》に和歌を習い、後に二条派の和歌四天王の一人に数えられた。兼好の記した随筆『徒然草《つれづれぐさ》』は、日本文学史上における随筆文学の代表と称される。

◉参上、大根侍

兼好の代表作である『徒然草』にも妖怪が登場する。筑紫国《つくしのくに》に何某《なにがし》という押領使がおり、大根を万病の薬だと信じて、毎朝二本焼いて食うことを長年の日課としていた。

ある日、人が少ない時を狙って何某の館に敵が侵入した。その時どこからともなく二人の兵が現れ、命を惜しむことなく戦って敵を追い返してくれた。不思議に思い、どこから来た者かと問うと、「長年、あなたが毎朝召し上がっていた大根でございます」と言って去っていった。深く信じていると、こういう徳があるのかもしれない。

大根が人の姿になって現れるという珍しい話であるが、食べられている側が恩返しにくるというのもまた、面白い話である。

南北朝時代

一三三六～一三九二年

足利直義　あしかがただよし

一三〇六～一三五二年

鎌倉時代末期から南北朝時代初期にかけての武将。室町幕府初代将軍である足利尊氏《あしかがたかうじ》の弟。尊氏を補佐し、幕政の運営を行った。しかし観応《かんのう》の擾乱《じょうらん》では尊氏と対立し、最後は鎌倉に幽閉されて病死した。

◉屋敷に現れた笈《おい》の化け物

『絵本武者備考《えほんむしゃびこう》』によれば、貞和年間（一三四五～一三五〇年）、直義の館に、笈（仏具や衣服などを入れて背負う）が化けたような姿をした妖怪が出た。その妖怪は、笈の上部から山伏のような人の顔がのぞき、折れた刀を口にくわえたまま火を吹いたという。また同書では、この話は『本朝続述異記《ほんちょうぞくじゅついき》』という書物から引用したものとしている。この妖怪は江馬務《えまつとむ》著『日本妖怪変化史《にほんようかいへんげし》』で「笈の化け物」として紹介され、現在でもこの名前で知られている。

伊賀局　いがのつぼね

不明～一三八四年

南北朝時代の女官。後醍醐天皇《ごだいごてんのう》の女院である阿野廉子《あのれんし》に仕えた。怪力であったと伝えられ、廉子が子の後村上天皇《ごむらかみてんのう》と共に逃亡する際、吉野川の橋が崩れていたため、桜や松の枝をへし折って橋を作ったなどの逸話がある。

◉亡魂の思いを伝えた勇敢な女官

『芳野拾遺物語《よしのしゅういものがたり》』には、伊賀局が亡霊と遭遇した話が載る。

この頃、主人である廉子の住居は、皇居の西側の山に続く場所にあった。ある時、この場所に化け物が出現するといううわさが流れた。そこで内裏《だいり》から人を呼び、魔よけとして蟇目《ひきめ》の矢を射ると、しばらくの間は鎮まった。

水無月の十日、とても暑い頃に、伊賀局が夜、庭に出て涼んでいた。そこに月光が差し込んできたため、「涼しさを松吹風《まつふくかぜ》に忘られて袂《たもと》にやどす夜半のつきかげ」（涼風を求めて待っていると、松の木立《こだち》の間から涼風が吹き、暑さも忘れられた。そんな夜半に、月光が私の袂を照らしている）とつぶやいた。するとどこからか、「ただ能《よ》く心静かなれば即ち身も涼し」（とても心が静かで穏やかになれば、身もまた涼しくなるであろう）と詠む声が聞こえてきた。見上げると、そこには背中に翼があり、爛々《らんらん》と光る目をしたさながら鬼のような姿をした者がいた。

この恐ろしい姿を前に、伊賀局は笑みを浮かべて「誠にそうでございます。それはそうと、あなたは何者でありましょうか。怪しく思われます。名を名乗られよ」と告げた。すると鬼は「私は藤原基遠《ふじわらのもととお》という者です。廉子様のために命を捧げたので、せめて菩提を弔ってほしいと思うのですが、それさえしてくださいません。生前に犯した罪を軽くするために祈ってくれる人もおらず、このような姿になってしまい、苦しみも増しています。そこで一言、恨み言を残そうと春から裏山に現れました。廉子様のもとには恐れ多く参上できないので、この旨を伝えてはくださいませんか」と言う。

伊賀局が「あなたのことは聞き及んでおります。しかし、何をお恨みすることがありましょうか。乱世であるため、廉子様もお忘れになっていたのでしょう。私から廉子様に申し上げ、お弔いいたしましょう。ところで、お弔いはどの御法《みのり》でいたせばよいのでしょうか。お望みのままにいたしましょう」と言うと、基遠の鬼は、「弔っていただけるのならば、法華経に勝るものはありません。それでは、帰るとします」と答えた。

伊賀局が「お帰りはどちらへ」と尋ねると、基遠の鬼は「露に消えた野の原においてこそ、亡魂は浮かばれるのです」と答えた。そして北に向かって光を放ちながら飛んでいくのを見届けると、伊賀局は廉子にこのことを伝えた。

廉子は「本当に忘れたままに過ごしておりました」と言い、翌日から、御堂にて二十一日間法華経を読誦《どくじゅ》して供養したという。

藤原基遠については、生前の詳しい記録は残っていない。この物語は、月岡芳年《つきおかよしとし》の『月百姿《つきのひゃくし》』にて「吉野山《よしのさん》夜半月《やはんつき》」という題で浮世絵に描かれている。また芳年は『和漢百物語《わかんひゃくものがたり》』において、この物語を元にしたと思われる、伊賀局が藤原仲成《ふじわらのなかなり》の亡霊に遭遇する話を描いている。詳細は藤原仲成（奈良時代）の項目を参照。

雲景《うんけい》　不明

南北朝時代の山伏。出羽国《でわのくに》の羽黒(現山形県の羽黒山)で修行をしていたという。

◉天狗《てんぐ》が教えた未来の道

『太平記《たいへいき》』によれば、雲景が諸国行脚の修行に出ていた貞和五年（一三四九年）頃、天龍寺を見ようと嵯峨へ向かったことがあった。すると、前方から齢六十ほどの山伏がやって来て、雲景に「貴殿はどこへ向かおうとしているのですか」と尋ねた。雲景が天龍寺へ向かっていることを話すと、山伏は「あそこはさしたる見どころもない。我らが住む山こそ、日本に二つとない霊地です。修行の思い出に是非参ってください」と言い、連れ立っていくうちに、愛宕山《あたごやま》に到着した。

　そこには宝玉が敷きつめられ、黄金が散りばめられた実に美しい仏閣があった。信仰心が心に深く刻まれ、身の毛もよだつほど高貴な雰囲気に、雲景がこのままここで修行をしたいと思っていると、山伏が雲景の袖を掴み、「ここまで参られた思い出に、秘所をお見せしましょう」と言って、本堂の後ろにある座主《ざす》の僧房と思しき場所へ連れていった。そこもまた素晴らしい場所で、貴族や高僧と思われる人々がたくさんいた。

　その中の一人の老僧が「どちらから来られた旅の僧であられるか」と尋ねたため、雲景が答えると、今度は「京の人々は、どんなうわさ話をしているのか」と尋ねられた。そこで雲景は「変わったことはございません。この頃はただ、四条河原の桟敷《さじき》が倒れて多くの人が亡くなったのを、天狗の仕業と言っているようです。その他には、近頃、将軍（足利尊氏《あしかがたかうじ》）と三条殿（足利直義《あしかがなおよし》）が執事のことで何かと不仲になっているそうです。このことがもしかすれば天下に大事を引き起こすのではと皆が話しています」と答えた。

　するとその老僧は「そうではなかろう。桟敷が倒壊したのは何も天狗の仕業ばかりではない。何故かと言えば、今の関白殿（二条良基《にじょうよしもと》）は恐れ多くも天児屋根尊《あめのこやねのみこと》（藤原氏の氏神《うじがみ》）の末裔であり、天皇の補佐を務める朝臣としては、この上なく尊いお方である。その他にも皇族の方々や高僧、将軍など尊い身分の方々が、桟敷で興行をご覧になっていた。しかしその興行の見物人には普通の衆生《しゅじょう》や商人たちもいた。日本を統治するような高貴な人々と庶民が同じ場所に混在したため、神々の怒りを買い、この地を支配する堅牢地神《けんろうじしん》（仏教において大地を司る神）が驚いたはずみで全てが崩壊したのだ。私もその時京にいたが、村雲の僧に用があったため、見ることができなかった」と話した。

　そこで雲景は「今おっしゃった村雲の僧というのは、どのような方でしょうか。京の子どもや衆生は天狗であると信じておりますが、本当のところはどうなのでしょう」と問うた。

すると老僧は「それはもっともなことだ。あの僧は才気にあふれた者である故、天狗たちの中から選び、乱世へ導く仲立ちとするために派遣したのだ。世の中が乱れれば、元の場所に帰るであろう。雲は天狗の乗り物であるから、村雲に住んでいるのだ。このことを人に知らせてはならない。あなたは初めてこの場所に来られた故、子細を話すのだ」と答えた。

雲景は天下の動向や未来の安否を尋ねなければと考え、「将軍と二条殿の不仲は、どちらの言い分が通り決着するのでしょうか」と尋ねた。すると老僧は、「彼らの不仲は始まってから一、二カ月も経っていないが、たいへん珍しいことだ。どちらが道理に適っているのかは分からないが、彼らは自身の私利私欲ばかりを求め、善政を行っているとは全く聞かない。ただ民衆の嘆きばかりがあふれている」と言った。それから、天皇に背き、神仏を無視して誅伐《ちゅうばつ》された北条高時《ほうじょうたかとき》の末路や、三種の神器が現在の天皇に引き継がれず、遠い土地に安置されたことは、神が朝廷を見捨てたことを示している、といったことを説明した。そして、神も天皇もないこの時代は上下関係が歪《いびつ》となり、政治も乱れ、未来の予測はできないと話した。しかし雲景がなおも「この乱れ切った乱悪な世の中で、下剋上によって下層の者が上手く天下を支配できるようになるのでしょうか」と尋ねると、老僧は「そんなことはない。しかし天下は混乱に陥り、世の中はそう簡単には収まらなくなるだろう」と答えた。

雲景が自分をここに連れてきた山伏に「今の情勢について、このようにはっきりとおっしゃるあの方は、どなたなのでしょうか」と尋ねると、山伏は「あの方こそが愛宕山の太郎坊天狗《たろうぼうてんぐ》でいらっしゃいます。そして上座にいらっしゃるのは、玄昉《げんぼう》、真済《しんぜい》、寛朝《かんちょう》、慈慧《じえ》、頼豪《らいごう》、仁《にん》海《がい》、尊雲《そんうん》ら高僧たちです。さらにその上座におわすのは、淡路廃帝《あわじはいてい》、後鳥羽天皇《ごとばてんのう》、後醍醐天皇《ごだいごてんのう》ら、次に悪魔の王となるべき賢帝たちです」と答えた。

これを聞いた雲景は身の毛もよだつほど恐ろしくなり、退出を願って門の外に出たところ、夢から覚める心地がして、平安京の大内裏《だいだいり》の跡地にある椋木《むくのき》の下に立っていた。

雲景は、自分は天狗道に迷い込んでいたのだと考え、太郎坊天狗から聞いた話を書にまとめ、天皇に献上した。これは『雲景未来記《うんけいみらいき》』と呼ばれたという。

太郎坊天狗は日本で最も位の高い天狗として伝わり、日本八天狗の一人にも数えられる。また、この話の最後に、実在の僧侶や天皇が天狗となって天狗道にいることが語られているが、『太平記《たいへいき》』の諸本によっては、崇《す》徳院《とくいん》が金色の鳶《とび》の羽で着飾った姿で、他の天皇より上位の存在として登場することもある。

各僧侶、天皇の詳細はそれぞれの項目を参照。慈慧については良源《りょうげん》（平安時代）、尊雲については護良親王《もりよししんのう》（鎌倉時代）、淡路廃帝については淳仁天皇《じゅんにんてんのう》（平安時代）の項目を参照。

円海 えんかい

不明（十四世紀頃）

南北朝時代の僧侶。般若寺の僧であったが、康安元年（一三六一年）、大地震で破損した天王寺の金堂の修繕を任された。

◉奇跡が起こった天王寺修繕

『太平記《たいへいき》』には、円海が天王寺を修繕した際、さまざまな奇跡が起きたことが記されている。

まず長さ六、七丈（約十八～二十一メートル）の大木が難波の浦に流れ着き、資材にすることができた。次に木の皮で編んだ大綱が難波に流れ着き、これも資材となった。さらに修繕を行う人々に肉食と酒を禁じたところ、どこからか人の十倍以上も働く大工が二十八人現れた。この大工たちは日が暮れるとかき消えるようにいなくなったため、千手観音《せんじゅかんのん》の従者である二十八部衆ではないかと人々にうわさされた。

これらの奇跡のおかげもあり、無事天王寺の修繕は完了したという。

楠木正行 くすのきまさつら

一三二六～一三四八年

南北朝時代の武将。楠木正成《くすのきまさしげ》の長男。父の遺領を継いで河内《かわち》の国司・守護となり、南朝に属して戦った。四《し》條畷《じょうなわて》の戦いにおいて足利側の高師直《こうのもろなお》・師泰《もろやす》兄弟の大軍を河内四条畷にて迎え撃つが、敗れて負傷。その後、実の弟である楠木正時《くすのきまさとき》と共に自害した。

◉妖怪にも臆せぬ武将の息子

『和漢百物語《わかんひゃくものがたり》』には、正行がまだ幼い頃の話として、こんな武勇伝が載る。

ある夜、幼い正行が庭に下り、木馬に乗ろうとしていたところ、突然一匹の妖怪が現れた。妖怪は正行目がけて飛びかかってきたが、正行は恐れる様子もなく、自ら躍《おど》りかかって刺し殺した。駆けつけた人々がこの妖怪を転がして見てみると、年をとった狸《たぬき》だったという。

『和漢百物語』の作者である月岡芳年《つきおかよしとし》はこの妖怪を、袋をかついだ女房に化けた獣のような姿で描いており、これは鳥山石燕《とりやませきえん》の『百器徒然袋《ひゃっきつれづれぶくろ》』に登場する「袋貉《ふくろむじな》」という妖怪が元になっていると考えられる。また、「袋貉」は中世の『百鬼夜行絵巻《ひゃっきやこうえまき》』に登場する妖怪をモデルにしている。

源翁心昭 げんのうしんしょう 一三二九〜一四〇〇年

南北朝時代の僧侶。玄翁《げんのう》、玄能《げんのう》という呼び名が有名。曹洞宗の僧侶であり、出羽国《でわのくに》の永泉寺、下野国《しもつけのくに》の泉渓寺《せんけいじ》などで住持を務めた。「頭が両口とも平らな金槌」を指す玄翁もしくは玄能という言葉は、この心昭が殺生石《せっしょうせき》という不思議な石を砕いたことに由来する。

◉妖狐を救った和尚《おしょう》

殺生石と心昭の伝説は古くから語られており、能の「殺生石」が有名である。そのあらすじは以下の通り。

心昭が旅の途中で下野国の那須野を通りかかった時、上空を飛んだ鳥が地に落ちる奇怪な石を見つける。その石に近づこうとしたところ、一人の女が現れ、あれは殺生石という石で、近づく者を殺してしまうため、近づいてはいけないと言う。

心昭がこの石の由来を尋ねると、女は、かつていた玉《たま》藻前《ものまえ》という美しい女のことを語り始める。玉藻前は出生不明の高貴な女で、その才知と美貌を見込まれて鳥羽《とば》上皇《じょうこう》に仕えるようになり、やがて寵愛を受けるようになる。しかしその正体は妖狐であり、鳥羽上皇が病に臥せた時、疑いを持った陰陽師の安倍泰成《あべのやすなり》に正体を見破られ、この那須野の原まで逃げてくるも、ついに討たれてしまう。それでもただでは死なず、その魂は石に取り憑き、近づく者を殺す殺生石と化した。そう語り終えると、女は自分こそが玉藻前の亡霊であることを告げる。心昭は彼女を成仏させると約束し、玉藻前は「日が高いうちに現すには本当の姿はみじめなので、日が暮れたらまた来てほしい」と言い残して姿を消す。

心昭はしばらくの間殺生石に向かって仏事を成していたが、やがて日が暮れると、石が二つに割れて中から玉藻前が姿を現した。その姿は狐でありながら、人の姿が重なって見える不思議なものだった。彼女はかつて天竺《てんじく》（インド）や唐で国を滅ぼし、日本にやって来て玉藻前として転生したことを語り、自分の死の様子をもう一度語った後、心昭の供養によって、今後は悪事を行わないことを固く誓って消えたという。

心昭と殺生石の伝説はこれに準じた形で語られることが多いが、玄翁や玄能が金槌の異名となった元である、槌《つち》や杖で殺生石を砕く場面が描写されることも多い。

◉いたずら河童《かっぱ》をこらしめる

『那須記《なすき》』には、心昭が福島県白河市に現存する常在院で河童と遭遇した話が載る。

心昭はこの寺で豆を植えて育てていたが、寺の南にある池に住んでいた河童がこの豆を勝手に持ち去っては食っていた。そのため心昭がこれを捕らえて杖で打ちつけたところ、河童は「私はこの池の主です。助けてくだされればあなたの願いを一つ聞きましょう」と言う。そこで心昭が「寺内に水が湧く場所が欲しい」と言うと、河童は「お安い御用です。明日、寺の後ろの谷を探してみてください。必ず清水が湧いているでしょう」と答えた。翌日、実際に心昭が谷を探すと、確かに谷間に水を湛えた場所ができており、その水はあの河童が住む池から流れ込んでいたという。

後醍醐天皇　ごだいごてんのう

一二八八〜一三三九年

鎌倉時代から南北朝時代にかけての天皇。南朝における初代天皇であり、院政を廃して天皇親政を行い、正中の変、元弘の乱を経て隠岐《おき》に流されるも、新田義貞《にったよしさだ》が鎌倉幕府を滅ぼした際に帰京し、天皇に復帰する。そこで建武の新政を行ったが、失敗。足利尊氏《あしかがたかうじ》の謀反に遭い、尊氏が光明天皇《こうみょうてんのう》を擁立して室町幕府を開き、北朝が樹立したため、吉野に移って南朝を樹立する。しかし南朝は劣勢に陥り、失意のまま没した。

◉死後も暗躍した南朝の亡霊

『太平記《たいへいき》』には、死後も足利尊氏と戦おうとする後醍醐天皇の怨霊の姿が描かれている。

ここでは大森彦七《おおもりひこしち》を襲う楠木正成《くすのきまさしげ》の怨霊を指図する存在として、護良親王《もりよししんのう》、新田義貞と共に登場し、彦七の持つ刀が尊氏を滅ぼす力を持つとして、彼をつけ狙う。また同書では、後醍醐天皇は死後天狗道《てんぐどう》に堕ちたとされ、日本を乱世に導く天狗の一人としても登場している。

斎藤道献　さいとうどうけん

不明（十四世紀頃）

南北朝時代の武士。新田義貞《にったよしさだ》に仕えていたとされるが、詳細不明。

◉臥竜《がりょう》が示した敗北の未来

『太平記《たいへいき》』には、道献にまつわる以下のような話が載る。

新田義貞が斯波高経《しばたかつね》との合戦の最中、自分が体長三十丈（約九十メートル）の大蛇の姿をした竜に変化して川辺に臥せ、それを見た高経が慌てて逃げ出すという夢を見た。義貞はこれを吉兆であると判断したが、この話を聞いていた道献は、その夢は凶を告げるものだと考えた。道献によれば、中国の三国時代、蜀《しょく》の軍師であった諸葛孔明《しょかつこうめい》が病で死亡したことで蜀は衰退し、やがて滅んだ。竜は陽の時は威を振るうが、隠《いん》の時は地中深くに閉じこもるように動かなくなる。今はちょうど隠の時が始まる時期であり、日本は北国の新田、京都の足利《あしかが》、吉野の後醍醐《ごだいご》という三つの勢力が争っている状態にある。義貞が夢の中で竜の姿で川辺に臥せていたのは、『三国志《さんごくし》』において三国時代の孔明が臥竜にたとえられたことと重なる。そのため、義貞が見た夢は吉兆などではなく、孔明のように死にゆく運命を暗示している、ということであった。

　その予言が的中するように、義貞はこの直後の戦いで戦死したという。

　孔明が臥竜にたとえられた故事は、「いまだ世間に知られていない、素晴らしい才能を持つ人」を表す「孔明《こうめい》臥竜《がりょう》」という四字熟語として知られている。

鷺池平九郎 さぎいけへいくろう

不明（十四世紀頃）

　南北朝時代の武士。河内国《かわちのくに》出身で、楠木正行《くすのきまさつら》に仕えた人物とされるが、記録には残っていない。近世以降の講談などでよく語られるようになった人物であるため、創作された人物である可能性が高い。

●大蛇を斬り裂いた剛力

　『楠正行戦功図会《くすのきまさつらせんこうずえ》』では、平九郎が大蛇と戦う様子が描かれている。

　あるところに蛇神が住みついた狭若間池《さわかまいけ》という池があり、池のそばを通る者がいればその蛇神が命を奪う、ということが続いていた。平九郎がその池で釣りをしていると、身の丈二十丈（約六十メートル）の大蛇が現れ、彼に巻きついて丸飲みしようとした。しかし平九郎は全く恐れず、大蛇の頭を踏みつけ、刀で斬り殺してしまったという。

　月岡芳年《つきおかよしとし》の『和漢百物語《わかんひゃくものがたり》』でも平九郎の大蛇退治の様子は描かれている。ここでは斬り殺したのではなく、大蛇の両顎を摑んで引き裂いてしまった、と説明されている。

四条隆資 しじょうたかすけ

一二九二〜一三五二年

　南北朝時代の公卿。南朝に仕え、後醍醐天皇《ごだいごてんのう》の信頼も厚く、続く後村上天皇《ごむらかみてんのう》の時代では政務を主導した。正《しょう》中《ちゅう》の変、元弘の乱にて幕府軍を相手に戦い、最後は天皇を守るため八幡の戦いで足利《あしかが》軍を相手に奮闘し、命を散らした。

◉空中決戦、怪鳥VS鷹

『芳野拾遺物語《よしのしゅういものがたり》』には、以下のような話が載る。

ある時、後醍醐天皇が伊予国《いよのくに》の左馬介氏明《さまのすけうじあき》から、他に二羽といない優秀な鷹を贈られた。天皇はこの鷹を隆資に預けていた。

その頃、皇居の裏にある山から夜な夜な奇怪な声を上げる怪鳥がやって来て、内裏《だいり》の上を飛び回ることがあった。武士たちはこれを射落とそうとしたが、狙いが定まらず、矢を当てることができなかった。

そんなことが続いたある日、怪鳥が現れる山の麓《ふもと》で、件《くだん》の鷹を雉《きじ》狩りのために放したところ、鷹は雉には目もくれず、茂みの中に入っていった。直後、鷹と黒い鶴のような怪鳥が飛び出してきて、空中で組み合った。やがて二羽とも落ちてきたため、人々は駆けつけて怪鳥を殺した。怪鳥の大きさは翼を広げると七尺（約二・一メートル）もあったという。この怪鳥を討ち取った鷹は、胸の肉をえぐられて死んでしまった。

以来、皇居に怪鳥の鳴き声が聞こえることはなくなり、やはりあの声の正体はこの鶴のような怪鳥であったのだろうと語られたという。

新田義興 にったよしおき

一三三一～一三五八年

南北朝時代の武将。新田義貞《にったよしさだ》の次男。南朝に属し、鎌倉奪還のために戦ったが、多摩川の矢口にて江戸遠江《えどとおとうみの》守《かみ》らに謀殺された。

◉地獄の使者と化した武士

『太平記《たいへいき》』には、義興が殺された後、自分を謀殺した江戸遠江守らを祟ったと話が載る。

江戸遠江守は義興を討った功績で畠山国清《はたけやまくにきよ》から恩賞地を拝領し、意気揚々とその地に向かっていた。その途中、義興が死んだ多摩川の矢口から船を出すと、突然波が荒れ、空は曇って雷鳴がとどろき、風が吹きすさんだ。これは義興の祟りだと考えた江戸遠江守らは川を引き返し、別の場所から川を渡ったが、雷を伴った黒雲が後ろからついてくる。あまりの恐ろしさに後ろをふり返ると、義興の霊が緋縅《ひおどし》の鎧を纏って竜頭《たつがしら》の兜《かぶと》をかぶり、白みがかった栗毛の、頭に角が生えた馬に乗って追いかけてきていた。義興の霊が矢をつがえ、江戸遠江守の胸を射ったかと思うと、矢は江戸遠江守の体を通り抜け、その直後、江戸遠江守は落馬して血を吐きながらのたうち回った。それから七日間、水に溺れているような動きをして苦しみ続けたが、やがて「耐えがたい、誰かおらぬか。私を助けてくれ」と叫んで死んでしまったという。

さらにその後、義興の霊は畠山国清の夢の中にも現れた。

この時義興は身の丈二丈（約六メートル）の牛鬼《うしおに》として黒雲の中から現れ、牛頭《ごず》や馬頭《めず》、阿傍羅刹《あぼうらせつ》ら獄卒たちを引き連れ、火の車を引いて国清のいる陣中に入ってきた。国清はそこで夢から覚め、ほっとして夢のことを人に語っていたところ、その途中で雷が一斉に落ち、入間《いるま》川《がわ》の付近にあった家や仏閣を軒並み灰燼《かいじん》に帰してしまったという。

それからというもの、多摩川の矢口付近に光り物が現れ、人々を悩ませるようになったため、近くに住む人々が義興を祀るための社《やしろ》を建てた。これが新田神社であり、今も東京都大田区に現存している。

また、この話は人形浄瑠璃『神霊矢口渡《しんれいやぐちのわたし》』の題材にもなった。

新田義貞 にったよしさだ　一三〇一〜一三三八年

鎌倉時代から南北朝時代にかけての武将。元弘の乱で北条氏側に属するが、後に反旗を翻《ひるがえ》し、鎌倉幕府を滅ぼした。その後、後醍醐天皇《ごだいごてんのう》の建武の新政で重用される。しかし同じく倒幕の貢献者であった足利尊氏《あしかがたかうじ》と対立し、各地で転戦するが敗北、最後は戦死した。

●恨みを忘れぬ武士の怨霊

岐阜県揖斐《いび》郡徳山村（現揖斐川町）の白山神社には、義貞のものとされる墓石が残されており、それにまつわるこんな話が伝えられている。

かつて義貞がこの村を訪れた時、一人の老母の家に宿を借りた。しかし村には食べるものがなかったため、しばらく経つと村人たちが老母に宿を貸すのをやめさせた。宿がなくなった義貞は、次に行く場所を探すため、神社の境内にある大木に登って遠方を見ようとしたが、誤って木から落ちて死亡した。その後、死体は蚕に変化して近くの川に入っていった。それから村では火災が頻発し、これは義貞の祟りであるとされ、彼の墓が建てられたという。

この話では義貞の死因は転落死とされているが、『太《たい》平記《へいき》』では義貞は戦の最中、敵の矢に射られて致命傷を負い、自害して果てたとされている。また、同書には義貞が怨霊化した話も載っており、それによれば楠木正成《くすのきまさしげ》の怨霊が大森彦七《おおもりひこしち》を襲った際、正成の怨霊に指図する存在として後醍醐天皇らと共に現れたとある。

真弓広有 まゆみひろあり

一三〇五〜一三六九年

鎌倉時代から南北朝時代にかけての武将。懐良親王《かねよししんのう》に仕え、九州で「松風の関」と呼ばれた関所の守備を担い、筑後一円を治めた。その後退役して松風の関近くの里山で隠棲し、静かに生涯を閉じた。

●いつまで、いつまで……

『太平記《たいへいき》』によれば、疫病が流行り多数の死者が出た一三三四年、「いつまで、いつまで」と鳴く怪鳥が現れて人々を恐れさせた。そこで公卿たちは源 頼政《みなもとのよりまさ》の鵺《ぬえ》退治にちなみ、弓の名手である広有にこれを射殺させた。この怪鳥は人間のような顔と剣のような爪を持ち、嘴《くちばし》には歯が並び、体は蛇のようで、体長が一丈六尺（約四・八メートル）もある妖怪であったという。

この怪鳥は後に江戸時代の画家である鳥山石燕《とりやませきえん》の著作『今昔画図続百鬼《こんじゃくがずぞくひゃっき》』にて「以津真天《いつまで》」と名付けられ、現代においてもこの名が広く使われている。

室町時代

一三九二〜一四六七年

一休宗純 いっきゅうそうじゅん

一三九四〜一四八一年

室町時代の僧侶。臨済宗大徳寺派の僧で、出家していながら飲酒・食肉・女犯を行い、由緒ある文書を燃やすなどの奇行で知られた。これは当時の世俗化、形式化した禅への反抗故の行動だったとされる。詩歌や書画に優れるなど、芸術面にも才があった。後世ではとんち話の主人公となり、このイメージは現在も根強い。

◉道徳心を試された「一休さん」

『耳嚢《みみぶくろ》』には、一休を化かそうとした狐の話が載る。

美濃国《みののくに》には弥次郎狐《やじろうきつね》という年老いた狐がおり、よく出家した僧に化けては一休のことを語っていた。それによれば、ある時、弥次郎狐は一休の道徳心が強いといううわさを聞き、それを試そうと思いついた。

狐は一休の住む寺の前に建てられた家に暮らす夫婦が離縁したという話を聞き、妻の方に化けて一休のもとへ赴いた。そして「夫と離縁したが、母が怒っていて行くところがない。どうか、この寺に泊めていただけないでしょうか」と申し出た。しかし一休は「あなたは寺の門前に住んでいた人だから、こうして対面しているのです。しかしもう門前の家から出たとのこと。そうであれば泊めることはできません」と答えた。そのため狐は「女が暗い夜道に迷うのを見捨てられるのですか」と泣きついた。すると一休は「台所か客殿で一夜を明かしなさい。しかし座敷に入ってはなりません」と告げ、宿泊を許した。

しかし狐の目的は一休の道徳心を試すことだったので、日が落ち、一休が寝床につくと夜這いをかけた。一休は「不届き者め！」と声を荒らげ、持っていた扇のようなもので狐を叩いた。その痛みはすさまじく、狐は一休の道徳心をその痛みによって実感することとなった。弥次郎狐はそれ以来、一休和尚《おしょう》は本当に徳の高い人だと人々に語るようになったという。

笑堂常訴　しょうどうじょうそ　不明（十四世紀頃）

室町時代の僧侶。岐阜県各務原《かかみがはら》市《し》鵜沼《うぬま》大安寺町に現存する大安寺の開山として伝わる人物。室町時代の武将・土岐《とき》頼益《よります》に開山として迎えられた記録が残る。

◉竜女が授けた清水

岐阜県には、以下のような伝説が残されている。

美濃国《みののくに》と尾張国《おわりのくに》の境界には、苧ヶ瀬《おがせ》池という八大竜王を祀る池があった。この池は八木山という山の麓《ふもと》にあり、常訴がこの山で修行をしていると、一人の美しい女が現れた。彼女は「私は苧ヶ瀬池に住む竜神です。以前から和尚《おしょう》様の御徳を崇めておりました。願わくは、私を御弟子の一人に加えて頂けないでしょうか」と熱心に頼んだ。

常訴が竜女に戒を授けたところ、大喜びで常訴のために水を捧げた。そして「大安寺は岩山の間に建てられて、井戸を穿《うが》つこともできず、日々の飲み水に不自由していたようです。せめてもの恩返しに、この山の上に清水を湛えさせましょう」と言って姿を消した。

以来、八木山の頂上からは清泉が湧き出し、その水を境内に引いて長く用水とした。この水はいかなる干ばつでも涸れることはなく、南に流れ大安寺川と呼ばれるようになったという。

この竜女にはさまざまな伝説が残っている。かつては丘に上がって美人に化け、谷では大蛇に化けて人に害をなしたという話もあれば、尾張国の福富新蔵《ふくとみしんぞう》という武士が、鎌倉時代にこの竜女が化けた山姥《やまんば》と出会い、戦ったという話もある。詳しくは福富新蔵（鎌倉時代）の項目を参照。

石屋真梁　せきおくしんりょう　一三四五〜一四二三年

南北朝時代から室町時代の僧侶。曹洞宗の僧で、福昌寺や周防《すおう》泰雲寺《たいうんじ》、長門《ながと》大寧寺《たいねいじ》などの開山として伝わる。

◉鬼の牙も通さぬ石の体

『諸仏感応見好書《しょぶつかんのうけんこうしょ》』には、真梁にまつわる以下のような怪異譚が載る。

ある時、真梁は大河のほとりで水想観（水や氷の清らかな様子を通し、極楽浄土を思うこと）の修行をしていた。その日の夜、彼のもとに餓鬼《がき》が現れて水を乞うた。大河の水神は「この者は人間であった頃、寺の周辺に住んでいたが、水を求める僧侶に水を与えなかった。そのために無水の鬼界に堕ちたのだ。よって、水を飲ませてはならない」と告げていた。それでも餓鬼を哀れに思った真梁は、餓鬼に水を与えた。餓鬼は水を飲み、礼拝して消えたという。

また、真梁が摂津国《せっつのくに》を行脚していた時、母が死に至る病にかかったという報せを受け、急いで帰路についた。途中である山の中の堂を宿としたところ、辺りに光る物が飛び、次いで二体の鬼が現れて真梁を食おうとした。ところが真梁が厨子《ずし》の中に入り、座禅を組んでじっとしていたところ、その体は石のように硬くなり、鬼の歯でも貫くことができなかった。

それ以来、真梁は屋号を石屋とし、その頭には鬼の歯型がいつまでも残っていたという。

雪舟　せっしゅう　一四二〇～一五〇六年

室町時代の禅僧、水墨画家。備中国《びっちゅうのくに》で生まれ、幼少時に出家して京都の相国寺《しょうこくじ》に入る。周文《しゅうぶん》に画法を習い、後に明に渡って水墨画を学び、帰国後は山口に雲谷庵《うんこくあん》という画房をかまえる。自然を題材とした写実的な表現が特徴の水墨画を数多く描き、後世に大きな影響を与えた。

◉夜な夜な抜け出す絵の中の馬

山口県山口市に現存する龍蔵寺には、雪舟が描いたとされる絵馬が残っているが、この絵馬には以下のような伝説が残る。

この絵馬が寺の観音堂にかけられて間もない頃、付近の里で夜な夜な田畑が何者かに踏み荒らされるようになった。農民たちが見張りをしていると、一頭の馬が現れ、田畑で暴れまわって去っていった。その足跡をたどって行くと、龍蔵寺の山門から観音堂の中へと消えていった。このことから絵馬に描かれた馬が抜け出しているのだろうということになり、雪舟を呼んで手綱を描き加えてもらったところ、馬は出てこなくなったという。

絵に描いた馬が現実に抜け出してくるという怪異譚は、類似したものに巨勢金岡《こせのかなおか》の描いた馬の絵にまつわるものがある。詳細は当該項目（平安時代）を参照。

竹居正猷　ちくごしょうゆう　一三八〇～一四六一年

南北朝時代から室町時代にかけての僧侶。曹洞宗の僧で、石屋真梁《せきおくしんりょう》の弟子。師の後を継いで、妙円寺や大寧寺の住持となった。また周防竜文寺《すおうりゅうもんじ》の開山としても知られる。

◉面倒見のよすぎる山の神

『諸仏感応見好書《しょぶつかんのうけんこうしょ》』には、大寧寺にまつわるこんな話が載る。

真梁がこの寺の開山となった頃、毎晩山神が現れて食事と茶を真梁に提供していた。真梁はこの神を妙見《みょうけん》大菩薩と呼び、寺の守護神とした。その後正猷が後を継ぎ、お堂を建設していた時、またこの神が現れるようになった。山神は食事を作り、不足している薪《たきぎ》を集めて提供してくれたという。

さらに後の時代、異雪《いせつ》という和尚《おしょう》が住持をしていた頃、大寧寺に放火する者がおり、寺の建物はほとんど焼けてしまった。この時も山神が出現し、飲食の世話をしてくれたという。

この出来事は、大寧寺三不思議として伝えられている。

十市遠忠 とおちとおただ

一四九七〜一五四五年

室町時代の武将。歌人としても有名で、歌集に『日次《にちじ》詠草《えいそう》』『十市遠忠百首《とおちとおただひゃくしゅ》』『十市遠忠百番自歌合《とおちとおただひゃくばんじうたあわせ》』などがある他、さまざまな歌集を書写して後世に伝えた。武勇にも優れ、龍王山城《りゅうおうざんじょう》を築城するなどの功績を挙げ、十市氏の最盛期を築いた。

◉城跡に飛ぶ怨念の火の玉

奈良県天理市には、遠忠が死後に怪火《かいか》となった伝説が残っている。

十市氏の全盛期を築いた遠忠だったが、最期は十市氏が代々居城にしていた十市城を松永久秀《まつながひさひで》に攻められて憤死した。以来、十市城跡に向かって「ホイホイ」と叫ぶと、「ジャンジャン」と音を鳴らして火の玉が飛んでくるようになった。これは遠忠の怨念が怪火となったもので、これを目撃すると二、三日熱に浮かされるという。

この怪火は、ジャンジャン火またはホイホイ火と呼ばれている。ジャンジャン火は奈良県に伝わる怪火で、その正体は心中した男女の霊、奈良時代の公卿の怨霊、仇《かたき》討ちをした兄弟の魂などさまざまな説がある。

ただし、久秀が十市城を攻めたのは遠忠の子・遠勝《とおかつ》の時代においてであり、その時点ですでに遠忠は亡くなっているため、久秀に攻められて死んだ遠忠の怨霊、という説には矛盾が生じている。

細川政元 ほそかわまさもと

一四六六〜一五〇七年

室町時代の武将。応仁の乱中に父・細川勝元《ほそかわかつもと》から家を継ぎ、畠山政長《はたけやままさなが》を殺害して足利義澄《あしかがよしずみ》を将軍に立て、幕府の実権を握る。しかし修験道に没頭して政治を顧みなかったため、暗殺されて命を落とした。

◉外法《げほう》に傾倒した武将

参照。

修験道を好んでいた政元だが、『足利季世記《あしかがきせいき》』には、飯綱《いづな》の法や愛宕《あたご》の法といった魔法を行う様子がまるで山伏のようで、見る者の身の毛がよだつほど恐ろしい、と記されている。

飯綱は飯縄とも書き、飯縄の法は白狐に乗った天狗《てんぐ》の姿をした飯縄権現という神によって授けられる法とされ、狐や天狗を使役する外法とされた。仏教などにおける魔法とは外法の意味であり、現在使われる魔法という言葉とは意味が異なる。

飯縄の法と並んで記されている愛宕の法は、愛宕権現によって授けられる法と考えられているが、この愛宕権現も愛宕山太郎坊という天狗がその本体とされることがあり、愛宕山では天狗信仰が盛んである。愛宕山は修験道の修行地として有名で、修験道の開祖とされる役小角《えんのおづぬ》がこの山で愛宕山太郎坊と邂逅した伝説が伝わっている。詳細は役小角（飛鳥時代）の項目を参照。

さらに『後慈眼院殿御記《こうじげんいんどのぎょうき》』には、源義経《みなもとのよしつね》が天狗に兵法を教わったという鞍馬山《くらまやま》にある鞍馬寺で政元が山伏から兵法を教わり、天狗の法を授けられたのではないかと人々は不審に思った、といった記述がある。政元は天狗の法を学び、使用していたと当時は考えられていたようだ。源義経の詳細については当該項目（平安時代）を

戦国時代

一四六七〜一五七三年

今川義元　いまがわよしもと

一五一九〜一五六〇年

戦国時代の武将。幼少時に出家し、梅岳承芳《ばいがくしょうほう》と名乗るが、兄の氏輝《うじてる》が病死したことで還俗し、家督を継承する。これに異母兄の玄広恵探《げんこうえたん》が反対して反乱を起こすが、これを下して駿河《するが》・遠江《とおとうみ》両国の経営に着手する。その後織田氏を破り、三河国《みかわのくに》も支配するが、桶狭間で織田信長《おだのぶなが》の奇襲を受けて討死《うちじに》した。

◉戦を止める亡き兄の姿

『当代記《とうだいき》』には、自身が死に追いやった異母兄の恵探が義元の夢に現れた話が載る。

桶狭間の戦いの前夜、恵探は夢の中で義元にこの度の出陣をやめるように忠告した。義元は兄とはいえかつて敵対した恵探の言葉を聞き入れようとしなかったが、恵探が「敵味方ではなく、今川家の滅亡を案じている」と伝えたところで目が覚めた。翌日、出陣した義元軍が藤枝を通過する際、今度は現実に恵探の霊が現れて行く手を遮ろうとしたため、義元は思わず刀に手をかけた。しかし義元以外の誰も、恵探の姿を見た者はいなかったという。

◉死後もさ迷う桶狭間の亡霊

恵探の懸念は的中し、桶狭間の戦いで義元は織田信長に敗れ、今川氏は没落する。桶狭間の戦いの主戦場となった説がある愛知県豊明市では、明治頃まで今川軍の亡霊たちの鬼哭《きこく》が聞こえたという。また、静岡県静岡市では、夏の始めに出るカトンボ（ガガンボ）は、今川義元の怨念が化けたものであると伝えられている。

上杉謙信　うえすぎけんしん

一五三〇〜一五七八年

戦国時代の武将。越後国《えちごのくに》の大名であり、戦や政治だけでなく産業の振興にも力を入れたことで知られる。宿敵である甲斐国《かいのくに》の大名・武田信玄《たけだしんげん》とは、川中島の戦いで五度にわたり戦った。だが信玄が同盟国から塩の輸出を止められた際には越後の塩を送ったという逸話もあり、これが「敵に塩を送る」という故事の由来となった。

◉越後の虎と妖怪

石川県には以下のような伝説が残る。

謙信が能州を侵略した際、羽咋郡《はくい》一ノ宮村（現羽咋市の一部）の城にこもっていた僧兵が、落城と共に海に没した。以来、その近辺では全く風のない日でも海鳴りが聞こえるようになり、これは僧兵の悲鳴だと考えられたという。また、この海鳴りを起こす妖怪は「海鳴り小坊主」と呼ばれている。

また『異説《いせつ》まちまち』には、ある夜、謙信が雪隠《せっちん》に行った際に大山伏が出現し、謙信がにらみつけると消え失せたという記述がある。だがそれ以来謙信は病気がちになり、ついには亡くなってしまったとされる。

他にも新潟県には、林泉寺の釣鐘が赤坊主《あかぼうず》という妖怪に盗まれた際、側近の小島弥太郎《こじまやたろう》に命じて取り返させたという伝説が残る。

宇都宮正綱　うつのみやまさつな　不明～一五七九年

戦国時代の武将。伊予国《いよのくに》宇都宮氏の一族の一人。一五五九年、高山城主となる。武勇で知られたが、長宗我部《ちょうそかべ》軍との戦いで討死《うちじに》した。現在の愛媛県西予《せいよ》市の若宮神社に霊廟《れいびょう》が残る。

◉伊予の河童《かっぱ》の恩返し

若宮神社には、正綱と河童にまつわるこんな伝説が残る。

正綱がある夏の夕暮れに、馬を川で洗っていると、馬を水中に引き込もうとする腕が見えた。正綱がその腕を摑んで引きちぎると、それは河童の腕であった。

その夜、腕を失った河童が現れ、「二度といたずらをしないので、腕を返してください」と懇願した。かわいそうに思った正綱は、深く諭してから腕を河童に返してやったという。

以来毎朝、高山城の門の金具に、大きな鯛がかけられるようになった。しかしある日、門の金具を河童の苦手な鹿の角に変えたところ、鯛は届けられなくなった。

それから数年後、正綱が討死した夜には、彼の死を悼むかのような河童の鳴き声がいつまでも聞こえてきたという。

この伝説に基づき、若宮神社には明治時代に鯛を抱えた河童の狛犬が据えられた。

また、『宇和旧記《うわきゅうき》』には、これに似ているが内容の違う話が載る。

ある夜、金剛寺からの帰り道で、正綱は怪しげな小坊主に出会った。正綱が「お前は何者だ」と取り押さえると、相手は「私は海童《うみわらわ》です。助けてください。見逃してくだされば、高山の牛を守り、農民の耕作を手助けします」と訴えた。

正綱が約束させて命を助けたところ、高山の牛は病にかかりにくくなったとされる。

大内義隆　おおうちよしたか　一五〇七～一五五一年

戦国時代の武将。周防国《すおうのくに》などの守護。大友氏《おおともし》、尼子氏《あまごし》、少弐氏《しょうにし》など九州・山陰の各勢力と争い、勝利したが、毛利氏などの諸勢力を引き連れて尼子氏の本拠に攻め入った月山富田城《がっさんとだじょう》の戦いで大敗し、以降は野心や政治的関心を失い、文治にふけるようになる。

その後は京都の学問芸能を移植させる、朝鮮と明《みん》の高級文物を輸入する、ザビエル一行に宣教の自由を付与するなどして、山口を文化都市として栄えさせた。

しかしその文治に偏った政治は武闘派の反発を招き、家臣であった陶晴賢《すえはるかた》の謀反に遭い、大寧寺《たいねいじ》の変にて自害した。これによって大内氏は事実上滅亡したという。

●夜空を翔《かけ》た滅びの予兆

『陰徳太平記《いんとくたいへいき》』には、大内氏の滅亡の予兆として起こったさまざまな怪事について記されている。

まず、大内氏の歴代当主が居館としていた築山館の客殿の庭に植えられた双葉の松が一斉に枯れ落ちた。その後義隆は山口の龍福寺で、「知やいかにすえの山風吹き落《おち》てもろく樹の散《ち》果《り》てんとは」（どのように知ることだろう。最後の山風が吹き、もろくも大樹が枯れてしまうことを）と、大内家の滅亡を予言するような不吉な和歌を詠む老僧と出会う。この老僧はかき消えるようにいなくなり、その後現れることはなかったという。

それから数日後、ひどい風雨があり、空が暗澹《あんたん》たる灰色に染まった時、義隆の住む築山館から傘ほどの大きさの光り物（空中を光って飛ぶ怪異全般を指す）が飛び出し、鯖山《さばやま》の方へと飛んでいった。次に富田の方から赤い雲のようなものが飛んできて、空中で光り物とぶつかった。光り物は地に落ちて消えたが、赤い雲は築山館の上空にやって来て、しばらくそこで燃える炎のように漂っていた。この雲は夜が明けるにつれて消えていったが、この怪事があったすぐ後に大寧寺の変が起きたという。

築山館から飛び出した光り物と富田から飛んできた赤い雲との衝突は、大内氏と尼子氏が月山富田城で争った月山富田城の戦いを再現しているものと思われる。地に落ちた光り物は、この戦いに敗れたことで義隆が政治的関心を失って家臣の謀反を招き、最終的に大内氏滅亡の遠因となったことを表しているのだろう。

大崎義兼 おおさきよしかね

不明〜一五二九年

戦国時代の大名。陸奥大崎氏の第九代当主。奥州探題でもあった。

●河童《かっぱ》の神に味方される

宮城県には以下のような伝説が残る。

義兼が松山城（現宮城県大崎市）を攻めた際、長雨で鳴瀬川が増水して渡れなくなった。すると十二、三歳の子どもが船に現れ、水棹を取って義兼軍を対岸に渡し、松山城を攻め落とす契機となった。

その後子どもの姿は見えなくなったが、後に義兼の部下である中里豊後《なかざとぶんご》の家に現れ、船を渡したのは磯良《いそら》明神《みょうじん》であると告げたという。

磯良明神は河童の神とも伝えられ、同県では磯良明神が翁の姿で現れ、義兼の孫・義隆《よしたか》を助けた話も伝わっている。

香川勝雄 かがわかつたか

一五一五〜一五六九年

戦国時代の武将。安芸国《あきのくに》香川氏の家臣であり、香川《かがわ》光景《みつかげ》に仕えた。武芸に優れた人物で、数々の戦で活躍したと伝えられる。最期は高田城に侵攻してきた尼子《あまご》・三《み》浦《うら》連合軍との闘いで討死《うちじに》したという。

●超巨大蛇と一騎打ち

『陰徳太平記《いんとくたいへいき》』には、勝雄が大蛇を退治したという伝説が載る。

天文元年（一五三二年）の春のこと、香川氏の所領である八木荘《やぎしょう》（現広島県広島市）の阿武山に大蛇が現れ、往来する人を襲っていた。その体は巨大な象を飲み込めるほど大きく、崑崙《こんろん》（中国の伝説に登場する山岳）を一巻きできるほどの長さであった。背には松や柏の木が生い茂り、鼻先には巨大な牙が生え、眼光は太陽や月のような光を放っていた。舌を翻《ひるがえ》せば紅炎が吐き出され、体を動かせば百の毒があふれ返った。そのためこの大蛇がいる場所には人の往来がなくなり、付近の村はひどく苦しんでいた。

光景が大蛇退治を部下たちに命じ、候補者を募ると、当時十八歳であった勝雄が手を挙げた。光景は代々家に伝わる三尺一寸（約九十三センチ）の太刀を勝雄に渡し、勝雄は阿武山に大蛇退治に向かった。

山に入ると雨が降り始め、土砂崩れが起き、前が見えなくなって馬も動けなくなった。そこで馬から下り、一人で山を登っていくと、頭を大木に乗せて眠る大蛇を見つけた。

　勝雄は大蛇のそばに立ち、「お前は山に住む毒虫でありながら、山を下りて人を害し、その往来を妨げた。これは極刑を受けても仕方がないことである。だがお前に選ばせてやろう。もし山の深くにこもり、もう人を害さないというなら見逃そう。しかしこの場所から去らないというならば、一太刀で斬り殺してみせよう」と告げた。

　大蛇はこれを聞いて目を覚まし、炎を吐き出して勝雄に襲いかかった。勝雄は怯《ひる》まず太刀を抜くと、大蛇に飛びかかって首を一刀両断した。

　宙を飛んだ大蛇の首が勝雄めがけて真っ逆さまに落ちてきたので、勝雄は再び太刀を振るい、首に斬りかかった。怯んだ大蛇の首は大地を穿《うが》ち、岩を砕きながら遠くへ飛び跳ねていき、首から流れた血でできた淵の中へと沈んでいった。

　その後も首は淵の中から鳴き声を上げ続け、周囲の人々を悩ませたため、この淵は蛇王池と呼ばれるようになったという。

　また、広島市に現存する「キツネ岩」には、以下のような伝説も伝わる。

　当時、この岩の上に美しい女が現れ、人を笑って馬鹿にしていた。勝雄がこれを退治したところ、その正体は古狐であったという。

蒲生貞秀《がもうさだひで》　一四四四〜一五一四年

　室町時代から戦国時代にかけての武将。近江国《おうみのくに》蒲生郡の豪族。音羽城を建て、初代城主となる。室町幕府に重用されたが、足利義稙《あしかがよしたね》の失脚後は、かつて延徳の乱で戦った六角高頼《ろっかくたかより》が近江守護となり、貞秀はその下に属して六角氏方《がた》としていくつもの戦いに参戦した。歌人としても優れ、著作に『蒲生貞秀詠草《がもうさだひでえいそう》』『貞秀朝臣集《さだひであそんしゅう》』がある。

◉武将を翻弄した天狗《てんぐ》

『老嫗茶話《ろうおうさわ》』には、貞秀が戦ったある妖怪の話が載る。

　貞秀が甲斐国《かいのくに》の猪鼻山《いのはなやま》という山に陣を張った時の事。その山には天狗が住みついており、山上から数多の岩を落としては、笑い声を上げていた。

　貞秀はこれを見て「この山には大頭魔王《たいずまおう》と呼ばれる怪物が住み、人を食うという。かつて空海《くうかい》がこれを岩窟に封じ、そこは魔王堂と呼ばれるようになった。今でも、その近くを通る人はこの怪物に殺され、生きて帰る者はいないらしい」と部下たちに説明した。すると勇猛な武士である土岐元貞《ときもとさだ》が「私が見てまいりましょう」と言い、装備を整えて岩壁をよじ登っていった。

しばらくして、元貞が貞秀の陣に帰還し、仁王や仏、鬼婆《おにばば》などさまざまな化け物と戦ったことを貞秀に報告していると、元貞が斬り落としたという仁王の首が陣に落ちてきた。その轟音は百の雷が落ちたようで、同時に雲が空を覆い、しばしの闇が訪れた。

しばらくして闇が晴れると、仁王の首はなく、天女が一人、金色の鳳凰《ほうおう》を抱いて座っていた。貞秀が刀を抜いて天女をにらみ、「何者か、正体を現せ」と言うと、天女は「私は玄宗皇帝《げんそうこうてい》の妻であった楊貴妃《ようきひ》です。玄宗皇帝とは生前の契りが深く、何度転生を繰り返しても夫婦の契りを結んでおります。玄宗は今、この山の天狗となりましたので、私もまたそれに従ってここに来たのです。あなた方は不浄の身をもって山を踏み荒らしました。一人も生きては返しませぬ。覚悟しなさい」と告げた。

貞秀は刀を抜いて天女の首を躊躇なく斬り落とした。天女は地面に倒れたが、よく見ると、それは首を落とされた元貞の亡骸《なきがら》であった。直後、山から笑い声が聞こえ、山の上から岩が雨のように落ちてきた。さらに嵐までやって来て、陣の中の武器や旗を吹き飛ばしたので、さすがの貞秀も陣を退去し、国へ帰ったという。

土岐元貞の活躍の詳細については当該項目を参照。

朽網鑑康 くたみあきやす　一五〇二〜一五八六年

戦国時代から安土桃山時代にかけての武将。大友義鑑《おおともよしあき》、大友宗麟《おおともそうりん》、大友義統《おおともよしむね》の三代にわたり大友家当主に仕えた。多々良浜の戦い、耳川の戦いなどの合戦で活躍したと伝えられる。

◉鬼と化した神馬との戦い

『大友興廃記《おおともこうはいき》』によれば、鑑康は黒岳八幡宮に奉納した神馬を野に放ち、翌年に捕らえて再び奉じる、という儀式を毎年行っていた。しかしある年、神馬が見つからなかったため、別の馬を捧げ、同じように野に放った。だがその翌年も神馬は見つからず、馬どころか樵《きこり》や草刈りに行った人間も帰ってこないことが続いた。

人々は「前に放った馬が鬼になって、後から野に放たれた馬や人を食い殺したのであろう」とうわさするようになり、実際に山を探すと、人や馬の骨がいくつも見つかった。その上、道を往来する人間が声を発すると、それを聞きつけた馬の化け物が襲ってくるという事件がたびたび起きた。そのため鑑康は大久保蔵人《おおくぼくろうど》と上高因幡守《じょうこういなばのかみ》という家来にこの馬の退治を命じた。

大久保が薙刀《なぎなた》、上高が弓を装備して待ち構えていると、通常の馬よりも巨大な葦毛の馬が歯嚙みしながら襲いかかってきた。上高は弓矢を射たが矢は落ちて当たらず、馬は大久保に飛びかかった。しかし大久保は薙刀の石突きを屏風岩に当てて待ち構えていたため、薙刀の刃が馬の体を貫き、馬はやがて力尽きて死亡した。

翌日、馬の死骸は消えており、大久保は祟られて子孫に男児ができなくなった。そのため宮を造り、「馬鬼の宮」と名付けてこの馬鬼を祀ったという。

玄広恵探

げんこうえたん　一五一七～一五三六年

戦国時代の武将。今川義元《いまがわよしもと》の異母兄。早くに出家し、花倉の遍照光寺の住持となる。家督を継ごうとした義元に反対し、挙兵して花倉城を拠点とするが、義元に攻められて敗北。最期は普門寺で自害した。

◉今川家滅亡を案じた亡霊

『当代記《とうだいき》』には、恵探が死後、異母弟である義元の夢に現れた話が載る。

桶狭間の戦いの前夜、恵探が義元の夢に現れ、この度の出陣をやめるよう忠告した。義元は兄とはいえかつて敵対した恵探の言葉を聞き入れようとしなかったが、恵探が「敵味方ではなく、今川家の滅亡を案じている」と伝えたところで目が覚めた。翌日、出陣した義元軍が藤枝を通過する際、今度は現実に恵探の霊が現れて行く手を遮ろうとしたため、義元は思わず刀に手をかけた。しかし義元以外の誰も、恵探の姿を見た者はいなかったという。

恵探の懸念は的中し、桶狭間の戦いで義元は織田信長《おだのぶなが》に敗れ、今川氏は没落する。その後戦いに敗れた義元の亡霊はカトンボと化したという。詳細は今川義元の項目を参照。

小島弥太郎

こじまやたろう　不明（十六世紀頃）

戦国時代の武将。越後国《えちごのくに》の人物で、上杉家の家臣であったとされる。特に上杉謙信《うえすぎけんしん》には幼少期から側近として仕えていたという。剛力で「鬼小島」と呼ばれていたなどの伝説が残る。

新潟県に残る伝説によれば、林泉寺の釣鐘が妖怪「赤《あか》坊主《ぼうず》」に盗まれた際、謙信に赤坊主の退治を命じられた弥太郎は単身で林泉寺に乗り込んだ。そして見事に赤坊主を退治し、釣鐘を奪還したという。

この赤坊主と弥太郎との死闘は、葛飾北斎《かつしかほくさい》の浮世絵「鬼児島弥太郎西法院赤坊主《おにこじまやたろうにしほういんあかぼうず》」でも描かれている。

佐伯惟治　さえきこれはる

一四九五～一五二七年

戦国時代の武将。豊後国栂牟礼城主《ぶんごのくにとがむれ》。豊後佐伯氏当主として活躍したが、肥後国《ひごのくに》の菊池義武《きくちよしたけ》に通じ、謀反を企てていると虚偽の報告が大友義鑑《おおともよしあき》になされ、義鑑に討伐を命じられた臼杵長景《うすきながかげ》によって攻められ、最後は長景の命で討伐に現れた新名党（地方武士の集団）との戦いの最中に切腹した。

◉罠にはめられ、邪神と化す

この謀反の報告は、長景による罠であったと考えられており、惟治は無念の死により邪神と化したという伝説が『大友興廃記《おおともこうはいき》』に記されている。

それによれば、惟治を切腹に追い込んだ新名党の者たちは惟治の死後十日も経たずに祟り殺され、長景もまたしばらくして病死した。その後も各地で災異が起きたため、怨念を鎮めるべく惟治を富尾権現として祀り、富尾神社が建立された。加えて惟治の胴体を祀った尾高智神社や、首を祀った御頭神社など、惟治を祀る神社が二十余り建立されたという。

佐伯三郎　さえきさぶろう

不明

戦国時代の武将。佐伯惟信《さえきこれのぶ》の子であったが、惟信が三郎の母と離縁し、後妻をもうけると、その間に生まれた惟勝《これまさ》と惟常《これつね》の謀略により殺された。

◉異母弟を恨んで怨霊化

『大友興廃記《おおともこうはいき》』によれば、謀殺された三郎は怨霊と化して自分を殺した弟たちを崇ったとされる。その後三郎を祀るため梅の宮という社《やしろ》が建てられたという。

大分県豊後大野市に現存する梅宮神社がこの社ではないかと考えられる。

島津義久　しまづよしひさ

一五三三～一六一一年

戦国時代から安土桃山時代にかけての武将。薩摩国《さつまのくに》の戦国大名として当時九州最大の戦国大名であった豊後国《ぶんごのくに》の大友氏を打ち破る。しかし豊臣秀吉《とよとみひでよし》に降伏し、その臣下に下る。豊臣政権は義久の弟・義弘《よしひろ》を当主として扱ったが、領内の実権は変わらず義久が握り、「両殿体制」と呼ばれた。関ヶ原の戦いにはほとんど関与せず、晩年には隠居するも江戸幕府と書状をやり取りするなど実権を持ち続けた。

◉義久を助けた白狐の加護

島津家は初代当主の島津忠久《しまづただひさ》が稲荷神の使いである狐の加護のもとに生まれたという伝説があることから、稲荷神を信仰する一族だった。稲荷神にまつわる伝説は、義久にも残っている。

『大友興廃記《おおともこうはいき》』によれば、義久が耳川の戦いにて大友宗麟《おおともそうりん》と激突した際、戦の最中に「うつ敵は立田の川のもみじかな」という霊夢を見た。そしてその数日後、白狐が義久の旗本から敵方に向かっていったのが見えた。義久軍はこれを吉兆であると考え、実際に戦は島津軍の勝利に終わったという。

義久の弟である義弘にも、朝鮮出兵の際に白狐と赤狐が島津軍を援護した伝説が残されている。詳しくは島津義弘の項目を参照。

島津義弘　しまづよしひろ

一五三五～一六一九年

戦国時代から安土桃山時代にかけての武将。戦国大名島津義久《しまづよしひさ》の実弟であり、島津家十七代目当主。武勇に優れ、「鬼島津」の異名で知られた。豊臣秀吉《とよとみひでよし》の臣下となった後は義久に代わり当主として扱われ、朝鮮出兵では泗川《しせん》の戦いで七千人の軍を率い、数万の明《みん》・朝鮮連合軍を打ち破るなど活躍した。後の関ヶ原の戦いでは西軍に付き、敗戦が確定した際には「島津の退き口」と呼ばれる撤退戦によって島津軍に残った三百の兵で敵陣を突破し、多くの兵を失いながら無事薩摩国《さつまのくに》へと帰り着いた。

その後は徳川との交渉により処分を免れ、自身は息子の忠恒《ただつね》へと家督を譲り、隠居した。

◉島津軍に味方した紅白の狐

先述した泗川の戦いにおいて、義弘は兄の義久に、狐が島津軍に味方して戦った様子を書状に書き記して送っている。その内容は、白狐が匹、赤狐が二匹敵陣に向かっていき、明・朝鮮連合軍と戦って、うち赤狐一匹が戦死した、というものだった。

これは後に『惟新公御自記《いしんこうごじき》』にて稲荷大明神の使いであると記されている。

島津家は初代当主である島津忠久《しまづただひさ》が稲荷神の使いである狐の加護のもとに生まれたという伝説があり、稲荷神を信仰していた。義弘の兄である義久にも、戦の際に白狐が現れた話が伝わる。詳しくは島津義久の項目を参照。

島村貴則　しまむらたかのり

不明～一五二三年

戦国時代の武将。細川高国《ほそかわたかくに》に仕えた。三好元長《みよしもとなが》らと尼崎で戦い、敗死したという。

●蟹と化した戦国武将

貴則が果てたとされる大阪府の野里川付近では、貴則の亡霊が蟹となった伝説が語られている。貴則の死後、野里川には人間の顔のような甲羅を持つ蟹が現れるようになったため、この蟹は島村蟹《しまむらがに》と呼ばれるようになったという。

この島村蟹は、同じく平家の亡霊が蟹と化したという伝説が名前の元になっているヘイケガニの異称とされる。ヘイケガニの甲羅には人間の怒り顔のように見える凹凸があり、これがさまざまな伝承を生んだ。

常元　じょうげん

不明（十六世紀頃）

近江国《おうみのくに》志賀郡別保村に住んでいたという人物。元は南《な》蛇井《だい》源太左衛門《げんたざえもん》という浪人で、常元は出家して剃髪した後の名である。源太左衛門は諸国で悪行を重ね、盗賊や殺人を繰り返していたが、老いてからは改心して出家し、穏やかに暮らしていた。しかし過去の悪行により役人に捕まり、木に縛られて斬首されたという。

●虫と化した怨念

『三養雑記《さんようざっき》』によれば、常元の遺体が埋められた木の根元からは、毎年夏になるとおびただしい数の虫が現れるようになった。その虫はまるで人間が後ろ手に縛られたような姿をしており、人々はこの虫を常元虫《じょうげんむし》と呼んで恐れた。なお、『煙霞綺談《えんかきだん》』では浄元虫と表記される。

また常元が住んでいた屋敷も、他の者が住もうとすると災いが起きたため、常元屋敷と呼ばれて恐れられた。

「皿屋敷」の怪談の一つとして、殺された菊という娘が後ろ手に縛られた虫の姿で現れる「お菊虫」の話が兵庫県姫路城付近に伝わっている。この虫はジャコウアゲハの蛹《さなぎ》だと考えられており、『三養雑記』にも常元虫が蝶になる描写があるため、常元虫の正体もジャコウアゲハか、似た姿を持つ実在の蝶であったと考えられる。

杉谷宗故　すぎやむねゆえ

不明（十六世紀頃）

戦国時代の武人。豊後佐伯家の家臣であり、佐伯惟常《さえきこれつね》を深く慕っていた。惟常への忠誠心から対立していた惟常の兄・惟勝《これかつ》に謀反を起こそうとしたことが露見して宿所を攻められ、腹を十字に斬って果てたという。熊本県阿蘇市（旧阿蘇郡波野村）には現在も宗故の墓が残されている。

●死後なお揺るがぬ強い怨念

『大友興廃記《おおともこうはいき》』には、宗故が切腹する際に「雑兵で自分を手にかけるものは七代まで祟り殺す」と宣言したことが記されている。実際、宗故が切腹した後、その首を取った兵は十日も経たずに大病で死んだとされる。また、宗故は死後邪神と化し、自分が埋められた塚の前を馬に乗って通る人間を落馬させるようになった。そのため、杉谷の宮という社《やしろ》が建立されたという。

高梨政盛　たかなしまさもり　一四五六〜一五一三年

室町時代から戦国時代にかけての武将。信濃国《しなののくに》の戦国武将で、長尾為景《ながおためかげ》が上杉房能《うえすぎふさよし》に謀反を起こした永正の乱では長尾側に加担し、房能を自害に追い込んだ。また房能の兄である顕定《あきさだ》が為景を討伐しに侵攻してきた際も為景と共に戦い、長森原の戦いで功績を挙げて勢力を拡大した。

◉竜が恋した武将の娘

長野県水内郡信濃町の黒姫山《くろひめやま》には、政盛の娘である黒姫が竜の嫁になったという伝説が残っている。

ある時、政盛が黒姫を伴って花見に出かけた際、一匹の白蛇が現れた。政盛は黒姫にその蛇に酒を分けてやるように言い、黒姫が言われた通りにすると、蛇は酒を飲み干して去っていった。

その夜、黒姫のもとに狩衣《かりぎぬ》を来た小姓が現れて黒姫に求婚した。小姓は自分の正体が昼間の白蛇であることを伝え、黒姫もまたその小姓に心を奪われたため、小姓は後日改めて婚姻の許可をもらいに政盛のもとを訪れた。

しかし、小姓が自分の正体は志賀山の大沼地に住む竜であると明かすと、政盛は人ならざるものに娘を嫁にやるわけにはいかないと追い返した。しかしそれ以降も毎日小姓は彼のもとにやって来たため、政盛は小姓を罠にかけて殺そうとした。激怒した小姓は竜の姿となり、洪水を引き起こして大地を荒らした。これを見た黒姫は竜の妻になることを父に伝え、竜に嵐を止めるように頼んだ。竜は彼女を乗せて天へと昇っていった。以来、二人は山中の池に住みついたため、その山は黒姫山と呼ばれるようになったという。

武田信玄　たけだしんげん　一五二一〜一五七三年

戦国時代の大名。父・信虎《のぶとら》を駿河《すが》に追放して甲斐国《かいのくに》の大名となり、後に信濃《しなの》、駿河と上野《かみつけの》、飛騨《ひだ》、美濃《みの》、三河《みかわ》、遠江《とおとうみ》の一部を領有する戦国大名となった。北信濃の領有を巡って越後《えちご》の上杉謙信《うえすぎけんしん》と数度にわたってぶつかり合った川中島の戦いが有名。また、三方ヶ原の戦いでは徳川《とくがわ》家康《いえやす》を破ったが、翌年病没した。

●甲斐の虎を試した美少年天狗《てんぐ》

『義残後覚《ぎざんこうかく》』には、信玄が天狗と遭遇した話が載る。

ある時、信玄のもとにこの世に二人といないほど美しい十五、六歳の少年が現れ、「召使いにしてほしい」と頼んだ。この少年はよく気が付き、信玄の考えを先回りして望むものを用意するなどしたため、信玄はこの少年を気に入り、やがて側近として召し抱えることにした。

ある夜、信玄がその少年に茶を煎れさせていると、外で十人ほどの人間が口論の末に武器を取って打ち合う音が聞こえてきた。それらの声が信玄の部下の誰のものでもなかったため、信玄は少年に弓を用意させ、音のする方に矢を射った。すると驚いた声がして、すぐに何の音も聞こえなくなった。信玄は「これは天狗の仕業であろう。私が軍事や戦術のことばかりに明け暮れているので、天狗どもが私を試そうとしたのだ。あやつらは全く人ではあるまい」と告げると、少年は「仰せの通りにございます」と言って消えてしまった。

信玄は「やはり魔の所業であることに疑いはない。油断してはならぬな」と心を改めたという。

多田満頼 ただみつより

不明〜一五六三年

戦国時代の武将。甲斐武田氏の家臣で、足軽大将として活躍し、二十九の武功と二十七の傷があったと伝えられる。平安時代に数々の妖怪退治伝説を残した源 頼光《みなもとのよりみつ》の子孫という説がある。

●地獄の車を退治する

『甲斐国志《かいこくし》』には、満頼が信濃虚空蔵山砦《かしゃおに》（現長野県上田市塩尻）を警護していた際、火車鬼を斬ったという伝説が記されている。

火車鬼は「火車」とも呼ばれ、地獄の獄卒が生前に悪業を犯した人間を運ぶ「火の車」が元になったと考えられている。民間では死人に関わる伝承が多い猫と結びつけられ、火の車を引く化け猫、もしくは炎を纏った化け猫のような姿をしていると語られるようになった。火車は中国由来の妖怪であり、水や川の物の怪である「魍魎《もうりょう》」と結びつけられることもある。これは魍魎が死体を食うことからの連想と考えられ、江戸時代の随筆『耳嚢《みみぶくろ》』には、魍魎を名乗る妖怪が黒雲と共に死体を奪っていく描写がある。

満頼が戦った火車は描写が少なく、どのようなものであったか不明だが、いずれにせよ恐ろしい妖怪だったのだろう。

◉自分が斬った鬼と入浴

甲斐市には以下のような伝説が残る。

満頼が湯治のために湯村温泉に向かう途中、天目山《てんもくざん》の麓《ふもと》で杉の木の上から伸びてきた腕に髪を摑まれた。満頼が怯《ひる》むことなく刀を抜いて斬り払うと、長さ九尺（約三メートル）の翼が落ち、妖怪は逃げていった。

満頼は斬り落とした翼と共に湯村温泉にたどり着いた。ある風雨の激しい日、体に大きな切り傷を負った法師が温泉に入ってきた。満頼が傷について尋ねると、「多田満頼という者にやられたものだ」との返事が返ってきたため、満頼は刀を抜いて斬りかかったが、法師は驚いて逃げてしまった。

以来、湯村温泉は鬼の湯と呼ばれるようになったという。

立花道雪 たちばなどうせつ

一五一六～一五八五年

戦国時代から安土桃山時代にかけての武将。豊後国《ぶんごのくに》の大友氏に仕えた。武勇に優れた人物で、北九州各地を転戦し、多くの武功を挙げた。義に厚い武人としても知られ、離反者が続出した大友家に最後まで仕え、部下からも慕われていたという。

◉雷を斬った伝説の刀

『大友興廃記《おおともこうはいき》』には、道雪が雷を斬った伝説が記されている。

道雪が炎天下に大木の根元で昼寝をしていると、彼に向かって雷が落ちてきた。道雪がとっさに千鳥《ちどり》という刀で雷を斬ったところ、雷は飛び去っていった。

以来道雪は左足が不自由となり、一人では出陣も難しくなったが、武勇で他者に負けることはなかった。雷の当たった跡が残る千鳥は、雷を斬った刀として「雷切《らいきり》」と呼ばれた。

道雪が斬った雷は、雷神だとも雷獣だともいわれている。雷獣は雷と共に落ちてくる獣で、江戸時代にはさまざまな姿で描かれた。

伊達政宗 だてまさむね

一五六七～一六三七年

戦国時代から江戸時代にかけての武将。陸奥国《むつのくに》及び出羽国《でわのくに》を平定したが、豊臣秀吉《とよとみひでよし》に領土の一部を没収される。秀吉の死後は徳川方に付き、関ヶ原の戦いを経て仙台藩の礎を築いた。幼少時に天然痘で右目を失明し、隻眼《せきがん》であったことから「独眼竜」と呼ばれていたことが有名。

◉独眼竜VS大入道

宮城県には以下のような伝説が残る。

かつて仙台城下町の北西部に伊勢堂山という寺社があり、そこでは巨大な岩が夜毎《よごと》にすさまじいうなり声を上げていた。ある者の証言によれば、この岩は大入道に変化して割れた鐘のような声を響かせているらしく、誰もこの近辺を通らなくなった。

政宗が調査させたところ、使いの者は翌朝青い顔で戻ってきた。うわさは事実で、どうしても手に負えないなどと弱音を吐く。そこで政宗が武装して現場に向かったところ、大入道がうなり声を上げながら現れ、政宗を鋭くにらみつけた。しかし政宗は一歩も怯《ひる》まずに隻眼でにらみ返し、大入道の足元に向かって矢を放った。すると悲鳴と共に大入道の姿は消え、岩と岩の間で脛に矢が刺さった子牛ほどの大きさの獺《かわうそ》が呻き苦しんでいた。政宗がこれを捕らえて悠々と城へ戻ったところ、この場所で怪異が起こることはなくなったという。

土岐元貞 ときもとさだ

不明（十五～十六世紀頃）

戦国時代の武士。蒲生貞秀《がもうさだひで》に仕えた人物とされるが、詳細不明。

◉魔王の配下と四番勝負

『老嫗茶話《ろうおうさわ》』には、元貞が妖怪と戦った話が載る。

貞秀が甲斐国《かいのくに》の猪鼻山《いのはなやま》という山に陣を張った時のこと。この山には天狗《てんぐ》が住みついており、山上から数多の岩を落としては、笑い声を上げていた。貞秀が言うことには「この山には大頭魔王《たいずまおう》と呼ばれる怪物が住み、人を食うという。かつて空海《くうかい》がこれを岩窟に封じ、そこは魔王堂と呼ばれるようになった。今でも、その近くを通る人はこの怪物に殺され、生きて帰る者はいないらしい」ということだった。そこで元貞は「私が見てまいりましょう」と言い、装備を整えて岩壁をよじ登っていった。

魔王堂に近づくと、身の丈二丈（約六メートル）の山伏が現れ、鉄の棒を杖にしてふんぞり返り、雷のようないびきをかいて眠っていた。元貞は薙刀《なぎなた》の石突きで山伏を突いて起こすと、「ただでさえ歩きにくい道なのに、岩を使って道を塞ぐこと、看過できぬ。早々に起きられよ」と言った。

山伏はあくびをしながら起き上がり、「お前はなぜ私の眠りを妨げる。名を名乗れ」と言った。元貞が名乗りを上げると、山伏が勝負を仕掛けてきたため、元貞は薙刀をかまえ、山伏と斬り結んだ。火花が散る応酬の後、薙刀の先で斬られ、山伏は倒れ込んだ。元貞がとどめを刺そうと首に刃を向けると、山伏は鷹《たか》の姿に変わって飛び去った。

再び岩壁を登り始めた元貞が魔王堂に到着すると、そこには牛馬や人の骨が転がり、化け物に食い残されたのであろう人の手足が投げ捨てられていた。

魔王堂の正面には廃れた仁王門があり、中にいた身の丈二丈（約六メートル）の仁王像が動き出し、門を押し開けて元貞の前に現れた。仁王が「どうであろう、客人。相撲を一番とろうではないか。相手になりたまえ」と言うので、元貞が「望むところだ」と答えて仁王にぶつかり、そのまま投げ飛ばすと、元々風雨にさらされていた仁王像は粉々に砕け散った。

元貞が一息ついていると、山奥より叫び声を上げながら鬼婆《おにばば》が現れた。その姿は白髪をふり乱し、目は光り、口が耳元まで裂け、数十匹の毒蛇が腕にからみついていた。鬼婆はこの毒蛇を千切って食らいながら仁王の亡骸《なきがら》のそばに立ち、「嘆かわしいことだ。仁王ともあろうものが、人を食らわずに、逆に人に五体を砕かれようとは」と言った。すると仁王の首が口を開き、「我は人を侮ってこのような結果になった。粉々になった体を集めてくれ。もう一勝負したい」と言った。これを聞いた鬼婆が仁王の体を集めて回ると、仁王は再び一つの体になって立ち上がった。そしてもう一度相撲を挑もうと元貞の方へ歩いてきたため、元貞は薙刀を振るって仁王の首を斬り落とした。首は谷底に落ちていき、仁王の体は鬼婆を連れて山奥へと逃げ去った。

その時、魔王堂が震動し、双六《すごろく》に描かれるような阿弥陀仏が現れ、大声で「私はこの山奥で、手を合わせる人もなく過ごしていたため、大頭魔王の勧めで人を食う怪物となった」と言った。元貞はこれに対し、「仏は人を助けるものだ。人を食らうとは何事だ」と怒りに拳を震わせ、その仏の胸に突き入れた。仏は仰向けに倒れ、元貞がさらに足で仏の横腹を踏みつけると、数十の骸骨が腹から出てきた。

仏は立ち上がって元貞に向かってきたが、元貞は薙刀の柄を叩きつけて仏を粉々にしてしまった。すると割れた骸骨の破片は数百万の蝶と化した。

蝶は元貞の鎧の隙間に入り込んで視界を奪った。その直後、仁王の首が飛び出してきて、元貞の胸板に食らいついた。

しかし元貞はその首を掴み、力任せに投げ飛ばした。すると首は小さな鞠のように飛び跳ね、どこかへ消えてしまった。

これで化け物は退治したと、元貞は貞秀の待つ陣へ帰ったという。

『老嫗茶話』ではこの後、衝撃的な展開が待ち受けているが、陣に帰った後は視点が元貞から貞秀に移るため、詳細は蒲生貞秀の項目を参照。

月岡芳年《つきおかよしとし》の『和漢百物語《わかんひゃくものがたり》』では、元貞と仏の戦いの場面が浮世絵に描かれているが、絵の説明文では元貞と仁王との戦いについて紹介されている。

また、同じく芳年の『新形三十六怪撰《しんけいさんじゅうろっかいせん》』においても「蒲生貞秀臣土岐元貞甲州猪鼻山魔王投倒図《がもうさだひでしんときもとさだこうしゅういのはなやままおうなげたおしず》」と題されて仏との闘いの様子が描かれている。

埴科文次　はにしなぶんじ

不明（十五～十六世紀頃）

戦国時代の武人。信濃国《しなののくに》で村上頼平《むらかみよりひら》に仕えたという人物。開善寺に伝わる伝説にしか名前が見えず、詳細不明。

●白梅の精との束の間の恋

長野県飯田市に所在する開善寺には、文次にまつわるこんな伝説が残る。

名花と名高い開善寺の梅を見にやって来た文次は、その美しさに「ひびき行く鐘の聲《こへ》さへ匂ふらん梅咲く寺の入相の空」（この寺では、黄昏の空に響く鐘の音さえ梅の香りに満ちている）と和歌を詠んで見とれていた。するとそこへ、見慣れない女性が女童《めのわらわ》と共に現れた。女は齢二十ほどで、白梅の清らかさがそのまま抜け出たような白い小袿《こうちぎ》と、紅桜のような香りをまとい、まるで月の夜の幻のような美しさであった。

女が「ながむれば知らぬ昔の匂ひまでおもかげ残る庭の梅が枝」（眺めていると、知らないはずの遠い昔の香りまで、この梅に残されているように思います）と詠むと、文次は立ち上がって「袖の上に落ちて匂へる梅の花枕に消ゆる夢かと思うぞ」（袖に落ちた梅の花は、夢の中で契り、消えてしまった女性のようだ）と詠んだ。女はそれに返して「しきたへの手枕の野の梅ならば寝ての朝けの袖に匂はむ」（契りを交わす相手が野に咲く梅の花ならば、目覚めた後でも袖には梅の香りが残っていることでしょう）と白梅の歌を詠み交わした。

二人は近くにあった宿で一夜を共にしたが、翌日文次が目を覚ますと、そこに宿はなく、女も女童の姿も消えていた。文次はあの美しい女は白梅の花の幻で、白梅の精だったのかもしれないと考えたが、夕暮れになると彼女が恋しく、涙が止まらなくなった。そこで「梅の花匂ふ袂《たもと》のいかなれば夕暮れごとに春雨の降る」（梅の花が袖に香りを残している。この袖は黄昏が来るたびに私の涙で濡れることだろう）と歌を一首詠み、翌日戦場でその命を散らせた。以来、この梅は花を咲かせなくなり、やがて朽ちてしまったという。

白梅の精は美しい女の姿で現れることが多い。開善寺の白梅の精は、想い人の最後を見届けて、自らもその花を散らせたのだろうか。

濱田喜兵衛 はまだきへえ

不明（十六〜十七世紀頃）

戦国時代の武士。越前守・三坂隆景《みさかたかかげ》の家臣。幼名を牛太郎といい、幼い頃から怪力で、幼少時に犬を素手で引き裂いた、十三歳でならず者二人を刀で殺害したなどの逸話がある。伊達輝宗《だててるむね》が三坂城を攻めた際は三坂軍の一員として参戦し、何人もの敵を討った後に討死《うちじに》したという。

●化け物屋敷を完全攻略

『老媼茶話《ろうおうさわ》』には、喜兵衛が妖怪と戦った伝説が記されている。

喜兵衛は囲碁の名手であったが、その縁で同じく囲碁の名手である岩城寺の和尚《おしょう》と親しくなった。ある夜、いつものように二人で囲碁を打っていると、夜が更け、雨も降ってきたので、和尚に勧められて寺に泊まることとなった。

その夜、喜兵衛が客殿で寝ていると、体の上で二、三匹の子犬が跳ね回っているような感覚がして眠れない。子犬は何度外に追い出しても戻ってくる上、どんどん数を増やし、ついには十四匹にもなったため、明かりを灯して見てみると、それは子犬ではなく跳ね回る女の生首であった。

喜兵衛は目が覚めてしまったものの、驚くわけでもなくその首を庭に投げ捨て、もう一度眠ろうとした。しかし今度は腹痛で起きてしまい、雪隠《せっちん》に行き、用を足して戻ろうとしたが、戸が開かない。壁の間からのぞいてみると、背が高く痩せた老婆が両手で戸を押さえている。喜兵衛はこれにも動じず、脇差を抜くと老婆の胸の辺りを目がけて壁越しに何度も刀を突き刺した。そのうち戸が開いたので出ると、すでに老婆の姿はなかったが、刀の先には血が付いていた。

喜兵衛が脇差の血を拭いていると、光る物体が庭先に落ちた。喜兵衛が刀を掴んで障子を開けると、先ほどの老婆が雨落《あまおち》に立って様子を窺っており、喜兵衛の姿を見た瞬間飛びかかってきたので、逆に斬り返した。喜兵衛が逃げ出した老婆の後を追いかけると、にわかに空が曇って雨が降り、雷が落ちて真っ暗になったため、喜兵衛は追跡を諦めて寺に戻った。夜が明けてから老婆の血痕と思しきものをたどってみると、途中で雨にかき消されてしまっていた。

喜兵衛が和尚に昨夜のことを話すと、和尚は「ここは人里離れた深山のため、怪しきことがたびたび起こるのです。私もこの前の春のこと、一人で窓のそばで灯火をつけて書を読んでいたところ、私の名を呼び、寂しくはないかと問う声が聞こえました。無視していると、窓から毛の生えた手が現れて顔をなでようとしたので、その腕を摑んで手首を斬り取ったところ、化け物は逃げていきました。残された手を見ると年をとった狐の足でありました。この山奥には古い杉や松が生い茂り、昼も日が差しません。ここには普通とは異なる獣が三匹います。一匹は顔がこけていて目が赤く、胴が細長く手足が太い、馬ほどもある大きな狸《たぬき》です。その声は高く鐘を突くようです。二匹目は顔が丸く、鼻が尖り、まだら模様で片目のつぶれた狸です。最後は耳が大きく目が丸く、頬が尖り口が裂けた、右前足のない狐です。この狐は私が手首を斬り落とした狐でしょう。この獣たちは怪異をなして人を惑わし、殺します。月が明るい夜は子分たちを集めてすみかの洞窟から出てきて、腹太鼓を鳴らして楽しむのです。狐狸《こり》は年をとれば怪をなします。老いた狸はよく雷雨を起こし、死体をさらうといいます。これは一般に火車《かしゃ》と呼ばれるものです。昨夜の妖怪も、必ずこれらの獣たちによるものでしょう」と語ったという。

同書では喜兵衛が寺から帰った後、片目のつぶれた女が十歳ぐらいの少女を連れて和尚の前に現れ、「狂人に姉を殺害されたので、山の塚原に死体を埋葬した。彼女に引導を渡してほしい」と頼む場面がある。しかし和尚は狸が女に化けていることを見抜き、追い返したという。その後彼女の言った通り塚原を探し、土が高く盛られた場所を掘り起こすと、そこには馬ほどの大きさの古狸の死骸があった。これが喜兵衛に斬られた狸だったのだろう。

平川采女　ひらかわうねめ　不明（十六世紀頃）

戦国時代から安土桃山時代にかけての武士。南近江の戦国大名であった六角義賢《ろっかくよしかた》に仕えたという記録が残る。

◉斬り裂かれた馬頭《ばとう》の大蛇

『絵本小夜時雨《えほんさよしぐれ》』には、以下のような話が載る。

永禄の頃（一五五八〜一五七〇年）、近江国《おうみのくに》の三上山に大蛇が住みつき、人々に危害を加えていた。佐々木《ささき》丞禎《じょうてい》（六角義賢）は采女にこの大蛇を退治するように命じ、早速采女はその夜に三上山まで赴いた。山に登ろうとすると、たちまち天が曇って嵐が起こり、大地を叩きつけるような大雨が降り出した。岩が崩れ、木が倒れる中、采女は少しも恐れず山を登りきって山上にたどり着いた。そこには馬のような頭に口が耳まで裂けた大蛇がおり、炎を吐き出しながら飛びかかってきた。采女は刀を抜くと、この怪物に飛びかかり、すれ違いざまに首を切断した。その首は采女を狙うかのように真っすぐに落ちてきたため、さらにそれを斬り払うと、大蛇の首は空を飛び、不篠の池に落ちていったという。

三浦義意　みうらよしおき

一四九六～一五一六年

戦国時代の武将。三浦氏最後の当主であり、相模国《さがみのくに》三崎城の城主であった。「八十五人力の勇士」と呼ばれるほどの怪力の持ち主であったが、北条早雲《ほうじょうそううん》との闘いで岡崎城と住吉城を奪われ、三浦半島に追いやられる。その後三崎城で数年にわたり籠城戦を行うも、ついには落城。最期は敵陣に突撃し、討ち取られたという。

◉人の世をにらみ続けた生首

神奈川県小田原市の総世寺には、義意にまつわる以下のような伝説が残る。

義意は早雲との戦いの末に首をはねられた。その首は松の木の枝に引っかかり、三年にわたって腐ることなくすさまじい形相で辺りをにらみ続けた。

ある日、総世寺の忠室宗孝《ちゅうしつそうこう》という和尚《おしょう》がこの松の木に出向き、義意の供養をして「うつつともゆめとも知らぬひと眠りうきよのひまをあけぼのの空」と詠んだところ、義意の首は白骨となって地に落ちたという。

妙印　みょういん

不明（十六世紀頃）

戦国時代の山伏。筑後国《ちくごのくに》の一族であり、豊後国《ぶんごのくに》大友氏の家臣であった高橋家の一人。「妙印が高橋家を乗っ取ろうとしている」との讒言《ざんげん》を受けた兄・高橋武種《たかはしたかたね》に攻められ、対抗したものの敗れ、切腹して海底に沈んだ。

◉兄に攻められ、生家を呪う

『大友興廃記《おおともこうはいき》』によれば、妙印は死の間際に「矢一筋でも射る者は七代にわたり祟り殺すであろう。我は無実の罪によって死を迎える。武種は真偽を調べもせず我を殺そうとした。その非道を天が罰するだろう」と叫び、腹を十文字に切り裂いて海に没したという。

その後、高橋家には代々妙印の霊が出現して祟りがやまず、高僧や陰陽師を用いても効果はなく、七代までに断絶した。時の人々は「これは妙印が悪霊と化したのだろう」とうわさしたという。

安土桃山時代

一五七三～一六〇三年

明智秀満　あけちひでみつ　一五三七～一五八二年

戦国時代から安土桃山時代にかけての武将。織田家の家臣である明智光秀《あけちみつひで》の重臣で、光秀の娘を妻にしたことで明智姓を名乗る。本能寺の変では先鋒となって本能寺を襲撃し、その後は安土城の守備に就く。しかし山崎の戦いにて、豊臣秀吉《とよとみひでよし》側の堀秀政《ほりひでまさ》率いる軍に坂本城へと追い込まれる。そこで自分の運命を悟った秀満は、明智家所有の古美術品がこの世から失われるのは忍びないと考え、目録を揃えて先手大将の堀直政《ほりなおまさ》に渡した後、己の正室及び光秀の妻子を介錯し、自ら城に火を放って自害したという。

◉その武勇は友のために

月岡芳年《つきおかよしとし》の『和漢百物語《わかんひゃくものがたり》』には、秀満が浪人であった頃の妖怪退治の逸話が描かれている。

秀満の友人である入江長兵衛《いりえちょうべえ》という人物の娘が、妖狐に憑かれて苦しんでいたことがあった。秀満がその武勇をもって狐を責めると、すぐに狐は娘から離れていったという。

芳年の描いた絵には、怪異の正体を見破ろうとにらみつける秀満の姿が描かれている。

明智光秀　あけちみつひで　一五二八～一五八二年

戦国時代から安土桃山時代にかけての武将。越前国《えちぜんのくに》の朝倉義景《あさくらよしかげ》に仕えた後、織田信長《おだのぶなが》の家臣となる。信長に重用され、丹波攻略などで功績を挙げて亀山城主となる。しかしその後、謀反を起こし、本能寺に停泊していた信長を襲って自害させる。この本能寺の変を知った豊臣秀《とよとみひで》吉《よし》に山崎の戦いで大敗し、自害した。

◉蛍になった霊

光秀は死後、蛍となったという伝説が残っている。『摂津名所図会《せっつめいしょずえ》』によれば、兵庫県に流れる夙川《しゅくがわ》に飛び交う蛍は、滅びた光秀一族の鬼火であるという。また大阪府茨木市にも、白井河原の戦いがあった茨木川周辺に現れる蛍は光秀の亡魂であるという伝説が残る。

池田輝政 いけだてるまさ

一五六四〜一六一三年

安土桃山時代から江戸時代にかけての武将。織田信長《おだのぶなが》、豊臣秀吉《とよとみひでよし》に仕え、小牧・長久手の戦いで父と兄を失い、遺領十万石を継いで美濃大垣城主となった。関ヶ原の戦いでは徳川家康《とくがわいえやす》方に付き、その功績によって播磨国《はりまのくに》の姫路藩主池田家初代となる。その後、姫路城を改築して現在の城の形を作り上げ、同城で病により死去した。

◉城主を呪う妖怪の姫

輝政の改築した姫路城の天守には妖怪が住みついていると伝えられており、輝政の死因となった病はこの妖怪が引き起こしたものではないかとする説がある。『諸国《しょこく》百物語《ひゃくものがたり》』には以下のような話が載る。

輝政が病にかかり、比叡山から阿闍梨《あじゃり》を呼んで天守閣で祈禱をさせていたところ、七日目の夜に齢三十ばかりの女が現れた。女は阿闍梨に対し、「なに故そのように加持祈禱をなさるか。どうせ意味のないことだ。早くやめなさい」と言った。阿闍梨が「女の姿で私と言葉を交わそうとするお前は何者だ」と問うと、女は身の丈二丈(約六メートル)の鬼の姿に変化した。阿闍梨は剣を抜いてこれに突き立てようとしたが、鬼は「私はこの国に降りた権現である」と言い、阿闍梨を蹴り殺して消えてしまったという。

この姫路城の天守閣に住む鬼は、一般的に長壁姫《おさかべひめ》(刑部姫、小坂部姫とも表記する)と呼ばれ、『甲子夜話《かっしやわ》』では「長壁大明神」として祀られていることが記されている。

この長壁姫は宮本武蔵《みやもとむさし》、松平朝矩《まつだいらとものり》、森田図書《もりたずしょ》など、多くの人間の前に姿を現している。詳細は当該項目を参照。

また輝政の妹・天久院《てんくいん》は、拳で化け猫を粉砕した武勇伝を持つ。こちらも詳しくは当該項目を参照。

石田三成 いしだみつなり

一五六〇〜一六〇〇年

安土桃山時代の武将。豊臣秀吉《とよとみひでよし》に仕え、その才知を認められて五奉行の一人として数えられる。太閤検地などで才腕を振るうが、秀吉の死後、徳川家康《とくがわいえやす》と対立し、関ヶ原の戦いに敗れて処刑された。

◉妖怪から人々を救った西軍の長

群馬県伊勢崎市に現存する退魔寺には、以下のような伝説が残る。この寺は元々香華院と呼ばれ、弘法大師《こうぼうだいし》(空海《くうかい》)が作った不動明王を本尊として室町時代に創建された寺であった。

それから時が経ち、寺の近くの橋に妖怪が頻繁に出現して人々を悩ませていた。この地を通過した三成がこの妖怪たちを退治し、それを称えて香華院は退魔寺と名前を改め、寺紋を石田家の家紋に変えたという。

この他、三成は関ヶ原の戦いの前に妖怪に取り憑かれたという話も伝わる。詳細は島左近《しまさこん》の項目を参照。

威徳院 いとくいん

不明（十六世紀頃）

戦国時代から安土桃山時代にかけての山伏。越前守・三坂隆景《みさかたかかげ》の家臣である吾妻教為《あがつまためのり》と親しく、よく囲碁を打って互いに老後の楽しみとしていたという。ある時、教為の子・八郎《はちろう》が仲間を率いて辻斬りや強盗を行っていることを教為に告げ口したため、八郎に逆恨みされて殺害された。

◉不良息子を祟り殺す

威徳院が八郎に殺害された際の描写は、『老媼茶話《ろうおうさわ》』に以下のように記されている。

威徳院はいつものように教為と囲碁をした後、帰ろうとしたところを八郎に捕まった。威徳院は馬場の松の大木にくくりつけられ、八郎が悪事を父親に告げられたことを理由に自分を殺そうとしていることを知る。威徳院は歯を食いしばり、目を見開いて「お前は大悪無道の人である。私はお前が悪人だから父親に告げ口したのではない。お前は武勇名誉を持ちながら人道に背き、悪逆をなすのではなく、教戒を受けて志を改め、善人になれば天下の宝となると思った故、お前の身を思って教為殿に告げたのだ。お前に少しでも人間の心が残っていれば深く感謝すべきものを。もはや人とは呼べぬ悪人であるくせに、邪《よこしま》に恨みを持ち、恩を仇《あだ》で返し、数多の死体を作り上げた。見ておれ、七日のうちにたちまち悪霊と化して、お前を取り殺すぞ」と告げた。

八郎はそれを鼻で笑い、大弓に雁股《かりまた》の矢をつがえ、一撃で威徳院の首を飛ばしてしまった。その首は地面を転がりながら何度か躍《おど》り上がり、最後は石に食らいついて目を見開いたまま止まった。

残された体においては、首の断面からひらひらと稲妻のような光る物体が現れ、続いて手鞠ほどの大きさの青い玉が飛び出して空へ消えた。

威徳院の死体は地面に埋めて隠され、八郎は友人の源《げん》七《しち》を呼び、酒を飲んでそのことを話していた。すると八郎の盃の中に威徳院の顔が浮かび、思わず八郎はそれを投げ捨てた。その直後、風が吹いて灯火が消え、光る青い玉が部屋の中に飛び込んできた。よく見るとその青い玉が発する光の中にあるのは、威徳院の首であった。八郎が怒りのままに拳を振り上げてその首を叩き落とすと、青い人魂は微塵に砕けて飛び散り、消えた。

しかし再び灯火を立てて明かりを付けると、どこからともなく威徳院が白い小袖に柿色の衣、そして青い袈裟《けさ》を纏い、錫杖《しゃくじょう》と赤い緒の数珠を持った姿で八郎の隣に座っていた。威徳院は目を見開いて歯を食いしばり、八郎をにらんだため、八郎は脇差を抜いて怒り狂いながらにらみ返した。立ち上がった威徳院の霊が錫杖を源七に叩きつけると、源七は血を吐いて倒れ、そのまま死んでしまった。

直後、威徳院は数珠も錫杖も投げ捨てて八郎に飛びかかった。八郎も負けじと組み合い、その戦いは明け方まで続いた。

朝日が昇り、ようやく威徳院は立ち去った。八郎がぐったりして水を飲もうと盥《たらい》の方へ向かうと、その底には威徳院の姿があった。八郎は怒って盥を投げ捨て、髪を梳こうと鏡を見たが、やはりそこにも威徳院の姿がある。八郎は鏡も投げ捨て、疲れ果てているところへ、朝食が運ばれてきた。

八郎が椀を持って食べようとすると、威徳院の悪霊が出現して手を伸ばし、椀や箸をかなぐり捨てて食事をさせようとしない。八郎は怒り、脇差を抜いてその首をはねようとするが、威徳院はその刀をかい潜って摑みかかってきた。八郎はそれに対抗すべく刀を振り回したが、威徳院の姿は他の者には見えないため、八郎は乱心したと思われて家人に一つの部屋に閉じこめられ、大勢の者たちが夜もすがら警備にあたった。

しかしこれは始まりに過ぎず、日が暮れるごとに光る青い玉が現れ、八郎の部屋に入ってくるようになった。その度に八郎は威徳院と一晩中戦ったが、それが何日も続き、八郎の体はやつれ、ありとあらゆる願かけや祈禱をしても効果はなかった。そして威徳院を殺してから二十一日目、三十五歳にしてこの世を去ったという。

茨木元行 いばらきもとゆき

不明（十六世紀頃）

安土桃山時代の鍼医。摂津国《せっつのくに》の人物。著書に鍼治療の医学書『針聞書《はりききがき》』がある。

◉病を引き起こす虫たち

元行の著書『針聞書』は、鍼の打ち方や、どこに治療を施せばよいかといった鍼治療の教えを記したものであるが、同書には病気を引き起こすとされる不思議な虫の姿をした妖怪たちが描かれている。

肺に潜み、病気を治りにくくする牛のような姿をした「キウカン」、脾臓に潜み、宿主の食物を奪う「悪虫《あくちゅう》」など、どこか可愛らしくも間抜けな姿をした虫たちが紹介されているが、いずれも病気を引き起こす虫たちであるため、凶悪な性質のものも多い。同書にはこれらの虫を退治するための鍼の打ち方も記されており、当時の医学観が窺える。

上沼左近　うえぬまさこん　不明～一五八二年

戦国時代から安土桃山時代にかけての武将。信濃国《しなののくに》にある北山城の城主であったが、織田信忠《おだのぶただ》の伊那侵攻の際に落城し、そこで敗死した。

◉千人塚の祟り

織田氏の侵攻によって戦場となった北山城周辺は、敵味方合わせて数千の死体が出た。これらの死体やその武具を埋めるために作られた塚は千人塚と呼ばれるようになり、この一帯で悪疫が流行すると、これは埋められた死者たちの霊の仕業であるとうわさされた。

天保十五年（一八四四年）に千九人童子の碑という墓を建てたところ、この祟りはやんだという。

大谷吉継　おおたによしつぐ　一五五九～一六〇〇年

戦国時代から安土桃山時代にかけての武将。豊臣秀吉《とよとみひでよし》に仕え、軍事と行政の両面で豊臣政権の中枢として活躍した。秀吉の没後、関ヶ原の戦いでは石田三成《いしだみつなり》の要請で西軍として戦ったが、小早川秀秋《こばやかわひであき》の裏切りによって背後から攻撃を受け、戦死する。

◉裏切り者に死を

秀秋の裏切りによって戦死した吉継は怨霊となって秀秋を祟り、そのせいで秀秋は早逝したという俗説がある。月岡芳年《つきおかよしとし》はこれを題材に『魁題百撰相《かいだいひゃくせんそう》』の中で「金《きん》吾中納言秀秋《ごちゅうなごんひであき》（❶）」という浮世絵を描いており、その中では秀秋の背後に立つ吉継の怨霊が描かれている。

織田信長　おだのぶなが　一五三四～一五八二年

戦国時代から安土桃山時代にかけての武将。桶狭間の戦いで今川義元《いまがわよしもと》を打ち破るなど、数多の戦を制して尾張《おわりの》国《くに》を平定する。その後室町幕府を滅ぼし、天下統一を目前としたが、明智光秀《あけちみつひで》の謀反に遭う。そして本能寺の変で自害し、生涯を閉じた。

◉ホームシックの大蘇鉄にビビる

自身が第六天魔王（仏教における欲界、すなわち第六天の悪魔のこと）と称される人物であるが、妖怪を恐れたエピソードが残っている。

大阪府妙国寺に現在も植えられている「大蘇鉄」は、かつて織田信長によって安土城へと移植させられたことがある。しかしこの大蘇鉄は夜になると「妙国寺に帰りたい」と呻き声を上げるようになった。臣下の蘭丸《らんまる》に見にいかせるも、一向に泣き止む気配がない。

信長は臣下にこの大蘇鉄を斬りつけるよう指示したが、斬りつけた場所からは鮮血が噴き出し、なおも妙国寺に帰りたいと言う。

さすがの信長も怖くなり、この大蘇鉄を急いで妙国寺に返したと伝えられる。

月岡芳年《つきおかよしとし》の『和漢百物語《わかんひゃくものがたり》』では、蘭丸と信長がこの大蘇鉄に怯える姿が描かれている。

●大蛇を探して池の水を全部抜く

また『信長公記《のぶながこうき》』には以下のような話が載る。

佐々成政《さっさなりまさ》の居城である比良城の近くの池に大蛇が出たと聞いた信長は、池の水を全てかき出して大蛇を捕まえるよう命じる。しかし池の水は七割ほど減った後、一向に減らなくなったため、自ら脇差を口にくわえて池に潜り、大蛇を探したが、結局見つからなかったという。

❶月岡芳年「金吾中納言秀秋」（太田記念美術館蔵）

覚夢 がくむ

不明（十六～十七世紀頃）

安土桃山時代から江戸時代にかけての僧侶。僧が住まなくなった会津藩の城安寺に住んでいたという。

◉火車《かしゃ》に狙われた乳母の遺体

『老媼茶話《ろうおうさわ》』には、覚夢が出会った幽霊の話が載る。

蒲生秀行《がもうひでゆき》の乳母であった女性が、秀行の母・冬姫《ふゆひめ》に憎まれ、謂れのない罪を着せられた末に自害するということがあった。この乳母は覚夢の知り合いであり、葬儀は火葬にしてほしいと覚夢に頼んでいた。しかし覚夢は愚僧であったため葬儀の方法をよく知らず、どうすべきかと悩んでいた。

そのうちに葬儀の時間となったが、突然仏壇が鳴動し、空が曇って風が吹き、小雨が降り出した。覚夢は恐ろしくなって、九郎右衛門《くろうえもん》という友人の絵師のもとへ行ってそのことを語った。すると九郎右衛門は「空が異常な様子を見せている。今日の夕方、葬儀をする時には妖怪が来るだろう。だが引導の際は何か経文らしきことを呟いて、その後念仏を唱えれば済むこと。私も君のそばにいるから、火車が来たとしても刀を抜いて追い払おう。藁や芝に油を注いで、たとえ大雨であっても火が消えないようにしよう。さあ、急いで寺へ帰り、葬礼の準備をするべきだ」と言った。

それから二人は寺に戻ったが、すでに日は暮れており、棺桶を寺の中へ入れると急に雨が降り出し、風が吹いて稲妻が落ちた。空は墨を塗ったように黒く、真の闇と化している。たくさんあった提灯も消えてしまい、そこにいた人々は棺桶を捨てて逃げてしまった。

覚夢はその中で棺桶に乗り、ひたすら念仏を唱えていた。九郎右衛門は脇差を抜いて棺桶の前に立ち、黒雲の渦巻く場所を打ち払った。すると黒雲は次第に遠ざかっていき、雨風がやんで元の晴天に戻ったので、棺桶を藁の上に置き、急いで火葬してしまった。

遺骨は寺の庭にある榎の下に埋めたが、それから一日経つと、死んだ乳母の幽霊が寺中をさ迷い歩くようになった。覚夢が再び九郎右衛門にこのことを相談すると、九郎右衛門はこっそり寺に入り、幽霊の姿を見ながらそれを絵に描いた。

この絵はその後城安寺に保管されることとなったという。

九郎右衛門の話の中に出てくる火車は悪行を犯した人間の死体を奪うと考えられていた妖怪だが、悪事を働いた人間を生きたまま さらう話もあれば、悪人ではない、普通の人間の死体をさらう話もある。

笠松甚五兵衛 かさまつじんごべえ　不明

安土桃山時代末期から江戸時代初期の人物。能登国《のとのくに》郡主・長連龍《ちょうつらたつ》の臣下であったという。戸松村という村に住んでいた。

◉便所で尻をなでる黒い手

『四不語録《しふごろく》』によれば、慶長年間のこと、甚五兵衛の家で彼の妻が便所に入っていると、何者かに尻をなでられるという事件があった。

甚五兵衛が狐狸《こり》の仕業かと怒り、斬り殺してやろうと脇差を持って便所に入ると、やはり尻をなでるものがいる。甚五兵衛はこれを摑んで引きずり出そうとしたが、大岩のように重く動かない。そこで仕方なくその腕を斬り落とすと、それは人の手に似た、黒い毛と爪の生えた腕であった。

その数日後、三人の僧が甚五兵衛の家を訪ね、家に穢《けが》らわしい気が見えると言う。その僧らを家に通し、妖怪の腕を斬ったことを話すと、是非その腕を見たいと言う。甚五兵衛が腕を持ってくると、僧のうちの一人が九尺（約二・七メートル）もの巨大な悪鬼に変貌し、窓を突き破って去っていった。他の二人もいつの間にか姿を消していた。

後日、甚五兵衛が主人の如庵で仕事を終えた帰り、今度は六、七尺（約一・八〜二・一メートル）の衾《ふすま》のようなものが現れ、彼を包んで持ち上げ、地面へ落とした。するとあの悪鬼の腕を斬った脇差が奪われており、そのことを連龍に話したところ、不覚悟者であると大いに叱られたという。

この悪鬼は現在では「黒手《くろで》」という名前で紹介されることが多い。

加藤清正 かとうきよまさ　一五六二〜一六一一年

安土桃山時代から江戸時代初期の武将。肥後熊本藩初代藩主。豊臣秀吉《とよとみひでよし》の家臣で、賤ヶ岳の戦いでは敵将である山路正国《やまじまさくに》を討ち取るなど武功を挙げ、「賤ヶ岳の七本槍」の一人として数えられるようになった。

◉猿で河童《かっぱ》を撃退

熊本県に伝わる伝説によれば、ある時、清正の部下を川に引き込んで尻子玉を抜き、殺してしまった九千坊《くせんぼう》という河童がいた。清正はこれに激怒し、九州一円の猿を集めてこの河童たちを攻め立てた。これに参ってしまった河童たちは肥後国《ひごのくに》の人々には決して害を加えないことを誓い、筑後川へと移り住んで水天宮の使いとなったと伝えられる。

伝説によれば、九千坊は仁徳天皇《にんとくてんのう》の時代に中国から渡ってきたとされ、熊本県八代市の球磨川にたどり着いたのだという。

蒲生秀行《がもうひでゆき》　一五八三～一六一二年

安土桃山時代から江戸時代にかけての大名。陸奥会津藩主であり、若松城主。父・蒲生氏郷《がもううじさと》が死去すると、十三歳の若さで補佐役となった蒲生郷安《がもうさとやす》が蒲生家内の対立を引き起こし、豊臣秀吉《とよとみひでよし》によって所領を大きく減封された（蒲生騒動）。関ヶ原の戦いで東軍に付き、江戸幕府では徳川家に重用されたが、会津地震や御家騒動の再燃などがあり、その心労もあって若くして死去した。

●僧侶に化けた大鰻《おおうなぎ》の嘆願

先述した会津地震は、秀行がきっかけとなって引き起こされたものではないかとする説が『老媼茶話《ろうおうさわ》』に載る。

慶長十六年（一六一一年）、秀行は会津地方の只見川に柿や蓼《たで》、山椒などから取った毒を流し、それによって川で泳いでいた多くの魚が死んで水面に浮かんだ。

その毒流しの前日の夕暮れのこと。一人の旅の僧侶がとある山里の家を訪れ、この毒流しについて語り、どうか藩主を止めてはくれないかと頼んだ。家の主は僧侶の話を聞いて深く同情したが、貧民の立場では上に意見を言うこともできない、もし言ったとしても、取り上げられることなどないだろうと僧侶に語った。そしてせめてものもてなしにと、柏の葉に粟飯を盛って旅の僧侶をもてなした。

夜が明けて、僧侶は深く憂いている様子でどこへともなく去っていった。そしてその明け方、毒が只見川の川上から流された。

毒で川に浮かんだ無数の魚や蛇の中には、一丈四、五尺（約四・二～四・五メートル）の大鰻の死骸があった。その腹を裂いてみると、大量の粟飯が出てきた。

山里の家の主はそれを見て、昨夜訪れた旅の僧侶のことを人々に語った。それを聞いた人々は、鰻が僧侶に化けて毒流しをやめさせようとしたのだと、皆哀れに思った。

その年の八月二十一日、大地震が起きて会津川の下流がせき止められ、洪水が起こって甚大な被害が出た。その翌年の五月十四日、秀行は逝去した。人々は毒を流したことで河伯竜神《かはくりゅうじん》に祟られたのだと恐れたという。

魚が僧侶の姿で現れ、殺生を戒める話は各地に残っている。その魚は岩魚《いわな》であると語られることが多く、総称として「岩魚坊主《いわなぼうず》」の名前がよく使われる。ここではそれに倣い、鰻が化けた僧侶を「鰻坊主《うなぎぼうず》」の名前で扱う。

河伯竜神は本来中国に伝わる黄河の神で、竜に乗っている、または、竜の姿で現れるという伝説がある。日本では河伯を河童《かっぱ》と結びつける伝承が多く残っており、「河伯」と書いて「かっぱ」と読ませることもある。河童と竜は共に水神として信仰される傾向にあるため、秀行は水神の怒りを買ったものと当時の人々には解釈されたのだろう。

吉良親実　きらちかざね

一五六三～一五八八年

戦国時代から安土桃山時代にかけての武将。土佐国《とさのくに》を支配していた長宗我部《ちょうそかべ》氏の家臣であったが、生来の気性の荒さや、主である長宗我部元親《ちょうそかべもとちか》にたびたび諫言《かんげん》していたことなどを理由に切腹を命じられ、死亡したとされる。

◉「七人《しちにん》みさき」伝説のモデル

親実の死後、彼にまつわるさまざまな怪異譚が流布した。『神威怪異奇談《しんいかいいきだん》』には以下のような記録が残る。

親実は家臣七人と共に命を絶ったため、彼らの怨霊は死後「七人みさき」という妖怪になった。七人みさきは出会った人間を死にいたらしめたり、病にしたりするなどの祟りをなしたという。また親実を入れると人数が八人となるためか、田中貢太郎《たなかこうたろう》著『八人みさきの話』では、この怪異は「八人みさき」とされている。

七人みさきは中国・四国地方で、出会うと高熱を出して寝込んでしまうといった伝承が残る妖怪。また七人みさきによって死者が一人出るごとに、七人のうち一人が成仏できるとされ、殺された人間がその穴を埋めることとなる、という伝承も多い。

源秀院　げんしゅういん

一五七三～一六六三年

安土桃山時代から江戸時代にかけての女性。大名・南部利直《なんぶとしなお》の妻であり、戦国武将・蒲生氏郷《がもううじさと》の養女。源秀院は出家後の法名であり、出家前はお武《たけ》の方と呼ばれていた。

◉先祖に討たれた大百足《おおむかで》の呪い

源秀院は「むかで姫」とも呼ばれる。源秀院の墓が残る岩手県盛岡市の光台寺に伝わる伝説によれば、その由来は以下のようなものだ。

源秀院は嫁入りの際、蒲生家の祖である藤原秀郷《ふじわらのひでさと》が大百足を射止めた際に使ったとされる矢の羽根を土産として持っていった。源秀院の死後、その遺体に百足を連想させる模様が現れた。これは秀郷に倒された大百足の祟りだと考えられ、源秀院は百足除けの堀に囲まれた墓に眠ることとなった。しかし、それからその墓の周囲には大きな百足が現れ、堀に架かる橋を何度も壊すようになったため、いつしか源秀院は「むかで姫」と呼ばれるようになったという。

この伝説の発端になった大百足退治については、藤原秀郷（平安時代）の項目を参照。

小早川秀包　こばやかわひでかね　一五六七～一六〇一年

戦国時代から安土桃山時代にかけての武将。筑後国《ちくごのくに》久留米の大名であり、安芸国《あきのくに》の戦国大名・毛利元就《もうりもとなり》の子。兄・小早川隆景《こばやかわたかかげ》の養子となり、小早川姓を名乗る。

毛利輝元《もうりてるもと》と豊臣秀吉《とよとみひでよし》の和睦のため、人質となって大坂に行き、文禄・慶長の役などさまざまな戦に参戦する。

筑後久留米城の城主となり、関ヶ原の戦いでは西軍として参戦した。晩年には毛利秀包《もうりひでかね》と名乗った。

◉霊に憑かれた暴れん坊武将

『義残後覚《ぎざんこうかく》』には、秀包が怨霊に取り憑かれた話が載る。

筑後国の馬が嶽という場所に一人の旅の僧がやって来て、他の領地の者と口論したことがあった。秀包は大して罪状も確認せずに旅の僧に刑罰を与え、僧は「人が罪に問われる時、それが理にかなったものであれば、自業自得であって恨みは生じない。しかし理不尽な理由で罪に落とされれば、恨みは深く、怨敵となって恨みを晴らすであろう」と言い、その後すぐに死去した。

それから十四、五日後、秀包は家来の小姓衆を三人呼び寄せ、刀の入った箱を持ってこさせた。そしてその箱から刀を抜き、「我が怨念を思い知れ」と言いながら刀を振るい始めたため、小性衆は散り散りに逃げ回った。秀包が見境なく家来たちを斬り始めたため、侍たちが急いでやって来て秀包を座敷に閉じ込めた。家来たちは集まってどうしようかと相談するも、答えが出ない。すると座敷の中から「私を罪に落とした理由は何だ！　憎き奴らを一人一人取り殺し、長々と恨み言を述べてやる」と言う声が聞こえた。そこであの馬が嶽の旅の僧が秀包に取り憑いていることが分かり、家来たちはどうにかして秀包を傷つけずに武器だけを奪おうと考えたが、なかなか難しい。そこで田良摩弥介《たらまやすけ》という剛力の侍が、「座敷の様子を窺っていると、殿はくたびれてたまに眠っている。この寝入っている隙に床下から忍び込み、畳を外して、殿がまた刀を持って暴れ出そうとしたところで足を摑み、床下に引きずり込もう。そうすれば刀は縁の下で引っかかるから、刀を取り落としたところで足を縛って縁の下の柱にくくりつけよう。私がそうするから、その間に座敷に入り、刀を回収してくれ」と提案した。

弥介の作戦はうまくいき、秀包を捕らえることができた。家来たちは秀包を屋敷のとある部屋に閉じ込め、昼夜見張りを立てて番をした。

その後、旅の僧を供養するためにさまざまな祈禱を行ったところ、五十日ほど経ってようやく秀包は元通りになったという。

佐々成政 さっさなりまさ

一五一六〜一五八八年

安土桃山時代の武将。一五三六年もしくは一五三九年生まれという説もある。織田信長《おだのぶなが》に仕えた。本能寺の変の後、豊臣秀吉《とよとみひでよし》と対立するも、小牧・長久手の戦いで敗れて降伏する。その後肥後国《ひごのくに》を任されるも、太閤検地に反対する一揆を鎮圧できず、責任を取って自害した。

◉佐々家を滅ぼした側室の呪い

富山県には、成政と「早百合《さゆり》」という女性にまつわる伝説が残っている。この伝説を扱った江戸時代の『絵本《えほん》太閤記《たいこうき》』には、以下のように記されている。

信長に仕えていた時代、成政は越中国《えっちゅうのくに》を任されており、富山城の主でもあった。その後信長が死に、秀吉と対立していた成政は徳川家康《とくがわいえやす》の住む浜松城に赴き、打倒秀吉の談判を行っていた。

当時、成政は早百合という名の美しい側室を寵愛していた。成政が先述の理由で城を留守にした際、竹澤熊四《たけざわくまし》郎《ろう》という人物が病で城に残っていた。この時、早百合に嫉妬していた他の側室が「早百合は熊四郎と密通している。腹の子は成政の子ではない」といううわさを流す。城に帰った成政はこれを聞いて激怒し、熊四郎を刺し殺した後、早百合の言い分も聞かずに彼女を神通川《じんづうがわ》に生えた榎に逆さ吊りにして斬殺する。

早百合は最期に、血の涙を流しながら「おのれ成政、この身は斬り殺されようとも、我が怨念は悪鬼となり、数年経たずしてお前の一族を滅ぼすだろう」と呪いの言葉を告げて息絶えた。

以来、成政は神通川を渡って軍を出す戦では一度も勝利できなくなったとされる。また、神通川で成政が戦った際は、どこからか不可思議な風が吹き、彼の目にだけ見える幽霊たちが現れたため、成政の軍は敗戦したという。

さらにこの神通川のほとりには、風雨の夜に女の吊るし首の姿をした鬼火が現れるようになり、人はこれを「ぶらり火」と呼んだという。早百合の怨念は数百年経っても消えず、「さゆり、さゆり」と大声で叫ぶとぶらり火が現れたと記されている。

成政が切腹して死に、佐々家が断絶したのはこの早百合の怨念によるものではないかと人々はうわさしたという。

『絵本太閤記』は読本《よみほん》であり、正確な史実を扱ったものとは言いがたい。しかし早百合にまつわる伝説は現在も富山県に残っており、当時から人々に広く信じられた物語であったようだ。

島左近 しまさこん

一五四〇～一六〇〇年

戦国時代から安土桃山時代にかけての武将。左近は通称であり、本名は清興《きよおき》。元は大和国《やまとのくに》の武将で、筒井家に仕えていたが、筒井順慶《つついじゅんけい》の死後その跡を継いだ筒井《つつい》定次《さだつぐ》と対立し、家臣を辞す。その後は蒲生氏郷《がもううじさと》らに仕えるが、石田三成《いしだみつなり》から仕官の要請があり、三成の説得の末にそれを受け入れる。三成の重臣として活躍するが、関ヶ原の戦いで討死《うちじに》した。

◉古狸《ふるだぬき》に勝ち、狸親父に負けた武将

『関ヶ原《せきがはら》軍記《ぐんき》大全《たいぜん》』には、左近が妖怪退治をした話が載る。

関ヶ原の戦いの少し前、三成は西軍の武士たちと共に大垣城に駐留していた。ある日の夜、北風が三成を通り過ぎたかと思うと、三成は発熱し病を患ったようになった。

その日の深夜、本丸天守の石垣の暗闇から齢六、七の小僧が帷子《かたびら》を着て三成に近づいてきた。三成はこれを妖怪と見抜き、刀に手をかけたが、小僧は途中で消えてしまった。

次の夜も再び小僧の妖怪が現れたため、三成は左近を呼んで事の次第を話した。左近は「正体が何であれ、どれほどのこともありません」と言い、その妖怪を退治することにした。

翌日の晩、左近が三成の身代わりとなって蚊帳の中で横たわっていると、再び小僧が現れた。直後、屋敷が揺れ、左近以外の者には小僧ではなく大入道に見えていたが、左近の目が捉えていたのは背丈三尺（約九十センチ）ほどの小僧だった。

小僧は少しずつ左近に近づき、左近が狸寝入りをしていると、ついに蚊帳の中に入ろうとしてきた。左近がそ

れでも動かずにいると、小僧は蚊帳に潜り込み、左近に飛びかかろうとしたため、左近は起き上がって小僧に組み付いた。左近は小僧を抑え込んだまま、控えさせていた武士に蚊帳を落とすよう指示し、そのまま蚊帳で小僧を拘束すると、脇差で刺し殺してしまった。

蚊帳から妖怪の死骸を引きずり出してみると、その正体は古狸であった。この狸を退治したことで、三成の病は癒えたという。

この後、三成と左近は関ヶ原の戦いで徳川家康《とくがわいえやす》の東軍に敗れ、三成は処刑され、左近は討死したとされる。古狸を倒した後に「狸親父」の異名を持つ家康に敗れたのは、皮肉なことだ。

薄田兼相 すすきだかねすけ

不明〜一六一五年

戦国時代から江戸時代にかけての武将。武勇に優れ、豊臣秀頼《とよとみひでより》に仕えたが、大坂冬の陣では遊郭で遊んでいる最中に砦を落とされるという失態を犯す。次の夏の陣ではその雪辱を果たそうと戦うも、討死《うちじに》した。

◉偽りの神を討ち取った伝説の剛勇

兼相はその剛勇ぶりから、しばしば伝説上の人物である岩見重太郎《いわみじゅうたろう》と同一視される。大阪府の野里住吉神社には、この重太郎が妖怪を退治したという伝説が伝わる。

かつて野里村は風水害や疫病が流行ったことから「泣き村」と呼ばれていた。村人はこれを神の祟りのせいだと考え、村を救うために乙女を捧げよ、という神託に従って毎年娘を一人、唐櫃に入れて生贄として捧げていた。村に立ち寄った重太郎はこの話を聞いて「神は人を救うことはあっても、人を贄にしたりはしない」と憤り、生贄の娘の代わりに自分が唐櫃に入った。そしてその夜、重太郎はやって来た大狒々《おおひひ》を激闘の末に討ち取り、その後この村に生贄の風習はなくなったという。

討ち取ったのは大蛇という話もあれば、頭は猿、体は獅子、尾は大蛇といった鵺《ぬえ》のような怪物だったという話もある。

この伝説は近世、講談などで人気を博し、重太郎が兼相と同一視されるようになると、兼相の武勇伝として語られるようにもなった。

このような生贄を求める猿神を武人が倒す伝説は古くは中国にも残されている。日本でも『今昔物語集《こんじゃくものがたりしゅう》』にすでに生贄の女性の身代わりとなった武士が、猿退治の訓練を積んだ犬と共に櫃の中に潜んで猿神を退治する話が載る。

千利休 せんのりきゅう

一五二二～一五九一年

安土桃山時代の茶人。和泉国《いずみのくに》の堺で商人の子として生まれ、若くして堺町衆の間で流行していた茶に親しみ、武野紹鷗《たけのじょうおう》のもとで本格的に茶道を学ぶ。わび茶の完成者として知られ、茶聖と称される。織田信長《おだのぶなが》、豊臣秀吉《とよとみひでよし》に仕え、御茶頭《おさどう》まで上りつめるが、秀吉の怒りを買って切腹を命じられ、七十歳でこの世を去った。怒りを買った原因は諸説あるが、いまだ特定されていない。

◉霊になっても叱られた茶人

『提醒紀談《ていせいきだん》』には、利休が幽霊と化した話が載る。

豊臣秀吉が数寄屋に入り、火を灯して炭を入れようとすると、利休の幽霊が炉端に座っていた。その眼は光を放ち、炎の息を吐き出していたが、秀吉は怯《ひる》むことなく「無礼なり」と一喝してにらみつけた。すると利休の姿は消えてしまった。

その後、秀吉は堀直寄《ほりなおより》という家来に利休の霊を叱るように申し付けたが、直寄が数寄屋に入ると利休の霊は出てこなくなった。直寄がそのことを報告すると、秀吉は褒美として羽織を与えたという。

千本資俊 せんぼんすけとし

一五一九～一五八六年

安土桃山時代の武将。千本氏は那須氏の庶流で那須七騎の一つに数えられるが、主君・那須高資《なすたかすけ》を自身が城主を務める千本城にて殺害する。そのため一時那須氏を追われるが、次の当主・那須資胤《なすすけたね》に許されて帰参する。その後は忠臣として那須氏に仕えるも、資胤の死後、同じく那須氏の臣下であった大関高増《おおぜきたかます》の娘と資俊の息子・資《すけ》政《まさ》が離縁したことで高増の反感を買い、資胤の次の当主である資晴《すけはる》の許可をもって、資政と共に高増に殺害された。

◉精神を破壊する親子の怨霊

『那須記《なすき》』では、資俊・資政親子が死後怨霊になったことが語られている。

天正十四年二月三日の夜、資俊が城主を務めていた千本城の方角から、五尺（約一・五メートル）ほどの光り物が飛んできて、那須氏の居城である烏山城の本丸近くの大木にとまり、城内を昼間のように明るく照らした。その直後、一つの黒雲が現れ、中から七尺（約二・一メートル）の夜叉《やしゃ》のような者が出現した。この男は巨大な犬のような獣に銀の鞍を乗せて跨り、十文字の槍を持っていた。その後、今度は白布の鉢巻きをした齢二十ばかりの乱れ髪の男が、薙刀《なぎなた》を持って現れた。二人は資晴を見つけると、「あそこに見えるは資晴だ、いざ討たん」と叫んで襲いかかってきた。資晴はこの二人が資俊・資政親子であることを悟り、刀を抜いて抵抗した。

この騒ぎを聞きつけて臣下たちが駆けつけたが、親子の怨霊の姿は資晴にしか見えない。臣下たちは急いで暴れる資晴を取り押さえたが、以来資晴は心を病んでしまった。

資俊・資政親子の復讐はこれにとどまらず、今度は高増に狙いを定め、酒宴を催していた彼のもとに雷光と共に現れた。その姿は身の丈七尺（約二・一メートル）、頭からは二本の角を生やし、口は耳まで裂け、足は牛のようであったという。資俊が「謀計により討たれたこと、無念である。私と戦え」と告げると、高増は「心得た」と答え、薙刀を持ち出して資俊と打ち合った。しかし、今度は資政が飛び込んできて、高増を摑んで天へと昇ってしまった。気が付くと、高増は夢が覚めたような心地で庭に座っていたが、その後やはり心を病んで最後には死んでしまったという。

人々はこの親子の怨霊を恐れ、長慶寺を建てて供養したという。

天久院 てんくいん

不明（十六〜十七世紀頃）

安土桃山時代から江戸時代の女性。天球院と記される場合もある。池田城や姫路城などの城主であった池田輝《いけだてる》政《まさ》の妹で、山崎家盛《やまざきいえもり》のもとに嫁いだが後に離縁する。怪力の女性として知られ、城に入ってきた盗賊を自ら薙刀《なぎなた》で斬殺した逸話が残る。死後、甥の光政《みつまさ》、光仲《みつなか》によって菩提のために「天球院」という寺院が建てられた。

●猫又《ねこまた》をねじふせた怪力

『老媼茶話《ろうおうさわ》』には、彼女の怪力を示すこんな話が記されている。

天久院が吉田城に住んでいた頃、化け物が出現して女房たちをさらっていくことがあった。ある日、天久院の仏具の下から人骨が現れ、化け物は外からやって来るのではなく城内に潜んでいることが分かり、人々は恐れおののいた。しかし天久院は臆することなく、自ら囮《おとり》となるため女房の格好をして眠ったふりをしていた。そこへ小ちくという名前の女房がやって来た。小ちくが馬のように鼻を鳴らしているため、ひそかにその姿を見ると、目が光り、口が耳まで裂けていた。小ちくは天久院に飛びかかり、彼女の衣装で身を包んで外へ駆け出そうとする。しかし天久院は腕を伸ばしてこの化け物の頭を捕らえ、地面に叩き伏せた。化け物は牛のような唸り声を上げたが、天久院は拳を握り、その頭を叩き潰してしまった。すると尾が二つに裂けた五尺（約一・五メートル）余りの大猫が正体を現したという。

猫は年老いると化けるという考えは古くから存在しており、化け猫や猫又になると考えられていた。特に尾が裂けた猫は猫又と呼ばれることが多く、鎌倉時代初期の藤原定家《ふじわらのさだいえ》の日記『明月記《めいげつき》』にはすでにその名前が見える。

豊臣秀吉　とよとみひでよし　一五三七～一五九八年

戦国時代から安土桃山時代にかけての武将。尾張国《おわりのくに》の下層民の家に生まれるが、後に織田信長《おだのぶなが》に仕官し、やがて頭角を現して信長に気に入られ、有力武将の一人となる。信長が明智光秀《あけちみつひで》の謀反によって倒れた際はすぐに明智軍を倒し、信長の後継者としての地位を確立した。その後大坂城を建立し、全国の武将たちを滅ぼし、または服従させて天下統一を成し遂げる。刀狩りや太閤検地などの政策を行い、国外に向けては宣教師の追放や朝鮮出兵などを行ったが、二度目の朝鮮出兵の最中に生涯を閉じた。

◉娘可愛さに稲荷大明神を恫喝

秀吉には前田利家《まえだとしいえ》から養子に出された豪姫《ごうひめ》という養女がいた。妻の寧々《ねね》との間に子どもがなかったこともあり、夫婦共にこの娘を溺愛していた。しかし豪姫は病弱で、結婚後出産する度に大病にかかっていたため、秀吉が僧や賢者を集めてその原因を探ったところ、狐が憑いているためだと診断された。

秀吉は伏見稲荷大社まで自ら赴き、伏見の稲荷大明神宛に「豪姫を解放せねば毎年狐狩りを命じて、日本中の狐を殺してやる」と書をしたためて恫喝した。そのおかげか無事豪姫は快復するが、それから半年もたたぬうちに秀吉と利家は相次いで亡くなってしまったという。この死が稲荷大明神の祟りであったのかは定かではない。『老媼茶話《ろうおうさわ》』にも、同様に稲荷神に日本中の狐を狩ると宣言する話が記されているが、こちらでは狐に憑かれるのは豪姫ではなく秀吉に仕えていた女中とされている。

◉榎に落ちてきた雷神

『怪談百物語《かいだんひゃくものがたり》』によれば、秀吉が姫路城に在城していた頃、夏に雷が落ちて城の敷地内にあった大きな榎を真っ二つにした。その榎の間には雷神が挟まっており、雷光を放つので人々は恐れて近づけなかったが、秀吉だけは恐れずに近づき、雷神に向かって「雷は陽気であり、夏の始めに起こって五穀の成長を助けるという。にもかかわらず、どうしてこのような怪事を起こしたのか、納得しがたい」と問うた。すると雷神は「いかにも私は陽の徳を備え、五穀を実らせ、人の善悪を正す神だ。この榎の内に毒竜がおり、人民に災いをなそうとしていた。故にこの榎を狙って落ちたのだ。しかし目測を誤り、毒竜によってこの榎に捕らえられてしまった。願わくは、私を天上に帰してほしい。さすれば恩に報いよう」と答えた。そこで秀吉は家来を呼んでこの榎を割らせ、雷神を天に帰してやった。このおかげで秀吉は天下統一をなすほどの力を得ることができたのだという。

不破万作 ふわばんさく

一五七八～一五九五年

安土桃山時代の小姓。名は「不破伴作」とも記す。尾張国《おわりのくに》の生まれで、豊臣秀次《とよとみひでつぐ》に仕えていたが、秀次が謀反の疑いをかけられて自害した際に、共に命を絶ったとされる。後世には、絶世の美少年だったと伝えられている。

◉怪異にも怯《ひる》まない豪胆な美少年

月岡芳年《つきおかよしとし》の『和漢百物語《わかんひゃくものがたり》』には、万作が古寺で怪異と遭遇し、その正体を見極めたという話が載る。そこに描かれた浮世絵には、真っ黒な化け物が万作のさす傘に乗しかかり、万作と化け物がにらみ合っている様子が描かれている。

この話は江戸時代に講談として広まった記録があり、それを題材に月岡芳年《つきおかよしとし》が万作と妖怪の絵を描いたと考えられる。

堀主水 ほりもんど

一五八四～一六四一年

安土桃山時代から江戸時代にかけての武士。加藤嘉明《かとうよしあき》に仕え、多くの武功を挙げた。本来は多賀井という姓であったが、大坂の陣で敵と組み合い、堀に落ちながらも討ち取ったことで堀の姓を与えられた。

嘉明に重用され、その息子・加藤明成《かとうあきなり》の代には家老となるもたびたび意見をたがえ、不仲となる。その結果、主水は家老を罷免され、加藤家を出奔。その際に明成のいる若松城に鉄砲を放ち、関所を打ち破るという暴挙に出たため、最後は明成に身柄を引き渡され、処刑された。この御家騒動は一般に会津騒動と呼ばれている。

◉怨霊と化した寵姫

『老媼茶話《ろうおうさわ》』によれば、主水が殺害した女性に祟られたことが記されている。

嘉明が存命の頃、主水は若松の高瀬という場所で一人の美しい女を見初め、夫と離縁させて側室とし、花という名前を与えて可愛がった。しかし花は主水の召使いである源五郎《げんごろう》という美男に心惹かれ、密通するようになる。そのことを別の召使いの女に知らされた主水は激怒し、真偽も確かめずに源五郎の首をはね、花を庭の松の木にくくりつけてその足元に源五郎の首を置き、踏みつけさせた。

花はこの仕打ちに大いに怨みを抱き、主水を散々ののしったため、主水もいよいよ腹に据えかね、角助《かくすけ》という厩《うまや》で働いていた大男を呼び寄せて花の首を絞めて殺させ、死体を宝積寺という寺の裏に埋めた。

それから半年ほどが経ち、主水が書院で柱にもたれかかり、朧月夜を眺めていると、急に月が陰り雨が降って、不意に身の毛がよだった。恐ろしく思っていると、庭の木陰に白いものが見え、次第に近づいてきたかと思うとそれは花であった。白帷子《しろかたびら》を頭からかぶり、雨を滴らせながら縁側に手をかけ、座敷へ上がってきたため、主水は脇差を抜いて斬りつけた。しかし雲水を斬ったように手応えはなく、姿も朧げだった。

それから毎夜、花の幽霊が現れるようになり、主水を悩ませた。百日も経つと主水も疲れ果てて衰弱し、気持ちを紛らわせるために外出すると、夕方宿へ帰る途中、一人の老僧と出会った。

僧侶は主水に死相が出ているのを見て訳を聞き、主水がことのあらましを話すと、「その女は怨嗟が深く、通常は四十九日経てば滅ぶはずの魂魄が体を離れず、祟りをなしています。その女が殺されてからの日にちを数えると、明日が一回忌となります。悪霊が怨みを遂げる日はすでに来ているのです。たとえあなたが大磐石の中に隠れ、数多の刃で囲まれても、命を奪われることに変わりはないでしょう。しかし霊鬼を退散させる手段が一つ思い当たります」と言う。そして主水に側近の者を二人だけ連れてくるよう指示し、共に宝積寺へ行くと、花を埋めた場所を案内させた。

そこは草が生い茂り、穴から生臭い風が吹き出ていた。その臭いを嗅いだ者は嘔吐するような悪臭だったが、僧侶が棺桶の蓋を開けると、そこには生きている時とまるで変わらない顔色をした花の死体があった。

これを見た僧侶は主水に服を脱ぐように言い、体中に残らず経文を書いた。そして神符を口に含み、落ち着いて呼吸するように指示した。

僧侶は「今夜必ず怪事が起こりましょう。気を静めて息を殺し、少しも動いてはなりません」と言って主水と花の死体を一つの棺桶に入れ、元のように埋めてしまった。
丑《うし》三つ時となって、花の死体が起き上がり、苦しそうに息を吐いたかと思うと、冷たい手を伸ばして主水の体を探り、「不思議なこと。憎きお方がいつしか死に果て、白骨になって苔に覆われている。今夜必ずこの人を奪って、魂を抜き、血を吸い骨を食って、日頃の怨みを晴らそうと思ったのに、もう怨念が晴れてしまったわ」と主水に抱きつき、首を伸ばして舌を出し、主水の体中を舐め尽くした。そして膝のところで倒れた後、花の死体は二度と起き上がらなかった。

やがて朝になり、僧侶がやって来た。僧侶は花の死体を見ると、魂魄はいまだ離散せず、面持ちに悪相が残っているとして、数珠で花の顔をなで、「見よ、あなたが怨み抜いた堀主水はすでに死しており、その髑髏《どくろ》があなたのそばにあるだろう。肉は消え、骨が晒されたのだ。主水が死んだ後に誰を恨むというのか。今あなたに妙文の一句を奉じよう」と告げた。そして花の成仏を祈った後、「おもひみよ仇《あだ》もなさけもしら露のきえにしのちは唯秋のかぜ」と句を詠んだ。その句に感得したのか、花の表情はたちまち柔和なものとなり、皮も肉も消え、やがて骨だけが残った。僧侶は白骨に向かい、目を閉じて合掌し、しばらくの間念仏を唱えてから死体を元のように埋め、主水は彼と共に屋敷へ帰ることができたという。

体中に経文を書いて怪異を回避する、という方法は小《こ》泉《いずみ》八雲《やくも》の「耳なし芳一《ほういち》」が有名だが、この元になった話が収録された『臥遊奇談《がゆうきだん》』より『老媼茶話』の方が四十年ほど古い。ただしさらに時代が古い『曽呂利物語《そろりものがたり》』にも同様の怪異の回避法が載るため、近世にはよく知られた方法だったのかもしれない。

また体に経文を書いた結果、芳一の場合は平家の怨霊に姿が見えなくなる、という効果をもたらしていたが、主水の場合は彼の姿が死体に見えるようになったなどの違いがある。

前田利長 まえだとしなが

一五六二～一六一四年

安土桃山時代から江戸時代にかけての武将。加賀藩二代目藩主。前田利家《まえだとしいえ》の長男で、父と共に豊臣秀吉《とよとみひでよし》の臣下として戦った。その後、関ヶ原の戦いの直前に徳川家康《とくがわいえやす》に屈し、東軍として参戦。その功績から加賀、能登、越中の三国にまたがる百十九万石を領し、大大名の地位を築いた。

◉葬式に乱入する謎の鬼

『諸国百物語《しょこくひゃくものがたり》』には、利長の死の直後、鬼が出現した話が記されている。

利長の葬式には、加賀、能登、越中の三国の武士が残らず屋敷の広間に集まっていた。その日の夕暮れ、背丈二丈（約六メートル）ほどの青鬼が出現し、広間に入ってきた。青鬼は広間を通り過ぎてそのまま玄関から出ていったが、あまりに突然の出来事に、集まった侍たちは鬼が玄関を出ようとした時にやっと刀に手をかけられた状態だったという。

松平近正 まつだいらちかまさ
一五四七〜一六〇〇年

戦国時代から安土桃山時代の武将。大沼城主であったが、一五九〇年、徳川家康《とくがわいえやす》の関東移封の際に上野国《こうずけのくに》に移り、大沼城は廃城となる。関ヶ原の戦いの前哨戦となる伏見城の戦いにて宇喜多秀家《うきたひでいえ》ら西軍と戦い、討死《うちじに》した。

◉火車《かしゃ》にねらわれた従弟の遺体
『新著聞集《しんちょもんじゅう》』によれば、近正が従弟の葬式に参列した際、突然雷光が閃き、黒雲が遺体を入れた棺の上に覆いかぶさった。近正が棺を守ろうと様子を窺っていると、黒雲から熊の手のようなものが現れたため、その手を刀で斬り裂いた。すると雲が晴れ、おびただしい血痕と共に爪と毛が生えた腕が落ちていた。この腕は妖怪「火車」のものであるとされ、そのためこの刀は火車を斬った刀として「火車切」と名付けられたという。

火車は悪行を積んだ人間の死体を地獄へ運び去ると考えられていた妖怪で、猫の変化とされることが多い。

森忠政 もりただまさ
一五七〇〜一六三四年

安土桃山時代から江戸時代にかけての武将。織田信長《おだのぶなが》に仕えた森蘭丸《もりらんまる》の同母弟。豊臣秀吉《とよとみひでよし》に仕え、秀吉の没後は徳川家康《とくがわいえやす》に仕えた。関ヶ原の戦い、大坂の陣では徳川方として戦い、その功績から美作《みまさか》津山藩主森家初代となる。その後津山城を築くなどしたが、食中毒により六十五歳で死去した。

◉忍び寄る死の影
『諸国百物語《しょこくひゃくものがたり》』には、忠政の屋敷の池に化け物が出現したという話が載る。

その池は屋敷の裏にあり、そこではさまざまな化け物が現れた。初めに小さな子どもの姿をした何者かが出現し、さらに被衣《きぬかずき》を着た女が現れてあちらこちらへ歩き回ったという。

ある時、忠政がそばに仕える侍たちを集めて夜話をしていると、障子の向こうに歩き回る二人の女の影が見えた。怪しんだ忠政は侍たちに屋敷中を探し回らせたが、二人の女は見つからず、ただ影だけが歩き回る姿が皆の目に見えていたという。

また、この影が出てから一年ほど経った頃、忠政は死去したという。

山家公頼 やんべきんより

一五七九～一六二〇年

安土桃山時代から江戸時代にかけての武将。伊達政宗《だてまさむね》に仕え、政宗の子・秀宗《ひでむね》が宇和島藩に封じられた際は家臣として随行した。しかし同じく伊達家の家臣であった桜田元親《さくらだもとちか》が、公頼が秀宗に不正を行ったと訴えたため、謹慎される。さらに秀宗の命で桜田元親ら一派が公頼の家を襲撃し、暗殺された。

◉かつての同僚を祟り殺す

愛媛県宇和島市の和霊神社では、公頼は死後、怨霊と化したと伝えられている。

桜田元親を初めとする公頼を陥れた伊達家の家臣たちは、落雷や海難事故で次々と変死し、秀宗の息子たちも何人か亡くなった。これを公頼の祟りと恐れた人々は、彼の霊を慰めるため和霊神社を建立し、公頼を和霊大明神として祀り上げたという。

淀殿 よどどの

一五六七～一六一五年

安土桃山時代の女性。淀君、淀の者とも呼ばれる。幼名は茶々《ちゃちゃ》。織田信長《おだのぶなが》の妹・市《いち》と浅井長政《あさいながまさ》の娘として生まれ、後に豊臣秀吉《とよとみひでよし》の側室となる。秀吉に寵愛されて秀頼《ひでより》を生み、秀吉の死後は徳川家康《とくがわいえやす》に対抗したが、大坂の陣で敗れて自害した。

◉死後も大坂城に残り続けた亡霊

大坂の陣の舞台で、淀殿が命を落とした場所でもある大坂城には、淀殿にまつわる怪異譚が残る。

特に有名なものは淀殿の亡霊が現れるというもので、この亡霊は現代でも目撃談がある。

また、かつて大阪城に置かれていた蛙石《かえるいし》に座ると女の亡霊が出現し、これに手招きされると投身してしまうという。この亡霊の正体も淀殿であるという説がある。現在、この石は元興寺《がんごうじ》に安置されている。

他にも、淀殿の怨念が蛇となり、石垣の上から人々をにらむという話も残っているようだ。

江戸時代

一六〇三〜一八六七年

秋山宜修　あきやまかくしゅう

不明（十八〜十九世紀頃）

江戸時代の医師。秋山玄瑞《あきやまげんずい》とも呼ばれる。著作に医書『脚気弁惑論《かっけべんわくろん》』などがある。

◉墓での草取りにご用心

『耳嚢《みみぶくろ》』には、宜修が作者の根岸鎮衛《ねぎしやすもり》に話したというこんな話が載る。

　宜修が壮年であった頃、医師仲間四、五人で連れ立って薬草を取りにいったことがあった。その時連れていった小僧が、静止されるのも聞かずに新田明神《にったみょうじん》と称される新田義興《にったよしおき》の墳墓に生えていた草を取ってしまった。すると、帰宅してからその小僧は「私が住んでいる場所の草を取ったのが憎い」とののしるようなことを口走った。小僧が取ってきた草を墳墓に戻すと、小僧は元に戻ったという。

　新田義興は死後、怨霊となった伝説が残る。詳しくは当該項目（南北朝時代）を参照。

　また『耳嚢』には、宜修が語ったという痔の神にまつわる話も載る。詳しくは岡田孫右衛門《おかだまごえもん》の項目を参照。

浅野長矩　あさのながのり

一六六七〜一七〇一年

江戸時代の大名。播州赤穂藩藩主。江戸に下向する際、勅使接待役を命じられるが、典礼の指南役であった吉良《きら》義央《よしなか》に賄賂《わいろ》を渡すことを拒否したために辱めを受け、その恨みから義央を斬りつけるという事件を起こした。長矩は即日切腹を命じられたが、長矩の臣下であった大石《おおいし》良雄《よしお》ら四十七士が吉良邸に討ち入って仇《かたき》を取った。この一連の事件は「赤穂事件」と呼ばれる。この事件は浄瑠璃や歌舞伎の『仮名手本忠臣蔵《かなでほんちゅうしんぐら》』の題材となったことで有名。

◉切腹の恨みが残る石

『耳嚢《みみぶくろ》』には、長矩の切腹にまつわる以下のような怪異譚が載る。

　田村宗顕《たむらむねあき》の屋敷の庭にある石は、かつて田村建顕《たむらたけあき》がその屋敷の主人であった時、身柄を預かっていた長矩が切腹を命じられた場所に置かれたものであった。この石は切腹から百年が経った年、わずかに鳴動した。そんなこともあり、この石には誰一人近寄ろうとする者はいなかったという。

味野岌之助 あじのきゅうのすけ

不明（十八世紀頃）

江戸時代の旗本。江戸の本所三笠町に屋敷を構えていたと伝わるが、詳細不明。現在の錦糸町に伝わる本所七不思議の一つに数えられる「足洗邸《あしあらいやしき》」に登場する人物。歌川国輝《うたがわくにてる》の浮世絵『本所七不思議之内《ほんじょななふしぎのうち》 足洗邸《あしあらいやしき》』に名前が見られる。

◉天井から降りてくる巨大な足

岌之助の屋敷では毎晩、丑《うし》三つ時になると、天井裏からものすごい音がして「足を洗え」という声が響き、剛毛の生えた巨大な人の足が天井をつき破って降りてくるという怪異に見舞われていた。その足は血にまみれており、家人が言われたとおりに洗ってやると天井裏に消えるが、洗わないと怒って暴れ回った。これにたまりかねた岌之助が興味を持った同僚の旗本と屋敷を交換したところ、足は二度と現れなかったという。

有馬則維 ありまのりふさ

一六七四〜一七三八年

江戸時代の大名。筑後久留米藩第六代藩主。税制改正や役人の整理などを行い、財政難に陥っていた藩の立て直しに努めた。

◉狐の祟りを呼ぶ妙薬

『耳嚢《みみぶくろ》』には、則維にまつわる以下のような怪異譚が載る。

松平丹波守の家宝に、金属で傷つけられた怪我を治す奇薬があった。この薬は治療するため差し出した手を引く前に怪我が治癒することから「手引ず」と呼ばれていた。

ある時、則維が松平丹波守の家を訪れた際、物に当たって額を傷つけた。これを見て気の毒に思った家主が手引ずの薬を患部に塗ると、たちまち傷は癒えて跡さえ残らなかった。

感動した則維が薬の造り方を教えてほしいと懇願すると、家主は仕方なしに教えてくれた。その方法とは、狐にこの薬を与えながら飼い、生きながら薬を体内に取り入れさせた後、油で狐を炒って造るというものだった。「簡単なことだ」と考えた則維は、さっそく狐を捕らえてきて教えてもらったとおりに薬を造った。すると、その狐の魂魄か、はたまた殺された狐の家族だったのか、夜になると狐が現れるようになり、何をしても去らなかった。そこで犬を飼い、居間や寝室につないでおいたところ、狐は出なくなった。以来、則維の家では代々犬を飼うようになったという。

有馬頼貴 ありまよりたか 一七四六〜一八一二年

江戸時代の大名。筑後久留米藩の第八代藩主で、久留米藩有馬家の八代目当主。相撲や闘犬を好み、藩の財政難を悪化させたと伝えられる。

◉主を奪われた白猫の復讐

江戸時代の講談などでは、化け猫が頼貴一家を巻き込む大騒動を起こしたことが語られていた。

当時、有馬家には関屋《せきや》という奥方付きの女中がいた。ある日、酒宴の最中に白い子猫を追いかける猛り狂った野犬が侵入する事件があった。追われていた子猫は頼貴の後ろに逃げ込み、犬は頼貴に襲いかかった。そばにいた関屋はとっさに手水鉢《ちょうずばち》の鉄柄杓で犬の眉間を叩き、殺した。関屋のとっさの行動に頼貴は感心し、褒美を与えることを決めた。そこで関屋は逃げ込んできた子猫の助命を願った。

それから頼貴は関屋を寵愛するようになり、関屋の名はお滝《たき》の方《かた》と改められた。しかし同僚の奥女中たちはこれに嫉妬し、お滝の方をいじめるようになった。特に老女の岩波《いわなみ》は彼女をひどく虐げた。お滝の方はいじめに悩み苦しんだ末、雨の降る夜、匕首《あいくち》で首を突いて自殺してしまう。お滝の方に仕えていた武家出身の女中・お仲《なか》は、主人の非命の最期に怒り、岩波を倒して主人の仇《かたき》を討とうとした。しかし岩波は薙刀《なぎなた》の名手であったため、返り討ちに遭いそうになる。その時、不意に真っ白な猫が飛び出してきて、岩波の喉笛を食い千切って殺してしまった。

その白猫はお滝の方に助けられ、「玉《たま》」と名付けられて可愛がられていたあの子猫であった。玉は自害したお滝の方の血を舐め、復讐を誓って化け猫と化していたのだ。

玉は仇である岩波の首とお滝の方の遺書を、お滝の方の母親と、弟の与吉《よきち》の家に届けた。仇討ちは済み、騒動はこれで終わるかに思われたが、与吉の身にさらなる不幸が起きたことで事件は再び動き出す。

与吉は岩波の首と遺書の件で有馬の屋敷を訪ね、そこで変わり果てた姉の遺体と対面する。与吉は「いじめられて奉公ができねえなら、家に帰ってくればいいんだ。

さぞ悔しかったろうに」と言い、しばらく遺体にすがって泣いていた。

与吉とお滝の方の伯父であり、有馬の屋敷に仕えていた高尾重左エ門《たかおじゅうざえもん》は、与吉をなだめ、八十両の大金を渡して「これで母と不自由なく暮らしなさい」と送り出した。しかし与吉が屋敷を出た直後、火見番《ひのみばん》をしていた足軽の鳴沢小助《なるさわこすけ》という男が、与吉が財布を落としたのを見て欲に目がくらみ、与吉の家に忍び込んで母親ともども与吉を殺害し、金を奪ってしまった。

このことを同輩に勘づかれた鳴沢はその同輩も殺害し、犯行が明るみに出ないようにするため与吉から奪った財布を死体の首にかけて怪物に食い殺されたように見せかけ、中身だけ懐に入れて行方をくらまそうとした。その時どこからか「鳴沢」と自分を呼ぶ声が聞こえたので、「誰だ」と叫ぶと、またしても白猫の玉が飛び出してきて、鳴沢の喉笛に食らいついた。鳴沢を殺した玉は、その死体を火の見櫓《やぐら》に引き上げた。

その後は有馬家のお抱え力士である小野川喜三郎《おのがわきさぶろう》が火の見櫓で番を務めたが、二人の人間を食い殺した玉は、有馬家の屋敷中の者を殺し始めた。お滝の方に代わって頼貴の愛妾となり、妊娠中だったお豊《とよ》の方《かた》とそのお付きの女中を食い殺し、さらに藩士・山村典膳《やまむらてんぜん》の病中の老母を殺して成り代わった。

ある時、頼貴と典膳が屋敷の庭に出ると、不意に玉が現れて頼貴に襲いかかった。典膳が前に出て一太刀浴びせると、玉は逃げていった。

帰宅した典膳は、老母の眉間に傷があることからその正体が化け猫であることに気付き、退治しようとするも取り逃がしてしまう。しかしその後典膳は喜三郎の力を借りて、火の見櫓にひそんでいた怪猫を退治した。これにより化け猫騒動は収まり、有馬家に平和が戻ったという。

この騒動は「有馬の化け猫騒動」と呼ばれ、「鍋島の化け猫騒動」「岡崎の化け猫騒動」と共に日本三大化け猫騒動と呼ばれている。

お滝の方に命を救われた玉は、彼女や彼女の家族の仇を取るために多くの人を殺害し、その結果自身も命を失うこととなった。しかしその根底にあったのは、玉の主人に対する愛情なのだろう。

淡島椿岳《あわしまちんがく》

一八二四～一八九〇年

江戸時代から明治時代にかけての画家。小林椿岳《こばやしちんがく》の名でも知られる。絵画に造詣が深く、常陸水戸藩士を務める一方で大和絵と洋画を学んだ。自由人であり、愛人と共に浅草寺境内に住み、見世物小屋を開くなど奇行で知られた。一方洋画風の風景画が評判を呼び、浅草絵の創始者となった。子に淡島寒月《あわしまかんげつ》がいる。

◉浅草狸《たぬき》と奇行人

明治時代初頭の頃のこと。浅草寺の観音堂裏にある雑木林が開拓されることになり、そこをすみかとしていた狸たちがさまざまな悪戯をして抗議を行った。『浅草寺《せんそうじ》史談抄《しだんしょう》』には、以下のような話が記されている。

狸たちは浅草寺使用人の大橋という人物の家の縁下に住みつき、石や砂をばらまいて悪戯していた。これを見た椿岳が「どうせなら石ではなく銭でも撒いてくれればよいのに」と冗談を言ったところ、それを聞いていたのか、本当に銭が撒かれるようになった。後に狸は大橋家の娘に取り憑き、「私は浅草寺の狸だ。銭は椿岳さんが頼んだから撒いたが、観音様のお賽銭だから粗末にしてはならないよ」などと言ったという。

その後も狸の悪戯は続いたが、大橋家の庭に狸を祀る祠が建てられたことで、やっと収まったと伝えられる。

安藤惟要 あんどうこれとし

一七一四〜一七九二年

江戸時代の武士。作事奉行、田安家家老、勘定奉行、大目付などを歴任した。根岸鎮衛《ねぎしやすもり》の『耳嚢《みみぶくろ》』では、鎮衛に多くの情報を提供した人物として記されており、「安《あん》藤霜台《どうそうたい》」の名で多くの話に登場する。霜台は律令制における警察機構・弾正台《だんじょうだい》の中国名だが、中世から近世にかけて多くの武士がこの呼称を好んで使った。鎮衛もまた、親しい友人である惟要の名を記す際に敬意と親しみを込めてこの名を使ったものと思われる。

◉冷静な判断が奇病を治す

『耳嚢』には、惟要が奇病にかかった時の話が載る。

惟要が壮年であった頃、ある日召使いの顔が人間の顔に見えなくなることがあった。驚いて妻の顔を見ると、やはり同じように見える。自分が乱心したと考えた惟要が心を鎮めるために寝床に入ると、耳の中にひどい痛みが走った。そこで医師を呼んで診てもらうと、高熱が出ており、痰が著しいため、薬を飲むことになった。すると左耳から大量の黒い煤の塊が出てきて、その夜右耳からも同じように煤の塊が出てきた。それから彼の体は快癒し、それまで他人とは違う色に見えていた視界が、他人と同じように見えるようになったという。

この奇病の正体は不明だが、怪異・妖怪の仕業とは語られておらず、冷静に対処したことが解決につながったものと思われる。

佚斎樗山　いっさいちょざん　一六五九〜一七四一年

江戸時代の武士、戯作者。下総国関宿《しもうさのくにせきやど》藩の久世家に仕える。『田舎荘子《いなかそうじ》』『河伯井蛙文談《かはくせいあぶんだん》』『再来田舎一休《さいらいいなかいっきゅう》』など「樗山七部の書」と呼ばれる著作を残した。

◉天狗《てんぐ》が説いた武芸の心得

樗山が著した談義本と呼ばれる読み物の中に『天狗芸《てんぐげい》術論《じゅつろん》』がある。これは武術書でもあり、木の葉天狗同士が武芸や心術について議論し、大天狗が彼らの問いに答えるという形式で記されている。

同じく樗山の談義本『田舎荘子』に収録された「猫の妙術」は、どんな猫も人も捕らえることができなかった大鼠をたった一匹で仕留めた老猫が、他の猫たちに教えを乞われて兵法の心得を説き、それを通して剣術の所作や素養を伝える書となっている。

このように、武士でもあった樗山は、妖怪や動物に仮託して、武芸や剣術の心を読者に伝えようとしたのだ。

伊東重孝　いとうしげたか　一六二三〜一六六八年

江戸時代の武士。通称は七十郎《しちじゅうろう》。伊達家の家臣であり、陸奥国《むつのくに》仙台藩に暮らしていた。儒学、陽明学、兵学を修め、武芸にも通じた実直な人物であったという。仙台藩で伊達家の御家騒動である伊達騒動が起こると、伊達家の安泰のため、仙台藩を乗っ取ろうとしていた伊達宗勝《だてむねかつ》を倒す計画を立てるが、そのことが露見して捕縛され、処刑された。

◉祟りで無念を晴らした韋駄天《いだてん》

『老媼茶話《ろうおうさわ》』には、重孝は怪力の韋駄天で、一度に四、五升（約六〜七キログラム）の米を食い、その後四、五日は何も食わなくても平気であったなど、超人的な人物だったと記されている。また、彼の最期にまつわる以下のような伝説が載る。

重孝が斬首の刑に処せられる直前のこと。重孝は自分の処刑に立ち会う者たちに対し、「武士たるものを縛り、首を斬ること、一体何の罪によってであろうか。この刑が法外のことであるならば、我が首は前には飛ばず、後ろへ飛ぶだろう」と言った。太刀を持った下郎たちは彼に「無駄言を言わず、念仏でも唱えて死になされ」と言ったが、重孝は目をむいてふり返り、下郎どもをにらみつけ、「お前たちのような下郎に何を言うことがあるものか。さあ斬れ」とすごんで首を突き出した。

下郎が首を斬ると、その首は本当に後ろへ飛んで歯噛みをした。死体は野ざらしにされたが、犬や烏《からす》も恐れてその死体に近づかなかった。それから重孝を陥れた者は、ことごとく彼の怨霊により祟り殺されたという。

また宮城県仙台市にある「縛り地蔵尊」は重孝の供養のために建てられたものとされる。この地に伝わる伝説によれば、重孝は「人は死ぬ時、体を地に伏せるというが、私は天を仰ごう。三年のうちに悪鬼となり、兵部《ひょうぶ》（伊達宗勝）への祟りの兆候を見せるであろう」と宣言したという。実際に、宗勝は三年後に伊達騒動の責任を問われて失脚する。一族も預《あずけ》（武家法による刑罰。親族など私人のもとで拘禁されること）の処分を下され、宗勝の一族は彼の代で断絶することとなった。

稲生正令 いのうまさよし

一七三五〜一八〇三年

江戸時代の武将。備後国《びんごのくに》三次郡で生まれる。十二歳で両親を亡くし、数年後に家を継いだ義兄も病気で実家に帰ったため、わずか十六歳で家を継ぐことになる。藩士となった正令は広島へと移転し、御広敷御錠口《おじょうぐち》を務め、広島で生涯を終えたという。現在でも広島県三次市三次町には彼の碑が残る。

◉魔王の称賛を得た男

正令はどちらかといえば幼名の稲生平太郎《いのうへいたろう》の方が有名だろう。『稲生物怪録《いのうもののけろく》』は、平太郎が寛延二年（一七四九年）七月の一カ月間に体験した怪異の記録をまとめたという設定の物語だ。この他に、正令自身がこの出来事について書き残した『三次実録物語《さんつぎじつろくものがたり》』も存在する。

十六歳の頃、平太郎は隣に住んでいた権八《ごんぱち》という相撲取りと共に、肝試しと百物語を行った。すると七月一日から一カ月の間、平太郎の周りでさまざまな怪奇現象が発生する。

毛むくじゃらで一つ目の大男が現れて平太郎を連れ去ろうとしたり、行灯《あんどん》の火が燃え上がったりしたこともあれば、寝ている平太郎の胸に女の生首が乗っていたり、夜中に部屋に大量の紙が舞ったり、石の体に人の指のような足を持つ蟹が出現したりもした。

脇差の鞘を探していると、「トントココニ」という声が聞こえて鞘の場所を教えてくれたり、納戸から棕櫚《しゅろ》箒が勝手に出てきて部屋を掃除したりするなど、中には親切な怪奇現象もあった。

虚無僧《こむそう》が大勢現れ、なぜか平太郎と同じ部屋に寝転がり、そのうち消えるという何がしたいのかよく分からないものもあった。

臼で柿の実の果肉をすりつぶして種だけにするが、臼《うす》を動かした後はちゃんと柿を元の実に戻し、臼を元の場所に片付ける律儀な怪異もあった。

そんなさまざまな怪異を体験して迎えた七月三十日、平太郎の前に魔王を自称する四十歳ほどの武士の姿をした化け物が現れた。彼は「山ン本五郎左衛門《やまんもとごろうざえもん》」と名乗り、平太郎の気丈さを称賛して、一つの小槌を渡した。そして「もし怪しいことが起これば、北に向かって我が名を呼び、槌で柱を叩けば、即座にやって来よう」と告げて帰っていったという。

◉狸を封じた魔王の小槌

この魔王の小槌は、伊予国《いよのくに》を舞台として語られた講談『松山騒動八百八狸物語《まつやまそうどうはっぴゃくやだぬきものがたり》』でも正令と共に登場する。正令は松山城で信仰されていた隠神刑部《いぬがみぎょうぶ》という狸とその子分たちを、この小槌を使って懲らしめ、封じたという。また話によっては小槌ではなく、宇佐八幡大菩薩から授かった神杖で狸を懲らしめるパターンもある。信仰されていた狸たちが懲らしめられた理由は、松山藩を乗っ取ろうとした奥平九兵衛《おくだいらきゅうべえ》を討つために現れた正令と、盟約と義理から九兵衛を助けようとした狸たちが対決することとなったため、とされる。しかしこの盟約は、九兵衛が手下の小源太《こげんた》に藩の乗っ取りに邪魔な狸たちを討伐するよう命じ、その討伐を逃れるために泣く泣く結んだものであったとされる。そのためか、現在も隠神刑部とその眷属である八百八狸を祀る山口霊神社では、狸たちが信仰を集めている。

上田秋成 うえだあきなり

一七三四〜一八〇九年

江戸時代の国学者、作家。大坂の曽根崎で生まれ、紙油商嶋屋の上田氏の養子となる。初めは国学を修め、浮世草子を書くなどしながら家業を継いだが、嶋屋が火事となり、破産。医学を修め、医者をしながら代表作『雨《う》月物語《げつものがたり》』を書き上げる。その後、国学者として『源氏物語《げんじものがたり》』や『万葉集《まんようしゅう》』などの研究書も含め、さまざまな作品を世に送り出した。

◉江戸の世に紡がれた古典怪異譚

秋成の代表作である読本《よみほん》『雨月物語』には、中国や日本の古典を原作とした怪異譚が記されている。

崇徳院《すとくいん》の怨霊と、それを慰めた西行《さいぎょう》の伝説を元にした「白峰《しらみね》」や、吉備津神社の鳴釜《なるかま》神事を元にした「吉備津の釜」などがその例だ（崇徳院、吉備津彦命《きびつひこのみこと》の項目も参照）。

また、晩年の作品『春雨物語《はるさめものがたり》』にも妖怪が登場する。「目ひとつの神」に百鬼夜行が現れる場面が描かれているのがその例だ。

さらに随筆の『胆大小心録《たんだいしょうしんろく》』には、京都で秋成自身が狐に化かされた話が載っており、彼自身も怪異に遭遇していたことが窺える。

浮田一蕙 うきたいっけい　一七九五～一八五九年

江戸時代の絵師。京都の生まれで、田中訥言《たなかとつげん》の門人。大和絵の復興に努めた人物で、復古大和絵の祖と称された。また、和歌や書道にも通じていた。安政の大獄にて投獄され、釈放された後、京都で没する。

◉よみがえる大和絵に描かれた狐の婚姻

一蕙が残した作品の中には、妖怪画も残っている。それが『婚怪草子絵巻《こんかいぞうしえまき》』という狐の婚姻の様子を描いた作品で、『春日権現験記絵《かすがごんげんけんきえ》』や『鳥獣戯画《ちょうじゅうぎが》』『百鬼夜行絵《ひゃっきやこうえ》巻《まき》』などの要素を取り入れつつ、王朝絵巻を再現したような世界観を表現している。この絵巻は、和宮《かずのみや》親子《ちかこ》内親王《ないしんのう》が徳川家茂《とくがわいえもち》に降嫁したことを、狐の嫁入りによって風刺しているという説もある。

歌川国芳 うたがわくによし　一七九七～一八六一年

江戸時代の浮世絵師。武者絵を得意とした人物で、代表作である『通俗水滸伝豪傑百八人之一個《つうぞくすいこでんごうけつひゃくはちにんのいっこ》』が人気を博し、「武者絵の国芳」と称された。また西洋の明暗表現を取り入れた風景画や、美人画、役者絵、戯画などさまざまな画風で活躍。しかし水野忠邦《みずのただくに》の天保の改革により作品が風紀を乱すものとして絶版処分となり、美人画や役者絵も禁止されるという憂き目に遭う。それでも国芳は筆を止めず、逆に多くの風刺画を描くことで庶民から絶大な人気を得た。

その後忠邦が失脚すると、再び美人画や役者絵を描き始め、得意の武者絵で人気を博し続けた。その弟子には妖怪画でも有名な月岡芳年《つきおかよしとし》、歌川芳艶《うたがわよしつや》、河鍋暁斎《かわなべきょうさい》などがいる。

◉江戸妖怪画の大成者

武者絵が得意な国芳らしく、国芳の妖怪画には、武者と妖怪の戦いを描いたものも多い。山東京伝《さんとうきょうでん》の読本《よみほん》『善知鳥安方忠義伝《うとうやすかたちゅうぎでん》』の一場面を元にして描かれた有名な『相馬《そうま》の古内裏《ふるだいり》（❶）』では、平将門《たいらのまさかど》の娘である滝夜叉姫《たきやしゃひめ》が妖術によって出現させた巨大骸骨と、大宅太郎光圀《おおやのたろうみつくに》が対峙する様子が描かれている。原作では数百の髑髏《どくろ》

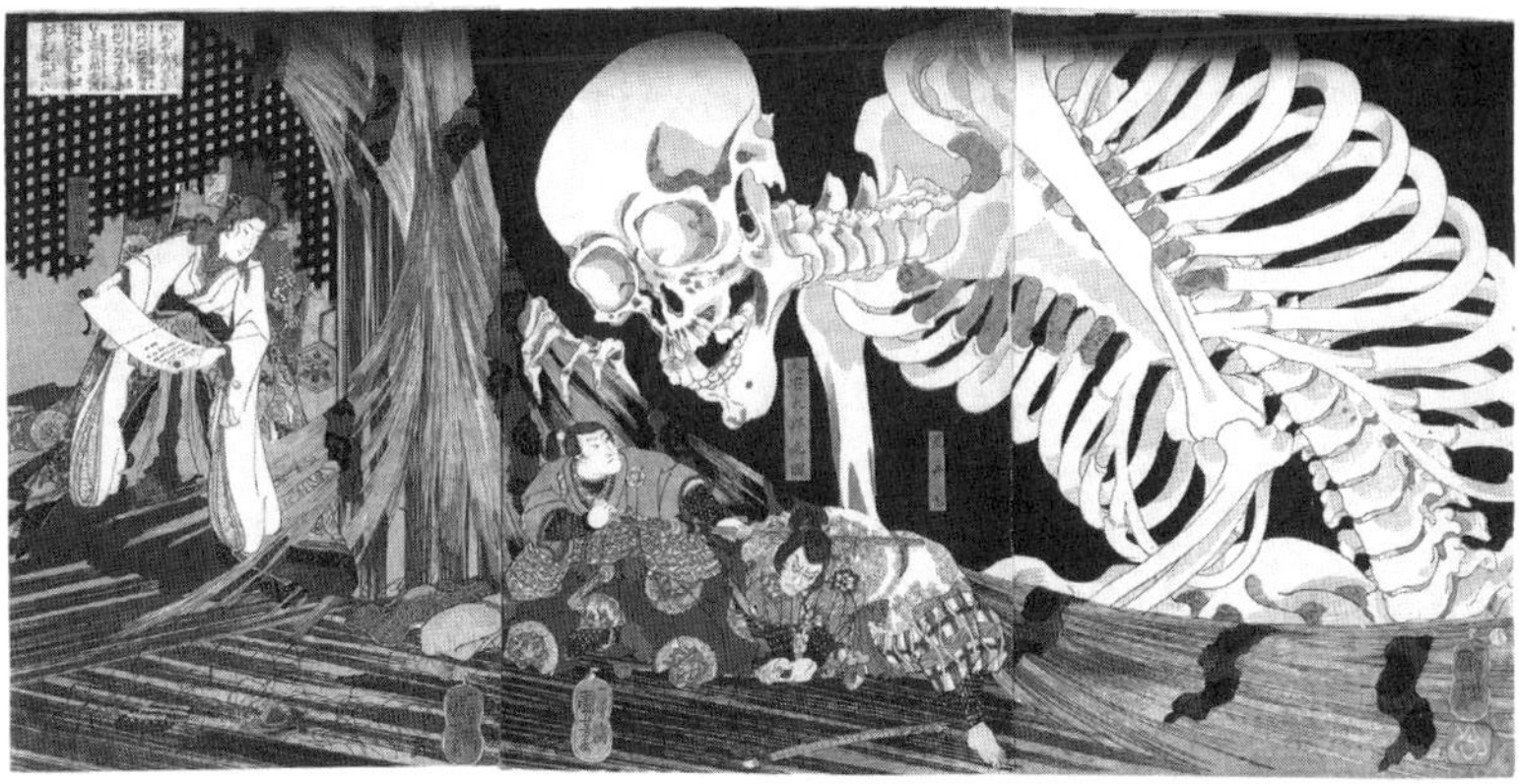

❶

❷

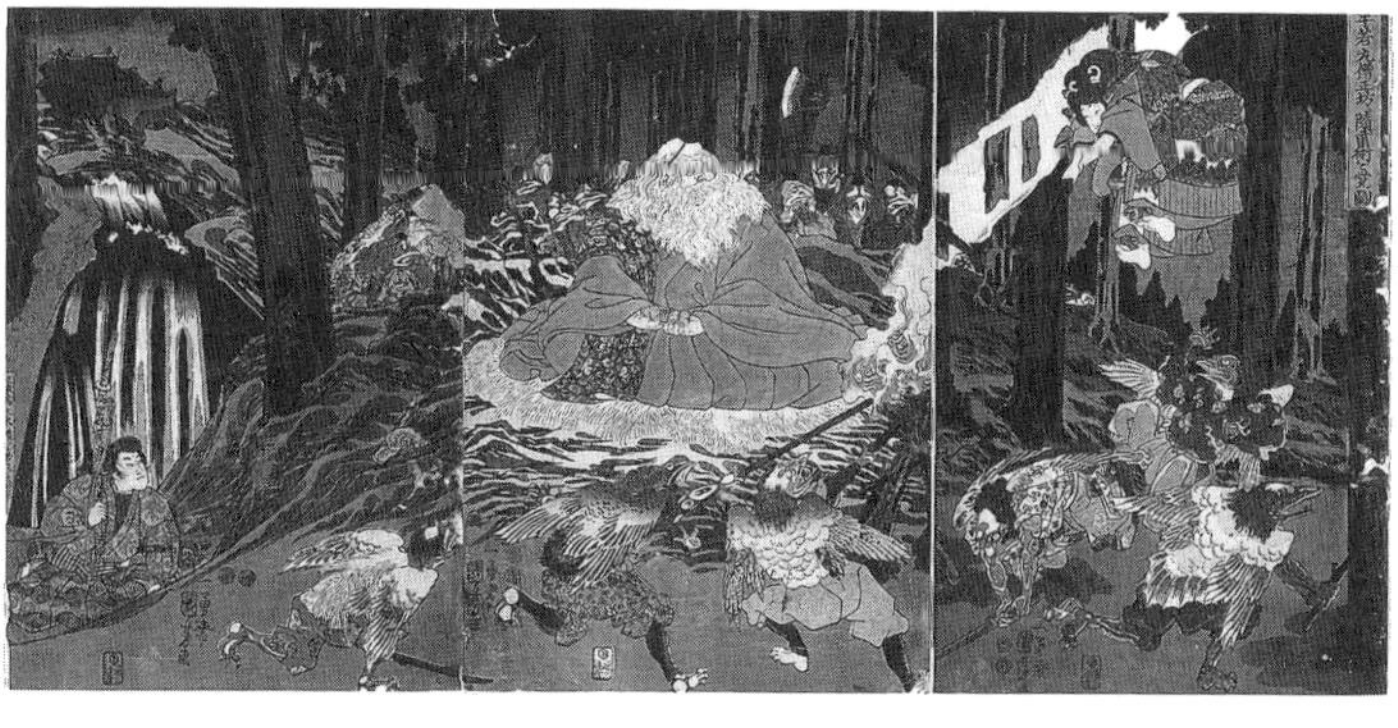

❸

❶歌川国芳『相馬の古内裏』(千葉市美術館蔵)
❷歌川国芳『荷宝蔵壁のむだ書』
(国立国会図書館デジタルコレクション蔵)
❸歌川国芳『牛若丸僧正坊随武術覚図』
(東京都立図書館蔵)

が現れた、としか記されていないため、国芳による大きなアレンジが加えられていると考えられる。また、この絵に描かれた巨大な骸骨は、昭和以降「がしゃどくろ」という妖怪の絵の元ネタとして使われるようになった。

また猫好きだった国芳は『荷宝蔵壁《にたからぐらかべ》のむだ書《がき》（前ページ❷）』の中で、まるで現在の漫画キャラクターのようなデフォルメ化された猫又《ねこまた》を描いている。これは天保の改革中に役者絵を禁じられた国芳が、人々の落書きを模写した、という体で歌舞伎役者たちの姿を描いた異色の作品であり、この猫又も歌舞伎の中で登場する猫又の姿を描いたものと考えられている。他にも国芳は『梅初春《うめのはる》五十三駅《ごじゅうさんつぎ》』や『尾上梅寿一代噺《おのえきくごろういちだいばなし》』といった作品で尾が二股に分かれた猫を描いている。

天保の改革中に描かれた妖怪をテーマにした風刺画としては、『源頼光公館土蜘作妖怪図《みなもとのよりみつこうやかたつちぐもようかいをなすず》』がある。この作品は源頼光《みなもとのよりみつ》の土蜘蛛退治伝説をテーマに、登場人物を水野忠邦や当時の将軍・徳川家慶《とくがわいえよし》らに、倒される妖怪たちを庶民たちに重ね合わせ、背景の妖怪を改革に苦しむ人々に見立てて描いたと考えられている。

また、源義経《みなもとのよしつね》の伝説をテーマとした『牛若丸僧正坊《うしわかまるそうじょうぼう》随武術覚図《ずいぶじゅつおぼえず》（前ページ❸）』では、義経が天狗から武術の手ほどきを受ける場面が描かれており、鞍馬山《くらまやま》の僧正坊《そうじょうぼう》天狗《てんぐ》と、その手下である多くの天狗が描かれている。

この他にも数多くの妖怪画が残されており、国芳にとって妖怪が魅力的な画題であったことが窺える。

歌川広重 うたがわひろしげ　一七九七〜一八五八年

江戸時代の浮世絵師。西洋画も含めたさまざまな画風を取り入れ、幅広い作品を描いた。初めは美人画や役者絵を主に描いていたが、後に風景画を手がけるようになり、東海道往復の旅の途中、自らの目で見た景色を描いたとされる傑作『東海道五十三次《とうかいどうごじゅうさんつぎ》』を完成させる。同時代の浮世絵師である葛飾北斎《かつしかほくさい》と共に、その作品はゴッホやモネなど海外の画家にも影響を与えた。

◉妖怪を描いた風景画の天才

風景画で著名な広重だが、いくつか有名な妖怪画も残している。源 義経《みなもとのよしつね》の伝説を元にした『義経一代図会《よしつねいちだいずえ》』では、幼少の義経（牛若丸）が鞍馬山《くらまやま》の大天狗《てんぐ》に剣術を習う場面が描かれている。風景画の代表作の一つである『名所江戸百景《めいしょえどひゃっけい》』では、『王子装束ゑの木大晦日の狐火（❶）』という題で王子稲荷神社に集まる狐たちの姿と、点々と光る狐火の様子を描いている。

『平清盛怪異《たいらのきよもりかいい》を見る図』では、寄り集まって巨大化す

❶歌川広重『王子装束ゑの木大晦日の狐火』（北区飛鳥山博物館蔵）
❷歌川芳員『百種怪談妖物双六』（国立国会図書館デジタルコレクション蔵）

る髑髏《どくろ》と清盛がにらみ合っている『平家物語《へいけものがたり》』の一場面を、まるで髑髏のような形に見える雪景色、という表現で描いている。

風景画の達人らしく、どの作品も妖怪を扱った絵画ではありながら、同時に美しい風景が描かれているのが特徴だ。

歌川芳員《うたがわよしかず》　不明（十九世紀頃）

江戸時代から明治時代にかけて活動したとされる浮世絵師。歌川国芳《うたがわくによし》の門人。武者絵や横浜絵を多く描いた。

◉現代にも残る妖怪双六《すごろく》

芳員の妖怪画としては、『百種怪談妖物双六《むかしばなしばけものすごろく》（前ページ❷）』が有名だ。これはその名の通り妖怪を題材とした双六で、二十五種類の妖怪が描かれている。もちろん双六として遊ぶことも可能で、サイコロを振って出た目によって指示された妖怪の絵のマス目に飛び、「金毛九尾《きんもうきゅうび》の狐《きつね》」や「茂林寺《もりんじ》の釜」など、特定の妖怪画のマス目で指示された目を出すことで、上がりとなるように設定されている。

その他にも源頼光《みなもとのよりみつ》とその配下である四天王と、蜘蛛の妖怪である土蜘蛛《つちぐも》との戦いの様子を描いた『頼光之臣《よりみつのしん》

❶歌川芳艶『破奇術頼光袴垂為搦』（くもん教育委員会蔵）

四天王之豪傑土蜘退治之図《してんのうのごうけつつちぐもたいじのず》』源 義経《みなもとのよしつね》が壇ノ浦で平家の怨霊に遭遇する『源 義経 平 知盛 霊 逢図《みなもとのよしつねたいらのとももりのれいにあうず》』などの作品もある。

歌川芳艶 うたがわよしつや

一八二二～一八六六年

江戸時代の浮世絵師。歌川国芳《うたがわくによし》の門人。武者絵を得意とし、また刺青《いれずみ》の下絵をよく描いた。しかし賭博を好むなど素行が悪かったため、国芳に破門される。その後数年は浮世絵から遠ざかっていたが、再び画業に戻り、多くの武者絵を描き上げた。

◉鬼と人との戦いを描いた浮世絵師

平安時代、妖怪退治で有名となった源 頼光《みなもとのよりみつ》にまつわる妖怪画をいくつか残している。

『大江山酒呑退治《おおえやましゅてんたいじ》』は頼光の酒呑童子《しゅてんどうじ》退治をテーマにした絵で、斬首された酒呑童子が首だけで襲いかかってくる場面が描かれている。

『破奇術頼光袴垂為搦《きじゅつをやぶってよりみつはかまだれをからめんとす》(❶)』では頼光が足柄山《あしがらやま》で熊と大蛇の戦いを見る場面が描かれているが、これは曲亭《きょくてい》馬琴《ばきん》の読本《よみほん》『四天王剿盗異録《してんのうしょうとういろく》』が元になっており、大蛇は伝説の盗賊・袴垂保輔《はかまだれやすすけ》の幻術であるとされている。また同作品を元にした絵『両賊深山妖術 競之図《りょうぞくしんざんようじゅつきそうのず》(❷)』

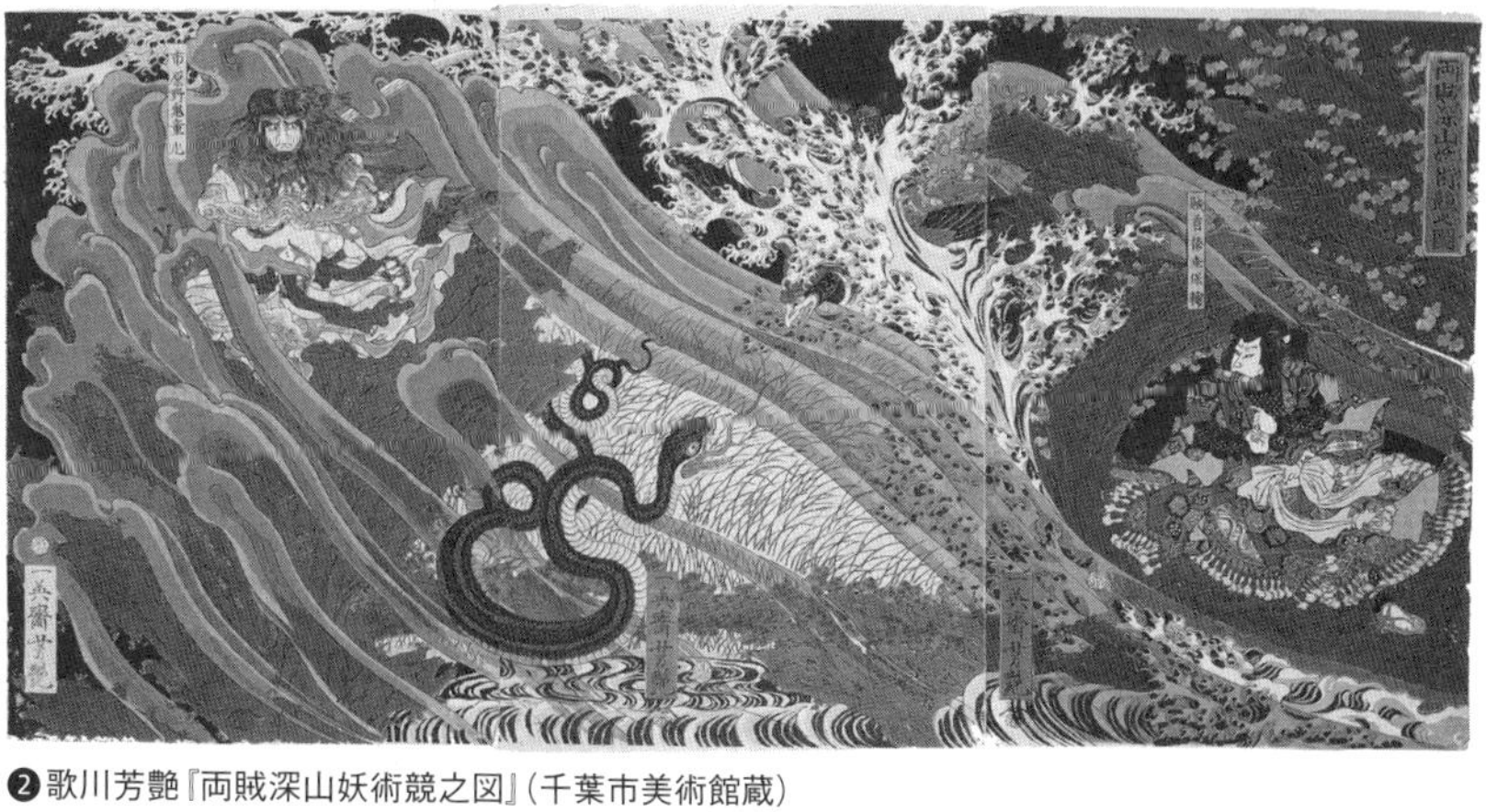

❷歌川芳艶『両賊深山妖術競之図』(千葉市美術館蔵)

では、酒呑童子の子ともいわれる鬼童丸《きどうまる》と保輔が妖術によって戦う場面が描かれている。

鵜殿長衛　うどのちょうえ

不明（十八世紀頃）

江戸時代の武士。小姓組組頭《こしょうぐみくみがしら》、七年西城御目付《さいじょうおめつけ》などを歴任した。

◉奉公人の最後の挨拶

『耳嚢《みみぶくろ》』には、彼の屋敷に奉公に来ていた女性にまつわるこんな怪異譚が載る。

その女性は数年間奉公し、長衛も目をかけていたが、ある時病気になったため暇を出した。

それからしばらくして、長衛の母のもとにその女性がやって来て、「いろいろと厚き御恩を賜り、長々と養生させていただいてありがとうございました」と述べた。長衛の母は女性が快癒したことを喜びつつも、顔色がまだ優れないので、きちんと養生が終わったら戻ってきなさいと告げたところ、「いえ、もう奉公いたすことができます」と言って、土産として団子の入った重箱を差し出した。

長衛の母が「ならば養生しながらの勤めと考えて、無理はしないようにしなさい」と言うと、女性は礼をしてその場を去っていった。程なくして長衛の母が勝手方に赴き、皆に「あの子は病が治ったということで帰ってきました。しかしまだ顔色が優れないようなので、助けてあげなさい」と言うと、家内の者たちはその女性が帰ってきたところを見ていないと口々に言う。長衛の母は驚き、家の中を探し回ったが、その女性の姿は消えていた。そこで彼女からもらった重箱を確かめてみると、そこには確かに団子が残っていた。

長衛らが彼女の実家に使いを送ったところ、二、三日前に亡くなったことを知らされたという。これは亡霊となった奉公の女性が、最後の挨拶に来たのだろう。

瓜生野太夫　うりゅうのだゆう

不明（十八世紀頃）

江戸時代の遊女。島原に住んでおり、オランダ商館長であったヘンドリック・ドゥーフとの間に子どもをもうけていたとの記録が残る。

◉障子に映る別れの挨拶

『絵本小夜時雨《えほんさよしぐれ》』には、以下のような話が載る。

明和（一七六四〜一七七二年）の頃のこと。瓜生野はとある富家に引き取られ、高辻という場所に住んでいた。ある時、彼女が働いていた遊郭で、一人の召使いの女性が大病にかかった。彼女は「私は瓜生野太夫に深い恩を受けました。どうにかしてもう一度お会いしたかった。それだけが心残りです」と言い、瓜生野が住む家の方を向いて亡くなった。

その後、瓜生野がふと夜中に目を覚ますと、庭の方から誰とも知れぬ足音が聞こえてきた。不思議に思い、耳をそばだてていると、縁側の戸が開いて、障子の向こうに女の影が映り、礼をするような仕草を見せた。瓜生野はあの遊郭の召使いの女性だと気付き、声をかけようとしたが、その影はたちまち消えてしまったという。

お岩　おいわ

不明

江戸時代の女性。鶴屋南北《つるやなんぼく》の歌舞伎『東海道四谷《とうかいどうよつや》怪談《かいだん》』の主人公として有名。お岩には実在したモデルがいるとされ、お岩が信仰していた稲荷大明神を祀る「於岩稲荷田宮神社」が東京都の四谷に現存している。

この神社の由来によれば、お岩は貞女で、夫の伊右衛門《いえもん》とも仲がよかったが、貧しさ故に夫婦別々に暮らしていたという。お岩はまた夫婦二人で暮らせるようにと奉公先の屋敷にあった稲荷の社《やしろ》に毎日参拝し、それを知った奉公先の主人の計らいで、また夫婦一緒に暮らすことができるようになった。お岩はこれを稲荷大明神の霊験のおかげであると考え、自分の屋敷内に稲荷を勧請して稲荷神社を建てた。それが評判となって人々が参拝にやって来るようになり、名前のなかったその稲荷神社はやがてお岩稲荷と呼ばれるようになった。これが現在の於岩稲荷田宮神社であるという。

◉裏切りの報復に三家を根絶

一方、お岩にまつわる最も古い記録であり、当時の実録物とされる『四ツ谷雑談集《よつやぞうたんしゅう》』には、お岩は伊右衛門の裏切りの果てに悪霊と化し、そのすさまじい怨念で多くの人間が祟り殺されたことが記されている。

田宮家の娘であったお岩は、疱瘡《ほうそう》にかかったことで顔の形が崩れ、髪はつやを失い、片面と喉がつぶれてしまった。本人はそれほど気にしていなかったが、その容姿のせいで婿がなかなか見つからず、後継ぎが決まらないでいた。そんな時、浪人であった伊右衛門が、小股くぐりの又市《またいち》という人物に半ばだまされる形で田宮家に婿として迎え入れられることになった。

貧しい浪人であった伊右衛門は、これも給金をもらえる身分になるため、と半分諦めていたが、ある時、上司である伊東喜兵衛《いとうきへえ》の妾であるお花《はな》に恋をしてしまう。お花もまた伊右衛門のことを憎からず思っていた。その後、お花は妊娠し、喜兵衛は彼女を別の男に嫁に出すことを決める。その相手として両想いであった伊右衛門を選んだことで、事態は急変する。

喜兵衛と伊右衛門は共謀してお岩をだまして伊右衛門と離縁させ、その直後に伊右衛門とお花は祝言をあげた。しばらくの間、お岩は自分がだまされたことを知らず、屋敷に奉公に出ていたが、ある時共通の知り合いである茂助《もすけ》という人物から真実を教えられる。激昂したお岩は誰も止められないほどの激しさで暴れ回り、最後は江戸の街中を疾走して行方が分からなくなった。

それから十五年が経った頃、伊右衛門とお花は喜兵衛の娘であるお染《そめ》の他、三人の子宝に恵まれていた。

ある夜、どこからか伊右衛門を呼ぶ声がする。「伊右衛門、長くはないぞ、観念しろ」という言葉を聞いた伊右衛門は、狐か何かだろうから脅してやろうと鉄砲を取り出し、空砲を放った。すると、一番末の娘であるお菊《きく》がその音に驚いてひきつけを起こし、そのまま意識が戻らず死んでしまった。

それから田宮家の運は下り坂となる。

次の事件はお菊の三回忌に起こった。下から二番目の子である鉄之助《てつのすけ》が「お菊の姿を見た」と騒ぎ、「お菊がおんぶしてくれと言うのでおぶってやると、ひたすらに重く、逃げると家の中までついて来た」と怖がりだした。鉄之助はそのまま何かに取り憑かれたようになり、熱が出たので祈禱を頼んだが効果はなく、十三歳で死んでしまった。

その次に田宮家の隣家の主であり、伊右衛門とお花の仲人を務めた秋山長右衛門《あきやまちょうえもん》の娘が死に、田宮家の長男であった権八郎《ごんはちろう》も病みついて亡くなった。また、かつてお花を妾として雇っていた伊東家でも、喜兵衛の後継ぎが次々と処刑・追放され、そのせいで家は断絶した。子の死による心労がたたり、体調を崩していたお花はさらに容態を悪化させ、最後に裏切られたお岩を救ってあげてほしいと言い残し、四十二歳で事切れた。

残されたのは伊右衛門と、喜兵衛とお花の娘であるお染のみとなった。伊右衛門は「これはお岩の祟りであろう」と山伏を呼び、お岩の霊を呼び出した。するとお岩は自分を裏切った伊右衛門と喜兵衛、そしてそれに加担した長右衛門への恨み言を述べ、彼らの家系を根絶やしにすると宣告する。「もしこれ以上人が死ぬことなく恨みを晴らしてほしければ、屋敷に塀を建て、寺を建立して一日中念仏の声を絶やさぬことだ」と告げて、お岩は消えた。

伊右衛門はお岩の言う通りにしたが、怪異はやまなかった。

その後、お染は源五右衛門《げんごえもん》という男を婿に迎えた。少し安堵して自宅の修繕を行っていた伊右衛門は、足を滑らせて屋根から落ち、腰を痛めてしまう。その時耳に負った傷はいつまでも治らず、その膿を舐めにどこからか鼠が現れるようになった。どんなに対策をしても一向に鼠の数は減らず、最終的に伊右衛門は自分を長持《ながもち》に入れ、蓋をぴったり閉めるようお染らに言いつけた。

源五右衛門とお染が言われた通りにして長持を見張っていると、見知らぬ女が現れて、その長持をじっと眺めていた。夫婦は誰かが見舞いに来たのだろうと思ったが、その女が窓へ飛び上がり、障子の穴から忽然と消えたのを見て、その正体が人間ではないことに気付き、慌てて長持を開けた。するとそこには意識を失った伊右衛門がおり、治療の甲斐もなくそのまま死んでしまった。

それから長右衛門の妻が死に、お染が死に、源五右衛門は乱心して故郷に帰され、田宮家の屋敷は長右衛門の手に渡った。しかし長右衛門も高熱を発する謎の病で死亡した。最後には後継ぎのいない喜兵衛が残された。喜兵衛は隠居して土快《どかい》と改名していたが、彼に仕える者はおらず、ある大晦日の夜、自宅でひっそりと息絶えていた。こうしてお岩の宣告通り、田宮、伊東、秋山の三家は絶えることとなった。

この話では、お岩は失踪後死んだのか明確にされておらず、死霊とも生霊ともつかぬ形で登場する。『四ツ谷雑談集』の作者は不明だが、作者は最後の章で、この三家が滅んだのはお岩の祟りだけではなく、彼らが悪事を重ねたことも原因だと記している。

また作者は、この話は事件をよく知る人から聞いたもので、自分自身も怪異を目撃したと書き残している。一方で先述の於岩稲荷田宮神社の由来では、田宮家は断絶せず存続したとされていることから、『四ツ谷雑談集』は一部脚色して書かれていることも否定できない。しかしこの書が鶴屋南北の『東海道四谷怪談』の内容に大きな影響を与えたことは確かなようだ。

大久保忠寄 おおくぼただより

一七四二年〜不明

江戸時代の武士。幕府の警備を担う番衆を務めた。

◉猟師の信心に報いた狐

『耳嚢《みみぶくろ》』には、忠寄が狐から恩返しを受けた話が記されている。

忠寄は豊島川の神谷というところの漁師たちを雇い、網で漁をさせていた。だが、その日はたいへんな不漁だった。そこでヤケ酒をしていると、野生の狐が犬に追われて船に駆け込んできた。忠寄はせめてこの狐を捕らえて土産にしようと考えたが、漁師の頭《かしら》がそれを止め、「狐は稲を守る神の使いです。何の罪もないのに折檻するなど無益なことです。外に逃がしてあげましょう」と頼んだ。

そこで船を浜に寄せ、逃がしてやると、狐は喜んで去っていった。それから日が暮れる頃に網を打ったところ、三年物と思しき大きな鯉が網にかかった。これは狐が感謝の意を示したのだろう、ということになった。

忠寄はさらに網を打つよう頼んだが、漁師が「このようなことが起きた時は、二度は同じことをしないものです。どうか、今日はここで漁を終わらせてください」と言うため、その日はそれ以上網を打たなかったという。

大戸阿久里 おおとのあぐり

一六四八年〜不明

江戸時代の女性。徳川綱吉《とくがわつなよし》の側用人であり、下総国《しもうさのくに》関宿藩主であった牧野成貞《まきのなりさだ》の妻。綱吉に見初められ、江戸城の大奥に入ったという説がある。

◉経を唱える本姫の墓石

東京都四谷にある全勝寺には、かつて「書籍姫の墓」もしくは「本姫の墓」と呼ばれた墓があり、その墓石に耳を当てると読経の声が聞こえてきたという。また全勝寺には一切経の倉庫があり、そこには経だけでなく多種多様な本が所蔵され、誰でもそこにある本を借りることができるが、返す時は必ず別の本を一冊加えて奉納しなければならなかったと伝えられている。

この「本姫の墓」について詳しく調査・考察した三田《みた》村鳶魚《むらえんぎょ》の『牧野備後守の献妻《まきのびんごのかみのけんさい》』によれば、全勝寺の僧はこの本姫について、「牧野成貞が大名となったのは、本姫が将軍の寵愛を受けたからである」と話したとされており、この経歴は阿久里と一致する。一方で先述した一切経の倉庫には、本姫が自分の遺体を埋めた上に建てさせた、という伝説も残っているが、阿久里の墓は同じ東京都でも立川の弥勒寺《みろくじ》にあるため、矛盾が発生する。

実際に全勝寺に埋葬されたのは阿久里と成貞の長女である玉心院《ぎょくしんいん》（俗名・松子《まつこ》）であり、彼女を本姫とする説もある。しかし玉心院が大奥に入ったという話は残っていない。そのため、本姫が誰のことを指すのかは、阿久里と玉心院の間で揺れている状態にある。また近年では「常子《つねこ》」という女性がその正体であるとする説もあるようだが、こちらの根拠は分かっていない。

大鳥逸平　おおとりいっぺい

一五八八?～一六一二年

江戸時代の歌舞伎者の頭領。大久保長安《おおくぼながやす》に仕えた武士であったが、長安の死後は武家奉公人を集めて徒党を組むようになり、「二十五まで生きすぎたりしや逸平」と銘を入れた厳物《いかもの》づくりの太刀を手に暴れ回った。しかしその狼藉から江戸幕府に指名手配され、捕縛された後処刑された。

◉鉄砲に敗れ、祟りを起こした歌舞伎者

『老媼茶話《ろうおうさわ》』にはこの大鳥逸平本人、もしくは彼をモデルにしたらしき「大鳥一平《おおとりいっぺい》」という無法者が登場する。

同書によれば、一平は手下を引き連れてさまざまな悪事をなし、最上地方で狼藉を働いたために指名手配されていた。そんな中、鳥居忠政《とりいただまさ》に仕えていた木田盛秀《きだもりひで》という武士と遭遇し、対決する。一平は鉄砲の達人である盛秀に撃たれながらも起き上がり、刀で斬り合うも、首を斬られて死亡した。しかし一平は死後悪霊となり、盛秀とその子孫が祟られたという。

大鳥逸平は伝説的人物として知られ、歌舞伎や書物、絵画などの題材にもなった。『老媼茶話』に記される大鳥一平は史実として伝わる大鳥逸平とは死因などが異なるため、これは逸平の伝説が地方で伝承化された話である可能性がある。

岡田孫右衛門　おかだまごえもん

不明～一七四四年

江戸時代の町人。秋山自雲《あきやまじうん》とも呼ばれる。江戸霊岸島《れいがんじま》の酒問屋の岡田孫右衛門《おかだまごえもん》に奉公し、後に養子となり、名を継いだ。悪質な痔にかかり、どのような治療も効果がなく、そのまま出家したが病は治癒せず、四十五歳で亡くなった。

◉人々の平癒を願った痔の神

孫右衛門は死後、痔の神になったという伝説が多くの文献で語られており、『耳嚢《みみぶくろ》』には以下のように由来が記されている。

今戸穢多《えた》町という場所に痔の神を祀る石碑があり、痔の治癒に大層効果があるということで、多くの者が参詣していた。『耳嚢』の作者・根岸鎮衛《ねぎしやすもり》の知り合いで、医師でもあった秋山玄瑞《あきやまげんずい》が語ることには、その神は元々人間で、酒屋の手代であったが、長年にわたって痔に苦しんでいた。玄瑞も医師としてこの人物の治療をしていたが、一向に治る様子はなく、常に憂い苦しんでいた。そして「私が死んだら、誓って世の中の痔の病人を救おう」と常に話していた。この人物は死後、秀山智想居士とい

う戒名を与えられ、以来痔の治癒に霊験のある神として祀られるようになったという。

この秀山智想居士は、現在も東京都台東区清川の本性寺をはじめ、全国の寺院に祀られている。

お菊 おきく

不明〜一七四〇年

江戸時代の女性。平塚宿（現神奈川県平塚市にあった宿場）の宿役人をしていた真壁源右衛門《まかべげんえもん》という人物の娘で、江戸の青山主膳《あおやましゅぜん》という旗本のもとに奉公に出ていた。ある時、青山家の家宝の皿のうち一枚を失くしてしまい、屋敷の井戸に突き落とされて殺されてしまったという。お菊の死体は故郷の平塚に運ばれ、JR平塚駅の近くには、お菊の墓とされる「お菊塚」が現存している。

◉皿を数える女の幽霊

お菊は「皿屋敷」という怪談に登場し、夜な夜な皿を数え、最後に「一枚足りない」と悲し気な声を発して涙を流す幽霊としてよく知られている。この話に登場するお菊もまた、死後、青山家を祟り、井戸から幽霊として現れてさまざまな怪異を引き起こしたという設定が付随することもある。

「皿屋敷」と総称されるこの怪談には多くの類話が存在し、平塚のお菊の伝説は皿屋敷怪談としては比較的新しいものである。室町時代に記された『竹叟夜話《ちくそうやわ》』にはすでに、播磨国《はりまのくに》青山で、鮑《あわび》の貝殻で作られた五つの杯のうち一つが紛失し、その罪を着せられた花野《はなの》という女性が折檻によって命を落とし、後に怨霊となって毎夜怪異を引き起こした、という話が載る。

播州（播磨国）を舞台にした皿屋敷伝説も古くから見られ、姫路城にはお菊の死体が捨てられたというお菊井戸が現存している。

芝居『番町皿屋敷《ばんちょうさらやしき》』は、江戸の番町を舞台に、お菊が主人の青山播磨の大事にしていた十枚の皿のうち、一枚を割ってしまったことで指を切断されるなどの責め苦を受け、井戸に身を投げて怨霊となる物語である。この芝居の元になったのは馬場文耕《ばばぶんこう》の『皿屋舗弁疑録《さらやしきべんぎろく》』とされており、お菊という名の女性は出てこないものの、皿屋敷と同様の展開の怪談が語られている。さらに古くは江戸の牛込《うしごめ》を舞台とする皿屋敷伝説が浮世草子『当世《とうせい》智恵鑑《ちえかがみ》』や地誌『江戸砂子温故名跡誌《えどすなごおんこめいせきし》』に記されており、皿屋敷の怪談自体が江戸に広まっていたことが分かる。

江戸や播磨国に限らず、お菊にまつわる伝説は日本各地に残っている。そのため平塚のお菊も伝説上の人物であるか、実在した人物の過去が皿屋敷伝説と結びつけられて語られるようになったものと思われる。

「お菊塚」に眠るお菊は、現代においてもその存在感を見せた事例がある。戦後まもなくの頃、復興工事のためお菊の墓を移動させようとしたところ、たびたび工事に支障が起こったため、塚を作って彼女の墓をその地に残したという。

「お菊塚」の他にもお菊の墓とされる場所は全国に残されており、滋賀県彦根市の長久寺には、お菊の墓の他、彼女の死の原因となった皿も残されている。この寺に伝わる物語では、お菊は誤って（もしくは主人の妻の謀略によって）皿を割ったのではなく、奉公先で相思相愛となった屋敷の主人の息子・政之進《まさのしん》の気持ちを確かめるために、自ら皿を割ったとされている。お菊は政之進が自分と家のどちらを選ぶか確かめようとし、初め政之進はお菊を許したものの、彼女の真意を知って手討ちにし、自らは仏門に入って彼女を弔ったとされる。

荻原重秀 おぎわらしげひで

一六五八～一七一三年

江戸時代の幕臣。勘定奉行を務め、徳川綱吉《とくがわつなよし》の時代、幕府の財政を立て直すために貨幣の改鋳・増発を実施し、財政難を緩和した。しかし悪貨鋳造によって物価は高騰し、新井白石《あらいはくせき》からの糾弾を受けて失脚した。

●悪貨が引き起こした天変地異

『翁草《おきなぐさ》』には、以下のような話が記されている。

財政を立て直すよう命じられた重秀は、貨幣の主材料を金銀から銅に替えて改鋳し、量を増やしてばらまくことで財政難を緩和した。しかしこの悪政によって天変地異が立て続けに起こり、奇怪な雲や不可思議な星、光り物などが出現した。また上総から安房《あわ》・相模《さがみ》では、海が著しい轟音を立てて鳴った。これは凶事の前触れであるとして、護持院という寺が護摩を捧げて収めようとしたが、今度は狐狸《こり》がさまざまな怪事を引き起こした。その上富士山が噴火し、火山灰をまき散らして昼でも夜のように暗くなった。さらに京都では大火事が起こるなど、さまざまな怪異が続いたという。

この富士山の噴火は宝永大噴火と呼ばれ、実際に噴火があったことが確認されている。またその前に奇怪な雲の出現や海鳴りがあったとされているが、これは噴火の前に起こった宝永地震やその前触れのことを指しているのではないかと思われる。

お駒 おこま

不明

江戸時代に江戸の本所に住んでいたという女性。現在の錦糸町に伝わる本所七不思議のうちの一つに数えられる「片葉の葦《あし》」に登場する人物。この名前は歌川国輝《うたがわくにてる》の浮世絵『本所七不思議之内《ほんじょななふしぎのうち》片葉《かたば》の葦《あし》』によるものである。美しく気立てのよい娘であったが、彼女に懸想した留蔵《とめぞう》という男に匕首《あいくち》で片手片足を切断され、殺されたと伝えられる。

◉呪われた片葉の葦

お駒が殺されたのは墨田川の付近で、その死体は川の入り堀にかかる脇堀に沈められた。それからというもの、この付近に生える葦は全て片方しか葉がないものであったという。

片葉の葦の伝説は本所以外にも見られ、それぞれの土地でその由来とされる伝説が残されている。

小野川喜三郎 おのがわきさぶろう

一七五八～一八〇六年

江戸時代の力士。第五代横綱。谷風梶之助《たにかぜかじのすけ》、雷電為右衛門《らいでんためえもん》といった当時の名だたる力士たちと共に江戸相撲の黄金時代を築いた。また、久留米藩有馬家のお抱え力士でもあった。

◉妖怪を取り押さえた力士

江戸時代の講談などでは、彼が妖怪を退治した以下のような話が語られていた。

かつて、喜三郎を雇っていた有馬の屋敷に大入道《おおにゅうどう》が現れたことがあった。喜三郎が屋敷に泊まると、本当に大入道が現れ、首を伸ばして喜三郎に向かって笑い声を上げた。これを見た喜三郎は大入道を取り押さえて倒した。その正体は古狸《ふるだぬき》だったという。

この話は月岡芳年《つきおかよしとし》の『和漢百物語《わかんひゃくものがたり》』にも描かれており、そこでは首を伸ばした男の大入道が、喜三郎に煙草の煙を吐きかけられる場面が描写されている。

また喜三郎を雇っていた有馬の屋敷には、もう一つ有名な妖怪譚がある。通称「有馬の化け猫騒動」と呼ばれるこの話でも、喜三郎が妖怪退治に貢献している。詳しくは有馬頼貴の項目を参照。

覚僧院 かくそういん

不明（十六～十七世紀頃）

江戸時代の山伏。役小角《えんのおづぬ》（詳細は飛鳥時代の当該項目を参照）の流れをくむ修験道の実践者で、全国六十六カ所の山を巡り、修行を行ったとされる。

◉心眼をもって真実を見抜く

『老媼茶話《ろうおうさわ》』には、清兵衛《きよべえ》という人物の妻に狐が憑いた際、その狐を祈禱で追い出した話が載る。

また人の未来や過去を見る心眼を持ち、井戸に鴆毒《ちんどく》を流した犯人二人を言い当てたという。「鴆《ちん》」は中国に伝わる猛毒を持つ鳥で、「鴆毒」はその羽から取れる毒を指す。この毒は水溶性であるとされ、中国の古文献では暗殺のために使われる描写がしばしば見受けられる。日本でも足利直義《あしかがただよし》が鴆毒によって暗殺されたという説が『太平記《たいへいき》』に記されている。

累 かさね

不明〜一六四七年

江戸時代の百姓。下総国《しもうさのくに》岡田郡羽生村に住んでいた与右衛門《よえもん》という男の妻であったが、醜い顔を理由に与右衛門に川に突き落とされ、首を締められて殺されたという。茨城県常総市の法蔵寺には、累の墓が現存している。

◉元夫の娘に取り憑く悪霊

三遊亭円朝《さんゆうていえんちょう》の落語『真景累ヶ淵《しんけいかさねがふち》』などで有名な累の怨霊だが、近世には『死霊解脱物語聞書《しりょうげだつものがたりききがき》』として、この怨霊が引き起こした事件に関わった人物に直接聞いた話をまとめた書が記されている。それによれば、事件のあらましは以下のようなものだ。

累を殺害した与右衛門は、元々入り婿であったため、累が所有していた農地を全て横領して後妻をもらった。だがその後妻は五人続けて死亡し、子どもにも恵まれなかった。六人目の妻にやっと子どもが生まれ、菊《きく》と名付けられたが、それから十三年後に菊の母も死去した。

与右衛門は菊に婿を取り、老後の世話をさせることにしたが、その翌年、菊が突然苦しみ出した。与右衛門が慌てて菊に呼びかけると、菊は「私は菊ではない。お前の妻、累だ」と言い、彼の過去の所業を暴いた。加えて六人の後妻を殺したのは自分だと告げ、地獄から猶予を与えられたので、与右衛門も責め殺してやると宣言する。

与右衛門は法蔵寺へと逃れたが、菊に取り憑いた累は、菊の様子を見に集まってきた近隣の住民たちに与右衛門の所業を訴え、さらに目撃者がいることを教えたため、与右衛門の罪は明るみに出た。

しかし累の怨念はなおも鎮まらず、その菩提《ぼだい》を弔うために与右衛門が剃髪して寺に入っても、菊は元に戻らなかった。

住民たちがなぜ与右衛門ではなく菊を苦しめるのかと累に問うと、累は「与右衛門に愛娘の苦しむ姿を見せて苦しませるため、彼に恥をかかせるため、そして自分の菩提を弔ってもらうために菊に憑いております」と答えた。そこで住民たちが累の希望する念仏を唱えてやったところ、無事に累は菊から離れ、菊は正気に戻ったという。

しかしそれから約一カ月後、累は再び菊に取り憑いた。累が自分はまだ解脱の境地に達しておらず、石仏を建ててほしいと言うため、住民たちはその通りにした。住民たちが自分の親類は死後どうなったのかと累に問うと、累はそれに答え、やがて菊から離れていった。

ところが翌月、累は三度《みたび》菊に取り憑いた。まだ石仏ができていない、だましたのかと菊が騒ぎ立てるので、ついに与右衛門も菊の婿・金五郎《きんごろう》も愛想が尽き、取り合わずに農作業に出てしまった。その後も菊が苦しみ続けるため、権兵衛《ごんべえ》という人物が祐天《ゆうてん》という僧侶を連れてきて、彼に除霊を頼んだ。

祐天は同行した六人の僧と共に経文を唱えたが、効果がない。そこで祐天は外に出て仏をののしり、菊に向かって「自分で念仏を唱えないから、累が離れないのではないか」と提案し、抵抗する累を一喝した後、菊に自分の口で念仏を唱えさせた。すると累は去っていき、菊も苦しみから解放された。

これ以降、累の怨霊は彼女に憑くことはなくなったが、また別の霊が菊を苦しめることになる。その霊は助《すけ》といい、累の父親である先代の与右衛門と婚姻した、累の母親の連れ子だった。助は片目と手足に障害があったため、与右衛門に責められた母は、ついに助を川に投げて殺してしまう。次に生まれた子である累もまた、同じように片目と手足に障害があった。ただ与右衛門にとっては実子であったため、そのまま育てられた。そして両親が死んだ後、夫として今の与右衛門を婿として迎えたという。この後、祐天はこの助の霊も救うことになる。詳細は祐天の項目を参照。

勝川春亭　かつかわしゅんてい　一七七〇〜一八二〇年

江戸時代の浮世絵師。美人画や風景画などさまざまなジャンルを扱ったが、中でも読本《よみほん》や黄表紙、合巻《ごうかん》などの挿絵を多く描いた。烏亭焉馬《うていえんば》著『歌舞伎年代記《かぶきねんだいき》』の挿絵が有名。

◉大判錦絵三枚続による妖怪画の先駆者

多くのジャンルで作品を残した春亭だが、何枚もの妖怪画も残している。

大判錦絵三枚続による妖怪画は春亭が先駆者と考えられており、源頼光《みなもとのよりみつ》と四天王が土蜘蛛《つちぐも》と戦う様子を描いた錦絵や、藤原秀郷《ふじわらのひでさと》が大百足《おおむかで》と対峙する場面を描いた錦絵が有名。

葛飾北斎　かつしかほくさい　一七六〇〜一八四九年

江戸時代の浮世絵師。役者絵、風景画、花鳥画、美人画、戯画、挿絵などさまざまな作画活動を行った。また国内のみならず西洋の画風を獲得し、浮世絵師の中でも非常に画域が広いことで知られる。世界的に有名な画家であり、ゴッホやモネなど西洋の画家にまで影響を与えた。生涯に三十回ほどの改号、九十回以上の転居をしたことでも有名。代表作に『北斎漫画《ほくさいまんが》』や『冨嶽三十六《ふがくさんじゅうろっ》景《けい》』などが挙げられる。

◉妖怪を描いた日本を代表する浮世絵師

さまざまな作品を残した北斎だが、著名な妖怪画も多数ある。特に江戸時代に流行した、人々が集まって百の怪談を語る「百物語」を題材として描いた『百物語《ひゃくものがたり》』が有名。現存しているのは、歌舞伎『番町皿屋敷《ばんちょうさらやしき》』などで知られる皿屋敷の怪談をモチーフに、幽霊のお菊《きく》を皿でできた蛇体の霊として描いた『さらやしき』や、同じく歌舞伎『東海道四谷怪談《とうかいどうよつやかいだん》』で有名となった四谷怪談のお岩《いわ》さんを提灯《ちょうちん》に見立てて描いた『お岩さん』、歌舞伎役者の幽霊として有名な小幡小平次《こはだこへいじ》を描いた『こはだ小平二』、般若《はんにゃ》顔の鬼女が、もぎ取った子どもの首を見せながら満面の笑みを浮かべている姿を描いた『笑ひはんにや』、蛇が位牌と供物に巻き付いている様子を描いた『しうねん』の五点のみだが、特に幽霊を描いた『さらやしき』『お岩さん』『こはだ小平二』の三点は現在でも多くの書籍などで見かけることができる。

他にも屋敷のさまざまなところから妖怪が出現する様子を描いた『新版浮絵化物屋鋪百物語の図』や、多くの読本《よみほん》の挿絵に妖怪・幽霊を描いている。

金山谷三右衛門　かねやまたにさんえもん　不明（十八世紀頃）

江戸時代の猟師。会津藩の金山谷《かねやまだに》（現福島県大沼郡金山町）に住んでいたという。

◉沼の主を射殺する

『老媼茶話《ろうおうさわ》』には以下のような話が載る。沼沢の沼（現沼沢湖）には、沼御前《ぬまごぜん》という妖怪が住んでいた。正徳三年（一七一三年）、朝方にこの沼へ鴨撃ちにやって来た三右衛門は、向こう岸に二十歳ほどの女を見かけた。女は腰から下が沼に浸かっており、お歯黒をしている。よく見ると、髪の長さは二丈（約六メートル）もあり、人間とは思えなかったので、三右衛門は鉄砲に弾をこめて狙い撃った。弾は女の胸を撃ち抜き、女は沼の中に倒れて沈んだ。直後、水底が雷のように鳴り響き、波が岸に押し寄せ、湯煙が天地を覆って辺りが真っ暗になった。三右衛門はひどく驚き、急いで家へと逃げ帰った。雨と大風、雷が三日三晩続き、金山谷は闇に覆われ、人々は只事《ただごと》ではないと恐れおののいたが、そのうち異変は治まった。三右衛門の身には何も起こらなかったという。

沼沢湖に伝わる伝説の中には、沼御前の正体を大蛇とするものもある。詳しくは佐原義連《さはらよしつら》（平安時代）の項目を参照。

狩野宗信 かのうむねのぶ

不明（十七世紀頃）

江戸時代の絵師。狩野安信《かのうやすのぶ》の門人。狩野派の画家らしく漢画を得意とした他、風俗画も手がけている。

●絵巻を彩る可愛らしい化け物たち

宗信の後期の作品と思しき妖怪画に『化物絵巻《ばけものえまき》』がある。これは長さ八メートルにわたる絵巻で、狐、一つ目の大入道《おおにゅうどう》、雪女《ゆきおんな》、蜘蛛《くも》の化け物、野衾《のぶすま》、蛸入道《たこにゅうどう》、鯰女《なまずおんな》などのさまざまな妖怪が描かれている。どこかユーモラスで可愛らしい妖怪の姿は必見だ。

蒲生君平 がもうくんぺい

一七六八～一八一三年

江戸時代後期の儒学者。下野国《しもつけのくに》に生まれ、各地の古墳を調査するために天皇陵や旧跡を巡り、『山稜志《さんりょうし》』を記した。江戸時代の寛政期に活躍したが、その尊皇・憂国の言動が世間に奇行と見なされたことから、「寛政の三奇人」の一人とされる。また、「前方後円墳」という名称を初めて用いた人物でもある。

●鬼を諭した変人

『夜窓鬼談《やそうきだん》』には、君平が縊鬼《くびれおに》という死霊と出会った話が記されている。

君平が酒に酔って綾瀬川の土手を歩いていた時のこと。用を足そうと草むらにしゃがみ込むと、尻をなでるものがある。捕まえてみると、一本の木綿紐であった。君平がその紐を川に捨てようとすると、二十歳ばかりの女が現れて、紐を返してほしいと言う。君平が返さないでいると、女は耳まで裂けた口と巨大な頭を持つ鬼の姿に変化し、血を流しながら君平に迫った。だが君平は笑って「お前の技量はそんなものか」と言った。すると女の頭に角が、手には鋭い爪が生え、より恐ろしい姿となって君平に襲いかかろうとした。

しかし君平はなおも動じず、煙草に火を付けて平然としていた。それを見た女は元の姿に戻り、道行きを妨げたことをわびて、なおも紐を返してほしいと頼む。君平が理由を問うと、この女はかつてその紐で自ら命を絶った人間で、死後も土地神にこき使われて耐えられないので、その紐を使って身代わりの人物を殺すことで生まれ変わろうとしていたとのことだった。

それを聞いた君平は「人の寿命は天から授けられたもので決まっている。それを勝手に動かすことはできない。お前は生まれ変わりたいと言うが、人を殺してどうして善行の報いを得ることができようか。自ら死にたいと願う者がいれば、むしろそれを防いで人の天寿を全うさせてやるべきだ。善や悪を積むことにこの世とあの世の境はない。善行を続ければ、いつか苦役から逃れることもできよう」と女を諭した。

女はその言葉を聞き、君平に感謝して朝日に消えていった。君平は女が残した紐をそっと川に沈め、その場を去ったという。

川井勘十郎 かわいかんじゅうろう　不明（十六〜十七世紀頃）

江戸時代の武士。陸奥国《むつのくに》会津藩の藩主である加藤明成《かとうあきなり》に仕えていたとされる。

◉狐の報復を撃退した忠犬

『老媼茶話《ろうおうさわ》』には以下のような話が載る。

狩りに出かけた勘十郎が何の獲物も取れずに帰る途中、年老いた狐が寝ていたので、そばで空砲を鳴らして驚かせたことがあった。

その夜、勘十郎が狐の驚いた様子を妻子に話して笑わせていたところ、物頭《ものがしら》（足軽の頭）が部下を連れてやって来て、城の近くでみだりに鉄砲を撃った罪で勘十郎に切腹を命じた。勘十郎は驚き、釈明をしようとするも、有無を言わさず切腹させられそうになる。

その直後、勘十郎の家で飼っていた二匹の犬が走って家の中に入ってきて、勘十郎の介錯を務めようと申し出た武士の首に食らいついて殺してしまった。犬が死体を庭に捨て、残った者たちに吠えかかると、物頭とその部下たちは大慌てで狐の姿に変じて逃げ出した。

勘十郎はそこで彼らの正体に気付き、家の者たちと共に手に棒を握って狐を打ち殺して回った。二匹の犬も負けじと勇んで狐たちを食い殺し、やがて狐の死骸は十二匹分にもなった。これは勘十郎が昼間に脅した狐が、仕返しに現れたのだという。

川澄角平 かわすみかどへい

不明（十七世紀頃）

江戸時代の武士。隻眼《せきがん》の男で、現在の福井県に住んでいたという。福井県福井市に現存する神明神社の境内にある袋羽神社《ほろはじんじゃ》は、この角平によって建てられたものであると伝えられ、「正保二年（一六四五年）三月吉祥日施主川澄角平興勝」と刻まれた石碑が残っている。

◉妻そっくりに化けた老猫

袋羽神社の由来として、以下のような物語が伝わる。

角平が江戸での仕事を済ませ、家に帰ると、全く同じ姿の二人の妻が佇んでいた。そこで産土神《うぶすながみ》である袋羽神に化け物を見分けられるよう祈ったところ、ある夏の夜、蠅が飛んできて一人の妻の耳に止まった。するとその妻が耳を動かし、蠅を追い始めたので、こちらが化け物だと確信した角平は、その妻を殺害した。その正体は、元々家で飼っていた老猫だったという。角平は化け猫退治を助けてくれた袋羽神を称え、袋羽神社を建立したと伝えられている。

河内屋惣兵衛 かわちやそうべえ

不明（十八世紀頃）

江戸時代の町人。大坂の農人橋のたもとに住んでいたという人物。

『耳嚢《みみぶくろ》』には、彼の家に飼われていたぶち猫にまつわる以下のような話が載る。

◉命を懸けた猫の恩返し

安永から天明にかけての頃（一七七二〜一七八九年）のこと。惣兵衛には一人の娘がいた。容貌も美しく、両親から可愛がられていたが、この家で長年飼われていたぶち猫がその娘にべったりとくっついて離れなくなり、猫に魅入られた娘、とのうわさが立ってしまう。そのせいで婚姻を断られるなどしたため、惣兵衛夫婦はこれを問題視し、猫を捨てようとしたが、すぐに戻ってきてしまう。そのため打ち殺すしかないと話していたところ、猫の姿はぱったりと見えなくなった。

やはり化け猫だったのかと訝しんでいると、惣兵衛の夢の中にあのぶち猫が現れた。そして「私がお嬢様を魅入ったので、殺してしまおうと話しているのを聞き、身を隠しました。しかし私はこの家に先代から養われている身、どうしてそのようなことをいたしましょうか。私がお嬢様のもとから離れないのは、この家に年を経た妖《よう》鼠《そ》が住みついているからです。この鼠はお嬢様に魅入り、近づこうとしています。私はそれを防ごうとしていたのです。しかしこの鼠は普通の鼠ではないので、私のみでは退治することができません。ただ、河内屋《かわちや》市兵衛《いちべえ》という者の家に、素晴らしい虎猫がいます。この猫を借りることができれば、鼠を退治できるでしょう」と言った。

　翌朝、惣兵衛が夢の話をすると、妻も同じ夢を見たと語った。惣兵衛が猫の言った通り市兵衛の家の虎猫を借りてくると、あのぶち猫もどこからか帰ってきて、猫同士で寄りそい合っていた。

　その夜、惣兵衛の夢にぶち猫が現れ、明後日鼠を退治するから、虎猫と共に二階に上げておいてほしいと言う。翌々日、その通りにすると、夜の四つ（午後十時）頃から九つ（午前零時）頃までの間、二階では震動が響いていた。静かになったところをのぞいてみると、あのぶち猫が猫よりも大きな鼠の喉に噛み付いたまま、自身も頭を掻き破られて死んでいた。虎猫も瀕死の様子であったが、こちらは手当をするとよみがえったため、無事に市兵衛の家に返すことができた。

　それから惣兵衛はぶち猫のために墓を一つ作り、弔ったという。

曲亭馬琴 きょくていばきん

一七六七〜一八四八年

江戸時代の戯作者。本名は滝沢興邦《たきざわおきくに》で、明治時代以降は滝沢馬琴《たきざわばきん》の名でも知られる。江戸深川で生まれ、山東《さんとう》京伝《きょうでん》に師事し、初めは黄表紙などを手がけていたが、読本《よみほん》『高尾船字文《たかおせんじもん》』で一躍人気となり、以降読本に力を注いだ。二十八年かけて完成させた代表作『南総里見八犬伝《なんそうさとみはっけんでん》』をはじめ、『椿説弓張月《ちんせつゆみはりづき》』『近世説美少年録《きんせせつびしょうねんろく》』など、多くの名作を残す。日本で初めて原稿料のみで生計を立てた人物とされる。

◉妖怪の活躍を描いた大人気作家

代表作の『南総里見八犬伝』をはじめ、馬琴の作品には数多くの妖怪が登場する。

　八犬伝の主人公である八犬士は、人間の姫・伏姫《ふせひめ》と霊力を持った犬・八房《やつふさ》との間に生まれた、いわば半妖のような存在として描かれる。この他にも八犬士と対立したり、彼らに力を貸したりする存在として、多くの妖怪が登場する。八犬士の祖父・里見義実《さとみよしさね》によって処刑され、「里見家の子孫を畜生道に落とし、煩悩の犬となさん」との呪詛を残して死に、物語の発端となった怨霊・玉梓《たまずさ》をはじめ、赤岩一角《あかいわいっかく》という人物に化ける化け猫や、九尾の狐である政木狐《まさきぎつね》、雌狸《めすだぬき》を本性とし、妖術を操る妙椿《みょうちん》など、妖怪たちの活躍もこの作品の見どころになっている。

同じく代表作である『椿説弓張月』には、主人公の源為朝《みなもとのためとも》の危機を救うために現れる崇徳院《すとくいん》の眷属である天狗《てんぐ》や鰐鮫《わにざめ》の他、為朝に退治される疱瘡神《ほうそうのかみ》が描かれる。他にも玉藻前《たまものまえ》という九尾の狐が、那須野で倒されて殺生石という石になった後の物語を描いた『殺生石後日《せっしょうせきごにち》怪談《かいだん》』など、八犬伝にも登場する九尾の狐をテーマとした作品も手がけている。

馬琴はこれらの他にも多くの作品を残している。彼の作品にどのような妖怪が登場するのか、探してみるのもまた一興だ。

空丹《くうたん》　不明

江戸時代の僧侶。出家前の名前は甚九郎《じんくろう》で、江戸の麹町に住んでいたという。

●欲に目がくらんで化け物を妻に

『老嫗茶話《ろうおうさわ》』では、空丹が出家した理由について、以下のような話が記されている。

空丹がまだ甚九郎の名で江戸の麹町に住み、小間物を売って暮らしていた頃のこと。ある日、一人の女が店先に腰かけ、茫然としていたことがあった。甚九郎が彼女に何度か声をかけたところ、「気分が悪く、目眩《めまい》がして一歩も歩くことができません。店先を勝手に借りた上でこのようなことを頼むのは申し訳ないのですが、今夜だけでも泊めていただけないでしょうか」と言う。

借家なので勝手に泊める訳にはいかないと一度は断った甚九郎だったが、宿代として出された三分金に惹かれて結局彼女を家に泊め、薬を飲ませて介抱した。翌朝、女は「あなたは独り身であるようだから、私を妻にしてくれませんか。幸いにも持参金として少しながらお金もあります」と二、三十両の金を見せた。甚九郎はそれを見て夫婦となることを決め、長屋の大家には従妹が来たと嘘をついて夫婦生活を始めた。

窓障子を挟んだ甚九郎夫婦の隣には、源吉《げんきち》という男が住んでいた。甚九郎が留守にしていたある夜のこと。障子の向こうが稲妻のように光ったことに気付いた源吉は、不思議に思って窓の隙間から隣をのぞいてみた。するとそこには獣のような顔で油注《あぶらつぎ》から油を皿に注ぎ、一口で飲む甚九郎の妻の姿があった。月明かりに照らされた彼女の影はまるで子牛が伏せたような形で、驚いた源吉は翌日帰ってきた甚九郎にその子細を話した。

甚九郎も、妻は腹を立てると目が吊り上がって口が裂け、容貌が美しい時もあれば恐ろしい時もあり、身長も高くなったり低くなったりしていたことを思い出し、これは化け物だとやっと気付いた。

甚九郎は妻と離縁するためにさまざまな策を巡らすが、ことごとく失敗に終わる。もう殺すしか道はないと考えた甚九郎は、妻と共に山に登り、脇差でその胸を突き刺した。妻であった化け物はそのまま倒れたが、甚九郎は恐ろしさから急いで山を越え、麓《ふもと》にあった寺に駆け込んだ。寺から出てきた住職は甚九郎を見た瞬間、「あなたはこの山で山姥《やまんば》の類《たぐい》に出会ったのだろう。死がすぐそこに迫っている。何があったか話してくだされ」と言った。

甚九郎が事の次第を話すと、住職は「これは怨積の霊鬼というものだ。その霊鬼があなたの身に付きまとっている。今夜必ずあなたの生き血を吸い、肉を食らって骨を噛み砕き、少しの皮さえも残さないだろう。私がその災いを取り除こう。そのためには女の死体が必要だ」と告げた。

甚九郎は急いで妻を殺した現場に戻り、死体をむしろに包んで寺へ持ち帰った。住職はそれを見て「やはり山姥の類であったか」と言い、死体の額に「鬼畜変体即成仏」と文字を書き、首に血脈袋《けちみゃくぶくろ》（法門相承の系図を入れた袋）と数珠をかけた。それから白帷子《しろかたびら》を着せて新しい棺桶に入れ、杖で棺桶を叩きながら「今汝に授けるのは頓証菩提《とんしょうぼだい》の妙文である。この霊鬼を地獄へ堕とすことなかれ。すなわち法名妙空と名付けよう」と言って合掌し、読経した。

住職は甚九郎に「どのような恐ろしいことがあっても、声を上げてはなりません。もし声を出し、騒げば霊鬼に命を奪われることとなるでしょう」と教えた。甚九郎は住職に言われた通り棺桶を仏壇に供え、その傍らで念仏を唱えて夜が明けるのを待った。

夜が更け、雨が降り出した頃、稲妻が光り、仏壇が鳴動して棺桶の中からしきりに声が聞こえるようになった。直後、蓋を押し上げて甚九郎の妻の死体が立ち上がった。その姿は身の丈七尺（約二・一メートル）で髪をふり乱し、目は鏡のようで、口は裂けて額には牛の角のようなものが生えていた。

妻の霊鬼は甚九郎に摑みかかろうとしたが、自分の首にかかった血脈袋と数珠に気付くと、それらを外そうと躍起になった。しかし一向に外れず、やがて朝日が昇って死体は仏壇に倒れ込み、二度と起き上がらなかった。

住職が言うことには、「これで霊鬼の妄念は退きました。安心してください」とのことだった。甚九郎が改めて妻の死に顔を見ると、その表情は安らかで、目と口は閉じられていた。

この死体は火葬され、経文を書き記して埋葬された。その後甚九郎はこの住職のもとで剃髪し、空丹という戒名を与えられ、道心堅固の僧としてその後を生きたという。

愚全《ぐぜん》

不明

江戸時代の僧侶。備中国《びっちゅうのくに》の出身で、京の都へ行く途中で播磨山へ寄ったところ、怪異に遭遇したという。

◉僧侶を誘惑する化け物

『太平百物語《たいへいひゃくものがたり》』によれば、播磨山を下る途中で日が暮れてしまったため、愚全は近くにあったお堂に立ち寄って一夜を明かそうとしていた。

するとそこへ十七、八歳ほどの女性が現れ、一夜であれば宿を貸しましょうと言う。寒さが身にこたえていた愚全は、ありがたい申し出と思い、その女性の家に行くと、そこには他に人影がない。女性は「私はこのように独り身で、頼る相手もいません。ぜひ夫婦となってくれませんか」と言う。愚全は、自分は僧侶の身であるからと断ったが、女性は「僧侶だって美しい童子と関係を結ぶのだから、女であっても変わりはないではないか」と言う。童子は成長すれば愛着もなくなり、子孫を作ることもないのだから、女とは違うと愚全が答えると、女性は十四、五歳の美しい童子に変化し、これではどうかと迫る。その様子を見た愚全は、女性が人間ではなく化け物であることを悟り、「今話したことは知識として話したのであって、私は童子になびくこともない」と答えた。化け物は怒り出し、「ここまで希望に沿ってやっているのに憎々しい坊主だ。今ここで食い殺してやる」と言って今度は大坊主の姿に変化した。愚全が一心に仁王経を唱えると、大坊主は恐れをなして消えてしまった。

後には野原だけが残り、愚全はしばし茫然とした後、山を下りて都へ向かったという。

栗原幸十郎《くりはらこうじゅうろう》

不明（十九世紀頃）

江戸時代の武士。軍記物や武家物を読むことを生業としていた。

◉犬を怖がる疱瘡神《ほうそうのかみ》

『耳嚢《みみぶくろ》』にはこんな怪異譚が載る。

幸十郎の妻は五十近い年であったが、まだ疱瘡にかかったことがなかった。ある時近所の疱瘡を患った子どもを抱き上げた際、寒気がしたので早々に寝床についた。すると夢とも現実ともつかない世界で小さな老婆が現れ、

「私は疱瘡の神である。私のもとに神酒《みき》を供えよ」と告げた。妻がその通りにしようとすると、幸十郎が好んで六、七匹も飼っていた狆《ちん》という種類の犬がやって来て、この老婆に向かって吠えたてた。老婆は「早くこの犬たちをどこかへやれ」と言うが、幸十郎の妻が「主人がいないからそれはできない」と答えると、老婆はそのまま狆に吠えられて門口まで逃げ、消えてしまった。

それから幸十郎の妻は快方に向かったという。

黒金座主 くるかにじゃーしー

不明（十八世紀頃）

江戸時代の僧侶。琉球王国の悪僧で、妖術を使って信者の女性をたぶらかしたため、当時の王であった尚敬王《しょうけいおう》の命で、王弟の北谷王子《ちゃたんおうじ》に討伐されたという。実在した人物ではなく、盛海《じょうかい》という僧侶をモデルにした架空の人物という説もある。

◉怨霊となった悪徳坊主

沖縄県那覇市には、この僧が死後怨霊になったことが伝えられている。黒金座主は耳を斬り落とされて処刑されたが、その後亡霊と化して現れ、北谷王子は祟られ、男児が早死にするようになった。この怨霊は「耳切《みみち》坊主《ぼーじ》」と呼ばれ、民謡にもなって語り継がれたという。

小幡小平次 こはだこへいじ

不明（十八世紀頃）

江戸時代の役者。旅役者として伊豆国《いずのくに》で芝居をしていたが、大きなアタリはなく、面目を失って江戸に帰ってから自殺したという。

◉話せば祟られる役者の怨霊

小幡小平次は江戸時代の伝奇小説や歌舞伎に登場する幽霊の名前として有名だが、先述の情報は、江戸時代の随筆『海録《かいろく》』に記録されている、小幡小平次のモデルになったとされる人物の情報である。そこには苗字がひらがなで「こはだ小平次」と記されている。

この小平次は自殺する前、友人に「自分が死んだことは妻に言わないでほしい」と頼んで亡くなるが、小平次の妻が帰ってこない夫を心配しているのを見かねた友人が事の顚末《てんまつ》を話そうとしたところ、怪事が起きたと書かれている。以来、小平次の話をすると必ず怪事が起きるようになり、小平次の芝居を行う際には、施餓鬼《せがき》が行われていたという。

また同書には他にも、小平次には芝居でたくわえた金があったが、それを知った友人に殺害され、金を奪われたという話や、市川家三郎《いちかわいえさぶろう》という人物に下総国《しもうさのくに》の印旛沼で殺され、沼に沈められた、といった話も載る。

駒方道安 こまかたどうあん

不明

江戸の浅草川周辺に住んでいたという医師。絵馬を好み、その研究をしていたという。詳細不明。

◉絵馬の精から指導を受ける

『御伽空穂猿《おとぎうつぼざる》』には、以下のように記されている。

道安は本業の医師の仕事があまり忙しくなかったため、好きな絵馬の研究に時間を費やしていた。ある日、雨に降られたため近くにあった堂で夜を明かしていたところ、夜中に五十ばかりの男が馬を連れて現れた。男は烏帽子《えぼし》を付けて白張を纏い、馬には紅い厚総を掛けていたという。

男は「私は古くに描かれた絵馬の精である。あなたは絵馬を批判することに熱心だが、色の具合や手足の長さについて論じるばかりで、描かれた絵の筆力には言及しない。特に近年は、遊女の姿などを描いて古人が描いた絵馬の上に遠慮なく掛けるのはたいへん嘆かわしい」などと道安に教示したという。

小谷田勝五郎 こやたかつごろう

一八一五〜一八六九年

江戸時代から明治時代にかけての農民。武蔵国《むさしのくに》多摩郡中野村で生まれる。幼少時、前世の記憶があると話し、それを取材した平田篤胤《ひらたあつたね》の『勝五郎再生記聞《かつごろうさいせいきぶん》』にその記憶が記録された。

◉前世の記憶を持つ少年

『勝五郎再生記聞』には、勝五郎が前世の記憶を有していたことについて、以下のように記されている。

勝五郎が八歳の頃、外で姉や兄と遊んでいる最中、突然「自分は元々、程久保村の九兵衛《きゅうべえ》という人の子、藤蔵《ふじぞう》だった」と言い出した。不思議に思った母親が詳しく聞くと、「藤蔵は九兵衛とおしづという父母の子で、疱瘡《ほうそう》にかかったが、薬を飲まなかったので六歳で死んだ。その後、今の母親の腹に入った」と言う。

その勝五郎が語った転生話は以下のようなものだ。息絶えた時は何も苦しみはなく、その後少し苦しかったが、しばらくしてそれも収まった。自分の入った棺桶が埋められ、僧が読経しても何にもならず、僧はただ金をだまし取るだけに思えて不愉快だったので家に帰ってみた。しかし家族に声をかけても誰も反応せず、不思議に思っていると、黒い服を着た長い白髪の老爺がやって来て、こっちに来なさいと言うのでついていった。するとどんどん上に向かって上っていき、綺麗な草原に出たので、そこで遊んでいた。花が咲いていたので、その枝を折ろうとすると、鳥がやって来てひどく威嚇したので、とても恐ろしかった。

それから月日が経ち、例の老爺と共に道を歩いていると、ある家の前で老爺が立ち止まり、「この家に入ってもう一度生まれなさい」と言った。その言葉に従って老爺と別れ、家の中に入り、よく覚えていないが母親の腹に入った。それが今の家だったという。

勝五郎の話す藤蔵の記憶は、ことごとく程久保村の人々の記憶と合致していたので、皆が彼の話を信じたという。

佐倉惣五郎
さくらそうごろう

不明～一六五三年

江戸時代の農民。下総国《しもうさのくに》佐倉藩領の住民だったが、領主・堀田氏の重税に苦しむ農民たちのために将軍に直訴し、その罪によって処刑された。

◉子を殺された義民の怨霊

惣五郎は義民として名が知られている他、怨霊譚の主人公としても有名である。『地蔵堂通夜物語《じぞうどうつやものがたり》』などによれば、処刑された惣五郎はその後怨霊と化し、領主の堀田上野介《ほったかみのすけ》を滅ぼしたと伝えられる。

将軍への直訴は大罪であったが、惣五郎はその罪を一人で背負うことにした。しかし罪の重さから、惣五郎は自分だけではなく、妻及び四人の子どもと共に処刑されることになった。この刑は磔《はりつけ》にされた夫婦の目の前で子どもたちが一人ずつ斬首される様子を見せられた後に殺される、という悲惨極まりないものだった。もとより自分が処刑されることは覚悟していた惣五郎であったが、目の前で子を殺されるという非道な行いに怒り狂い、夫婦共に怨霊と化して堀田上野介らを滅ぼすことを宣言した後、処刑された。

その後、上野介の妻が病に倒れ、その寝室には毎夜稲妻のような光が差し込み、子どもの泣き叫ぶ声が聞こえるようになった。いかなる加持祈禱も効果はなく、やがて上野介の妻は亡くなった。さらに、上野介の前には磔にされた惣五郎とその妻の怨霊が現れるようになった。彼らは屋敷の広間に出現し、走り回ることを繰り返した。これにもいかなる加持祈禱も効果がなく、ついに上野介は狂乱し、佐倉領を没収されてしまったという。

佐脇嵩之　さわきすうし　一七〇七～一七七二年

江戸時代の絵師。英一蝶《はなぶさいっちょう》に学び、師の作風を守った風俗画をよく描いた。代表作に『菅公像額《すがこうぞうがく》』がある。

◉現代に影響を残した妖怪図巻

嵩之の一七三七年の作品に『百怪図巻《ひゃっかいずかん》』がある。これは三十体の妖怪を絵巻に描いたもので、それぞれの妖怪の横には名前も記されている。

同絵巻には狩野元信《かのうもとのぶ》（室町時代後期の絵師）の写本を模写した、という旨の文言があるが、原本は残っていない。また同じ江戸時代に描かれた『新板化物《しんぱんばけもの》づくし』『化物絵《ばけものえ》』などの絵巻に同種の妖怪が描かれていることから、同系統の作品群があったことは確かなようだ。しかし成立年代、作者が明確なものは珍しいため、『百怪図巻』は現代における妖怪絵巻の研究において、重要な資料となっている。

山東京伝　さんとうきょうでん　一七六一～一八一六年

江戸時代の戯作者、浮世絵師。本名は岩瀬醒《いわせさむる》。江戸深川の質商に生まれ、北尾重政《きたおしげまさ》に浮世絵を学ぶ。その後、黄表紙作家として脚光を浴び、洒落本の第一人者となるが、著作が風紀を乱したとして逮捕されることもあった。後に読本《よみほん》作家に転じ、数多くの著作を残した。

◉多くの妖怪を描いた洒落本作者

京伝の作品には、多くの妖怪が登場する。

平将門《たいらのまさかど》の遺児・滝夜叉姫《たきやしゃひめ》が父の遺志を継いで国家に反乱を起こそうとする『善知烏安方忠義伝《うとうやすかたちゅうぎでん》』では、滝夜叉姫と弟の良門《よしかど》が数多の妖怪を引き連れて登場する。『糸車九尾狐《いとぐるまきゅうびのきつね》』は、傾国の美女・玉藻前《たまものまえ》に化け、後に正体をばらされて討伐された九尾の狐の伝説を題材としている。さらに『化物和本草《ばけものやまとほんぞう》』では、当時すでによく知られた妖怪のパロディや、流行語を妖怪の形に形象化した絵などを描いている。

『松梅竹取談《まつとうめたけとりだん》』では、森島中良《もりしまちゅうりょう》が顕微鏡などを用いてスケッチしたノミやシラミといった虫たちの姿を、画を担当した歌川国貞《うたがわくにさだ》がそのまま巨大な虫の妖怪として描き出し、京伝が虫妖怪たちの活躍を記している。

京伝の作品は現代にも数多く残っている。どんな妖怪が登場するのか、調べてみるのも楽しいだろう。

柴田元泰　しばたげんたい　一七三七～一八〇九年

江戸時代の医師。柴田玄養《しばたげんよう》ともいう。患者の身分を問わず治療した人物だったと伝わる。

●人から人へ乗り移る疱瘡《ほうそう》の鬼神

『耳嚢《みみぶくろ》』には、元泰が作者の根岸鎮衛《ねぎしやすもり》に語ったとされる以下のような話が載る。

元泰が疱瘡の治療をしていた子どもが突然、「早く酒湯をかけてほしい」と言い出した。酒湯は疱瘡が治った時にかけるものであるため、両親がそのことを教えると、子どもは「このような軽い疱瘡をいつまでも患っているのはよろしくない」などと言う。困り果てた両親は元泰に相談し、元泰がその子どもに道理を説くと、「このような軽い疱瘡にかかりっぱなしなのは甚だ迷惑である。私も外へ行かねばならない」と子どもらしからぬことを言う。元泰が「ではどこへ行くのか」と問うと、「四谷の何町の某《なにがし》という者のところへ行く」と言う。不思議に思いつつもその子の母親と相談し、酒湯をかける真似事をすると、程なくして疱瘡は癒えた。

それから元泰が子どもの言っていた四谷の何町の某のもとに使いをやって事情を聞くと、数日前から子どもが疱瘡にかかっていると教えられた。疱瘡には鬼神が寄ると言われているが、それもいい加減なことではないと元泰は思ったという。

清水昨庵 しみずさくあん

不明

江戸の牛込《うしごめ》に住んでいたという囲碁好きの人物。寝食を忘れ、魂を捧げて囲碁に没頭していたが、一向に上達しなかったらしい。

●囲碁好きのもとに現れた碁子の精

『玉箒子《たまははき》』によれば、昨庵は囲碁を打ち続けて精神的に疲弊し、目もかすんできたので、気分転換しようと円照寺という寺に散歩に行った。そこで、色白と色黒の二人の男に声をかけられる。二人は昨庵と旧知の仲であるというが、昨庵には覚えがない。三人は共に花見をしながら語らったが、帰路で昨庵が二人に「あなた方は囲碁好きと見える。指南をお願いしたい」と言うと、二人は「いかにも我々は普通の人間ではない。一人は海辺から、一人は山から来た。名前を知玄《ちげん》と知白《ちはく》といい、仙術や兵法を学び、仙人道士に親しんで友となった。またある時は世俗に下りて遊興を楽しんだ」と語り、一通の文を昨庵に渡して消えてしまった。その文には「順なれば勝ち逆なればよく　動けば抜け静かなれば安し。往来一徹酬応多端なり。一枰の秋水側に人無し。玄を知り白を知るは是を仙客《せんかく》と曰《い》ふ」と囲碁の心得が記されていた。昨庵は、彼らは碁子の精であったのかと感じ入った。この文をもって以後は名人となり、彼に勝てる者はいなくなったという。

『玉箒子』では「碁子の精霊」と書かれるが、妖怪として紹介される際は「囲碁の精」と表記されることが多い。

須藤由蔵　すどうよしぞう

一七九三年～不明

江戸時代の町人。上野国《こうずけのくに》藤岡で生まれ、壮年に江戸に出て古書店を営んだ。江戸の風俗や風聞を日記として記録し、御記録本屋などと呼ばれた。この記録の閲覧料を取ることで生計を立てていたようで、後にこの日記は『藤岡屋日記《ふじおかやにっき》』と呼ばれるようになった。

◉妖怪も記された日記

『藤岡屋日記』には由蔵が記録した怪異・妖怪がいくつも載っている。

たとえば虎狼狸《ころうり》は当時江戸で流行ったコレラの病原とされた妖怪で、鼬《いたち》のような姿をした獣であったと記されている。由蔵はこれを、アメリカのオサキなどと記していた。

また、遊女を江戸に連れ込むために女たちに関所破りの罪を犯させ、死罪となった長崎奉行の家来の幽霊がたびたび女牢に現れ、遊女らに恨み言を言ったという記録も残っている。

他にも、猫に食われそうになった鼠を助けたところ、鼠が恩返しに毎日米を持ってくるようになった話や、身の丈一丈（約三メートル）の人面獣が出現した話など、さまざまな怪異譚が載る。当時の江戸でどのような怪異譚がうわさされていたのか、それを知ることができる貴重な資料だ。

清内　せいない

不明

江戸時代の商人。越後国《えちごのくに》から江戸に通って商売をしていた。

◉妻の裏切りを知らせた予知夢

『老媼茶話《ろうおうさわ》』には以下のような話が載る。

江戸で商売を終えた清内が南海道を通って越後へ帰る途中、ひどく疲れてしまったため、近くにあった社《やしろ》で体を休めているうちに、そのまま眠ってしまった。

夢の中で、清内が寺の庭と思しきところに入って休んでいると、左右から大木が二本生えてきて、雲を超える高さとなった。見上げていると、どこからか十二、三歳の少女が手に三本の棒を持って現れ、清内を叩き始めた。その痛みは我慢できるようなものではなかったが、少女は清内を責めるように「お前に眼《まなこ》があるからこの苦しみを味わうのだ」と言い、清内の目玉をくり抜いて地面に投げ捨てた。目玉はすぐに蛇に変じて清内の首に飛びつき、絞め殺されると思った直後、目が覚めた。

　起き上がった清内は、これは夢のお告げかと思い、沈んだ気持ちで社《やしろ》を出て宿へ向かった。そこで、一人の旅の僧に出会った。清内は生来慈悲深い人間であったため、銭を僧の鉄鉢《てっぱつ》に入れた。すると僧は清内に対し「死相が見えるから、家に帰るのはやめた方がよいでしょう」と告げた。

　これを聞いた清内は僧を誘って酒屋に寄り、自分が見た夢のことを話した。僧はしばらく目を閉じて何か考えている様子だったが、やがて口を開き、「あなたの住んでいる場所には末林寺という寺があると聞きました。その寺には妙三坊《みょうさんぼう》という僧侶がいるそうです。さて、考えてみると、夢に現れた天をつく木、これは『末』の字を表しています。そしてその木が二本なのは、『林』の字を表すのでしょう。あなたが夢の中で身を休めたのは『寺』の庭、すなわちこれらの文字を並べると『末林寺』になります。加えて、少女という字は入れ替えれば『妙』となり、三本の棒は『三坊』につながります。これは『妙三坊』を表しています。そして『眼《まなこ》があるからこの苦しみを味わう』という言葉ですが、眼は目、そして目は『妻《め》』に通じます。目玉が蛇に化けて首を絞めてきたのは、蛇はくちなわとも呼び、『首を絞める縄』を暗示しているからでしょう。すなわち、あなたは家に帰れば妻によって縊《くび》り殺されてしまいます」と告げて、酒屋を出てどこかへ行ってしまった。

　清内は、あの夢は神仏のお告げだと考えて家に帰った。清内を迎えた妻は長旅の無事を喜び、食事を勧め、酒を飲ませて「旅の疲れもあるだろうから、早くお休みなさって」と布団を敷いて枕を置いた。横になり、眠るふりをしながら妻の様子を窺っていると、妻がしきりに納戸の方に目配せをしているのが見えた。そこでそっと起き上がり、納戸へ入ってみると、妙三坊が細い縄を持って今まさに出てこようとするところだったので、拳で目と鼻の間を殴って気を失わせた。すると妻が逃げ出したので、追いかけて捕まえ、二人を代官所に連れていった。実は清内の妻は妙三坊と密通しており、清内を殺すつもりだったのだ。清内は夢のお告げとあの旅の僧のおかげでこのことを事前に知り、逃れることができたのだという。

高井鴻山《たかいこうざん》

一八〇六〜一八八三年

江戸時代から明治時代にかけての文化人。小布施の豪商高井家の十一代目当主。書や絵画、儒学を好み、商売人には向いていなかったため、経営は弟に手伝ってもらっていた。その後、葛飾北斎《かつしかほくさい》にその才能を評価され、北斎のもとに入門。そこで北斎を先生と呼び、多くの絵を学んだ。大政奉還が行われて時代が江戸から明治に移ると、幕府からの援助要請で行っていた献金が意味をなさなくなる。その後経済状況が悪化し、家は徐々に衰退。明治十一年には火事に見舞われるという不幸が続く。その一方で、文部省に出仕し、私学校を設立するなど教育者として活躍した。

◉画家人生の最後を彩った妖怪たち

花鳥画、山水画をよく描いたが、晩年の鴻山は妖怪画も多く手がけている。中でも『土竜妖怪図《もぐらようかいず》』と題された作品は有名で、他では見られない独特の画風で描かれた妖怪たちを見ることができる。

その他にも『妖怪山水図《ようかいさんすいず》（❶）』など、妖怪をテーマにした絵画や漢詩の作品が複数残っている。

❶高井鴻山「妖怪山水図」（高井鴻山記念館蔵）

高山寅吉 たかやまとらきち

一八〇六年～不明

江戸時代の仙童。江戸下谷七軒町の商家で生まれたが、幼い頃、天狗《てんぐ》に連れられて幽冥界に行って以来、江戸と幽冥界を行き来してさまざまなことを学んだとされる。天狗に師事する以前にも、火事が起こることを当てたり、家に泥棒が入ってくることを予言したりと、予知能力を持っていたという。

◉異界と江戸を行き来する少年

平田篤胤《ひらたあつたね》が寅吉と直接話して彼の語った内容を書き留めた『仙境異聞《せんきょういぶん》』によれば、寅吉が後に師匠となる杉山僧正《すぎやまそうしょう》の持つ小さな壺に入ると、寅吉は彼と共にいつの間にか常陸国《ひたちのくに》の難台山にいた。それが寅吉の最初の旅だったという。それから毎日、杉山僧正と会ってさまざまな山へと連れていかれた寅吉は、杉山僧正と共に江戸と幽冥界を行き来し、武芸や祈禱など、さまざまな修行に励むこととなる。

篤胤はそんな寅吉のうわさを聞いて彼を自宅に招き、彼が行き来する異界の話を聞いた。寅吉は日本語とは違う神代文字を書いてみせたり、天気を急変させたり、鳥もちに捕まった鳥を触れることなく助け出したりと、さまざまな特殊能力を彼の前で披露したと記録されている。

竹原春泉斎 たけはらしゅんせんさい

不明（十八～十九世紀頃）

江戸時代、大坂に住んでいた浮世絵師。父である竹原《たけはら》春朝斎《しゅんちょうさい》に絵を学び、風俗画や人物画を描いた。『東海道名所図会《とうかいどうめいしょずえ》』『二十四輩順拝図会《にじゅうよはいじゅんぱいずえ》』などの挿絵で知られる。

◉現代にも通じる「妖怪図鑑」の祖

竹原春泉斎が挿絵を担当した作品に『絵本百物語《えほんひゃくものがたり》』という奇談集がある。これは当時流行していた百物語本の一種と考えられるが、物語だけでなく各妖怪の挿絵が春泉斎によって加えられ、画集としての側面を持っていることが特徴である。また当時としては珍しく、白黒ではなく多色刷りで作られている。

各妖怪画には解説や彼らにまつわる物語が記されており、文章を担当したのは桃山人《とうさんじん》なる人物とされている。この桃山人が春泉斎と同一人物なのか、実際に文章を担当した別人なのかはいまだ不明である。

『絵本百物語』やそこに描かれた妖怪たちは、その後明治・大正時代に江馬務《えまつとむ》、藤沢衛彦《ふじさわもりひこ》といった著名な妖怪研究者たちによって紹介され、昭和時代には水木《みずき》しげるの妖怪画の元にもなった。近年でも春泉斎の描いた妖怪たちは、さまざまな創作作品に登場する妖怪たちのデザインの元になっている。彼が現代の妖怪文化に与えた影響は非常に大きいのだ。

谷素外 たにそがい

一七二四〜一八二三年

江戸時代の俳人。大坂の商家に生まれるが、江戸の建《たけ》部《べ》綾足《あやたり》に入門して俳諧を学ぶ。しかし破門され、その後は江戸談林派の小菅蒼狐《こすげそうこ》の門人となり、師亡き後は江戸談林を継承した。多くの門人を育て、寛政期の文化に影響を与えた。

●虫になったお菊《きく》の怨霊

『耳嚢《みみぶくろ》』には、こんな話が載る。

摂津国《せっつのくに》の岸和田という侍の屋敷で、寛政七年（一七九五年）頃に奇妙な虫が飛び回った。この虫は女が後ろ手に縛られたような姿をしていたという。素外も行脚《あんぎゃ》の途中でこの虫を見つけ、二、三匹捕まえて知人に見せ、それを見た人物が『耳嚢』の作者である根岸鎮衛《ねぎしやすもり》にそのことを語ったとされる。

この虫は「きく虫《むし》」と呼ばれ、以下のような由来が語られている。元禄（一六八八〜一七〇四年）の頃、尼崎城に住んでいた播磨守の青山という者に喜多玄番《きだげんばん》という家臣がいた。この玄番の妻は嫉妬深い人物で、玄番が菊という下女を気に入っていたのが気に食わず、彼女が配膳する飯に針を混ぜた。そして玄番の口の中に針が刺さったのを見て、菊のせいだと言った。

怒り狂った玄番は菊を縛って井戸に逆さまに投げ入れて殺し、これを知った菊の母も井戸に身を投げた。以来、玄番の家は断絶したが、菊の百年忌にあたる年に先述のきく虫が出たことから、今も残る怨念が虫の姿になって現れたのだろうか、と記されている。

このきく虫は他の文献でも見られ、「お菊虫」とも呼ばれている。現在ではこの虫はジャコウアゲハの蛹《さなぎ》であったと考えられており、実際に『耳嚢』の中にもきく虫が孵化して蝶になったとの記述が見える。また、ジャコウアゲハの蛹は「常元虫《じょうげんちゅう》」という妖怪の正体ともされる。詳細は常元（戦国時代）の項目を参照。

田宮坊太郎 たみやぼうたろう

不明（十七世紀頃）

江戸時代の剣客。寛永（一六二四〜一六四五年）の頃、讃岐国《さぬきのくに》丸亀藩で生まれるが、幼少時に父を殺害されたことで仇討《かたき》ちを決意し、金毘羅大権現《こんぴらだいごんげん》に祈りを捧げ、江戸で柳生宗冬《やぎゅうむねふゆ》に剣術を学ぶ。その後、父の仇である堀源《ほりげん》太左衛門《たざえもん》を討ったという。
この話は講談や芝居で伝えられ、歌舞伎『幼稚子敵討《おさなごのかたきうち》』、人形浄瑠璃『花上野《はなのうえの》誉 石碑《ほまれのいしぶみ》』などの題材となったことでも有名。だが当時の史料に坊太郎の名は見られないため、伝説上の人物である可能性が高い。

◉天狗《てんぐ》に守護された仇討ち

坊太郎が金毘羅大権現の加護を得て仇討ちを達成したことは、多くの講談や芝居で語られている。月岡芳年《つきおかよしとし》はこの話を元に、金毘羅大権現の眷属である天狗が彼を守護する様子を『皇国二十四功《こうこくにじゅうしこう》（❶）』に描いている。ここでは、刀を持った坊太郎と、その上をふわりと飛び、木の葉型の扇を握った天狗の様子が描かれている。

調介　ちょうすけ

不明

出雲国《いずものくに》の大百姓。友人の家にあった女の姿絵に一目惚れし、それをもらい受ける。

◉絵の中の女を愛した男

『太平百物語《たいへいひゃくものがたり》』によれば、調介は友人宅でまるで生きているかのような女の姿絵をもらい受け、友人から絵の女を人間にする秘術を教えてもらう。その方法とは、密室にこもって百日間昼夜を問わず絵に向かって真剣に語

❶月岡芳年『皇国二十四功』
（国立国会図書館デジタルコレクション蔵）

りかけると、百日目に女が言葉を返すので、そこで八年寝かせた酒をその顔に注ぐというものだった。調介が実際にその方法を試したところ、女は絵から抜け出し、調介と夫婦になった。

その後、調介は彼女との間に一子をもうけたが、ある時、家にやって来た従弟の進兵衛《しんべえ》が事の始終を聞き、「それは妖術で生まれた妖婦に違いない。幸い私は名剣を持っているから、これを使って妖婦を殺せ」と告げた。調介はどうすべきか決められないまま、剣を預かって進兵衛を帰した。

すると調介の妻は「私は南方に住む地仙である。たまたまあなたに招かれて妻となる契りを結んだのに、進兵衛の言葉によって正体を疑われてしまった。もうここにはいられない」と子どもを抱いて、彼女が絵から出てくる際に注がれた古酒を吐き出し、宙を飛んで消えてしまった。

調介はたいへん後悔したが、もう取り返しはつかなかった。あまりの恋しさにあの女の姿絵を出して眺めたところ、そこには子を抱いた女の姿が描かれていたという。日本に伝わる異類婚姻譚に「絵紙女房《えがみにょうぼう》」と呼ばれるものがあり、これもその類《たぐい》の一つと思われる。似たものに「絵姿女房《えすがたにょうぼう》」があるが、こちらは女房が最初から実体として存在する。話の筋も、百姓の美しい女房を描いた姿絵を見た殿様が女を奪ってしまうが、女房の機転によって夫は女房を取り返す、というものであるため、内容が異なる。

鶴屋南北 つるやなんぼく　一七五五〜一八二九年

江戸時代の歌舞伎・狂言作家。鶴屋南北《つるやなんぼく》の名を継いだ四代目にあたるが、一般的に鶴屋南北といえばこの四代目を指す。怪談物や世話物を得意とし、多くの傑作を残した。

◉怪談歌舞伎の大家

鶴屋南北の怪談物で有名なのは、何といっても『東海道四谷怪談《とうかいどうよつやかいだん》』だ。一八二五年に江戸の中村座で初演されたこの芝居と、主役の幽霊「お岩《いわ》」は、現在でも日本国内における最も有名な怪談かつ幽霊であるといえるだろう。

『東海道四谷怪談』のあらすじは以下のようなものだ。

お岩は夫・伊右衛門《いえもん》と、自分の孫娘を伊右衛門の嫁にと望む伊藤喜兵衛《いとうきへえ》の画策によって毒を盛られ、顔が崩れてしまう。夫たちの裏切りを知って自害し、幽霊となったお岩は、伊右衛門の前にたびたび姿を現して彼を錯乱させ、自分を死に追いやった者たちを次々と殺害する。最後、伊右衛門はお岩の妹・お袖《そで》の夫である与茂七《よもしち》に、義姉の仇《かたき》として斬り殺される。

この『東海道四谷怪談』は元々『仮名手本忠臣蔵《かなでほんちゅうしんぐら》』と世界観を同一とする外伝として書かれた物語であった。お袖の夫である与茂七は「忠臣蔵」の四十七士の一人であり、この物語の後、与茂七は高師直《こうのもろなお》の家へ討ち入りに向かう。

しかし再演以降は『仮名手本忠臣蔵』の関連部分が省略され、『東海道四谷怪談』が独立して上演されるようになった。現在でも、四谷怪談はお岩が主役の怪談として演劇はもちろん、文学や映画など、さまざまな作品の原作となっている。

『東海道四谷怪談』のモデルとなった、実在したとされる女性・お岩については当該項目を参照。

徳川家光 とくがわいえみつ　一六〇四～一六五一年

江戸幕府の第三代将軍。島原の乱の鎮圧、鎖国政策の完成、参勤交代の義務付けなどを行い、徳川幕府の基礎を確立した。

●故郷に帰りたがる怪船

寛永九年（一六三二年）に家光の命で新造された安宅《あたけ》丸《まる》という御座船があった。竜骨の長さが三十八メートル近くある巨大な船であったが、その大きさ故に実用性に乏しかったため、解体されたと伝えられる。

解体後、この船が怪異を引き起こしたという話がいくつかの文献に残っている。

随筆『嬉遊笑覧《きゆうしょうらん》』には、安宅丸が「建造された伊豆へ帰りたい」と呻いたという話が載る。

また『新著聞集《しんちょもんじゅう》』にも、酒屋市兵衛《さかやいちべえ》という男が解体された安宅丸の材木を穴蔵の蓋として使っていたところ、安宅丸の魂が女中に乗り移り、「お前を取り殺す」と言ったという話が記されている。

徳川家康 とくがわいえやす　一五四二～一六一六年

戦国時代から江戸時代にかけての武将であり、江戸幕府の初代征夷大将軍。織田信長《おだのぶなが》、豊臣秀吉《とよとみひでよし》と同盟を結んでいたが、秀吉の死後、関ケ原の戦いで東軍を導いて西軍に勝利する。晩年は豊臣家との最後の戦いである大坂の陣を制し、豊臣家を滅亡させた。幕藩体制を築き、安土桃山時代を終結させて以降二百五十年以上にわたる江戸時代の始まりを築いた。

◉庭に現れた謎の肉塊

『一宵話《ひとよはなし》』には以下のような話が載る。

一六〇九年、家康が居を構えていた駿府城の中庭に、「肉人」とも形容すべき肉の塊のようなものが現れた。肉人は手のようなもので、ただ天を指している。この怪異の話は家康の耳にも入ったが、家康は人目に付かない場所に捨ててしまえと命じ、肉人は遠い小山に捨てられた。

その後、薬学に詳しいある人が、それは中国の『白沢図《はくたくず》』に載る「封《ほう》」というもので、食べれば大力を得て武勇が増すと伝えられていたものを、徳川に仕える者にその知識がなかったことが残念だと語ったという。

しかし『一宵話』では、家康や家臣はそのことを知らなかったのではなく、そのようにして力を得ることは卑怯だと考え、肉人を捨てたとも解説されている。家康の武人としての評価が垣間見える話でもある。

徳川光圀 とくがわみつくに 一六二八～一七〇一年

江戸時代の常陸水戸藩藩主。「水戸黄門《みとこうもん》」の名で有名。

徳川家康《とくがわいえやす》の孫であり、民政を重視した。勧農策の実施、社寺の統制、水戸城下への上水道（笠原水道）の創設などを行った。学問を好み、明《みん》の遺臣・朱之瑜《しゅしゆ》（舜水《しゅんすい》）を招いて師事し、家臣を全国各地に派遣して史料を収集した。また江戸の藩邸に彰考館《しょうこうかん》を建てて多くの学者を登用し、紀伝体による本格的な日本の通史『大日本史《だいにほんし》』編纂事業を始める。これは光圀の死後も二百年以上にわたって続く大事業となった。完成したのは明治時代に入ってからで、全三百九十七巻二百二十六冊に及んだ。

◉禁足地に侵入した水戸黄門

千葉県に現存する禁足地である「八幡《やわた》の藪《やぶ》知らず」。入った者は神隠しに遭うとされるこの場所に、光圀が足を踏み入れたという伝承が残っている。

光圀は世間の人々の恐怖を払拭するため、自らこの藪に入った。するとたちまち視界が暗くなり、音は消え、全身に悪寒が走った。しかしなおも奥へ進むと、暗闇に一人の霊仙《りょうせん》がいた。その傍らには多くの妖怪たちがおり、霊仙は「この地は人が足を踏み入れる場所ではない。今回は許すが、強く戒めよ」と告げ、光圀を帰したという。

後にこの伝承を元にした歌舞伎『黄門記八幡大藪《こうもんきやわたのおおやぶ》』も演じられるようになり、この演目の広告絵として描かれた月岡芳年《つきおかよしとし》の『不知藪八幡之実怪《しらずのやぶやわたのじっかい》』では、霊仙や配下の妖怪に遭遇する光圀の姿が描かれている。

徳川頼宣 とくがわよりのぶ

一六〇二〜一六七一年

江戸時代の大名。徳川家康《とくがわいえやす》の十男であり、紀州徳川家の祖。伏見城で生まれ、遠江横須賀城、駿府城を居城とした後、紀伊和歌山へと移る。和歌山城を修築し、城下町の整備や諸法令の編集、東照宮の造営などを行った。

◉死後眠るべき場所を予見した大名

『耳嚢《みみぶくろ》』には、頼宣にまつわる以下のような話が載る。

頼宣は逝去する直前、「もし私が死んだら、岡の山というところに葬るように」と伝えていた。その場所は和歌山城下にあり、やがて頼宣が逝去したので遺言通り廟穴を掘ったところ、一丈（約三メートル）ほど掘り進めたところで石槨《せっかく》（石で作った棺を入れる外箱）が現れた。

槨の中には一つの鉢と杖があるだけで、他には何もなかったが、その蓋には「南陵」の文字があった。不思議なことに、菩提所から送られた頼宣の法号は「南竜院」であった。人々は「まるで符節を合わせたようだ」と驚嘆し、このことは紀州で語り継がれたという。

土佐光起 とさみつおき

一六一七〜一六九一年

江戸時代の絵師。宮廷の絵所預《えどころあずかり》（宮廷の絵所に所属する絵師の長）に任じられ、室町時代末期から宮廷画家の地位を離れていた土佐家を再興した。主要な作品に『春秋花鳥図屏風《しゅんじゅうかちょうずびょうぶ》』『北野大神縁起絵巻《きたのてんじんえんぎえまき》』などがある。

◉屏風を抜け出す女たち

『落栗物語《おちぐりものがたり》』には、光起が描いた屏風絵が妖怪化した話が記されている。

昔、勧修寺には寄り集まる女たちが描かれた屏風があった。その屏風は修繕もされずぼろぼろだったが、ある時、穂波殿という侍所からその屏風を貸してほしいと頼まれ、勧修寺は快く貸し出した。しかしそれから夜な夜な子どもを抱いた女が穂波殿に現れ、屏風のところまで行って消えるということが続いた。穂波殿の人々は不気味に思い、屏風を勧修寺に返したが、今度は勧修寺でも子を抱いた女が現れるようになった。ある一人の小侍が屏風を怪しみ、絵の中で子を抱いている女の頭に紙を貼り付けたところ、その夜現れた女の頭にも紙が貼り付いていた。そこでその屏風の鑑定を絵師に依頼したところ、土佐光起が描いたものであった。それから屏風は、勧修寺に深く秘蔵されることとなったという。

このような絵画の妖怪は現在では「画霊《がれい》」と呼ばれているが、絵の修繕を求めて現れる妖怪と解説されるなど、『落栗物語』にはない要素が加えられていることも多い。

富永金左衛門 とみながきんざえもん

不明（十七世紀頃）

江戸時代の浪人。戸田流の兵法の達人で、江戸は西久保の榎坂という場所にある借家に住んでいたという。

◉化け狸を仕留めるも……

『老媼茶話《ろうおうさわ》』には以下のような話が載る。

金左衛門が住む借家に、夜な夜な何者かが現れた。金左衛門はこれを人間ではなく狐狸《こり》の類《たぐい》と考え、寛永十一年（一六三四年）正月にこの化け物の正体を見極めることにした。

金左衛門は自分が寝ている様子に見えるよう寝具をこしらえた後、部屋の隅に身を潜めて化け物を待った。

すると五更（午前三時から午前五時）になろうとする頃、音もなく化け物が家に入ってきた。物陰から見てみると、その両眼は月のように光り、何とも言い表せないすさまじい様相だった。化け物が寝具の上で飛び跳ねて暴れ始めたため、金左衛門は物陰から飛び出し、刀で斬りつけた。深手を負った化け物が逃げ出すと、金左衛門はさらに化け物を追いかけて斬りつけ、最後は心臓に刀を突き刺して仕留めた。死骸に灯火を近づけて見てみると、その正体は年をとった古狸《ふるだぬき》であった。

夜中の出来事であったため、近隣の住民が飛び出してきて何事かと尋ねるので、金左衛門が事の次第を話したところ、「さすがはお侍さん」などと言って皆がほめる。気をよくした金左衛門は、翌朝借家の入り口に狸の死骸をぶら下げ、往来の人々に見せることにした。しかしそのうち、「こんな市中にどうして狸が住むだろうか。退治したというのは嘘で、おおかた麹町辺りから買ってきたのだろう」などと悪口を言われるようになった。そこで金左衛門はすぐに狸を引っ込めたが、やがてその場所に住んでいられなくなったのか、以後は住居を転々とし、最後は行方不明になってしまったという。

鳥山石燕 とりやませきえん

一七一二～一七八八年

江戸時代中期の浮世絵師。狩野派の絵師としてさまざまな作品を残しているが、中でも妖怪画が有名。

◉妖怪図鑑の生みの親

安永五年（一七七六年）に妖怪画集『画図百鬼夜行《がずひゃっきやこう》』をはじめ、『今昔画図続百鬼《こんじゃくがずぞくひゃっき》』『今昔百鬼拾遺《こんじゃくひゃっきしゅうい》』『百器徒然袋《ひゃっきつれづれぶくろ》』と妖怪画を集めた画集を続けて刊行した。これらの画集には、狩野派に伝わる妖怪絵巻に描かれた妖怪たちを参考に描いたものの他、伝承される妖怪に石燕が姿を与えたものも収録されている。また『画図百鬼夜行』における各丁に妖怪の姿を描き、そこに名前を記すという描き方は、現在の妖怪図鑑の先駆けとも評される。続編の『今昔画図続百鬼』は名前と姿に加えて解説文が追加され、より現代の妖怪図鑑に近い体裁となっている。

石燕の描いた妖怪は水木《みずき》しげるの妖怪画の元になったものも多く、現代の妖怪観に大きな影響を与えている。

内藤外記 ないとうそとふみ　不明（十九世紀頃）

江戸時代の武士。浦賀奉行を務めた人物とされる。

◉ペットになった猫の妖怪

『半日閑話《はんにちかんわ》』にはこんな話が載る。

文政元年（一八一八年）八月中旬、外記の屋敷の台所に、奇妙な獣が現れて飯を食らい、魚などを盗んでいった。この獣は外記の妻の声を真似るなどして門番たちを化かしたため、落とし穴の罠を作ったところ、虎のような模様の大猫がかかっていた。これは珍しいとつないでいたところ、土岐山城守の使いだという人物が来て、これは山城守が飼っていた猫が逃げ出したものなので、返してほしいと言う。外記は猫をだまし取ろうとしているのではないかと思い断ったが、その後もたびたび使者はやって来たという。

この猫は「まみ」と呼ばれていたようだ。まみは「猯」「魔魅」などと書き、狸《たぬき》や貉《むじな》など化ける動物を指す言葉として使われていたが、同じ意味だろうか。ちなみにこの話は『半日閑話』の著者・大田南畝《おおたなんぽ》が内藤外記から直接聞いたものとして記されているが、山城守に猫を返したのかどうかは不明だという。

長川仲右衛門 ながかわなかえもん　不明（十八世紀頃）

江戸時代の船乗り。幕府の御用船・政徳丸に船頭として乗船していた記録が残る。

◉船を救った一匹の鮑《あわび》

青森県むつ市にある大畑八幡宮の社宝となっている鮑の貝殻には、以下のような伝説がある。

寛政（一七八九～一八〇一年）の頃、仲右衛門は政徳丸に乗って仕事をしていたが、房州沖で嵐に遭い、船底に穴が開いて沈没しそうになった。その時、一匹の鮑が船底に張り付き、穴を塞いだので難を逃れた。仲右衛門がその貝殻を持ち帰ったところ、貝殻の内側に「大神宮」という文字が浮き出てきた。この鮑は大畑八幡宮に奉納され、海上安全の神として信仰されるようになったという。

七都　なないち　不明（十八世紀頃）

江戸時代の座頭。上総国《かずさのくに》出身で、二十四歳の時、後天的に目が見えなくなったという。

◉水中から狙う蜘蛛《くも》の化け物

『耳嚢《みみぶくろ》』には、以下のような話が載る。

七都が二十二、三歳で、まだ目が見えていた頃のこと。彼が住む夷隅《いすみ》郡大野村には大きな川があり、その川には縦の井戸と呼ばれる深瀬があった。その川でよく七都は釣りをしていた。ある時、川の中から蜘蛛が現れ、七都の足の指に糸をかけてはまた水中に戻る、ということを繰り返していた。糸が足首まで及んだ時、七都はその糸をそばにあった木の杭にかけて釣りを続けた。すると、水中から「よしか、よしか」という声が聞こえた。さらに対岸の藪から「よし」という声が聞こえ、突然糸が強い力で引かれて木の杭が半分から折れてしまった。これを見た七都は急いで逃げ帰ったという。

水中から蜘蛛が現れ、足に糸を巻くので別の物体に糸を移したところ、その物体が水中に引きずり込まれる、という内容の話は昔話などで多く見られ、絡新婦《じょろうぐも》や水《みず》蜘蛛《ぐも》といった水中に住む蜘蛛の妖怪の仕業とされることが多い。

鍋島光茂　なべしまみつしげ　一六三二～一七〇〇年

江戸時代の大名。肥前国《ひぜんのくに》佐賀藩二代目藩主で、歌人としても有名であった。藩主としては、幕府に先んじて殉死を禁止する一方、三家格式を制定することで蓮池藩・小城藩・鹿島藩の三支藩を完全に支配化に置いたことなどで知られる。

◉主を殺された猫の仇討《かたき》ち

光茂の時代に起きた妖怪騒動として、講談などで語られる「鍋島の化け猫騒動」がある。

これは龍造寺又七郎《りゅうぞうじまたしちろう》（又一郎《またいちろう》）に飼われていた「こま」という名の猫にまつわる物語だ。ある時、又七郎は城主である光茂に呼ばれ、囲碁の相手をして光茂を負かしてしまう。これに怒った光茂は、彼を手打ちにして殺し、その死体を処理した。この惨劇を唯一目撃していたこまは、又七郎の首をくわえて龍造寺に戻り、それで全てを悟った又七郎の母は、こまに仇を取るように伝えて自害する。こまは彼女の血を舐めて、やがていずこかへ姿を消した。

それから鍋島家では、侍女や家来が殺害される事件が毎晩のように起こる。光茂も原因不明の病に倒れ、忠臣である小森半左衛門《こもりはんざえもん》は犯人を突き止めるべく立ち上がる。そして光茂の愛妾であるお豊《とよ》が光茂に近づくと体調が悪化することを発見し、お豊の胸に刀を突き刺した。するとお豊の姿は大きな化け猫に変わり、鍋島家は安泰となったという。

佐賀県には家が化け猫に祟られる話が数多く残っており、この話はその中でも特に有名なもの。

南谷先生 なんこくせんせい

不明（十八世紀頃）

江戸時代の作家。詳細は不明だが『姫国山海録《きこくせんがいろく》』という著作を残している。

◉日本の山海に潜む虫の妖怪

『姫国山海録』は中国の『山海経《せんがいきょう》』にならい、日本の山川に存在する奇妙な怪物たちを記録したものである。

体長四尺（約一・二メートル）のナメクジのような化け物をはじめ、体長九尺三寸（約二・八二メートル）のコウガイビルのような姿をした大蛭《おおびる》という怪物や、筑後《ちくごの》国《くに》に現れたカタツムリの殻を背負った体に肉食動物のような頭を持ち、雉《きじ》を追いかけて食らう奇怪な生物などが載る。

そのどれもに色付けされたなかなか味わい深い図が付いており、漢文で解説が記されている。虫の妖怪が非常に多く記されていることも特徴だ。

西村鉄四郎 にしむらてつしろう

不明（十八～十九世紀頃）

江戸時代の武士。町奉行所で吟味方《ぎんみかた》（犯罪者の裁判や取り調べを行う役人）を務めていた。

◉鏡のように光る巨大蜘蛛《ぐも》

『耳嚢《みみぶくろ》』には、鉄四郎自身が作者の根岸鎮衛《ねぎしやすもり》に語ったとされる以下のような話が載る。

文化元年（一八〇四年）のこと。鉄四郎が駿河国《するがのくに》の原宿に宿を取っていたところ、夜中にふと目が覚めた。床の間を見ると、鏡のように光る何かがあり、驚いて若党たちを呼んで灯火でそれを照らすと、一尺（約三十センチメートル）もある巨大な蜘蛛であった。皆でこれを打ち殺し、外に掃き出したが、今度は湯殿の方で大きな物音がする。見ると、何かが戸を倒して外に出たような形跡があり、直径二寸（約六センチメートル）ほどの蜘蛛の死骸が干からびていた。これは先ほどの蜘蛛と同種のものと見られたが、戸を倒したものの姿はすでになかったという。

二宮尊徳　にのみやたかのり　一七八七〜一八五六年

江戸時代の農政家。通称二宮金次郎《にのみやきんじろう》。相模国《さがみのくに》足柄上郡栢山《かやま》村で生まれ、早くに両親を亡くして伯父の家に預けられたが、洪水で土地が流出する。伯父の家業を手伝いながら学問に励み、二十歳で田の一部を買い戻し、家の再興に成功する。その手腕を買われて小田原藩士服部家の再建と、藩領下野桜町領の復興を担い、これも成功させる。この功績によって水野忠邦《みずのただくに》に幕府役人として取り立てられ、幕臣となる。その後、日光領仕法中に死去した。尊徳の功績は死後も影響を与え、明治時代以降の教科書や唱歌に登場し、全国の小学校に薪《たきぎ》を背負いながら本を読んで歩く尊徳の幼少時の姿が象られた二宮金次郎像が設置された。書を読みながら歩くその姿はかつて子どもの手本とされたが、現在では児童労働を想起させることや歩きながら本を読むことの危険性が指摘され、時代にそぐわないとして設置は減少傾向にある。

◉学校の怪談になった金次郎像

多くの功績を残した尊徳だが、人々によく知られているのは小学校の校門などに設置された二宮金次郎像の姿であろう。この金次郎像は学校の怪談のネタとしても有名になった。

夜になると二宮金次郎像が勝手に動き出すという怪談は全国の小学校で語られており、中には背に負った薪を武器にしたり、刀で人の首を切断したりする話もある。

もちろんこれは史実の尊徳の経歴から生まれた話ではなく、二宮金次郎像から想起された怪談が独り歩きして生まれたものだ。しかし金次郎像の怪は多くの学校の怪談を扱う作品に登場し、子どもたちに愛された。子どもの手本として設置された当初の目的とは異なる享受のされ方ではあるが、子どもたちにとって身近な存在であった証だろう。

根岸鎮衛　ねぎしやすもり　一七三七〜一八一五年

江戸時代の旗本。勘定吟味役、勘定奉行、南町奉行などを歴任した。寛政の改革の前後に目ざましい出世を遂げ、町奉行としての評判はたいへんよかったという。佐渡奉行在任中に筆を執り、三十年以上にわたって自らが見聞した出来事を書き記した随筆『耳嚢《みみぶくろ》』が有名。

◉近世奇談集の決定版『耳嚢』

鎮衛の『耳嚢』には、さまざまな珍談・奇談が収載されており、幽霊や妖怪、奇妙な生き物、奇病、怪奇現象などにまつわる数多くの怪異譚が載る。現在では当時の人々の怪異・妖怪に対する姿勢や態度、語り方などが分かる、貴重な資料となっている。

白隠慧鶴

はくいんえかく　一六八六〜一七六九年

江戸時代の禅僧。臨済宗の僧であり、衰退していた臨済宗を布教によって復興させたため、「臨済宗中興の祖」と称される。禅画にも精通し、絵画を通して禅の教えを伝えたことで知られる。静岡県沼津市の松蔭寺に現在も墓が残る。

◉禅画に描かれた妖怪たち

禅画をよく描いた白隠だが、その作品の中には妖怪を描いたものもある。

『法具変妖之図《ほうぐへんようのず》』は、室町時代の『百鬼夜行絵巻《ひゃっきやこうえまき》』（真珠庵本《しんじゅあんぼん》）の中から、法具をモデルにしたと思われる妖怪を抜き出し、そこに狐など他の妖怪を描き加えた絵巻として知られる。

早川富三郎

はやかわとみさぶろう　不明

江戸時代の役人。江戸幕府の御普請役元締《ごふしんやくもとじめ》を務めていたという。

◉この世の最後の挨拶へ

『耳嚢《みみぶくろ》』には以下のような話が載る。

富三郎の祖母は病気がちだったが、ある日、この祖母が一人で歩き、親しい家の者たちに「暇乞《いとま》いに参りました」と挨拶をして回ったことがあった。皆は病気がちだったその祖母の元気な様子を見てめでたいことだと思い、返礼のために富三郎の家を訪ねたが、屋内をのぞいてみると、富三郎は葬礼の準備をしていた。

実は彼の祖母はその日の朝すでに亡くなっており、彼女の霊魂が生前親しかった人々に挨拶をして回っていたのだという。

速水春暁斎

はやみしゅんぎょうさい　一七六七〜一八二三年

江戸時代の画家。京都の呉服屋に生まれるが、家督を継いだ後二十七歳で隠居し、その後復帰する。絵本や読本《よみほん》、実用書を刊行し、自身で挿絵も描いた。

◉怪談を集め、描いた絵師

春暁斎は怪異や妖怪にまつわる著作をいくつか残しており、『怪談藻塩草《かいだんもしおぐさ》』や『絵本小夜時雨《えほんさよしぐれ》』がその代表である。

『怪談藻塩草』は春暁斎自身が集めた怪談をまとめたもので、山で見つけた石碑を庭に移した男のもとに、石碑の霊が女の姿で現れ、元の場所に戻すようにと襲ってきた話や、深見八郎《ふかみはちろう》という浪人が山神の出るという戸浪山《となみやま》に登ったところ、そこで嬰児ほどの大きさの老人と出会い、握り飯と刀を食われた話などが載る。

また『絵本小夜時雨』は春暁斎が多くの変化《へんげ》を描き集めたものと前書きに記されており、彼の絵と共にたくさんの怪異譚が載る。寛政（一七八九～一八〇一年）の頃、大坂で人の頭に魚の体を持つ人魚が釣り上げられた話や、人を何人も殺した山室鬼八郎《やまむろきはちろう》という男とその愛妾のもとに、殺した人々の恐念が鬼となって現れ、愛妾をさらっていく話などがある。

この『絵本小夜時雨』に描かれた挿絵は、水木《みずき》しげるの描いた妖怪たちのモデルとなったものも多い。それを探してみるのも一興だろう。

万安大悦 ばんあんだいえつ　不明（十七世紀頃）

江戸時代の僧侶。曹洞宗の僧で、越後林泉寺の第十四代住職。また、米沢にて米沢林泉寺を開いたと伝えられる。

●怖がり僧侶と鬼に追われる亡霊

『諸仏感応見好書《しょぶつかんのうけんこうしょ》』には、こんな話が載る。

大悦の知り合いの僧侶に、亡くなった自分の召使いを埋葬した者がいた。するとにわかに空が闇に覆われ、小雨が降り出し、風が吹きすさんだ。僧は恐ろしくなって逃げ帰ったが、何者かが窓を叩く音がする。誰かと問うてみると、「私は先ほど埋葬された召使いの亡霊です。あなたの読経が意味をなさなかったため、赤鬼が私を追ってきているのです。助けてください」という声がした。僧は恐ろしさのあまり頭から衣をかぶり、じっとしているしかなかった。

すると震動がし、二体の鬼が現れて、僧をにらみつけながら屋内に入ってきた。そして亡霊を追って縦横無尽に走り回る。そのまま鬼たちは亡霊を追いつめたが、直後、大悦が重々しい態度で寺に入ってきた。すると震動は治まり、鬼たちの姿も消えた。そのまま大悦が火葬を執り行うと、雨や風はやんだ。

大悦は恐怖で何もできなかった僧に向かって「お前は姿かたちは僧であったが、心に徳がなかった。それ故にこのような目に遭うのだ」と叱責した。そしてそのまま葬儀を執り行ったという。

彦坂九兵衛　ひこさかくへえ

不明（十八〜十九世紀頃）

江戸時代の武士。幕府の役人として、小普請支配《こぶしんしはい》、駿府城番として働いていた。

◉床下に住む謎の生き物

『耳嚢《みみぶくろ》』には、以下のような話が載る。

九兵衛が駿府城番に任命され、任地に引っ越した際、その転居先の屋敷の床下から奇妙な獣が姿を現した。頭部は鼬《いたち》のようで、棕櫚《しゅろ》の樹皮のような毛が全身に生えており、体長は三尺（約九十センチメートル）ほどであった。その怪物は縁の下から庭に出て、再び縁の下へ入っていったという。

日野資枝　ひのすけき

一七三七〜一八〇一年

江戸時代の公卿。日野家三十六代当主。優れた歌人でもあり、『和歌秘説《わかひせつ》』を著した他、歌集として『日野一《ひのいち》位資枝卿金玉集《みすけききょうきんぎょくしゅう》』『日野資枝百首《ひのすけきひゃくしゅ》』がある。

◉吉事を告げる真っ赤な坊主

『閑窓自語《かんそうじご》』には、資枝が若い頃、妖怪と遭遇した話が載る。

資枝が夜更けまで酒を飲み交わしていると、ふと屏風の裏がほのかに明るくなった。人が歩く気配もするため、のぞき見てみると、火炎の中に立つ真っ赤な坊主の姿が見え、すぐに消えてしまった。この坊主は日野家に吉事がある前兆とされ、「赤坊主《あかぼうず》」と呼ばれていたという。

日野資施　ひのすけもち

一七六七〜一八一八年

江戸時代の旗本。高家日野家六代当主。

◉家来の死を知らせた火の玉

『耳嚢《みみぶくろ》』には、以下のような怪異譚が載る。

資施がまだ若かった頃、家来が長く病を患って治らないことがあった。その家来の住む長屋に行き、様子を見た帰りのこと。長屋の前に、煙草の火を落としたような小さな火が見えたので、火事の元になると懸念していたところ、その火は何度か宙に昇り、程なく軒口ほどの高さまで浮かんで、茶碗ほどの大きさになった。資施は何となく嫌な予感がして家へ帰ったが、その夜、家来が亡くなった。あの火は家来の人魂だったのだという。

平田篤胤 ひらたあつたね

一七七六～一八四三年

江戸時代後期の国学者。秋田藩に生まれ、二十歳で脱藩して江戸に出る。仕事を転々としながら学業に努め、医学や地理学、天文学を修めた。その後、二十五歳で平《ひら》田《た》篤穏《あつやす》に才を認められて養子となった。

元々は国学のために江戸に出てきたわけではなかったが、本居宣長《もとおりのりなが》の著作を読んで国学に目覚める。その頃、すでに宣長は没していたが、夢で宣長に入門の許可を得たとして、宣長の子・本居春庭《もとおりはるにわ》のもとに入門する。それから処女作『呵妄書《かもうしょ》』をはじめとして『霊能真柱《たまのみはしら》』『古《こ》史伝《しでん》』『仙境異聞《せんきょういぶん》』などさまざまな著作を発表する。しかし天保十二年（一八四一年）、江戸幕府の暦制を批判した『天朝無窮暦《てんちょうむきゅうれき》』を出版したことで江戸を追放され、秋田に帰る。久保田藩士となり、晩年は久保田城下に居住して、門弟たちに国学を教えた。

●幽冥界を実証しようとした国学者

篤胤の思想として有名なものに幽冥論がある。篤胤は、人の魂が死後、どこに行くのかということについて、幽冥の道理こそ神代から現在に至るまで通底する道理だと考えた。またその道理こそ人の実徳に至るべき根源であるとし、死後の世界こそが本来人間の住む場所で、現世は人の善悪を試すために送られる場所として想定した。そしてその解明こそが、彼の国学の根幹に関わるものだと考えていた。彼は生きている間に幽冥界を訪れ、帰ってきた者たちの体験談を求めた。その結果生まれたのが『仙境異聞《せんきょういぶん》』や『勝五郎再生記聞《かつごろうさいせいきぶん》』『稲生物怪録《いのうもののけろく》』などである。

『仙境異聞』は天狗《てんぐ》によって神隠しに遭い、異界で天狗を師として修行した少年・高山寅吉《たかやまとらきち》を篤胤が自分の家に住まわせ、寅吉が得た異界の情報を聞き取ってまとめた書だ。詳細は高山寅吉の項目を参照。

『勝五郎再生記聞』は前世の記憶があるという小谷田勝《こやたかつ》五郎《ごろう》なる少年の体験談をまとめたもの。詳しくは小谷田勝五郎の項目を参照。

『稲生物怪録』は稲生正令《いのうまさよし》が体験したという怪異現象を書き留めた著作を、篤胤が改訂して世に出したもの。現代でも妖怪を扱った多くの作品に影響を与えている。詳しくは稲生正令の項目を参照。

この他にも『古今妖魅考《ここんようみこう》』など、さまざまな著作で妖怪について記述している。

平田庄五郎　ひらたそうごろう　一七一二～一七八八年

江戸時代の武士。加藤明成《かとうあきなり》に仕えていた人物。

◉老婆に化けた赤毛の化け猫

『老媼茶話《ろうおうさわ》』には、彼の母親にまつわるこんな話が載る。

庄五郎の老母はたいへんな猫好きで、子や孫以上に飼い猫を溺愛していた。そんな老母がある日、諏訪神社に参った際、焔魔堂《えんまどう》という場所で赤毛の猫を拾った。老母は大いに喜び、その猫を飼うことにした。しかしいつの間にかその猫はいなくなり、やがて老母は目を患って明るいところを嫌い、暗いところにいるようになった。

庄五郎は眼医者に見せようとしたが、老母は取り合わない。そのうち老母の側仕えをしていた娘二人が相次いで行方不明になってしまった。

そんなある時、下男が家の裏の畑を耕していたところ、土の中から衣装の裾が見えた。掘り返してみると、それは真っ赤な血に染まった、いなくなった娘二人の衣装であり、娘の骸骨も一緒に埋まっていた。ひどく驚いた下男はこのことを庄五郎に報告しようとしたが、老母がどこからか駆け寄ってきて、下男が持っていた衣装をもぎ取り、「このことを庄五郎に話せばお前を食い殺す」と脅した。老母の顔は、目が大きく、口は裂け、とてつもなく恐ろしい様子であったため、下男はそれから仮病を使って暇をもらい、実家へ帰っていった。

以来、誰からともなく庄五郎の母は猫又《ねこまた》だ、といううわさが立つようになった。

ある時、庄五郎の隣に住んでいた梶川市之丞《かじかわいちのじょう》という侍が明け方に表を見ていると、口元を血に染めた庄五郎の母が塀を飛び越えて現れ、流水で口をすすいでいるのが見えた。

そこへ興徳寺という寺の前に住んでいた山高忠左衛《やまたかちゅうざえ》門《もん》の飼っていた黒犬が現れて老母の腕に食らいつき、老母はそれを振り払ってまた塀を飛び越え、家に帰っていった。

これを見た市之丞は「あの老母は猫又が化けたものに間違いない」と思い、その日の夕べに庄五郎を呼び出し、今朝見たことを話した。

老母は毎日朝夕に行っていた仏壇への香花の手向けも前年の夏から行わなくなっていたこともあり、庄五郎は「さてはその猫が母を食い殺し、化けたのだな」と確信した。暗闇にずっといたのも、猫の目玉は十二時になると変わるというから、それを見られないためだったのだろうと思い、それならば犬をけしかけてみようと、優秀な犬を四、五匹集めた。そして老母の住む部屋に放つと、犬たちは怒り狂って老母に吠えかかり、噛みついた。
すると老母は正体を現し、赤猫となって犬たちと戦ったが、最後は犬によって食い殺されてしまった。これは老母が焔魔堂で拾ってきた赤猫が化けたものだったという。

猫又は猫が長年生きると変化するといわれる妖怪である。また、猫が母親に成りすます話は昔話に多く見られ、「小池婆《こいけばば》」などが有名。

母親に変化するのは狼とされることも多く、「千疋《せんびき》狼《おおかみ》」「鍛冶《かじ》が嬶《ばば》」「弥三郎婆《やさぶろうばば》」などの話がある。これらの話では、木の上で寝ている人間を食い殺そうと狼たちが肩車をするが届かず、親玉を呼び出す。その親玉を傷つけてその血痕を追っていくと、ある家の老母に化けていた、という筋書きで語られることが多い。そのためこの庄五郎の話とは前半の展開が少々異なる。

古林見宜　ふるはやしけんぎ　一五七九〜一六五七年

安土桃山時代から江戸時代にかけての医師。大坂で開業し、医師として勤めるかたわら、京都嵯峨にて学舎を創設し、門人三千人を育成した。

●記憶で分かる妖怪の見分け方

『耳嚢《みみぶくろ》』には、見宜が作者の根岸鎮衛《ねぎしやすもり》に語ったというこんな話が載る。

真田山の近辺に学才のある老人がおり、見宜はその老人のもとに通っていろいろと教えてもらっていた。ある日、老人のもとに一人の男がやって来た。老人が遠方から来た理由を問うと、用事があって遠国に行くので、しばしの暇《いとま》乞いに来たのだと答える。老人が彼をもてなそうとぼた餅を持ってくると、その男は手も箸も使わず、口で直にそれを食べた。これを見た老人は「遠方に行くのであれば、早々に帰った方がよかろう」と帰宅を促し、男はそれに従って帰っていった。

男が見えなくなった後、見宜が「今から帰ると、夜通し歩くことになりましょう」と老人に言うと、老人は「あの者は人ではない。狐だ。あなたはあの男が着ていた服が何だったか分かるか？」と問うた。見宜は答えようとしたが、一向に彼が着ていた服が思い出せない。そのことを伝えると、老人は「狐狸《こり》の類《たぐい》のような妖怪が着る服は、記憶に残らないのだ」と教えてくれたという。

堀部主膳　ほりべしゅぜん　不明〜一六四一年

江戸時代の人物。陸奥国《むつのくに》会津藩第二代藩主であり、猪《い》苗代城《なわしろじょう》の城主・加藤明成《かとうあきなり》の家臣で、猪苗代城の城代（城郭及び周辺の領土の守備を担う家臣）を務めていた。『老媼茶話《ろうおうさわ》』の他、会津藩の城について記された『会津《あいづ》要害録《ようがいろく》』にも名前が残る。

◉猪苗代城の真の主

『老媼茶話』には、主膳が出会った猪苗代城の妖怪について記されている。

寛永十七年（一六四〇年）の十二月のこと。主膳が一人で座敷にいると、どこからか禿頭《とくとう》の子どもが現れ、「あなたは久しくこの城にいるが、まだ城主にお会いしていない。急いで身なりを整え、裃《かみしも》を着てきなさい。本日、城主が御礼を授けると仰っています。謹んで謁見するように」と言った。これを聞いた主膳は子どもをにらみ、「この城の主は加藤明成様であり、城代は私、主膳である。この城に他に主はいない。憎らしいやつだ」と叱った。

すると子どもは笑って、「姫路の長壁姫《おさかべひめ》と猪苗代の亀《かめ》姫《ひめ》を知らないのか。お前の天運はすでに尽きた。そして天運が改まる時も来ない。お前の命はじきに尽きるだろう」と言って消え失せた。

その次の正月、主膳が諸士の拝礼を受けようと裃を着用して広間に出ると、そこには真新しい棺桶があり、傍らには葬礼の道具が揃って置かれていた。またその夕べには、どこからか大勢の人が餅をつくような音が聞こえてきた。数日後、主膳は便所で病に倒れ、それから二日後の朝に死んでしまった。

その年の夏、柴崎又左衛門《しばさきまたざえもん》という人物が七尺（約二・一メートル）ほどの真っ黒な大入道《おおにゅうどう》が水を汲んでいるのを発見し、刀で斬りつけた。すると大入道の姿は消えたが、それからしばらくして、年を取った大きな貉《むじな》の死骸が森の中で腐っているのが見つかった。

以来、城では何も不思議なことは起こらなくなったという。

この話の中に出てきた姫路の長壁姫が出現する話は同じ『老媼茶話』に載る。詳細は森田図書《もりたずしょ》の項目を参照。また泉鏡花《いずみきょうか》は長壁姫を姉、亀姫を妹としてこの二人を姉妹の妖怪として書いており、現在でもその設定が用いられている。

又市《またいち》

不明（十七世紀頃）

江戸時代の庶民。「小股潜《くぐ》りの又市」と呼ばれた嘘の名人だと伝えられる。京極夏彦《きょうごくなつひこ》の小説『嗤《わら》う伊右衛門《いえもん》』や『巷説百物語《こうせつひゃくものがたり》』シリーズに登場する「又市」のモデルとして有名。

◉人も狐もだました詐欺師

『四谷雑談集《よつやぞうたんしゅう》』では、この又市は嘘八百を並べて伊右衛門という男を醜いお岩《いわ》という娘の家に婿入りさせ、その後起こる悲劇の物語のきっかけを作った人物として語られる。この話の顚末《てんまつ》についてはお岩の項目を参照。

また、『元禄世間咄風聞集《げんろくせけんばなしふうぶんしゅう》』にも同様に「又市」という人物について記されている。

又市は京都四条辺りの馬子《まご》で、ある夜、木幡という場所で一人の美しい女を馬に乗せた。又市はこの辺りに美女に化けた狐が人をだますといううわさがあることを思い出し、この女こそ狐に違いないと確信する。そこで又市は「馬から落ちては危ないから」などと言って、女を縄で馬の背中に縛り付けた。それから家に帰って女房や子どもたちを呼び、女に向かって「正体を現さないと殺す」と脅すと、女はたちまち狐の姿に変わった。

又市は「ただお前を殺しても何の利益もない。島原に連れていって遊女として売るから、そこで二、三日の間化けていなさい」と言うと、狐は「命さえ助けていただけるなら、二、三日化けているなどたやすいことです」と答えた。

又市は女に化けた狐を島原に連れていき、三百両で売って家に帰った。そして家族に「誰が来ようとも、又市と私たちは四、五日前に伊勢神宮に参拝に行っておりましたと答えなさい」と伝えたきり、どこへともなく出奔した。

一方の狐はというと、約束通り三日間は美女に化けていたが、三日目の夜、雪隠《せっちん》に行くと言ってそのまま狐の姿に戻り、逃げてしまった。

これにより又市の嘘がばれ、だまされた者たちが彼の家に向かったが、女房も子どもも口を揃えて「私たちは皆で伊勢神宮に参っておりました」と答えた。だまされた者たちは「さてはあれも又市に化けた狐だったのか」と悔しがり、帰っていった。

こうして又市はまんまと皆をだましおおせたという。

これらの話の舞台はそれぞれ江戸と京都であるため、この又市が同一人物であるかは分からない。しかしどちらも嘘を並べてどんな者でもだましてしまう才能を持つ人物であったようだ。

町野正庵　まちのせいあん　不明

江戸時代の医師。一橋に住んでおり、連歌を好んだという。

◉夢に現れた同好の士

『耳嚢《みみぶくろ》』には、以下のような話が載る。

正庵は連歌を好んだが、息子の洞益《どうえき》は全く興味を持たなかった。ある夜、洞益の夢の中に、正庵の長年の友人であり、共に連歌を嗜んでいた長空《ちょうくう》という者が現れた。長空は三年前に亡くなっていたが、彼は夢で「私たちはこのたび、連歌を一句考えました。よほどよい出来でしたので、正庵殿へとお話しいただきとう思います」と言う。

洞益が「したためたものをお教えくださいませ」と言うと、長空は矢立《やたて》を取り出して「花の山むれつつ帰る夕がらす」と記したものを差し出し、洞益はそれを受け取ったところで目が覚めた。

不思議なことに、目覚めてからもその句を覚えていたため、洞益がそれを書いて正庵に見せると、正庵は手を打って、「今年は長空の三年忌だ。しかし、お前が書いた文字ながら、花という字が、長空がいつも人と違う書き方をしていたのにそっくりだ」と言った。それから同士を集め、この夢で受け取った長空の句を発句とし、百韻も綴って長空の追善供養を行ったという。

松岡同雪《まつおかどうせつ》

不明

江戸時代の医師。摂津国《せっつのくに》に住んでいたひどく貪欲な男で、やぶ医者だったため、あまり人々に頼りにされず、日々暇をもて余したという。

●狐に化かされた強欲な医師

『太平百物語《たいへいひゃくものがたり》』によれば、ある年日本で麻疹が大流行し、どこの国でも医師と呼ばれる者は暇なく働いた。同雪も例外ではなく、昼夜問わず働いていた。ある日の夜中、病人がいるから診てほしいという依頼があった。欲を出した同雪が、「銀五枚出すなら患者を診ると言うと、それでよいから診てほしいと言う。依頼人は同雪を駕籠《かご》に乗せて大きな屋敷に連れていった。同雪は、これなら銀五枚と言わず金十両にしておけば、などと強欲故に後悔しながら家の中に通された。患者を診ると、ひどく重症の麻疹にかかっていた。脈を取ってみると、すでに事切れている。そのことを伝えるが、介抱をしている人々はそれでも薬を飲ませてくださいと言う。そこで駕籠に置いてきた薬箱を持ってくると、そこに人の姿はなく、患者は石仏に変わっていた。

そこで狐に化かされていたことを知った同雪は、それ以降、夜に患者を診ることはしなくなったという。

松尾芭蕉　まつおばしょう

一六四四～一六九四年

江戸時代の俳人。伊賀国《いがのくに》で生まれ、藤堂蟬吟《とうどうせんぎん》に俳諧を学び、京都に出て蟬吟の師・北村季吟《きたむらきぎん》に師事した。その後江戸へ出て職業的な俳諧師となる。日本橋での生活を経て深川に居を構え、芭蕉の号を使い始める。この頃に蕉風俳諧と呼ばれる俳風を確立。各地を旅し、その紀行文を『野《の》ざらし紀行《きこう》』や『おくのほそ道《みち》』などにまとめた。しかし旅の途中で病に倒れ、そのまま亡くなった。

●怪談集の主人公となった旅する俳人

江戸時代後期には、芭蕉を主人公としたさまざまな説話が創作された。中には怪談を主とするものもあり、それが『芭蕉翁行脚怪談袋《ばしょうおうあんぎゃかいだんぶくろ》』だ。

この作品には、諸国を旅する芭蕉一行がさまざまな怪異に遭遇する様子が記されている。

一行が尾張国《おわりのくに》から美濃国《みののくに》へと赴く途中、くらみつ山という場所を通った際、谷底から合戦をするような音が聞こえてきた。狐狸《こり》の仕業かとのぞいていると、鎧武者が芭蕉に近づいてきた。武者は源義仲《みなもとのよしなか》に従って合戦で討死した今井兼平《いまいかねひら》の亡霊だと名乗り、芭蕉に自分を弔ってくれるように頼む。そしてかつての主人である義仲に受け継がれていた、戦の守護神とされる十本の矢のうち失われた一本を見つけたため、主人が眠る義仲寺に納めてくれるよう頼んだ。芭蕉がこの矢を受け取ると、兼平は消えてしまった。芭蕉は念仏を唱えた後、彼の願い通りに矢を義仲寺に納めたという。

他にも、芭蕉の門人であった服部嵐雪《はっとりらんせつ》が狐に化かされた僧侶と出会う話や、同じく門人の宝井其角《たからいきかく》の隣人が叩き殺した飼い猫の祟りで死ぬ話など、芭蕉だけでなく彼の門人が主人公となる話も収録されており、バリエーションに富んでいる。

もちろん芭蕉やその門人たちがこのような怪異と遭遇したという記録はない。

ただ、妖怪関係の話が残っていないのかといえばそうでもなく、『おくのほそ道』には、かつて傾国の美女・玉藻前《たまものまえ》に化けていた九尾の狐が、死後に岩と化した殺生《せっしょう》石《せき》を見るために那須野に足を運んだことが記されており、この殺生石から放たれる毒によって死んだ虫たちの死骸が地面を覆い、砂の色さえ見えなくなっていると書いている。

日本全国には、さまざまな妖怪伝説が残されている。芭蕉もまた、諸国を旅する途中で、そんな伝説に触れる機会があったのかもしれない。

松倉勝家　まつくらかついえ

一五九七～一六三八年

江戸時代の大名。肥前島原藩二代目藩主。島原城の城主でもあった。領民に過重な年貢・労役を課し、キリシタンに対する残忍な弾圧を行った。年貢を納められない農民や庄屋から若い娘や子を人質に取り、時には殺害するなどしたため、耐えかねた領民たちが島原の乱を引き起こした。この責任を取らされ、最後は大名であるにも関わらず罪人として斬首刑に処された。

◉広間に現れた謎の大女

勝家が島原城に住んでいた頃のこと。夜、広間の入口の座敷に明かりが灯されていることがあった。広間で番をしていた武士たちはその光を見ると恐ろしく感じ、誰も確かめに行こうとしなかった。

仕方なく二人の武士が行って確認すると、浴衣を着て髪をふり乱した背丈六尺（約一・八メートル）はある大女が、そばに行燈《あんどん》を置いて庭を眺めていた。物音に気付いてふり返ったその女の顔は、目が大きく、口が耳のそばまで裂けており、にやりと笑みを見せた。その顔を見たとたん武士のうち一人は即死し、一人は気を失った。その間に女の行方は分からなくなったという。

松平定信　まつだいらさだのぶ

一七五八～一八二九年

江戸時代の大名。陸奥国《むつのくに》白河藩主を務め、天明の飢饉の際に的確な指示を出して餓死者を出さなかったことで名君と称えられ、後に幕府老中を任ぜられる。その後、寛政の改革を断行したが、うまく機能せずに老中を解任。再び白河藩主として藩政に専念した。

◉名君が記した江戸のあやかしたち

定信は『花月草紙《かげつそうし》』や『宇下人言《うげのひとこと》』など多数の著作を残しており、随筆『退閑雑記《たいかんざっき》』には多くの怪異譚が記録されている。

たとえば天明七年（一七八七年）に起きた「天明の打ちこわし」事件の際には、晴れているはずの空が赤みがかっていたと記録されている。

また、筑前国《ちくぜんのくに》からやって来た船が難破して津軽に漂着し、船乗りが山に入ると、四十歳ほどの女が現れた。女は同じ筑前国の出身であり、故郷の若松の下にある祠《ほこら》に法螺貝を置いたと話した。そこで船乗りが筑前国に帰った際に確かめると、貝は確かにそこにあったが、ひどく古びていた。再び女に会って事情を聞くと、女は安徳《あんとく》天皇《てんのう》（平安末期の天皇）が生きていた時代に二十歳だったと話したという。

さらに、竜の都から持って来た天然痘を治す紫色の石の話や、暗い場所に置くと周囲を照らしたという白い夜光石についての記録も残されている。これらは江戸後期に伝えられた怪異譚の貴重な記録といえよう。

松平忠松　まつだいらただまつ

不明（十七世紀頃）

伊豆七島の代官であったと伝わる人物。悪政の限りを尽くし、島民たちを苦しめていたことから、憎まれていたという。そのため寛永五年（一六二八年）、島の人々に海が荒れる日を選んで島巡りをするように勧められ、波にのまれて死んでしまったと伝えられる。

◉海にひそむ悪代官の怨霊

忠松の死以来、毎年旧暦の一月二十四日になると、怨霊と化した忠松の霊が、海難法師《かいなんほうし》と呼ばれる妖怪となって島々を巡るようになった。この海難法師を目にした者は必ず凶事に見舞われたという。

桜井徳太郎《さくらいとくたろう》編『民間信仰辞典《みんかんしんこうじてん》』によれば、この日は日忌祀りと呼ばれ、海難法師に出会わぬよう家にこもって物忌《ものい》みをする風習があると記されている。

松平輝和　まつだいらてるかず

一七五〇～一八〇〇年

江戸時代の役人。上野国《こうずけのくに》高崎藩主、寺社奉行、大坂城代などを務めた。

◉近くで寝てはいけない妖刀

『耳嚢《みみぶくろ》』には、輝和が寺社奉行であった頃の話として、以下のように記されている。

輝和の家には、二、三代前から箱にしまったまま棟木に上げてある刀があった。この刀は輝和の先代の時代に、枕元に置くと毎晩のようにうなされ、他へ移すとぱったり収まる、という怪異を引き起こしたため、棟木の上に置かれていた。輝和はそれがどのようなものか調べようとしたが、家来の者が止めたこともあり、試すことはしなかったという。

松平朝矩　まつだいらとものり

一七三八～一七六八年

江戸時代の大名。父・松平明矩《まつだいらあきのり》の死去によって十一歳で播磨国《はりまのくに》姫路藩主となるが、年少のため前橋藩主とされる。その後水害によって前橋城が崩落の危機に瀕したため、藩庁を前橋から川越に移した。これにより前橋領は川越藩の代官支配となる。このように苦労の多い人生であったためか、三十一歳の若さで死去した。

◉置いていかれた妖女の怨念

群馬県前橋市に現存する前橋東照宮には、朝矩にまつわるこんな話が伝わる。

朝矩は姫路藩主時代、姫路城の城主でもあったが、前橋藩主に移る際、この城の天守閣に祀られていた長壁姫《おさかべひめ》（長壁様《おさかべさま》とも）という神を伴って前橋へと渡った。

そこで朝矩は城の敷地内に長壁姫を祀る祠《ほこら》を建てたが、天守閣に祀られないことに怒った長壁姫は利根川《とねがわ》を氾濫させ、前橋城の一部を損壊させてしまう。これが原因で朝矩は前橋城から川越へと移ることになる。この時、長壁姫は朝矩の夢の中に現れ、共に川越へ連れていってほしいと頼むが、朝矩は長壁姫を前橋に残し、川越へは移さなかった。すると朝矩は病に倒れ、若くして亡くなってしまったという。

長壁姫は近世の怪異譚に頻繁に登場する妖怪で、刑部姫などとも表記され、姫路城を大改築した池田輝政《いけだてるまさ》の時代にはすでに出現していた。詳細は池田輝政（安土桃山時代）の項目を参照。

また、長壁姫を祀る社殿は現在も残されており、第二次世界大戦で火災が起きた際には、どこからか「長壁大神」と書かれた提灯《ちょうちん》を持った兵隊たちが現れ、火を消し止めたという伝説が残されている。長壁姫は今でも社殿の中に住んでいるのかもしれない。

松野八郎兵衛 まつのはちろうべえ

不明（十八世紀頃）

江戸時代の武士。幕府の使番《つかいばん》を務めた人物。

◉屋敷に現れた奇妙な動物

『耳嚢《みみぶくろ》』によれば、番町にあった八郎兵衛の屋敷で怪異が起きたという。

ある夜、屋敷を見回っていた侍に飛びつくものがあった。侍がそれを棒で打ち払うと、八郎兵衛の屋敷を飛び出し、給人を務めていた中村作兵衛《なかむらさへえ》の屋敷へと逃げた。その姿は犬よりも大きく、目は月か太陽のように輝き、皮膚は鼠色で、蟇蛙《ひきがえる》のような感触であった。人々がこの妖獣を追いはらうと、妖獣はそのまま藪の中に入り、逃げてしまった。

それ以降、この妖獣が出ることはなかった。この獣は貒《まみ》というものであったという。

貒は現在では狸《たぬき》や穴熊のことではないかと言われているが、『和漢三才図会《わかんさんさいずえ》』などでは狸と貒は別物として紹介されている。狸や穴熊に似た動物が怪しい行動をとった場合、この貒の名で記録されたのかもしれない。

松前屋市兵衛 まつまえやいちべえ

不明（十八世紀頃）

江戸時代の町人。江州八幡（現滋賀県近江八幡市）に住んでいたが、ある時突然失踪したという。

◉二十年間の神隠し

『耳嚢《みみぶくろ》』には、市兵衛の失踪について以下のように記されている。

寛延・宝暦（一七四八～一七六四年）の頃、市兵衛は妻を迎えたばかりであったが、夜に便所へ行くと言って下女に明かりを持たせて厠《かわや》に入ったきり、ぱったりと消えてしまったという。

以来二十年もの間行方が分からないままであったが、ある日、市兵衛が消えた厠で人を呼ぶ声がした。家の者が見ると、市兵衛が二十年前に消えた時の格好のましゃがんでいた。驚いた皆が事情を尋ねてもはっきりとした返事はなく、ただ「空腹だ」と答えた。そこで食事を勧めていると、着ていた衣服が埃のようになって消え、裸も同然となったので、急いで服を着せた。

それから市兵衛は改めて普通の生活に戻ったが、過去のことを思い出すことはなかった。そして祈禱を受けながら日々を送ったという。

市兵衛本人の年齢については、二十年後の姿で現れたのか、それとも二十年前のままの姿で現れたのかは描写がないため不明である。現代の学校の怪談などでは、かくれんぼをしていた児童が行方不明になり、十数年経ってから当時と全く同じ姿で現れる、という話があるが、この類《たぐい》の怪談は近世にはすでに存在したようだ。

松本秀持 まつもとひでもち

一七三〇～一七九七年

江戸時代の幕臣。老中・田沼意次《たぬまおきつぐ》にその才能を認められ、勘定方に抜擢される。その後、勘定組頭、勘定吟味役を経て勘定奉公となり、意次のもとで蝦夷《えぞ》地開発などの経済政策を実行した。しかし本格的な開発に乗り出す前に意次が失脚。逼塞《ひっそく》（江戸時代の刑罰の一つ。門を閉ざして昼間の出入りを禁じるもの）となり、知行《ちぎょう》を半減された。

◉塩漬けにされた河童《かっぱ》

『耳嚢《みみぶくろ》』には、こんな話が載る。

天明元年（一七八一年）のこと、仙台河岸（墨田川東岸）のある屋敷で、河童が撃ち殺され、塩漬けにされるということがあった。秀持はその話を聞いて絵にした者からその絵を借りて、『耳嚢』の作者である根岸鎮衛《ねぎしやすもり》のもとに持ってきたという。これについて子細を調べたところ、その屋敷では子どもが理由もなく入水することがあり、不思議に思い水をせき止めて堀の水を干したところ、泥の中を泳ぐものがあったため、鉄砲で撃つと河童であったという。

間部伊左衛門　まべいさえもん　不明

江戸時代の人物。江戸の元飯田町に家を構えていた。

◉小豆洗《あずきあら》いの住まう家

『江戸塵拾《えどちりひろい》』によれば、伊左衛門の家で、夜中に玄関前で小豆を洗う音が聞こえるという怪事があった。この音は人の気配がするとやみ、確認してみても何もない。そのため、これは小豆洗いという妖怪の仕業とされたという。

小豆洗いは江戸で頻繁に出現しており、多くの記録に残されている。

水野忠恒　みずのただつね　一七〇一〜一七三九年

江戸時代の大名。信濃国《しなののくに》松本藩藩主。先代から続く事業として、信濃国の地誌である『信府統記《しんぷとうき》』を完成させるなどの功績はあるものの、酒色に耽《ふけ》り、政治は家臣に任せていたという。当時の将軍・徳川吉宗《とくがわよしむね》に拝謁した後、突然乱心して刃傷事件を起こし、領地を没収された。

◉赤飯と共に消えた男

『耳嚢《みみぶくろ》』には、忠恒が藩主を務めていた時代に松本藩で起きた、奇怪な事件について記されている。

この藩には物頭《ものがしら》を務めていた萱野五郎太夫《かやのごろうたゆう》という者がいた。この五郎太夫は武芸にも知識にも優れた人物だったが、他人を見下す傾向にあった。ある年の正月、五郎太夫は突然数日で大半切の桶を完成させろ、と家来たちに命じた。家来たちは何に使うのか見当もつかなかったが、言われた通りに桶を作った。五郎太夫はこの桶いっぱいに赤飯を詰め込ませ、桶と共に一間に閉じ込もり、誰も入れさせなかった。

家の者たちは「もしや乱心したのか」と思ったが、刀も持たずに入ったので、そのまま一人にしておいた。すると夜中に三、四十人分と思しき足音が聞こえたが、話し声は一言も聞こえなかった。そのまま夜が明け、家来たちが座敷をのぞき見ると、そこには誰もいない。ただ赤飯は一粒残らずなくなっており、五郎太夫の姿はどこにもなかったため、大騒ぎとなって捜索されたが、見つかることはなかった。

この事件を報告された忠恒は、「五郎太夫は常々誠実で、精勤していた者であるから、不埒《ふらち》な行いによって出奔したのではあるまい。ならば、脱藩といたすこともしまい。行方知れずとなったことはいたしかたないので、家名は断絶とするが、これまでの功績から五郎太夫の子を新たに呼び寄せれば、父と同じ職に据えよう」と温情を示した。

その翌年の正月、無事に父の後を継いだ五郎太夫の子が住む座敷に、一通の書状が置かれていた。

五郎太夫の息子がそれを開けると、そこには五郎太夫の筆跡で、「私は今、愛宕山《あたごやま》に住み、宍戸《しど》シセンと名乗っている。そのように心得よ」とあり、追伸として「二十四日には絶対に酒を飲むな」と記してあった。その後、五郎太夫からの連絡はなかったという。

この話の題は「天狗《てんぐ》になりしといふ奇談の事」であり、太郎太夫は天狗になったものと考えられていたことが窺える。愛宕山は京都府京都市に現存する愛宕山のことと思われる。この山には太郎坊《たろうぼう》という日本一の大天狗が住むと伝えられており、多くの文献に天狗の総本山として登場している。

宮本武蔵　みやもとむさし　一五八四～一六四五年

安土桃山時代から江戸時代にかけての剣客。諸国を巡って武者修行に励み、二刀流を確立させて二天一流剣法の元祖となる。生涯で六十度余りの試合を行い、いずれも不敗であったという。特に巌流島《がんりゅうじま》における佐々木《ささき》小次郎《こじろう》との決闘は有名。画家としても知られ、多くの水墨画を残している。

◉多くの妖怪と戦った元祖二刀流

『今古実録《きんこじつろく》 増補英雄美談《ぞうほえいゆうびだん》』では、姫路城に住む妖怪と武蔵の戦いについて記されている。

木下勝俊《きのしたかつとし》が城主であった頃のこと。武蔵は足軽奉公してこの城に通っていた。この城には妖怪が出るというわさがあったが、武蔵は平気で夜の番をこなしていたため、妖怪退治の命が下る。姫路城の天守閣には、足利《あしかが》尊氏《たかうじ》に仕えていた高師直《こうのもろなお》の娘・小刑部《おさかべ》姫《ひめ》が神として祀られており、彼女の祟りではないかというわさもあったが、武蔵は狐狸《こり》の仕業だろうと考えて妖怪が現れるのを待った。そこへ小刑部《おさかべ》明神《みょうじん》と名乗る女性が現れ、天守閣に巣食っていた悪狐が、武蔵に恐れをなして逃げ出したことを伝え、その礼にと白鞘の短刀を渡した。

しかしそれは「松倉郷《まつくらごう》」と呼ばれる宝刀であり、小刑部明神に化けた狐が武蔵に盗難の罪を着せようとして刀を渡したことが後に判明する。狐の仕業であったため、武蔵は罪に問われず、狐の企みは失敗に終わる。

その後、この悪狐は少年に化け、武蔵に弟子入りして武蔵を害する機会を窺っていたが、ある時煙を浴びたことで思わず正体を現し、そのまま武蔵に木刀で打ち殺されたという。

小刑部姫は姫路城の天守閣に住むという妖怪で、「刑部姫」や「長壁姫」と表記されることもあり、多くの怪異譚に登場する。

他にも『和漢百物語《わかんひゃくものがたり》』では、武蔵が信州の山で山伏と武術で争い、この山伏を打ち破ったかと思うと、山伏は天狗《てんぐ》に変じて飛び去った、という話が記されている。

さらに熊本県には、土竜《もぐら》が化け物になって人身御供を要求していたところに武蔵が通りがかり、人身御供となるはずだった娘の身代わりの人形と土竜を打つための棒を作って、現れた土竜をその棒で打ち倒したという伝承が残る。

武藤小兵衛《むとうこへえ》

不明

江戸時代の武士、幕臣。徳川家光《とくがわいえみつ》が京都へ赴いた際に随行し、宴の席で「一葉散る柳の糸の絶間より影さへ細き秋の三日月」と詠んだ和歌が有名。

●男をたぶらかす美しき化け猫

『老媼茶話《ろうおうさわ》』には、小兵衛が妖怪と戦った話が載る。

かつて小兵衛はとある美しい娘を召しかかえて寵愛していたが、妻を娶ることになったので、小兵衛の母はその娘に暇を与えて実家に帰した。しかし娘は川を越えて夜毎《よごと》やって来ては、以前と変わらぬように小兵衛と床を共にした。

大雪が降ったある冬の夜、小兵衛は娘を待っているうちに、いつの間にか眠ってしまった。そこへその娘が雪も厭わずやって来て、音も立てずに障子を開け、小兵衛の枕元に佇んだ。次の瞬間、娘は虎毛の大猫に変化し、小兵衛に飛びかかった。目を覚ました小兵衛はその大猫を見て脇差を抜き、突き刺した。さらにもう一撃刺すと、大猫は障子を破って外へ出ていったので、追いかけて斬り殺すと、その猫は隣に住む太田又左衛門《おおたまたざえもん》という者が長年飼っていた猫だったという。

同書では、この猫は猫又《ねこまた》だったと語られている。猫又は猫が長年生きると変じるという妖怪で、中世から近世にかけて多くの出現記録が残っている。

村田弥左衛門 むらたやざえもん

不明

江戸時代の武士。姫路藩に仕えていた。

◉馬の怨霊が取り憑いた娘

『耳嚢《みみぶくろ》』には、以下のような話が載る。

弥左衛門には十六、七歳の美人の娘がおり、長い間原因不明の病を患っていた。弥左衛門は狐狸《こり》の仕業に違いないとしてさまざまな加持祈禱を頼んだが、一向に効果がない。そこで娘に憑いている狐狸に尋ねると、「私が狐狸であるはずはない。この者の祖母は大河内帯刀《おおこうちたてわき》の娘で、私を無残に殺した恨みがある。よってこの者に祟るのだ。娘を殺し、血筋を断つことにする」と言った。

そこで「いかなる者の恨みであるのか」と尋ねると、「私はこの家に飼われていた馬であったが、年老いて人を乗せることはおろか、草を食《は》むこともできなくなったところ、この娘の祖母は私を厩橋の天狗谷《てんぐだに》という場所に連れていって餓死させた。役に立てば愛し、立たなくなれば不仁を成す。その恨みを晴らすのだ」と言った。そこであれこれと供養をしたところ、やがて娘の病気は治癒したという。

森田図書 もりたずしょ

不明（十八世紀頃）

松平明矩《まつだいらあきのり》の児小姓《ちごこしょう》（そばに仕えて雑用をする元服前の小姓）だったという人物。詳細不明。

◉長壁姫《おさかべひめ》に気にいられた小姓

『老媼茶話《ろうおうさわ》』には以下のような話が載る。

図書が十四歳の時、仲間内で賭けをして、ぼんぼりに火を灯して姫路城の天守の七階に登ったことがあった。そこには齢三十四、五のいかにも気高き雰囲気の女性がおり、十二単を着て書を読んでいた。

彼女に「どうしてお前はここに来たのか」と問いかけられ、図書が賭けのために来たと答えると、「ならば証拠を取らせよう」と、しころ（兜《かぶと》の左右や後方に下げ、首を守るもの）を渡した。

図書が帰ろうと階を降りていくと、三階で大入道《おおにゅうどう》が出現し、ぼんぼりの火を吹き消して消えてしまった。図書が踵《きびす》を返してまた七階へ登ると、やはりあの女がいて「どうしてまた登ってきたのか」と問う。図書が訳を話すと、女が「お前は本当に可愛いやつだ」と言ってぼんぼりに火を付けてくれたため、無事に帰ることができたという。

この話に出てくる姫路城の天守に住む女の妖怪は一般

に「長壁姫《おさかべひめ》」と呼ばれ、さまざまな物語に登場する。この話では人に危害を加えず、むしろ助けてやっているが、話によっては人に祟りを引き起こすなどしている。

八百屋お七 やおやおしち
一六六八〜一六八三年

江戸時代の女性。江戸本郷駒込の八百屋の娘であったが、天和二年（一六八二年）、大火事に遭った際に避難した寺の寺小姓と恋仲になる。そして火事があればもう一度彼に会えると思い込み、自宅に放火。その罪で捕らえられ、火刑に処された。この物語は井原西鶴《いはらさいかく》の『好色五人女《こうしょくごにんおんな》』に取り上げられたことで広く知られ、以降多くの創作作品の題材となった。

◉供養を求めた人面鶏
『一話一言《いちわいちげん》』には、お七の亡霊が現れたことが記されている。

ある足軽が、夢の中で駒込の天沢山竜光寺の墓掃除に行ったところ、頭が少女で体が鶏という奇妙な化け物に出会った。この鶏は足軽の着物の裾をくわえて引っ張り、どこかへ導こうとするので、足軽が何か用かと尋ねると、鶏は「私は以前処刑された八百屋お七という者です。この通りいまだ成仏できずにおりますので、どうか跡を弔ってはくださりませんか」と頼んだ。そのような夢が三度続いたので、足軽はお七の墓がある小石川円乗寺に赴いた。そこの住職が「お七の墓は火災の節に折れてしまった。無縁故に、再興する者もいない」と言うため、足軽は新たな墓碑を建て、お七を弔ったという。

山岡元隣 やまおかげんりん
一六三一〜一六七二年

江戸時代の俳人、仮名草子作家。京都の商家に生まれるが、病弱であったため廃業し、医者として生計を立てた。その傍ら、北村季吟《きたむらきぎん》に師事して俳諧や和学を修めた。『他我身の上《たがみのうえ》』『歌仙《かせん》ぞろへ』『宝蔵《たからぐら》』などの著作がある。

◉妖怪の解釈を試みた合理主義者
多くの著作を残した元隣だが、彼の没後に刊行された書に『古今百物語評判《ここんひゃくものがたりひょうばん》』がある。これは元隣宅で開かれた百物語の聞き書きという形で書かれた本だが、ただ怪談を書き留めるだけでなく、一つ一つの話に元隣の解説が加えられていることが特徴となっている。元隣はその豊富な仏教や儒教、国学などの知識を用い、妖怪や怪現象について、陰陽五行思想などを元にその原理や正体を説明した。

この本は当時の人々に大きな影響を与え、妖怪画で有名な鳥山石燕《とりやませきえん》の著作にその影響が見られることでも知られる。

山中左四郎 やまなかさしろう

不明（十九世紀頃）

江戸時代の武士。日光奉行を務めた。

◉極度の猫好きが招いた災い

『耳嚢《みみぶくろ》』には、以下のような話が載る。

左四郎の妻は無類の猫好きで、三、四匹の猫を飼っていた。しかしある時から病を患い、猫のような行動を取るようになった。左四郎は何かが憑いているのだろうかと加持祈禱を受けさせたが、効果はなかった。

しばらくして、妻の口を借りて彼女に憑いているものが「憑いておりますのは、八年前に死んだ猫の私です」と伝えた。左四郎が「死ぬまで可愛がっていた猫が取り憑くというのは合点がいかない」と言うと、妻に憑いた猫は「あまりにも可愛がっていただいたので、この方から離れられないのです。今飼っている猫も私が生んだ子猫たちなので、一層離れられないのです」と言う。そこで日光の社家を頼り、蟇目《ひきめ》の儀式を行うと、猫は離れていった。しかしその三日後、妻は亡くなった。

妻は蟇目の儀式の際、「自分に憑いていた猫は、犬に嚙まれて死んだため、庭に埋めてある。掘り返して川に流してほしい」と頼んでいた。左四郎が庭を掘ると、死んだ時そのままの姿の猫の死骸が現れたため、これを川に流した。そしてこの猫の子どもである猫と、それ以外のもらってきた猫を全て野に帰したという。

山本鉄次郎 やまもとてつじろう

不明〜一七九七年

江戸時代の同心。八王子で同心頭をしていたという。

◉理詰めで狐憑きの妻を追い返す

『耳嚢《みみぶくろ》』には、鉄次郎が妻に憑いた狐を追い詰めた話が載る。

鉄次郎は江戸の荻生惣七《おぎゅうそうしち》という人物の娘を妻に迎えたが、この妻が狐に憑かれてしまい、何かしら不埒《ふらち》なことを口走った。鉄次郎は妻に憑いた狐に対して「どうして妻に憑いたのか」と道理を説いた。すると狐は納得し、「なるほど、この体から退きましょう。しかしこの女には我々ばかりでなく、江戸より憑いてきた狐もいます」と告げた。これを聞いた鉄次郎が「それはともかく、まずお前が退きなさい」と責め続けると、その狐たちはいなくなった。しかし江戸から憑いてきたという狐はまだ離れなかったため、繰り返し諭したところ、狐は「私はこの女に元来恨みがあるから取り憑いているのだ。退くことはできない」と言う。そこで鉄次郎は「意味が分からないことだ。江戸からここに嫁いできた頃に狐が憑いていることが分かっていたなら、妻になど迎えなかった。これでは離縁したとしても、里方では私が狐に憑かれたと思われることだろう。それは武士道では難儀なことだ。しかし、いずれにしても離れなさい」と厳しく責めた。すると狐はついに「退く」と言ったが、鉄次郎はなおも「離縁した後、里で狐に憑かれたと言っても信用されないだろう。証拠として文を書きなさい」と言う。狐が「書くことはできるが、文言が思い浮かばない」と言うと、鉄次郎は「私は文言を作るのは好きなのだ」と言って、詳しく教えて聞かせた。

こうして証文ができあがったが、鉄次郎はこれでも不足と考え、最後に狐に爪印を押させ、妻に離縁状を持たせて里に帰したという。

由比正雪《ゆいしょうせつ》

一六〇五～一六五一年

江戸時代の軍学者。江戸で軍学塾「張孔堂《ちょうこうどう》」を開き、楠木流の軍学を教えた。徳川家光《とくがわいえみつ》の死後、浪人の救済を訴えて幕府政策を批判し、浪人を集め、挙兵して幕府転覆を企てる。しかし計画が内通によって露見し、そのことを知って自害した。この事件は慶安事件と呼ばれ、後に歌舞伎や浄瑠璃の題材となった。

◉黒雲をかき消した武者の誇り

正雪の生涯を綴った『絵本慶安太平記《えほんけいあんたいへいき》』には、正雪が妖怪と出会った話が記されている。

正雪が紀州熊野を訪れ、熊野三山へ参ろうと麓《ふもと》にたどり着いた時のこと。すでに日は暮れかけていたが、武者修行中であった正雪は、月明かりの下で山を登れば修行になるし涼しかろうと、茶屋の主人に案内の者を紹介してくれるように頼む。すると主人は「夜にこの山に入った者は、一人たりとも無事に帰ってこなかった」と言い、思い直すように勧めた。しかし正雪はこれを笑い飛ばし、「私は武者修行の身であるから、いかに深山幽谷《しんざんゆうこく》であろうと厭うことはない。それならば案内の者を頼むには及ばない。私一人で登ろう」と告げ、茶屋の主人が止めるのも聞かずに熊野三山を登り始めた。

まず熊野速玉大社に参拝し、それから熊野本宮大社に参る頃には日も暮れて、月の光を頼りに参道を歩いていると、前方に黒雲が現れて、急に辺りが暗くなった。正雪の四方を囲む黒雲の中からは、奇妙な声で「早く攻めてこい」と聞こえる。正雪が刀の柄に手をやると、「あやつは名剣を持っている、近寄りがたい」「いや、その名剣も切っ先から三寸（約九センチメートル）ほど下に刃こぼれがある。攻めるならそこだ」などという声が黒雲から漏れてくる。

正雪は怯《ひる》むことなく黒雲をにらみつけると、「この剣に刃こぼれはあれども、我が胸には一切傷がない。かかってこい、この名剣の威徳を見せてやる」と大声で叫んだ。そして鯉口を緩めると、黒雲の中から笑い声が聞こえ、その直後黒雲は消失した。正雪はその後無事に熊野那智大社に参拝し、山を下りたという。

正雪が持っていた名剣は、鎌倉時代から南北朝時代にかけての刀工・来国光《らいくにみつ》が打った刀であると記されている。

祐天《ゆうてん》　一六三七〜一七一八年

江戸時代の僧侶。陸奥国《むつのくに》磐城郡新妻村の出身で、十二歳で寺に入る。後に諸国修行の旅に出て、念仏の現世利益を説いて布教をした。徳川綱吉《とくがわつなよし》が将軍の時代、綱吉の母・桂昌院《けいしょういん》の帰依を得て下総国《しもうさのくに》の大巌寺《だいがんじ》や常陸国《ひたちのくに》の弘《ぐ》経寺《ぎょうじ》の住持に抜擢される。それからというもの江戸城で厚遇され、特に大奥の帰依は別格であったという。その後大僧正に任じられ、晩年は江戸目黒に隠居した。

●幼子の霊を救った悪霊祓い

祐天には多くの霊験譚が残されている。

特に有名なものは、累《かさね》の怨霊を解脱させた話だろう。『死霊解脱物語聞書《しりょうげだつものがたりききがき》』は、この累が怨霊と化し、菊《きく》という娘に取り憑いた事件の内容を祐天本人や事件の目撃者から直々に聞き、記されたものとなっている。

祐天は菊に取り憑いた累の怨霊を教化し、極楽往生させた（詳細は累の項目を参照）。しかし事件はそれだけでは終わらず、今度は累の異父兄にあたる助《すけ》という子どもの怨霊が菊に取り憑く。累が成仏させてもらったのを見てうらやましくなり、菊に取り憑いたのだという助は、かつて母親によって殺された少年だった。累の父である与右衛門《よえもん》という人物が累の母と結婚した時、助はその母の連れ子であった。もとより片目と片足に障害があった助は与右衛門に疎まれ、悩んだ母はついに助を川に落として殺してしまう。与右衛門はそれを喜んだが、次に生まれた子どもである累もまた、因果のためか片目と片足に障害があった。それでも実子であったため累は育てられたが、両親が死んだ後、婿を取って夫に与右衛門の名を継がせたものの、その夫・与右衛門の手にかかって助と同じ川で殺されてしまった。

助はそんな累が怨霊と化し、手厚く供養されて往生したのを見て、同じく菊に取り憑いて往生させてもらおうと思ったのだと言う。助の最期と累との関係を聞いた祐天は、助の霊に対して「こうして現世に出てくるまで、どうしていたのか」と問うた。助は「川の中でずっと水を飲まされ続けていた」と答えた。そして祐天に「やっと助けてもらえる」と言葉を漏らした。これに祐天は号泣し、紙を取り寄せて助に「単刀真入《たんとうしんにゅう》」という戒名を与えた。それを東の柱に貼ろうとしたところ、そこに集まっていた人々の目には、祐天の腕にすがる五、六歳の子どもの姿が見えたという。祐天が念仏を唱えると、見ていた人々もまた共に念仏を唱えた。夕陽に照らされ、念仏が響くその景色は、ある見物人にはまるで極楽のように見えたという。

念仏を唱え終えた祐天は、戒名を書いた紙に向かって「累も助も、菊のおかげで成仏したのだから、彼女の命を守り、世間の疑いを退けてくれ」と心中に念じ、寺へと帰った。

それから菊は快方に向かい、出家することを決めて祐天のもとを訪れたが、祐天はそれを断った。一度不思議な体験をしただけで不退転の決意を保つことができるとは限らない。世間知らずの若者が尼の修行をするのはかわいそうだからと丁寧に彼女を諭し、在家には在家の仕事があること、そして浄土宗の教えでは、念仏を唱えることを忘れなければ極楽往生できることは間違いない、と伝えた。それで菊は剃髪することをやめ、安らかに暮らしたという。

この他にも、祐天の宗教的事績をまとめた『祐天《ゆうてん》大僧正利益記《だいそうじょうりやくき》』という書には以下のような話が載る。

義父の死後、残された店を繁盛させて得た金を実父母に送った夫婦がいた。しかしそれに激怒した義母は、怨みを残したまま死んでしまう。そしてこの義母の怨霊が妻の方に取り憑いたため、祐天がそれを解脱させたという。この話をはじめ、同書には多くの死霊を祐天が解脱させた話が載る。

与謝蕪村 よさぶそん

一七一六～一七八四年

江戸時代の俳人・画家。摂津国《せっつのくに》に生まれ、江戸に出て俳諧を学ぶ。師・早野巴人《はやのはじん》の没後は東国を放浪しながら俳画の修行をする。京都に移り、多くの作品を発表した。画家としては文人画の大家として知られ、俳諧では師である巴人を継ぎ宗匠の立場となるなど、画家としても俳人としても後世に大きな影響を与えた。

◉俳画に描かれた妖怪たち

多くの絵画作品を生んだ蕪村だが、その中に『蕪村《ぶそん》妖怪絵巻《ようかいえまき》』と題される作品がある。これは蕪村が京都にいた頃に描いたものと考えられ、ある古屋敷に出現した化け猫や、小笠原《おがさわら》という人物の屋敷に林一角《はやしいっかく》という法師が泊まった際に現れた数千の赤子の怪、京都の帷子辻《かたびらのつじ》に現れ、肛門にある目を雷のように光らせるのっぺらぼうのような目鼻のない妖怪・ぬっぽり坊主など、さまざまな妖怪の墨絵が描かれ、その記録が残されている。

この作品に描かれた妖怪たちは他の記録に残っているものが少ないため、これらは蕪村自身が各地を放浪していた際に聞き取り、記録したものと思われる。

吉田綱富 よしだつなとみ 一七五六〜一八四九年

江戸時代の武士。米沢藩の下級藩士として生まれ、さまざまな役職を経て上杉鷹山《うえすぎようざん》に仕えた。鷹山が亡くなってからは分家の駿河守に仕え、七十五歳で隠居する。それから九十三歳で大往生するまで、文筆業に専念した。

◉孫のために残した怪談集

綱富は八十六歳の時、糠山《ぬかやま》という名で『童子百物《どうじひゃくもの》かたり』という怪談本を記している。

前書きには、自分に昔話をせがむ孫たちがいつか孫を持った時、話の種にしてくれればと思ってこの書を著したと記されている。それ故に題名が『童子百物かたり』なのだろう。

内容は綱富自身の不思議体験や、彼が聞き取った怪異譚の他、酒呑童子《しゅてんどうじ》、武蔵坊弁慶《むさしぼうべんけい》、文福茶釜《ぶんぶくちゃがま》の物語など、昔話や伝説を題材にしたものも収録されている。当時の子どもたちもまた、今と同じように不思議な話や、妖怪たちが活躍する話が好きだったのだろう。

明治時代

一八六八～一九一二年

井上円了

いのうええんりょう

一八五八～一九一九年

明治時代の仏教哲学者。「諸学の基礎は哲学にあり」という教育理念を掲げ、後に現東洋大学となる「哲学館」を設立した。全国各地を講演して歩き、哲学や宗教学の知識を伝え、日本人の近代化や迷信の打破を目指した。

◉迷信を打破した妖怪博士

円了は「お化け博士」「妖怪博士」と呼ばれた人物であり、近代の妖怪研究の第一人者でもある。円了は妖怪や迷信を合理的、科学的な考えで否定することによって人々を啓蒙しようとした。

円了による妖怪の定義は現在の妖怪観とは大きく異なっている。円了は「普通の知識にて知るべからず、尋常の道理にて究むべからざるもの」を妖怪としており、キャラクター的な怪異の存在だけでなく、手品や超常現象、精神障害なども妖怪としていた。『妖怪学講義』では、当時の科学で解明できないものを「真怪」、自然現象によって実際に発生する妖怪を「仮怪」、誤認や恐怖感など心理的要因によって生まれる妖怪を「誤怪」、人が人為的に引き起こす妖怪を「偽怪」と分類している。

ここに「真怪」が残されているように、円了の妖怪学は必ずしも全ての妖怪を否定するものではなかった。彼は哲学者として人々の啓蒙に努めると同時に、真の不思議を究明しようと真理を求め続けた人物であったのだろう。

歌川芳藤

うたがわよしふじ

一八二八～一八八七年

江戸時代から明治時代にかけての浮世絵師。歌川国芳《うたがわくによし》の門人。武者絵、はしか絵、横浜絵、美人画などさまざまなジャンルで活躍したが、中でも子ども向けに描いたおもちゃ絵の評価が高く、「おもちゃ芳藤」と称された。

◉妖怪を描いたおもちゃ絵職人

師である国芳と同じく、芳藤もまた妖怪画を手がけている。有名なのは何匹もの猫が集まって巨大な猫の顔を形成している『五《ご》拾三《じゅうさん》次《つぎ》之《の》内《うち》猫《ねこ》之《の》怪《かい》』で、歌舞伎『尾《おの》上梅寿一代噺《えきくごろういちだいばなし》』に登場する化け猫をモチーフとしている。

また、東京の番町に出現し、女性の髪を切り落としたという妖怪を『髪切《かみき》りの奇談《きだん》』に描いている。この絵に記された文中には、その妖怪はビロードのように真っ黒で、猫のような姿をしているとあるが、大きな頭の真っ黒な猿のような怪物が女性の髻《もとどり》に嚙みついている様子が描かれている。

「髪切り」は近世によく出現した髪を切り落とす妖怪の総称で、多くの随筆や怪談本にその名が残っている。佐《さ》脇嵩之《わきすうし》の『百怪図巻《ひゃっかいずかん》』などの絵巻では、長い嘴《くちばし》とはさみのような手を持つ妖怪が「髪切り」として描かれている。芳藤の描いた髪切りはそのような髪切りと容姿が大きく異なるためか、水木《みずき》しげるは「黒髪切《くろかみきり》」と個別の名前を付けて紹介しており、その影響か現在でも髪切りとは別に紹介されることも多い。

落合芳幾　おちあいよしいく　一八三三～一九〇四年

江戸時代から明治時代にかけての浮世絵師。通称は落合幾次郎《おちあいいくじろう》。歌川国芳《うたがわくによし》の弟子で、月岡芳年《つきおかよしとし》とは兄弟弟子。浮世絵師として活躍した他、挿絵画家として新聞に関わったことでも知られており、東京日日新聞の発起人となった。この新聞では錦絵も担当しており、錦絵新聞の流行の先駆けとなった。この後、東京絵入新聞《とうきょうえいりしんぶん》の発刊にも参加している。

●新聞を賑わせた妖怪画

師の国芳が多くの妖怪を描いたように、芳幾もまた浮世絵や新聞の錦絵で妖怪画を手がけている。

有名なものは『太平記英勇伝《たいへいきえいゆうでん》』にある「島左近友之《しまさこんともゆき》」で、島左近が大垣城に現れ、主君である石田三成《いしだみつなり》を害していた妖怪を退治する場面を描いている。この妖怪は一つ目の入道だが、狸《たぬき》の尾が生えた姿をしており、正体が狸であることを示している。この話の詳細は島左近（安土桃山時代）の項目を参照。また、この他にも山東京伝《さんとうきょうでん》の『善知鳥安方忠義伝《うとうやすかたちゅうぎでん》』において、滝夜叉姫《たきやしゃひめ》の妖術によって妖怪たちが出現する場面を描いた『百鬼夜行相馬内裏《ひゃっきやこうそうまだいり》』という作品もある。この絵の一部は葛飾北斎《かつしかほくさい》の『北斎漫画《ほくさいまんが》』を手本としている。同じく『北斎漫画』を手本とした妖怪画に、東京日日新聞に掲載された鰐鮫《わにざめ》の絵がある。これは鰐鮫が船を襲い、船員が全員犠牲になった事件について記された記事に添えられた絵で、人間よりも巨大な魚と鰐《わに》をかけ合わせたような姿の怪物が描かれている。

河鍋暁斎 かわなべきょうさい

一八三一～一八八九年

江戸時代から明治時代にかけての浮世絵師、日本画家。歌川国芳《うたがわくによし》、前村洞和《まえむらとうわ》の門人。国芳から教わった浮世絵に、洞和から教わった狩野派の漢画の描き方を交えた独特の画風を得意とした。戯画や風刺画を得意とし、写実的でありながら卑俗な作品を多く描いて人気を得た。

◉百鬼夜行を描いた鬼才

多くの妖怪画や幽霊画を残したことで有名。没後間もなくして出版された『暁斎百鬼画談《きょうさいひゃっきがだん》』はその代表である。これは土佐光信《とさみつのぶ》の『百鬼夜行絵巻《ひゃっきやこうえまき》』をベースに、さまざまな器物・動物の妖怪や鬼、鳥山石燕《とりやませきえん》の『画図百鬼夜《がずひゃっきや》行《こう》』に登場する妖怪などを描き加え、暁斎が独自の百鬼夜行を描いた作品である。

また明治初期、全国に小学校が開校した時期に描かれた『化々学校《ばけばけがっこう》（❶）』は、河童《かっぱ》や鬼などの妖怪たちが学校の授業を受ける様子がユーモラスに描かれている。明治三年に描かれた『幽霊図《ゆうれいず》』では、怨みの対象と思しき人間の生首を口にくわえ、前方をにらむ恐ろしい形相の男性の幽霊を描いている。

他にも、東京を代表する劇場であった新富座に「妖怪《ようかい》引幕《ひきまく》」を寄贈している。これはたくさんの妖怪がところ

❶河鍋暁斎『化化学校』(東京都立図書館蔵)

せましと描かれた高さ約四メートル、幅約十七メートルの引幕で、多くの見物人を前にたった四時間で描き上げたという逸話が残っている。

小泉八雲 こいずみやくも　一八五〇～一九〇四年

明治時代の作家。ギリシャ出身の英国人で、出生名はパトリック・ラフカディオ・ハーン。アメリカでの生活を経て日本を訪れ、そこで中学校教師、大学講師として教鞭を執り、小泉セツと結婚。日本国籍を取得して小泉八雲を名乗る。作家として日本にまつわる数多くの文学作品を記し、世界に紹介した。

◉世界に日本の妖怪を発信

八雲は日本の文化や風俗に関する数多くの著作を残しているが、中でも怪談を扱った作品が有名である。中でも『怪談《かいだん》』は現代日本人にも読み継がれている名作であり、平家の怨霊に座頭が襲われる「耳無芳一《みみなしほういち》の話」、のっぺらぼうに化けた貉《むじな》が人を恐怖に陥れる「貉」、人間と妖怪の悲恋を描いた「雪女《ゆきおんな》」などの収録作が有名である。

この他にも日本に伝わる伝説や怪談を集めた『骨董《こっとう》』、『影《かげ》』などの作品が知られている。

三遊亭円朝 さんゆうていえんちょう　一八三九～一九〇〇年

江戸時代から明治時代にかけての落語家。江戸の湯島切通《きりどおり》町で、落語家の父のもとに生まれた。九歳で二代目三遊亭円生《さんゆうていえんしょう》に入門し、多くの演目を創作した。人情噺《ばなし》や怪談噺を得意とし、話芸の巧みさで絶大な人気を得る。さらに自身の口演を速記本として刊行し、後の言文一致小説に大きな影響を与えた。

◉怪談落語の名手

怪談噺を得意とした円朝は、自身でも多くの怪談噺を創作している。

代表作に、江戸時代に鬼怒川《きぬがわ》沿岸で殺された累《かさね》という怨霊にまつわる怪談を原作とした『真景累ヶ淵《しんけいかさねがふち》』（詳細は江戸時代の累の項目を参照）や、中国の小説『牡丹燈《ぼたんとう》記《き》』を元に山東京伝《さんとうきょうでん》や浅井了意《あさいりょうい》が翻案した幽霊・お露《つゆ》の物語に、さまざまな事件や登場人物を組み合わせて長大な物語に仕上げた『牡丹灯籠《ぼたんどうろう》』、妻の密通相手によって殺されて亡霊となった絵師・菱川重信《ひしかわしげのぶ》の息子が仇《かたき》討ちを果たす『怪談乳房榎《かいだんちぶさえのき》』などがある。これらの物語は、現在でも小説や漫画、映画などの題材となっており、時を超えて多くの人々に楽しまれている。

月岡芳年　つきおかよしとし

一八三九〜一八九二年

江戸時代から明治時代にかけての浮世絵師。歌川国芳《うたがわくによし》や菊池容斎《きくちようさい》の門人であり、多彩な画風で歴史絵、美人画、役者絵、風俗画、古典画、合戦絵などさまざまなジャンルで活躍した。中でも無残絵と呼ばれる残酷な殺人の場面を描いた浮世絵で評価され、「血まみれ芳年」の二つ名で知られた。また明治期には、新聞や小説の挿絵も多く描いた。

◉血みどろ、無残、そして妖怪

芳年は多くの妖怪画を手がけたことでも知られている。代表作は日本と中国における怪異譚をモチーフとした『和漢百物語《わかんひゃくものがたり》』、芳年の没後に刊行され、彼の妖怪画の集大成と称される『新形三十六怪撰《しんけいさんじゅうろっかいせん》』など。この他にも産褥で死んだ女性の妖怪である産女《うぶめ》を後ろから描いた『幽霊之図《ゆうれいのず》うぶめ』や、奥州安達ケ原の人食い鬼伝説を題材とし、自分の娘であると知らずに妊婦を殺そうとしている老婆の姿を描いた『奥州《おうしゅう》安達《あだち》がはらひとつ家《や》の図《ず》』（伝説の詳細は奈良時代の岩手の項目を参照）などの作品がよく知られている。

寺田寅彦　てらだとらひこ

一八七八〜一九三五年

明治時代から昭和時代にかけての物理学者、随筆家。東京で生まれ、東京帝国大学理科大学物理学科を卒業後、同大学の助教授になると同時に、地球物理学研究のためドイツへ留学。帰国後、X線の結晶透過の研究で世界的に有名になる。その後、地震研究やそれに伴う防災の研究などを行った。有名な「天災は忘れた頃にやって来る」という言葉は、もとは寺田の言葉であるという説がある（否定説もある）。

◉「宇宙は永久に怪異に充ちている」

優れた物理学者として活躍した一方、寺田は随筆家としても著名であり、夏目漱石《なつめそうせき》とも交流があった。彼の随筆の中には、妖怪にまつわるものもいくつか残されている。

『怪異考《かいいこう》』は、物理学者としての立場は崩さず、しかし怪異・妖怪の存在を否定することもなく、文献などからそれらの例を拾い上げ、科学的に考察した著作だ。また『化け物の進化』では、あらゆる化け物にまつわる事実を全て迷信という言葉で抹殺することを科学の手柄とすることは、「科学の迷信」であると痛烈に批判している。寺田はどんなに科学が発展した世の中でも、世の不思議が尽きることはないと言明した。科学が発展し、人間が進化すれば、化け物もまた進化しない訳がない。かつて人は不思議を化け物へと転化させたが、今は科学に転化させているだけであり、たとえ不思議が科学で解明されても、また別の姿となった不思議が現れると述べている。そんな彼の信条を特に表しているのが、『化け物の進化』に記された以下の言葉だ。

「化け物がないと思うのはかえって本当の迷信である。宇宙は永久に怪異に充ちている。あらゆる科学の書物は百鬼夜行絵巻物である。それを繙《ひもと》いてその怪異に戦慄する心持ちがなくなれば、もう科学は死んでしまうのである」

彼の言う通り、二十一世紀になった現在においても、化け物、怪異と言える不思議は日々生まれ続けている。いつかこれらも科学の面から解明される時がくるのかもしれないが、それは決して科学による化け物の否定ではなく、共存であるということを覚えておきたい。そしていつの時代にも、まだその時代の科学では解明できない、新たな不思議が現れるのだろう。

長尾郁子　ながおいくこ　一八七一～一九一一年

明治時代の霊能者。香川県で生まれ、裁判所の判事長であった長尾与吉《ながおよきち》の妻として暮らしていたが、当時千里眼で有名だった御船千鶴子《みふねちづこ》に触発されて修行をし、透視能力を身につけたという。その後、千鶴子の実験を行っていた福来友吉《ふくらいともきち》に見出され、彼のもとであらかじめ教えられた文字を他の媒体に焼きつける、いわゆる念写能力を開花させた。しかし、山川健次郎《やまかわけんじろう》をはじめ実験に反対していた科学者たちの立ち会いのもとで公開実験が行われると、不正はなかったにも関わらず、その能力は詐偽であるとして報道陣に発表された。以来郁子は実験への協力を拒否するようになり、公開実験から約二カ月後、急性肺炎でこの世を去った。

◉念写の力を持つ女

郁子が霊能力を目覚めさせるきっかけとなった御船千鶴子は、郁子の念写能力に対する非難記事を見て、自身もバッシングを受けていたことが重なり、絶望して自ら命を絶った。これらの事件は「千里眼事件」と呼ばれている。郁子の能力が本物であったのかは今となっては分からないが、先述の公開実験では一方的に詐偽であるという見解が発表され、それがマスコミによって拡散された。その無念は、本人にしか分からないものだろう。

夏目漱石 なつめそうせき

一八六七～一九一六年

明治時代から大正時代にかけての作家、英文学者。江戸の牛込《うしごめ》で生まれ、幼少時より漢学に親しみ、帝国大学文科大学英文学科に入学。在学中に正岡子規《まさおかしき》と出会い、俳句を学ぶ。卒業後は教師などを務めたが、後に文部省より英国留学を命じられ、渡英。帰国後は母校である東京帝国大学で英語講師を務めた。

一九〇五年、雑誌『ホトトギス』に『吾輩《わがはい》は猫《ねこ》である』を発表。これが好評となり、教職を辞して朝日新聞に入社し、専属作家となる。『坊《ぼ》っちゃん』『草枕《くさまくら》』『こころ』など、多くの名作を世に送り出した。

◉怪異を怖がり、求めた作家

千円札の顔にもなった日本を代表する作家である漱石だが、意外にも怪異譚の類《たぐい》を好んでいたようだ。その嗜好は作品にもたびたび表れる。

代表的な作品が『夢十夜《ゆめじゅうや》』である。十の夢の物語から成るこの作品には、多くの不可思議な存在が登場する。

第一夜では、主人公の目の前で命を落としかけている女が「死んだら、埋めてください。大きな真珠貝で穴を掘って。そうして天から落ちてくる星の破片を墓標に置いてください。そうして墓のそばに待っていてください。また逢いに来ますから」と百年後の再会を約束して息絶える。主人公は彼女との約束を守り、ただ彼女を待ち続ける。やがて、女は白百合の姿となって彼に逢いに来る。

第三夜では、主人公は六歳になる盲目の子どもを背負い、ひたすら道を歩いている。すると子どもは見えないはずの景色について語り始め、最後に「お前が俺を殺したのは今からちょうど百年前だね」と告げる。その途端、背中の子どもは石のように重くなる。このように、殺された者が自分を殺した者の子として生まれ変わり、罪を指摘するという類の話は「六部殺し」と呼ばれ、古くから民話などで語られているが、漱石は見事に夢の中で展開される幻想的な怪談として昇華している。

また小品集『永日小品《えいじつしょうひん》』には、投げ飛ばされた蛇が自分を投げた人間たちをにらみ、「覚えていろ」と言葉を発する話が載る。

小説だけでなく、漱石自身が妖怪や幽霊について言及した作品もある。胃潰瘍の悪化から生死の境をさ迷った後に記された随筆『思い出す事など』には、「臆病者の特権として、余《よ》はかねてより妖怪に逢う資格があると思っていた」「文明の肉が社会の鋭き鞭の下に萎縮する時、余は常に幽霊を信じた」といった記述が見える。また同書ではアンドリュー・ラングの『夢と幽霊の書』、オリバー・ロッジの『死後の生』といった本を好んで読んでいたことや、心霊主義について触れられている。

　漱石は偉大な文学者であると共に、人ならざる存在を意識し続けた人物でもあったのだ。

南方熊楠《みなかたくまぐす》　一八六七〜一九四一年

　明治時代から昭和時代にかけての民俗学者、生物学者。和歌山県和歌山市で金物商の家に生まれ、上京して大学予備門に入るが退学。渡米した後に英国に渡り、大英博物館の東洋調査部嘱託となる。英国では博物館の蔵書を読みふける日々を過ごすが、人種差別を受けて暴力事件を起こす。この事件によって大英博物館から出入り禁止となり、帰国した。

　帰国後は大阪府や故郷の和歌山県に居住し、民俗学や粘菌をはじめ、さまざまな研究に没頭する。どの研究機関にも属さない在野研究者でありながら、人文科学、自然科学どちらの分野でも多大な研究記録を残し、論文を発表してその発展に貢献した。彼の論文には生前に発表されなかったものもあり、死後に発見されたものも多数存在する。

◉妖怪を調査した在野研究者

民俗学者でもあった熊楠は、生涯を通して多くの妖怪研究も残している。

　彼の代表作である『十二支考《じゅうにしこう》』は、十二支に登場する動物たちにまつわる伝説や民話を紹介し考察したものである。また同じく代表作である『南方随筆《みなかたずいひつ》』にも、多くの妖怪について記されている。

　日本民俗学の開拓者として知られる柳田國男《やなぎたくにお》とも交流があり、書簡で議論を交わしていた他、柳田の創刊した『郷土研究』にたびたび寄稿をしていた。柳田は民俗研究を日本国内にしぼり、熊楠は世界の一部として日本の民俗研究を行おうとしたなどの違いもあって、後に二人は絶交状態になる。だが熊楠が亡くなった際、柳田はその才能を愛惜し、学を称賛したという。

　熊楠の研究は日本国内だけでなく海外にも目が向けられており、妖怪研究における日本の事例と海外の事例を紹介して比較する論考が多い。これは熊楠が日本だけでなく海外の伝説、民俗、宗教などについて詳しく学び、調査していたからこそできたものであろう。

　熊楠自身も論文「睡眠中に霊魂抜け出づとの迷信」で幽体離脱を体験したことを記しており、随筆『千里眼《せんりがん》』でもたびたび幽霊を見たと記している。またその幽霊の示唆によって重大な発見をした経験もあったという。

これらの他にも、彼の著作には多くの怪異譚や妖怪譚にまつわる考察が記されている。熊楠が日本の妖怪研究に大きな影響を及ぼしたことは確かであろう。

御船千鶴子　みふねちづこ

一八八六〜一九一一年

明治時代の霊能力者。熊本県宇土郡松合村（現宇城市不知火町）で生まれる。生まれつき難聴であり、片耳が聞こえづらかったとされる。二十二歳で結婚するが、夫の財布からなくなった五十円が姑の仏壇にあることを言い当て、姑から嫌疑をかけられたことを苦に自殺未遂を起こし、程なくして離婚する。その後、実家で姉の夫から催眠療法を受けているうちに透視能力が覚醒。東京帝国大学の福来友吉《ふくらいともきち》助教授によってさまざまな実験が行われ、その能力は報道を通して広く世間に知れ渡ったが、学者やマスコミの中で千鶴子の能力を疑問視する声が上がり、やがて精神的に追いつめられて自ら命を絶った。

●千里眼で見たものは……

千鶴子は同時期に福来助教授の実験に参加し、同じく念写の能力を持っていたとされる長尾郁子《ながおいくこ》と共に霊能力を実証しようとしたが、当時のマスコミや科学者たちの激しいバッシングが間接的に二人の命を奪うことになる。これらの事件は「千里眼事件」と呼ばれる。

福来助教授の実験は、千鶴子から見えないように封じたカードなどに書かれた文字を当てさせるという形式のものが多く、千鶴子は何度も実験でそれを成功させた。しかし千鶴子は透視能力を使う際、集中するために他の人間を同室に入れないか、彼らに背中を向ける姿勢をとっていたため、公開実験といえどもその能力の真偽を確かめることは難しかった。さらに上京時に科学者たちの立ち会いのもとで行われた公開実験では、透視する実験物が元々用意されていたものから福来助教授が持っていたものにすり替えられていたことで、より疑惑を強めることとなる。実験では良好な結果が出たものの、新聞は否定的な論調を展開。その上長尾郁子の念写能力に対する非難記事を見た千鶴子は、絶望して毒を飲み、自殺したという。

千鶴子が本当に千里眼を持っていたのかは今となっては分からない。しかし一人の女性が多くの人々に翻弄され、自ら命を絶った不幸な事件があったことは、忘れてはならないだろう。

大正時代

一九一二〜一九二六年

芥川龍之介　あくたがわりゅうのすけ　一八九二〜一九二七年

明治時代から昭和時代にかけての作家。東京都に生まれ、東京帝国大学文科大学英吉利文学科に入学。在学中に発表した短編小説『鼻』が夏目漱石《なつめそうせき》に激賞され、文壇デビューする。その後『羅生門《らしょうもん》』『地獄変《じごくへん》』『蜘蛛《くも》の糸《いと》』など多くの名作を世に送り出したが、服毒自殺により早逝した。芥川の死から八年後、彼の親友であった文藝春秋社の菊池寛《きくちかん》が「芥川龍之介賞」を創設。この芥川賞は、現在では日本で最も有名な文学賞となっている。

◉晩年に現れたもう一人の自分

芥川の作品には古典を題材にしたものも多く、妖怪が登場するものも少なくない。『今昔物語集《こんじゃくものがたりしゅう》』を元にした『芋粥《いもがゆ》』には狐の怪が登場する（藤原基経《ふじわらのもとつね》の項目を参照）。

また晩年の名作『河童《かっぱ》』には、その名の通り河童が登場し、主人公は河童の国へと迷い込む。この作品は、芥川の自殺の動機を考える上で重要とされている。

彼の小説『影』や『歯車』にはドッペルゲンガーが登場するが、芥川自身も、晩年とある座談会でドッペルゲンガーが現れたと語っていたという。一人称小説である『歯車』は、この芥川自身の体験を小説にしたものという説もある。

泉鏡花　いずみきょうか　一八七三〜一九三九年

明治時代から昭和時代にかけての作家。石川県金沢市の出身であり、上京して尾崎紅葉《おざきこうよう》の門下となる。『夜行巡査』や『外科室』が評価され、『高野聖《こうやひじり》』で大衆の心を摑み、一躍人気作家となる。怪奇趣味とロマンティシズムに満ちた作品で知られ、幻想文学の先駆者とも評される。

◉妖怪好きの幻想文学者

代表作である『高野聖』をはじめ、鏡花の作品には多くの妖怪が登場する。

『高野聖』には、肉体関係を持った男を獣の姿にしてしまう美しい女の妖怪が登場する。

戯曲『天守物語《てんしゅものがたり》』には、姫路城に住むとされる妖怪・富姫《とみひめ》と、その妹である亀姫《かめひめ》が登場する。富姫は長壁神社《おさかべじんじゃ》に祀られる女神であるが、刑部姫《おさかべひめ》という妖怪と同一視されており、『天守物語』でも近世の奇談集『老媼茶話《ろうおうさわ》』に登場する亀姫と姉妹であるとされるなど、妖怪としての側面が強く描写されている。

戯曲『夜叉ヶ池《やしゃがいけ》』には、夜叉ヶ池の主として白雪《しらゆき》という名の竜神が登場する。白雪は千蛇ヶ池《せんじゃがいけ》の主である恋人に会いに行きたいと考えていたが、人間がその邪魔をしていた。しかし雨乞いのため、白雪に一人の若い女性が生贄として捧げられることが決まり……という筋書きになっている。

鏡花は民俗学者・柳田國男《やなぎたくにお》と交流があり、彼が『遠野《とおの》物語《ものがたり》』を出版した際は、「再読三読、尚ほ飽くことを知らず」と絶賛しており、対談や随筆でもたびたび妖怪について触れるなど、妖怪好きであったことが窺える。

江馬務 えまつとむ

一八八四～一九七九年

明治時代から昭和時代にかけての歴史学者、風俗史学者。京都帝国大学文科大学史学科を卒業後、京都市立絵画専門学校で講師として画学生を指導する。その間、一九一一年に風俗史研究会を組織し、一九一六年には機関誌『風俗研究』を創刊し、有職故実を風俗史学として研究するなど、風俗史研究の第一人者として活躍した。一九四九年には京都女子大学教授となり、一九六〇年には日本風俗史学会を設立して初代会長に就任した。

●妖怪変化の変遷を考察

風俗史学の研究者として有名な江馬の著作には、後の妖怪研究に大きな影響を与えた作品がある。それが一九二三年に刊行された『日本妖怪変化史《にほんようかいへんげし》』だ。

これは過去に生きた人々が、妖怪変化の類《たぐい》をいかにして受容してきたかに迫り、妖怪の歴史的変遷について考察したものであり、風俗史研究者らしい江馬の態度がよく表れている。江馬は妖怪変化について、妖怪は「得体の知れない不思議なもの」、変化は「あるものが外観的にその正体を変えたもの」として定義し、神代から現代に至るまでの妖怪変化の沿革を考察した。彼の示した妖怪観が現在もそのまま受け継がれているわけではないが、当時から現在に至るまで、多くの人々の妖怪観に影響を与えたことは確かだ。『日本妖怪変化史』には多くの文献や図版から妖怪が引用されて紹介されているが、それらはそのまま現代の妖怪図鑑、妖怪事典の類に紹介されることとなり、そうした意味でも『日本妖怪変化史』の影響は大きい。刊行から百年近く経った今でも、『日本妖怪変化史』は妖怪好きや妖怪を研究する人々にとって、妖怪の道をたどる上では欠かせない書となっている。

岡本綺堂《おかもときどう》

一八七二～一九三九年

明治時代から昭和時代にかけての小説家、劇作家。東京都高輪で生まれ、中学卒業後、東京日日新聞社に入社。以降、中央新聞社、絵入日報社などで新聞記者として働く。その後、東京日日新聞社で小説『高松城』を発表。また劇作家として歌舞伎『紫宸殿《ししんでん》』や『維新前後』を記す。一九一三年以降は記者を辞し、作家活動に専念した。コナン・ドイルの『シャーロック・ホームズ』シリーズに影響を受けて記した『半七捕物帳《はんしちとりものちょう》』は捕物帳小説の先駆となった。また中国や英国など、海外の怪奇小説の翻案・編訳も手がけ、生涯で二百作近い戯曲を発表するなど、作家として多方面で活躍した。

●怪異が跋扈《ばっこ》する美しい物語の世界

作家として探偵物の他、怪奇物を得意とした綺堂の作品には、数多の妖怪たちが名を連ねる。

小説『小坂部姫《おさかべひめ》』は姫路城の天守閣に住むと伝えられる妖怪・小坂部姫（刑部姫、長壁姫などとも表記される）にまつわる物語だ。

この小説では、小坂部姫は初めから妖怪だったのではなく、武将・高師直《こうのもろなお》の娘であり、元は人間であったと語られる。小坂部姫は家臣である本庄采女《ほんじょううねめ》に恋をし、采女もまた小坂部姫を愛するが、小坂部姫の目の前で采女は殺されてしまう。そしてその破滅を導いた異国の悪魔に采女の幻影を見せられ、黒猫の生き血を啜らされる。姫山城の天守閣にいれば采女の魂といつでも会えることと引き換えに、小坂部姫は悪魔の手で魔神となった。

人の身を捨てた小坂部姫は、姫山の城の天守閣で生き続けた。やがて姫山の城は姫路城と名を変え、豊臣秀吉《とよとみひでよし》がこの城を訪れると、小坂部姫の呪いによって、豊臣氏の権勢は豊臣秀頼《とよとみひでより》の代で絶やされた。

やがて徳川の世となり、松平忠明《まつだいらただあき》が姫路城に入城した際、徳川家光《とくがわいえみつ》が小坂部姫を祀り、仕えよと命じた。その後小坂部姫は祟り神から守護神となり、徳川の世は長い太平を得たという。

小坂部姫が元は人間で、高師直の娘だったという説は『古今実録《ここんじつろく》　増補英雄美談《ぞうほえいゆうびだん》』に見られ、綺堂はこの説を元に物語を記したと思われる。

綺堂の小坂部姫は、単なる人を害する悪しき妖怪ではなく、恋人を奪われ、家に翻弄されて魂を擦り減らしていく女性として描かれている。そこには、ただ恐ろしいだけではない存在としての小坂部姫の魅力が窺える。

　小説『玉藻《たまも》の前《まえ》』は、その名の通り九尾の狐こと玉《たま》藻前《ものまえ》の伝説を題材とした物語だ。九尾の狐に憑かれた娘・藻《みくず》と、その幼馴染である千枝松《ちえまつ》を主人公として物語は進む。藻は関白であった藤原忠通《ふじわらのただみち》の寵愛を受け、名を玉藻前と改める。一方の千枝松は安倍泰親《あべのやすちか》の弟子となり、名を安倍泰清《あべのやすきよ》と改める。二人は都で再会するが、泰親が玉藻前の正体を暴き、玉藻前は那須野へと逃げる。しかし玉藻前に討伐の命が下され、千枝松もその討伐に参加することになる。退治された玉藻前の死体は殺生石という毒を放つ石に変化し、千枝松は石にすがりついてそこで息絶える。この物語も、怪奇譚でありながら、人ならざる存在になってしまった女と、人として戦った男の美しい恋愛譚として紡がれている。

　この他にも、綺堂は多くの妖怪譚を記している。妖怪を通して、彼の物語世界をのぞいてみるのも楽しいだろう。

折口信夫《おりくちしのぶ》

一八八七〜一九五三年

明治時代から昭和時代にかけての民俗学者、国文学者。

大阪府西成郡木津村の商家に生まれ、医学を修めることを望まれるが、本人は國學院大學国文科に進み、文学を修める。卒業後は教師となるが、柳田國男《やなぎたくにお》との出会いをきっかけに勤めていた中学校を退職。再び上京し、母校である國學院大學で郷土研究会を創設する。その後、國學院大學の教授に抜擢され、慶應義塾大学では文学部講師を務めた。柳田に師事し、文学や古典芸能を民俗学の視点から研究し、日本民俗学協会の設立にも関わった。彼の研究や思想は折口学と呼ばれ、日本民俗学に大きな影響を与えた。

◉日本民俗学に影響を与えた折口学

　師の柳田と同じく、折口もまた妖怪や幽霊について論じたさまざまな著作を残している。

　代表的なものに、共同体の外からやって来るものとして語られる神や霊的存在を「まれびと」と定義し、それに対する日本人の信仰を論じたものがある。この「まれびと」の概念は後の民俗学上でも重視されている。

　また『河童《かっぱ》の話』では、日本各地に伝わる河童について図を交えながら考察しており、『鬼《おに》の話』や『春来る鬼』では「おに」という言葉の由来や、各地の祭りに現れる鬼の事例、「まれびと」としてやって来る鬼などについて考察している。さらに実際に各地を訪れて聞き取り取材をし、数多くの妖怪譚を記録に残している。

佐々木喜善　ささききぜん　一八八六〜一九三三年

明治時代から昭和時代にかけての作家、民俗学者。岩手県土淵村の農家に生まれ、祖父からさまざまな怪異譚を聞いて育つ。岩手医学校に進むが、中退して上京し、哲学館に入学。その後早稲田大学に転学して文学を修め、在学中に佐々木鏡石《ささききょうせき》の名で小説を発表し始める。

佐々木が柳田國男《やなぎたくにお》に語った故郷・岩手県遠野地方の民話は、柳田の筆により『遠野物語《とおのものがたり》』としてまとめられた。佐々木自身も『聴耳草紙《ききみみぞうし》』『老媼夜譚《ろうおうやたん》』など、昔話や伝承を集めた多くの著作を残し、「日本のグリム」と称された。

◉岩手に伝わる妖怪の記録

遠野地方の昔話や伝説を喜善自身がまとめた『聴耳草紙』には、河童《かっぱ》や鬼婆《おにばば》、大蛇、野槌《のづち》など、さまざまな妖怪たちが登場する。

故郷の村で親しくなったお婆さんのもとに毎日通い、そこで聞いた昔話をまとめた『老媼夜譚』にも、蜘蛛が女に化けた「蜘蛛女《くもおんな》」の話や、ある男が女房を含む自分以外の全ての人間が鶏や猫、鼠が化けていたものであったことに気付く「雌鶏婆《めんどりばば》」の話など、さまざまな怪異譚が載る。

また佐々木は座敷童子《ざしきわらし》の研究でも著名であり、東北地方各地で語られた座敷童子にまつわる話を集めた『奥《おう》州《しゅう》のザシキワラシの話』などの著作も残している。

田中貢太郎　たなかこうたろう　一八八〇〜一九四一年

明治時代から昭和時代にかけての作家。高知県の船問屋に生まれ、上京して大町桂月《おおまちけいげつ》や田山花袋《たやまかたい》に師事する。自身も作家として活動し、特に情話物や怪談話を得意とした。さまざまな作品を記した他、同人誌『月刊随筆博浪沙《はくろうさ》』を主宰して多くの作家を育てた。

◉実話怪談の先駆け

田中は中国と日本を舞台にした多くの怪談集を記している。

日本を舞台にした作品の代表作としては『日本怪談全集』が挙げられる。これは約二十年かけて田中が集めた日本の怪談を二百話近く収録したものであり、中には『四谷怪談《よつやかいだん》』などの古くから伝わる有名な怪談もあれば、田中自身が聞き取った怪異譚も収められている。例として、終電車に現れる老婆の怨霊の話や、女が若い男と話していると、死んだはずの女の恋人の顔がイチョウの枝の間に見える話などがある。他にも、明治から昭和前期の田中が生きた時代に語られていた怪談が数多く収録される。

また晩年に記された『日本怪談実話』には、カメラのレンズを通して見える女の霊の話、病人のもとに腐った茄子のような顔色をした少年姿の疫病神が現れた話などが載る。そのほとんどは田中が実際に聞き取った怪談で構成されており、これは現在でいう実話怪談の先駆けとして評価されている。

貢太郎が残したこれらの怪談集は、明治から昭和前期にかけて、人々がどのような怪談を語り、楽しんでいたかを知るための貴重な資料となっている。

柳田國男 やなぎたくにお

一八七五〜一九六二年

明治時代から昭和時代にかけての民俗学者。日本民俗学の樹立者と称される。兵庫県に生まれ、東京帝国大学を卒業後、農商務省に勤務し、後に辞任して朝日新聞社客員論説委員となる。その傍ら、「郷土研究会」及びその発展形である「郷土会」を設立し、雑誌『郷土研究』を刊行。後に「民間伝承の会」（後の日本民俗学会）を創始し、日本民俗学を確立して普及させた。

多くの著作を残し、代表作に『遠野物語《とおのものがたり》』『山の人生』『妖怪談義』『桃太郎の誕生』などがある。

●日本民俗学的妖怪研究の第一人者

日本民俗学の樹立者である柳田は、日本の妖怪研究にも大きな影響を与えている。

佐々木喜善《ささききぜん》が語った岩手県遠野地方に伝わる伝承を柳田がまとめた『遠野物語』は現在でも広く読み継がれており、この作品には河童《かっぱ》、座敷童子《ざしきわらし》、オシラサマ、マヨヒガなどさまざまな妖怪が登場する。また、『一目小僧《ひとつめこぞう》その他』では一つ目小僧、だいだらぼっち、橋姫《はしひめ》など、広く日本に伝わる妖怪たちについて情報収集・分析しており、後世の妖怪研究に大きな影響を与えている。柳田が記した妖怪研究にまつわる論文や随筆などをまとめた『妖怪談義』は、日本民俗学の妖怪研究の出発点とされる。そしてその巻末に収録された「妖怪名彙《めいい》」は、柳田が集めた妖怪の名前と、その特徴や性質などを併記した、いわば初めての民俗学的な妖怪事典であった（妖怪事典そのものは佐藤清明《さとうきよあき》の『現行全国妖怪辞典』が先に存在しており、柳田自身も佐藤と交流があったことから、彼の影響を受けたと考えられる。『現行全国妖怪辞典』について詳しくは佐藤清明の項目を参照）。

その他、先述の佐々木喜善をはじめ、折口信夫《おりくちしのぶ》、南方熊楠《みなかたくまぐす》、泉鏡花《いずみきょうか》などと交流があり、互いに影響を与え合っていた。そして彼らの著作や研究は、後世の妖怪研究に大きな影響を与えている。

昭和時代

一九二六～一九八九年

浅野和三郎　あさのわさぶろう

一八七四～一九三七年

明治時代から昭和時代にかけての心霊研究家。東京帝国大学文科大学英文学科を卒業後、心霊科学研究会を創立し、心霊主義の啓蒙活動を行った。アメリカで生まれ、欧米で盛んであった心霊主義《スピリチュアリズム》を日本に広めた人物として知られる。著書に『小桜姫物語《こざくらひめものがたり》』『心霊講座《しんれいこうざ》』などがある。

◉現代の怪異観に影響を与えた心霊主義

心霊主義はアメリカで発祥した、死後の世界や死者との交信、千里眼や念力といった超能力の実践を目的とする宗教的思想である。それらの心霊現象を科学的に解明しようとする思想もあり、その場合は心霊科学と称される。

浅野は横須賀の海軍機関学校の英語教官を務めていた際に神智学協会の会員である同僚と出会ったこと、また原因不明の熱病にかかった息子がある女の修験者によって快癒したことなどから、心霊研究に没頭していく。そして心霊科学研究会を発足させ、著作や講演を通して日本に心霊主義の考え方を広めた。

現代の多くの人々にとってこの心霊主義という言葉はなじみがないものと思われるが、心霊主義の思想は、実は現代の怪異観に大きな影響を与えている。たとえば地《じ》縛霊《ばくれい》や守護霊、動物霊といった、現代の怪異譚に頻繁に登場する霊的存在は、元々心霊主義において使われていた言葉を、浅野をはじめとした日本の心霊研究家たちが日本語に訳して広めたものと考えられる。一九七〇年代になると、このことが心霊研究家でもあった中岡俊哉《なかおかとしや》や、つのだじろうといった作家たちによって一般向けの書籍で取り上げられるようになり、多くのメディアでこれらの霊的存在が紹介され、一九七〇年代に起きたオカルトブームで人々の間に浸透していった（中岡俊哉の項目も参照）。

その後、二〇〇〇年代に江原啓之《えはらひろゆき》が心霊主義を取り入れたセラピーを広め、スピリチュアルブームが起こった。このブームによって、自分の守護霊を調べた人も多いかもしれない。
このように現代の怪異観は、欧米から取り入れた心霊主義に大きな影響を受けている。現在一般的に語られるさまざまな種類の霊たちがどのように生まれたのか、それを調べてみるのも楽しいだろう。

池田彌三郎　いけだやさぶろう　一九一四〜一九八二年

大正時代から昭和時代にかけての民俗学者、国文学者。東京都銀座のてんぷら屋の息子として生まれる。慶應義塾大学に進学し、国文学科を卒業。大学院に進み、兵役を経て同大学に勤める。学生時代から折口信夫《おりくちしのぶ》に師事してその学問を継承すると共に、多方面の分野に精通して独自の学問を開いた。ＮＨＫの番組に文化ニュースの解説者として出演するなど、タレント教授として親しまれた人物でもあった。

◉昭和初期の怪異を記録

池田の著作には、多くの妖怪や幽霊が登場する。『日本の幽霊』はその代表作であり、幽霊と妖怪の違いや、幽霊が出現する理由などについて考察している。『日本の幽霊』には日本の古典文献に記された怪異譚はもちろんのこと、池田の父親が実際に体験した怪異譚や、田中《たなか》河内介《かわちのすけ》の最期にまつわる話、戦前に世間を騒がせた幽霊自動車の話など、豊富な事例が掲載されている。

田中河内介は幕末に実在した武士であるが、不可解な死を遂げており、その真相を話そうとする者は祟られるといううわさがあった。池田の父はこの河内介の最期を話すという人物に出会ったが、彼はその場にいた人間が全員偶然席を立った際に急死してしまい、結局河内介の最期は聞けずじまいだったという。

幽霊自動車は昭和五、六年（一九三〇〜一九三一年）頃に現れたという無人の自動車で、これに遭遇すると数日中に事故に遭うとされる。

このように筆者本人が聞き取った怪異譚が残されている点でも、本書は後世の貴重な資料となっている。

今野圓輔　こんのえんすけ　一九一四〜一九八二年

大正時代から昭和時代にかけての民俗学者。福島県に生まれ、慶應義塾大学で佐藤信彦《さとうのぶひこ》、折口信夫《おりくちしのぶ》らの講義を受け、柳田國男《やなぎたくにお》に師事した。毎日新聞社に勤務しながら民俗学の研究を続け、民俗学研究所理事、日本民俗学会評議員などを歴任した。

◉仕事と研究を両立させた民俗学者

今野は民俗学者として、妖怪研究においても多くの功績を残した。

妖怪や幽霊にまつわる著作も多く、『怪談 民俗学の立場から』『日本怪談集 幽霊篇』『日本怪談集 妖怪篇』『幽霊のはなし』などが挙げられる。これらの著書では妖怪や幽霊について、神話の時代から現代に至るまで、古典、新聞、雑誌、民俗報告書など、幅広い資料から集めた古今の怪異譚を例に挙げて考察を行っている。彼の著作は、現在でも妖怪研究者たちに大きな影響を与えている。

桜井徳太郎《さくらいとくたろう》 一九一七～二〇〇七年

大正時代から平成時代にかけての民俗学者。新潟県北魚沼郡川口町で生まれ、東京文理科大学文学部史学科を卒業。東京高等師範学校、東京教育大学で助教授、教授などを務めた後に駒澤大学に移り、大学長まで務め、名誉教授となる。民間信仰やシャーマニズムを専門とし、多くの著作を残した。

◉日本人の信仰と妖怪

桜井が編んだ『民間信仰辞典』はその名の通り日本全国の民間信仰や風習を収集した辞典だが、中には妖怪や幽霊にまつわるものも記録されている。

たとえば伊豆諸島については、正月二十四日に海から現れると伝えられる海難法師《かいなんほうし》という妖怪から身を守るため、島民は家にこもって物忌《ものい》みし、トベラという葉を戸に挟む、という風習が記されている。

また鳥取県三朝町では、白幣《しろぬさ》を振りながら淡雪に乗って雪女《ゆきおんな》が現れた時は、水をかけると膨れ、湯をかけると消える、という話が伝わっていることも記されている。この辞典を読むと、日本の民間信仰の中にもたくさんの妖怪が語られていたことが実感できる。

他にも日本人の霊魂に対する信仰や享受の仕方を追った『霊魂観の系譜 歴史民俗学の視点』など、桜井の著作は日本人にとって霊や怪異がどのような存在だったのかを教えてくれる。

佐藤有文《さとうありふみ》 一九三九～一九九九年

昭和時代の作家。秋田県出身。一九七〇年代、児童向けに数多くの妖怪や悪魔、霊などにまつわる作品を著したことで知られる。

◉子どもたちの心を掴んだ妖怪図鑑

佐藤の著作は、刊行当時妖怪好きの子どもたちに大きな影響を与えた。代表作である『いちばんくわしい日本妖怪図鑑』には、近世以前の妖怪画や、石原豪人《いしはらごうじん》らが新たに描いた妖怪イラスト、映画『妖怪百物語』など大映の妖怪シリーズのスチール写真といったさまざまな図版が掲載され、それらに解説が加えられている。紹介されている妖怪は、古くからの伝承や伝説に基づくものもあれば、当時刊行された妖怪関係の作品の記述に基づくもの、佐藤が独自に創作したものなど、多様であった。このスタイルは批判されることもあったが、当時の子どもたちを夢中にさせ、妖怪の世界へ導いたという点では大きな役割を果たしたといえるだろう。実際、この作品は当時のベストセラーとなっている。また、妖怪「塗仏《ぬりぼとけ》」の別称として紹介された「びろーん」は、こんにゃくのようにぶよぶよした体、塩をかけると消えるという設定、どこかやる気なさげで悲しげな表情、細長い体など、その独特の存在感で今もニッチなファンを獲得し続けている。

他にも、世界の妖怪を紹介する『いちばんくわしい世界妖怪図鑑』、世界中の吸血鬼を集めた『吸血鬼百科』など、多様な著作を残している。佐藤がこの時代、少年少女だった妖怪好きに与えた影響は、計り知れないだろう。

佐藤清明 さとうきよあき

一九〇五～一九九八年

明治時代から平成時代にかけての博物学者。岡山県浅口郡里庄町に生まれ、第六高等学校、清心高等女学校、岡山大学などで生物教師として勤務する傍ら、化石や昆虫、植物などの文献・標本収集や研究調査を行った。民俗学にも明るく、日本で最初の妖怪事典を作った人物とされる。

◉日本初の妖怪事典作者

一九三五年に発表された、佐藤の記した妖怪事典が『現行全国妖怪辞典』である。その名の通り全国の妖怪の名称を集め、五十音順に並べて短い解説を載せたものとなっている。日本最初の妖怪事典にあたり、後世の妖怪事典や妖怪図鑑に大きな影響を与えた。

柴田宵曲 しばたしょうきょく

一八九七～一九六六年

明治時代から昭和時代にかけての俳人、随筆家、書誌学者。東京都の商家に生まれ、中学を中退後、上野図書館に通い、和歌や俳句を独学で学ぶ。その後、ホトトギス社に入社し、編集に従事する。『蕉門《しょうもん》の人々』『古句を観る』など俳句に関する書を著し、高い評価を得た。晩年には『明治の話題』『明治風物詩』などの著作を残している。

◉随筆から集められた怪異たち

宵曲の残した作品の中には、妖怪に関する著作もいくつかある。

近世の随筆の中から内容ごとに話を集めたシリーズ『随筆辞典』の中の一つ「奇談異聞編」は、『耳囊《みみぶくろ》』『怪談老の杖』『譚海《たんかい》』といった数多の近世の随筆の中から、妖怪や幽霊が現れたり、不可思議な現象が起こったりした怪異譚ばかりを集めて収録した労作だ。後にちくま学芸文庫にて『奇談異聞辞典』の名前で文庫本としても刊行されたこの辞典は、一冊で近世随筆に現れる妖怪たちの原典に触れることができる、多くの妖怪好きたちにとってありがたい資料となった。

また『妖異博物館』及び『続 妖異博物館』など、日本の古典文学から中国文学に至るまでさまざまな怪異譚を取り上げ、比較・考察を行った著作もある。これは書誌学者としての宵曲の豊富な知識があったからこそ生まれた作品だといえよう。

太宰治 だざいおさむ

一九〇九～一九四八年

明治時代から昭和時代にかけての作家。本名は津島《つしま》修治《しゅうじ》。青森県金木村で生まれ、東京帝国大学仏文科に入学するが、後に中退。井伏鱒二《いぶせますじ》に師事し、著作活動に勤しむ。左翼活動や自殺未遂を経て、太宰治の筆名で『列車』を発表する。『逆行』が芥川賞候補となるも、落選。選考委員の川端康成《かわばたやすなり》から私生活の乱れを指摘され、確執が生じることとなる。その後同じく選考委員で太宰の作品を高く評価した佐藤春夫《さとうはるお》に師事し、処女短編集『晩年』を発表して文壇に認められるようになるが、芥川賞には選ばれなかった。

結婚を経てからは『女生徒』『走れメロス』などの作品を次々と発表し、作家としての地位を確立する。第二次世界大戦では徴用を免除され、戦時中も『津軽』や『お伽草紙《とぎぞうし》』などを発表する。戦後には没落貴族の物語を描いた『斜陽』が大ヒットし、「斜陽族」という流行語も生まれた。それから『人間失格』『桜桃《おうとう》』などの作品を発表するが、愛人と共に入水自殺を図り、一九四八年に玉川上水で遺体が発見された。これにより、朝日新聞、『朝日評論』に掲載を予定していた『グッド・バイ』は未完のまま遺作となった。

◉幼少時に抱いた怪談への憧憬

多彩な作品を残した太宰は、怪談の類《たぐい》を好んでいたことが知られている。
県立青森中学校で、文学仲間たちと共に作った同人誌『蜃気楼《しんきろう》』に掲載された短編『怪談』は、「私は小さい頃から怪談が好きであった、色んな人から色んな怪談を聞いた、色んな書籍から色んな怪談を知った、一千の怪談を覚えて居ると言っても敢えて過言ではなかろう」という文章から始まる。また晩年の短編『鉄面皮《てつめんぴ》』には、子どもの頃怪談が好きだったこと、恐ろしさのあまり泣き出しそうになりながら、それでも怪談本を手放さなかったことなどが記されている。さらに随筆『古典竜頭蛇尾』では、「おばけは、日本古典文学の粋である」と述べている。

実際太宰の作品には、多くのおばけたちが登場する。昔話として有名な「こぶとりじいさん」を原作とした『お伽草紙』の中の一篇「瘤《こぶ》取り」には、たくさんの鬼が登場する。続く「浦島さん」も浦島太郎を題材としているため、乙姫など人ならざる存在が現れる。

芥川龍之介《あくたがわりゅうのすけ》の『雛』に影響を受けたという『哀蚊《あわれが》』は、幽霊を見たという女性の一人称で語られる。『ヴィヨンの妻』に収録された「トカトントン」は、謎のトカトントンという音に取り憑かれた青年の物語である。さらに『むかしの亡者』では、安倍晴明《あべのせいめい》の母とされる葛《くず》の葉《は》という狐の話や、短歌を書いた短冊を夫のもとに残していった女の幽霊の話が記されている。

このように、太宰は怪異を題材とした古典作品を元にしたものから、自身で創作した怪談まで、さまざまな作品を記した。幼少時、怪談を好んで集めた太宰少年は、作家として独立した後も、その憧憬を捨てることはなかったのだろう。

中岡俊哉 なかおかとしや　一九二六〜二〇〇一年

昭和時代から平成時代にかけてのドキュメンタリー作家。東京都に生まれるが、一九四二年に満州に渡る。一九五七年に帰国し、ドキュメンタリー作家として心霊現象や超能力などをテーマに多くの作品を書き上げると共に、世界各国を回って取材・調査を行った。

◉昭和オカルトブームの立役者

一九七〇年代、日本でオカルトブームと呼ばれる心霊・超常現象ブームが起きた時、中岡はその中心にいた。彼が著した『狐狗狸《こっくり》さんの秘密』は全国の小学校でこっくりさんブームを巻き起こし、『恐怖の心霊写真集』は心霊写真がメディアで頻繁に取り上げられ、心霊写真が大衆化するきっかけとなった。中岡自身も全国から心霊写真を募集し、その解説などを行ってブームを後押しした。

また心霊研究家でもあった中岡は、地縛霊《じばくれい》や守護霊、動物霊といった、元々心霊主義や心霊科学と呼ばれる宗教的思想で使われていた専門用語を一般書籍やテレビなどで用い、その解説や紹介を行うことで、一般に広く浸透させた人物の一人でもある。中岡の他にも、『うしろの百太郎』や『恐怖新聞』で有名なつのだじろうや、テレビ番組「あなたの知らない世界」でコメンテーターを務めた心霊研究家・新倉《にいくら》イワオなどが心霊用語をメディア内で使用して広めていった。

オカルトブームを通して中岡が現在の日本人の心霊観に与えた影響は計り知れない。彼の存在がなければ生まれなかった現代の怪異たちは、数多いだろう。

日野巌　ひのいわお　一八九八～一九八五年

明治時代から昭和時代にかけての民俗学者。山口県の出身で、東京大学農学部を卒業後、宮崎高等農林学校の教師となる。その頃、宮崎県の自然や民俗に注目。日向郷土会を主宰し、雑誌『日向《ひゅうが》』を刊行する。その後、県立上代日向研究所の民俗部主査、山口大学教授、宇部短期大学教授などを歴任した。

◉動植物にまつわる怪異を研究

妖怪研究も行っていた日野は、妖怪にまつわる著作も残している。『植物怪異伝説新考《しょくぶつかいいでんせつしんこう》』『動物妖怪譚《どうぶつようかいたん》』はその代表で、竜や鳳凰《ほうおう》など架空の動物を含めた動植物にまつわる伝説や怪異譚を幅広く紹介している。

また、日野が「次第に忘れられてゆく過去の妖怪変化の類《たぐい》をできる限り数多く集録した」という『日本妖怪変化語彙《にほんようかいへんげごい》』も外せないだろう。これはさまざまな文献や民俗資料に残された妖怪を集めて五十音順に並べたもので、まさに妖怪事典というべき代物である。この書に掲載されたことで、後の妖怪事典や図鑑、創作作品にも収録されることとなり、世に広く知られるようになった妖怪も数多い。

藤沢衛彦　ふじさわもりひこ　一八八五～一九六七年

明治時代から昭和時代にかけての風俗史学者、民俗学者、小説家。明治大学を卒業後、藤沢紫浪《ふじさわしろう》の名義で通俗小説を刊行。その後、一九一四年に「日本伝説学会」を設立。母校である明治大学で風俗史学、伝説学の教鞭をとった。

◉妖怪に独自の解釈を加えた風俗史学者

藤沢は妖怪にも造詣が深く、『妖怪画談全集』『図説日本民俗学全集』『日本民族伝説全集』などの著作の中で、数多くの妖怪にまつわる伝説や伝承を豊富な図版と共に紹介している。

妖怪の解説文の中には、藤沢が独自に付けたものもある。たとえばぬらりひょんという妖怪の性質として頻繁に紹介される「家に勝手に入ってくる」「妖怪の総大将である」という解説は、藤沢が『妖怪画談全集』で鳥山《とりやま》石燕《せきえん》のぬらりひょんの絵の下に付けた「まだ宵の口の燈《ほ》影《かげ》にぬらりひょんと訪問する怪物の親玉」という文が元になっており、本来そのような伝承はなかったものと考えられている。

藤沢の残した妖怪にまつわる著作は、水木《みずき》しげるや佐《さ》藤有文《とうありふみ》など、後に妖怪文化を形作っていく作家たちに大きな影響を与えた。

松谷みよ子 まつたにみよこ　一九二六～二〇一五年

昭和時代から平成時代にかけての児童文学作家、民話研究家。東京都の神田に生まれ、戦後、坪田譲治《つぼたじょうじ》に師事し、坪田の童話雑誌『びわの実《み》学校』の編集に携わる。その後、童話集『貝になった子供』で第一回児童文学者協会新人賞を受賞。人形劇活動を通して知り合った瀬川《せがわ》拓男《たくお》と結婚して共に民話の研究を始め、多くの民話に関する著作を発表するが、後に離婚する。

『ちいさいモモちゃん』で第二回野間児童文芸賞を受賞し、この作品をはじめとする『モモちゃんとアカネちゃん』シリーズはベストセラーとなった。

●現代の民話を集めた児童文学作家

民話研究家であった松谷の作品には、多くの妖怪たちが登場する。代表作である『現代民話考』シリーズには、聞き取り取材や文献資料を元に集められた多くの怪異・妖怪にまつわる民話が掲載されている。注目すべきは、この『現代民話考』のように、松谷の著作には現代、つまり我々が生きる時代に語られた多くの怪異・妖怪たちが記録されている点だ。これは過去から語り継がれてきた民話だけでなく、現代の人々の間で生み出された民話が収集されたという点で画期的であった。

松谷は『現代民話考』の前書きで、現代の民話を集めようと考えたきっかけについて、劇作家の木下順二《きのしたじゅんじ》の「民話は考古学における土器や化石のような形で保存するべきものではなく、人間がそこにある限り日々生きて動いて生まれつつある」という考え方に感銘を受けたからであると記している。松谷の現代民話研究は後の研究者にも大きな影響を与え、講談社やポプラ社の『学校の怪談』シリーズでも有名な常光徹《つねみつとおる》も松谷の影響で学校の怪談を集めるようになったと語っている。松谷自身もポプラ社『学校の怪談』シリーズの編者である学校の怪談編集委員会の一人として活動しており、同シリーズ内で多くの怪談や怪異を紹介している。

　他にも児童文学『怪談レストラン』シリーズでは責任編集を務めており、このシリーズも五十巻に達するベストセラーとなるなど、子どもたちが怪談文化に触れる多くのきっかけを作った人物でもある。

水木しげる　みずきしげる

一九二二〜二〇一五年

　大正時代から平成時代にかけての漫画家。本名は武良《むら》茂《しげる》。大阪府で生まれ、鳥取県境港市で育つ。高等小学校卒業後、大阪府の精華美術学院に入学するも、やがて通わなくなる。その後東京美術学校への入学を目指し、新聞配達をしながら夜間中学校へ通うが、太平洋戦争が勃発して徴兵される。戦時中に南方行きを命じられ、パプアニューギニアのニューブリテン島ラバウルでの戦闘を経験するが、生きて帰国する。しかしマラリアを発症し、療養中に敵機の爆撃で重傷を負った左腕の切断手術を受ける。

　帰国後は武蔵野美術学校に入学し、絵を学びながら仕事をしたが立ちいかなくなり、学校を中退。兵庫県神戸市兵庫区に移り、アパート「水木荘」の大家となる。水木荘に入居した紙芝居作家の弟子の青年との出会いが、水木を紙芝居業へと導く。紙芝居の貸元を紹介してもらった水木は、自作の紙芝居を持ち込み、やがて採用される。しかし紙芝居業は薄給で、新人にはまともに代金が支払われなかった。それでも紙芝居業を続け、この頃から「水木しげる」のペンネームを使い始める。やがてこの時期手がけた紙芝居の中から「空手鬼太郎《からてきたろう》」「河童《かっぱ》の三平」など、後に水木の代表作となる作品の原型が生まれる。

　テレビや貸本漫画が台頭してくると、水木は貸本漫画業に転じ、漫画家として活動を始める。戦記漫画やSF漫画、ホラー漫画など、さまざまなジャンルの漫画を描いた水木だったが、貧困からはなかなか脱することができなかった。そんな中、貸本漫画作品の一つ『墓場鬼太郎《はかばきたろう》』が生まれ、これが人気作となる。その後、『悪魔くん』や『河童の三平』などを貸本漫画として発表。水木を象徴する妖怪漫画の原型が生まれていった。

　その後『別冊少年マガジン』に掲載された『テレビく

ん』が第六回講談社児童まんが賞を受賞すると、一躍人気作家となる。『悪魔くん』のドラマ化や、『墓場鬼太郎』が『ゲゲゲの鬼太郎』と名を変えてアニメ化されたことにより、一九六〇年代の日本に妖怪ブームを巻き起こした。

以降は日本の妖怪文化を牽引する人物として多くの妖怪たちを描き、荒俣宏《あらまたひろし》、京極夏彦《きょうごくなつひこ》らと共に「世界妖怪協会」を設立する。また水木が幼少期を過ごした鳥取県境港市では、町おこしの一環として水木しげるロードが設けられ、水木しげる記念館が開設された。

二〇一五年十一月、東京都調布市の自宅で転倒して頭部を打ち、一時は回復したものの多臓器不全のため亡くなった。

◉現代に妖怪をよみがえらせた大偉人

水木は日本人であれば妖怪好きであろうとなかろうと知らない者はいない漫画家であり、死の直前まで妖怪に関わり続けた彼の日本の妖怪文化への貢献度は計り知れない。

水木が妖怪に親しむようになったのは、幼少時、武良家に手伝いとして通っていた景山《かげやま》ふさという人物の影響によるものだという。水木の自伝『のんのんばあとオレ』によれば、水木は彼女を「のんのんばあ」と呼んでおり、彼女から夜道を歩いているとついて来る姿の見えない怪異「べとべとさん」について教わったり、彼女に連れられて境港市の正福寺に飾られている地獄絵や極楽絵を見たりしたことが、後の妖怪創作に影響を与えたと語っている。また、戦時中のラバウルでは、水木自身も突然前に進めなくなるという怪異現象に遭遇しており、これをぬりかべに遭遇したと語っている。

これらの体験から妖怪が登場する作品を数多く創作した水木だが、妖怪ブームが起きた一九六十年代当時、「妖怪」は民俗学者など一部の者たちの間でのみ使われていた専門用語であった。この言葉は水木の作品によって一般にも知られるようになり、彼の描いた妖怪の姿や物語は、現代人の妖怪観に大きな影響を与えた。

水木の漫画が原作であり、二〇一九年現在六度のアニメ化と二度の実写映画化を果たしている『ゲゲゲの鬼太郎』は、世代を超えて子どもたちが妖怪に興味を持つきっかけを作る作品となっている。

水木は漫画だけでなく、多くの妖怪図鑑を記したことでも知られる。『週刊少年サンデー』で発表された『ふしぎなふしぎなふしぎな話』から始まり、講談社の『日本妖怪大全』『日本妖怪大鑑』は彼の代表作である。また『水木しげるの世界妖怪事典』『水木しげるの中国妖怪事典』など、日本国外の妖怪の姿も描き、紹介している。

水木の功績は、過去の絵画や彫刻で姿が伝わる妖怪だけでなく、伝承のみで姿形が伝えられていない妖怪たちの姿を描き起こした、ということにある。これにより妖怪たちは、視覚化されてより親しみやすい存在となった。もちろんこれは元来決まった姿を持たない妖怪に形を与えてしまったという問題もはらんでいるが、水木の絵がなければ、妖怪文化がここまで現代に根付くこともなかっただろう。

宮田登《みやたのぼる》

一九三六～二〇〇〇年

昭和時代から平成時代にかけての民俗学者。神奈川県横浜市で生まれ、東京教育大学文学部を卒業後、同大学院で博士号を取得し、文学博士となる。その後、東京学芸大学、筑波大学、神奈川大学の助教授、教授、国立歴史民俗博物館の客員教授などを務め、都市民俗学の観点から現代の民俗学研究に大きく貢献した。

◉都市に現れる妖怪たち

宮田は妖怪研究の分野でも高名であり、多くの研究成果を残している。特に都市空間と妖怪の関係について都市民俗学の視点から研究したことが画期的であったと評されており、『妖怪の民俗学』がその代表的な例である。辻や橋などの空間の境、都市の周辺、たそがれ時など、怪異が発生しやすい場所や時間について、過去や現代の事例を交えながら論じ、当時の妖怪研究に大きな影響を与えた。宮田の没後まとめられた『都市空間の怪異』においても、都市空間に現れる怪異・妖怪たちと、都市に住む人間たちとの関係が、多くの事例と共に考察されている。

この他にも、『霊魂の民俗学』『怖さはどこからくるのか』など、怪異・妖怪について論じた著作を残している。妖怪好きの人は、これらの著作を通して、宮田民俗学の世界をのぞいてみると楽しいだろう。

山田野理夫《やまだのりお》

一九二二～二〇一二年

大正時代から平成時代にかけての作家、詩人。宮城県仙台市の出身で、東北大学農学部を卒業し、農林省統計調査員、宮城県史編纂委員、東北大学付属農学研究所員などを経て作家となる。『南部牛追唄《なんぶうしおいうた》』で第六回農民文学賞を受賞。多くの怪談作品の他、宮沢賢治《みやざわけんじ》や佐々木喜善《ささきぜん》など、東北地方に縁のある人物についての著作も残した。

◉旅する怪談作家

野理夫は多くの怪談集を残しているが、中でも有名なのは、東北地方を舞台にした怪談を集めた『東北怪談の旅』であろう。これは野理夫自身がフィールドワークで集めた怪談を紹介する著作であり、中には多くの妖怪が登場し、水木《みずき》しげるにも大きな影響を与えた。一方で、伝承や伝説が残っておらず、絵画でしか確認されていない妖怪の名前が登場する話が複数あるため、話自体を創作したか、フィールドワークで聞き取った怪異に似た妖怪を当てはめたのではないかと考えられている。この他にも、『日本怪談集』シリーズや『怪談の世界』など、多くの怪談集を著している。

山本素石 やまもとそせき　一九一九〜一九八八年

大正時代から昭和時代にかけての釣り研究者、エッセイスト。滋賀県甲賀郡甲南町で生まれ、山釣りや渓流釣りを題材にしたエッセイを多く手がけた。

◉ツチノコの幸せを願った随筆家

釣りの研究や随筆で有名な山本だが、彼を語る上で外せない妖怪がいる。それがツチノコだ。近代以前から日本各地で語られていたツチノコやそれに類する妖怪たちが昭和時代に一躍ブームとなったきっかけを作ったのが山本である。

彼の著書『逃げろツチノコ』によれば、一九五九年、山本が京都府の北山で渓流釣りをしていたところ、ビール瓶のような体をした蛇が飛びかかってきた。これがツチノコとの出会いだったという。以降、山本はその幻の蛇・ツチノコを追い求めて全国を調査し、釣り仲間で結成したノータリンクラブという集まりでもツチノコの探索に乗り出した。このクラブで作られた「ツチノコの手配書」が西武百貨店の広報課の目にとまって多くの人々に配られ、さらに高額の懸賞金まで付けられた。

メディアもツチノコを取り上げるようになり、一九七〇年代には日本全国でツチノコブームが巻き起こる。やがてツチノコは日本各地で語られていた類似する蛇の妖怪たちの特徴を吸収し、ビール瓶のような寸胴の体、三角形の頭、高い跳躍力などの特徴を持つ未確認動物として人々の間に広まっていった。

だが先述の『逃げろツチノコ』によれば、それは山本が望んだことではなかったという。山本は一九七三年にツチノコ探索の終了を宣言してこの書を著した。彼は同書のあとがきで、ツチノコをダシにするピエロにはなりたくないと記しており、著作を通してツチノコに逃げろと語りかける。そしてもしいつか再びツチノコに巡り合えたなら、「お前、やっぱり生きとったのか。よかった。誰かが捕まえに来よらんうちに、はよう逃げろよ」とささやきかけることだろう、と記した。

山本の願い通り、現在もツチノコは見つかっていない。しかし今もどこかで幻の蛇として、誰にも見つかることなく、ひっそりと生き続けているのだろう。

吉川観方《よしかわかんぽう》

一八九四～一九七九年

明治時代から昭和時代にかけての日本画家、風俗史家。京都に生まれ、岡坂鉄山《おかさかてつざん》に書を学び、西堀刀水《にしぼりとうすい》、竹内栖鳳《たけうちせいほう》に師事して日本画を学んだ。画家としては風景画、美人画、役者絵などを描き、関西では新進版画家として有名であった。江馬務《えまつとむ》が主宰した風俗史研究会に参加して風俗史についても学び、江馬が『風俗研究』を創刊すると、その挿絵を担当した。自身も風俗史にまつわる著作を多数残している。

◉絵の中の妖怪を紹介した画家

吉川の妖怪にまつわる著作として、『絵画に見えたる妖怪』がある。これは吉川が若い頃から集め、個人的に所蔵していた妖怪画や幽霊画を扱った著書で、吉川による各絵画とその作者についての解説が付されている。収録された絵画は鳥山石燕《とりやませきえん》や葛飾北斎《かつしかほくさい》など妖怪画で有名な画家たちから、小林永濯《こばやしえいたく》や森徹山《もりてつざん》など、妖怪画の観点からはあまり語られない画家たちの作品まで幅広く集められている。この本は人気を集め、翌年には『絵画に見えたる妖怪 続』が刊行された。また彼と風俗史研究を通して交流があった江馬務も、後に妖怪研究に大きな影響を及ぼした『日本妖怪変化史《にほんようかいへんげし》』を著している。詳しくは江馬務の項目を参照。

五十音順索引

この索引は、本書収録の全人物名を五十音順に配列したものである。

◉さ行

◉た行

能力索引

この索引は、怪異に関連する特殊能力を有する人物を、その能力ごとに配列したものである。

関連性索引

この索引は、項目人物を怪異との関係ごとに配列したものである。

◉さらわれる

◉飼育する

◉守護される

◉図画する

◉遭遇・目撃する

◉創作する

◉戦う

関連怪異索引

この索引は、項目人物を関連する怪異ごとに配列したものである。

地域索引

この索引は、項目人物を怪異譚の舞台となった地域ごとに配列したものである。

◉京都府

◉大阪府

◉兵庫県

◉奈良県

あとがき

この度は、本書を読んで頂いてありがとうございました。歴史上の人物たちにこれ程までに多彩で不可思議なエピソードがあるのかと、彼らの意外な一面に驚いて頂けたなら幸いです。

本書で紹介したエピソードは、現代の常識においては、歴史上実際にあった出来事として考えられることはもちろん少ないですが、当時の人々の間では事実として語られていた伝承も数多あります。一方で、歴史上の人物を題材に不可思議な物語が創作される例は現代でも数多くあり、たくさんの人々を楽しませています。

日本では、妖怪や幽霊、神、仏といった怪異たちが、いつの時代も人々のすぐ隣にいます。

どれだけ科学技術が発展しようとも、口裂け女やトイレの花子さんなど、現代に巣くう怪異たちが時折世間を賑わせ、幾多の創作の中で妖怪たちが活躍しています。時代によってその形は変われども、怪異談は私たち人間の歴史と共にこれからも紡がれていくことでしょう。

歴史に残る人々の数は膨大です。本書には五百一名の人物と彼らにまつわる怪異談を収録しましたが、また新たな人と怪異の物語に遭遇することもあるでしょう。いつかの機会に、そんな新しい怪異談を皆さまにご紹介できれば幸いです。

朝里 樹

参考資料一覧

〈書籍〉

・芥川龍之介著、東雅夫編『芥川龍之介集 妖婆 文豪怪談傑作選』二〇一〇年、ちくま文庫、筑摩書房
・浅野和三郎著、桑原啓善監修、熊谷えり子訳『神霊主義 心霊科学からスピリチュアリズムへ』二〇〇三年、でくのぼう出版
・浅見和彦・伊東玉美責任編集『新注古事談』二〇一〇年、笠間書院
・阿部正路・藤巻一保・羽田守快・石川純一郎・志村有弘・東雅夫著『妖怪の本 異界の闇に蠢く百鬼夜行の伝説』一九九九年、学研
・天野文雄著『能楽名作選 上 原文・現代語訳』二〇一七年、KADOKAWA
・天野文雄著『能楽名作選 下 原文・現代語訳』二〇一七年、KADOKAWA
・池上洵一編『今昔物語集 本朝部 中』二〇〇一年、岩波文庫、岩波書店
・池田彌三郎著『日本の幽霊』一九六二年、中央公論文庫、中央公論社
・六樹園・岡田玉山著、須永朝彦訳『飛騨匠物語 絵本玉藻譚』二〇〇二年、国書刊行会
・石川鴻斎著、小倉斉・高柴慎治訳註『夜窓鬼談』二〇〇三年、春風社
・板垣俊一校訂『前太平記(上)』一九八八年、国書刊行会
・佚斎樗山著、石井邦夫訳注『天狗芸術論・猫の妙術 全訳注』二〇一四年、講談社学術文庫、講談社
・伊東史朗編『古寺巡礼 道成寺の仏たちと「縁起絵巻」』二〇一四年、東京美術
・伊藤龍平訳・解説『怪談おくのほそ道 現代語訳「芭蕉翁行脚怪談袋」』二〇一六年、国書刊行会
・乾克己・志村有弘・小池正胤・高橋貢・鳥越文蔵著『日本伝奇伝説大事典』一九八六年、角川書店
・井上光貞・大曾根章介校注『往生伝・法華験記』一九九五年、日本思想大系、岩波書店
・岩井宏實監修、近藤雅樹編『図説 日本の妖怪』二〇一七年、河出書房新社
・泉鏡花著『夜叉ケ池・天守物語』一九八四年、岩波文庫、岩波書店
・泉鏡花著『歌行燈・高野聖』一九五〇年、新潮文庫、新潮社
・巖谷小波編『大語園 一』一九三五年、平凡社
・巖谷小波編『大語園 二』一九三五年、平凡社
・巖谷小波編『大語園 三』一九三五年、平凡社
・巖谷小波編『大語園 四』一九三五年、平凡社
・巖谷小波編『大語園 五』一九三五年、平凡社
・巖谷小波編『大語園 六』一九三五年、平凡社
・巖谷小波編『大語園 七』一九三五年、平凡社
・巖谷小波編『大語園 八』一九三五年、平凡社
・巖谷小波編『大語園 九』一九三五年、平凡社
・巖谷小波編『大語園 十』一九三五年、平凡社
・岩崎美術社編『旅と伝説 第八巻八号通巻九十二号』一九七八年、岩崎美術社
・岩崎美術社編『旅と伝説 第十六巻十二号通巻百九十二号』一九七八年、岩崎美術社

・上田秋成著、青木正次訳注『雨月物語（上）』一九八一年、講談社学術文庫、講談社
・上田秋成著、青木正次訳注『雨月物語（下）』一九八一年、講談社学術文庫、講談社
・宇治谷孟著『続日本紀（上）全現代語訳』一九八二年、講談社学術文庫、講談社
・宇治谷孟訳『日本書紀（上）全現代語訳』一九八八年、講談社学術文庫、講談社
・宇治谷孟訳『日本書紀（下）全現代語訳』一九九八年、講談社学術文庫、講談社
・江馬務著『日本妖怪変化史』二〇〇四年、中公文庫BIBLIO、中央公論新社
・大金重貞著『那須記』一六七三〜一六八〇年、国立国会図書館デジタルコレクション
・太田牛一著、榊山潤訳『現代語訳 信長公記（全）』二〇一七年、ちくま学芸文庫、筑摩書房
・岡田玉山著『絵本太閤記（下）』一八八六年、成文社
・岡本和明・辻堂真理著『コックリさんの父 中岡俊哉のオカルト人生』二〇一七年、新潮社
・岡本綺堂著、東雅夫編『岡本綺堂 妖術伝奇集 伝奇ノ匣2』二〇〇二年、学研M文庫、学研
・折口信夫著『折口信夫全集・百五十八作品⇒一冊』不明、kindle
・香川正矩編『陰徳太平記』一九一一年、犬山仙之助、国立国会図書館デジタルコレクション
・過耀艮編『妖怪画談全集 第三編 支那篇』一九二九年、中央美術社
・河童連邦共和国監修『日本のかっぱ 水と神のフォークロア』一九九一年、桐原書店
・菊地章太著『妖怪学の祖 井上圓了』二〇一三年、KADOKAWA
・木越治校訂代表、加藤十握・金永昊校訂『新編浮世草子怪談集』二〇一六年、国書刊行会
・貴志正造訳『神道集』一九六七年、東洋文庫、平凡社
・喜多村筠庭著、長谷川強・江本裕・渡辺守邦・岡雅彦・花田富二夫・石川了校訂『嬉遊笑覧（一）』二〇〇二年、岩波文庫、岩波書店
・喜多村筠庭著、長谷川強・江本裕・渡辺守邦・岡雅彦・花田富二夫・石川了校訂『嬉遊笑覧（二）』二〇〇四年、岩波文庫、岩波書店
・喜多村筠庭著、長谷川強・江本裕・渡辺守邦・岡雅彦・花田富二夫・石川了校訂『嬉遊笑覧（三）』二〇〇四年、岩波文庫、岩波書店
・喜多村筠庭著、長谷川強・江本裕・渡辺守邦・岡雅彦・花田富二夫・石川了校訂『嬉遊笑覧（四）』二〇〇五年、岩波文庫、岩波書店
・喜多村筠庭著、長谷川強・江本裕・渡辺守邦・岡雅彦・花田富二夫・石川了校訂『嬉遊笑覧（五）』二〇〇九年、岩波文庫、岩波書店
・京極夏彦著『妖怪の理 妖怪の檻』二〇〇七年、角川書店
・京極夏彦著、多田克己編『妖怪図巻』二〇〇〇年、国書刊行会
・京極夏彦ほか文、多田克己編『絵本百物語 桃山人夜話』二〇〇三年、国書刊行会

・京極夏彦訳、東雅夫編『稲生物怪録』二〇一九年、角川ソフィア文庫、KADOKAWA
・日下力訳注『保元物語 現代語訳付き』二〇一五年、角川ソフィア文庫、KADOKAWA
・日下力訳注『平治物語 現代語訳付き』二〇一六年、角川ソフィア文庫、KADOKAWA
・倉野憲司・武田祐吉校注『古事記祝詞』一九五八年、日本古典文学大系、岩波書店
・経済雑誌社編『国史大系 第八巻 本朝世紀』一八九七年、経済雑誌社、国立国会図書館デジタルコレクション
・源信著、川崎庸之・秋山虔・土田直鎮訳『往生要集 全現代語訳』二〇一八年、講談社学術文庫、講談社
・小泉八雲著、上田和夫訳『小泉八雲集』一九七五年、新潮文庫、新潮社
・広坂朋信訳注『実録四谷怪談 現代語訳「四ッ谷雑談集」』二〇一三年、白澤社
・国書刊行会編『史籍雑纂 第二』一九一一年、国書刊行会
・国書刊行会編『徳川文芸類聚 第四』一九一四年、国書刊行会
・国史研究会編『国史叢書』一九一五年、国史研究会
・後藤昭雄・池上洵一・山根對助校注『江談抄 中外抄 富家語』一九九七年、新日本古典文学大系、岩波書店
・近藤瑞木編『百鬼繚乱 江戸怪談・妖怪絵本集成』二〇〇二年、国書刊行会
・小二田誠二著『死霊解脱物語聞書 江戸怪談を読む』二〇一二年、白澤社
・小松和彦監修、小松和彦・常光徹・山田奨治・飯倉義之編『日本怪異妖怪大事典』二〇一三年、東京堂出版
・今野円輔著『怪談 民俗学の立場から』二〇〇五年、中公文庫BIBLIO、中央公論新社
・今野円輔著『日本怪談集 妖怪篇（上）』二〇〇四年、中公文庫BIBLIO、中央公論新社
・今野円輔著『日本怪談集 幽霊篇（下）』二〇〇四年、中公文庫BIBLIO、中央公論新社
・今野円輔編著『日本怪談集 妖怪篇』一九八一年、現代教養文庫、社会思想社
・斎藤一柏・関依川編『戸隠山鬼女紅葉退治之伝 北向山霊験記』一八八六年、辻岡文助、国立国会図書館デジタルコレクション
・作者不明『簠簋抄』一六四七年、国立国会図書館デジタルコレクション
・作者不明『神明鏡』一五四〇年、国立国会図書館デジタルコレクション
・作者不明『今古実録 増補英雄美談（一）』一八八四年、栄泉社、国立国会図書館デジタルコレクション
・作者不明『絵本慶安太平記』一八八六年、駸々堂
・佐伯有義編『日本三代実録』一九四〇年、朝日新聞社
・佐伯有義編『文徳実録』一九三〇年、朝日新聞社
・西行著、西尾光一校注『撰集抄』一九七〇年、岩波文庫、岩波書店
・桜井徳太郎編『民間信仰辞典』一九八〇年、東京堂出版
・桜井徳太郎・萩原龍夫・宮田登校注『寺社縁起』一九七五年、日本思想大系、岩波書店
・佐々木喜善著『遠野のザシキワラシとオシラサマ』二〇〇七年、中公文庫BIBLIO、中央公論新社

・佐々木喜善著『聴耳草紙』二〇一〇年、ちくま学芸文庫、筑摩書房
・佐々木喜善著、石井正己編『遠野奇談』二〇〇九年、河出書房新社
・佐竹昭広著『酒呑童子異聞』一九九二年、岩波書店
・佐藤有文著『世界妖怪図鑑』二〇一六年、復刊ドットコム
・佐藤有文著『日本妖怪図鑑』二〇一六年、復刊ドットコム
・佐藤清明著、中国民俗学会編『現行全国妖怪辞典』一九三五年、中国民俗学会
・佐藤謙三校注『平家物語（上）』一九五九年、角川ソフィア文庫、KADOKAWA
・佐藤謙三校注『平家物語（下）』一九五九年、角川ソフィア文庫、KADOKAWA
・佐藤深雪校訂『山東京伝集』一九九二年、国書刊行会
・三元社編『旅と伝説 第四年一号通巻三十五号』一九三一年、三元社
・三元社編『旅と伝説 第四年二号通巻三十六号』一九三一年、三元社
・三元社編『旅と伝説 第七年二号通巻七十四号』一九三四年、三元社
・三元社編『旅と伝説 第一年二号通巻二号』一九二八年、三元社
・三条西公正校訂『三条西家本 栄花物語（中）』一九三一年、岩波文庫、岩波書店
・三遊亭円朝著『怪談 牡丹燈籠』二〇〇二年、岩波文庫、岩波書店
・慈円著、大隅和雄訳『愚管抄 全現代語訳』二〇一二年、講談社学術文庫、講談社
・柴田宵曲編『奇談異聞辞典』二〇〇八年、ちくま学芸文庫、筑摩書房
・島津久基校訂『義経記』一九三九年、岩波文庫、岩波書店
・志村有弘・奥山芳広編『社寺縁起伝説辞典』二〇〇九年、戎光祥出版
・新修京都叢書刊行会・野間光辰編『新修京都叢書 第十三巻 山城名勝志』一九六八年、臨川書店
・杉谷宗重著、秋好政寿・九州歴史研究会編『大友興廃記の翻訳と検証』不明、kindle
・鈴木哲雄著『酒天童子絵巻の謎「大江山絵詞」と坂東武士』二〇一九年、岩波書店
・鈴木棠三著『江戸巷談 藤岡屋ばなし』二〇〇三年、ちくま学芸文庫、筑摩書房
・銭谷武平著『役行者伝記集成』二〇一六年、東方出版
・大日本名所図会刊行会編『摂津名所図会 上巻』一九一九年、大日本名所図会刊行会
・高井蘭山編『絵本三国妖婦伝』一八八六年、荒川藤兵衛、国立国会図書館デジタルコレクション
・高田衛著『増補版 江戸の悪霊祓い師』二〇一六年、角川ソフィア文庫、KADOKAWA
・高田衛編・校注『江戸怪談集（上）』一九八九年、岩波文庫、岩波書店
・高田衛編・校注『江戸怪談集（中）』一九八九年、岩波文庫、岩波書店
・高田衛編・校注『江戸怪談集（下）』一九八九年、岩波文庫、岩波書店

・高田衛他校訂『近世奇談集成(一)』一九九二年、国書刊行会
・高田衛監修、稲田篤信・田中直日編『鳥山石燕 画図百鬼夜行』一九九二年、国書刊行会
・武石彰夫訳『今昔物語集 本朝世俗篇(上)全現代語訳』二〇一六年、講談社学術文庫、講談社
・武石彰夫訳『今昔物語集 本朝世俗篇(下)全現代語訳』二〇一六年、講談社学術文庫、講談社
・竹田恒泰著『怨霊になった天皇』二〇一一年、小学館文庫、小学館
・太宰治著、東雅夫編『太宰治集 哀蚊 文豪怪談傑作選』二〇〇九年、ちくま文庫、筑摩書房
・太刀川清校訂『百物語怪談集成』一九八七年、国書刊行会
・田中貢太郎著『日本怪談実話〈全〉』二〇一七年、河出書房新社
・堤邦彦・杉本好伸編『近世民間異聞怪談集成』二〇〇三年、国書刊行会
・鶴見和子著『南方熊楠 地球志向の比較学』一九八一年、講談社学術文庫、講談社
・鶴屋南北著、河竹繁俊校訂『東海道四谷怪談』一九五六年、岩波文庫、岩波書店
・帝京大学文学部史学科編『帝京史学 第二十号 一九一一-二〇一』二〇〇五年、帝京大学
・寺田寅彦著、千葉俊二・細川光洋編『怪異考/化物の進化 寺田寅彦随筆選集』二〇一二年、中公文庫、中央公論新社
・鳥山石燕著『鳥山石燕 画図百鬼夜行全画集』二〇〇五年、角川ソフィア文庫、KADOKAWA
・中岡俊哉著『狐狗狸さんの秘密 君にも心霊能力を開発できる』一九八四年、サラ・ブックス、二見書房
・中島悦次校注『宇治拾遺物語』一九六〇年、角川ソフィア文庫、KADOKAWA
・中田祝夫訳注『日本霊異記(上)全訳注』一九七八年、講談社学術文庫、講談社
・永積安明校訂『十訓抄』一九四二年、岩波文庫、岩波書店
・中西進訳注『万葉集 全訳注原文付(一)』一九八〇年、講談社文庫、講談社
・長野仁・東昇編『戦国時代のハラノムシ「針聞書」のゆかいな病魔たち』二〇〇七年、国書刊行会
・中村啓信監修・訳注『風土記 上 現代語訳付き』二〇一五年、角川ソフィア文庫、KADOKAWA
・中村啓信監修・訳注『風土記 下 現代語訳付き』二〇一五年、角川ソフィア文庫、KADOKAWA
・中山薫著『温羅伝説 史料を読み解く』二〇一三年、岡山文庫、日本文教出版
・夏目漱石著、長尾剛編『漱石ホラー傑作選』二〇〇九年、PHP文庫、PHP研究所
・夏目漱石著、長尾剛編『夢十夜他二篇』一九八六年、岩波文庫、岩波書店
・西尾光一・小林保治校注『古今著聞集〈上〉』一九八三年、新潮日本古典集成、新潮社
・西尾光一・小林保治校注『古今著聞集〈下〉』一九八六年、新潮日本古典集成、新潮社
・西田耕三校訂『仏教説話集成(一)』一九九〇年、国書刊行会
・西野辰吉著『地蔵堂通夜物語』一九九六年、勉誠社
・根岸鎮衛著、長谷川強校注『耳嚢(上)』一九九一年、岩波

文庫、岩波書店
・根岸鎮衛著、長谷川強校注『耳嚢(中)』一九九一年、岩波文庫、岩波書店
・根岸鎮衛著、長谷川強校注『耳嚢(下)』一九九一年、岩波文庫、岩波書店
・野上豊一郎編『謡曲選集』一九三五年、岩波文庫、岩波書店
・長谷川強校注『元禄世間咄風聞集』一九九四年、岩波文庫、岩波書店
・播摩光寿・磯水絵・小林保治・田嶋一夫・三田明弘編『続古事談』二〇〇二年、おうふう
・春川栖仙編『心霊研究辞典』一九九〇年、東京堂出版
・日野巌著『植物怪異伝説新考(上)』二〇〇六年、中公文庫BIBLIO、中央公論新社
・日野巌著『植物怪異伝説新考(下)』二〇〇六年、中公文庫BIBLIO、中央公論新社
・日野巌著『動物妖怪譚(上)』二〇〇六年、中公文庫BIBLIO、中央公論新社
・日野巌著『動物妖怪譚(下)』二〇〇六年、中公文庫BIBLIO、中央公論新社
・日野原健司・渡邉晃著、太田記念美術館監修『月岡芳年妖怪百物語』二〇一七年、青幻舎
・兵藤裕己校注『太平記(一)』二〇一四年、岩波文庫、岩波書店
・兵藤裕己校注『太平記(二)』二〇一四年、岩波文庫、岩波書店
・兵藤裕己校注『太平記(三)』二〇一五年、岩波文庫、岩波書店
・兵藤裕己校注『太平記(四)』二〇一五年、岩波文庫、岩波書店
・兵藤裕己校注『太平記(五)』二〇一六年、岩波文庫、岩波書店
・兵藤裕己校注『太平記(六)』二〇一六年、岩波文庫、岩波書店
・平田篤胤著、子安宣邦校注『仙境異聞・勝五郎再生記聞』二〇〇〇年、岩波文庫、岩波書店
・福岡市博物館編『幽霊・妖怪画大全集』二〇一二年、幽霊・妖怪画大全集実行委員会
・藤原兼輔編『聖徳太子伝暦 二巻』室町後期、国立国会図書館デジタルコレクション
・藤沢衛彦著『日本民族伝説全集〈第一巻〉東京篇』一九五五年、河出書房
・藤沢衛彦著『日本民族伝説全集〈第二巻〉関東篇』一九五五年、河出書房
・藤沢衛彦著『日本民族伝説全集〈第三巻〉東北・北海道篇』一九五五年、河出書房
・藤沢衛彦著『日本民族伝説全集〈第四巻〉中部篇』一九五五年、河出書房
・藤沢衛彦著『日本民族伝説全集〈第五巻〉近畿篇』一九五六年、河出書房
・藤沢衛彦著『日本民族伝説全集〈第六巻〉北陸篇』一九五六年、河出書房
・藤沢衛彦著『日本民族伝説全集〈第七巻〉中国篇』一九五六年、河出書房
・藤沢衛彦著『日本民族伝説全集〈第八巻〉四国・九州篇』一九五六年、河出書房
・藤沢衛彦著『日本民族伝説全集〈第九巻〉京都・大阪・奈良篇』一九五六年、河出書房
・藤沢衛彦著『図説日本民俗学全集〈第一〉神話・伝説編』一九五九年、あかね書房
・藤沢衛彦著『図説日本民俗学全集〈第二〉伝承説話編』

一九六〇年、あかね書房
・藤沢衛彦著『図説日本民俗学全集〈第三〉ことば・ことわざ編』一九六〇年、あかね書房
・藤沢衛彦著『図説日本民俗学全集〈第四〉民間信仰・妖怪編』一九六〇年、あかね書房
・藤沢衛彦著『図説日本民俗学全集〈第五〉民謡・芸能編』一九六〇年、あかね書房
・藤沢衛彦著『図説日本民俗学全集〈第六〉子ども歳時記編』一九六一年、あかね書房
・藤沢衛彦著『図説日本民俗学全集〈第七〉年中行事編』一九六一年、あかね書房
・藤沢衛彦著『図説日本民俗学全集〈第八〉風俗・生活編』一九六一年、あかね書房
・藤沢衛彦編『妖怪画談全集 第一編 日本篇 上』一九三〇年、中央美術社
・藤沢衛彦編『妖怪画談全集 第四編 日本篇 下』一九三〇年、中央美術社
・藤原定家著『明月記 第三』一九一二年、国書刊行会
・藤巻一保著『安倍晴明「簠簋内伝」現代語訳総解説』二〇一七年、戎光祥出版
・平凡社編『日本の妖怪』一九八七年、平凡社
・別冊宝島編集部編『日本「霊能者」列伝』二〇〇八年、宝島SUGOI文庫、宝島社
・保坂弘司訳『大鏡 全現代語訳』一九八一年、講談社学術文庫、講談社
・松平定能著『甲斐国志』一九一二年、甲陽図書刊行会
・松谷みよ子著『現代民話考（一）河童・天狗・神かくし』二〇〇三年、ちくま文庫、筑摩書房
・松谷みよ子著『現代民話考（二）軍隊・徴兵検査・新兵のころ』二〇〇三年、ちくま文庫、筑摩書房
・松谷みよ子著『現代民話考（三）偽汽車・船・自動車の笑いと怪談』二〇〇三年、ちくま文庫、筑摩書房
・松谷みよ子著『現代民話考（四）夢の知らせ・火の玉・ぬけ出した魂』二〇〇三年、ちくま文庫、筑摩書房
・松谷みよ子著『現代民話考（五）死の知らせ・あの世へ行った話』二〇〇三年、ちくま文庫、筑摩書房
・松谷みよ子著『現代民話考（六）銃後・思想弾圧・空襲・沖縄戦』二〇〇三年、ちくま文庫、筑摩書房
・松谷みよ子著『現代民話考（七）学校・笑いと怪談・学童疎開』二〇〇三年、ちくま文庫、筑摩書房
・松谷みよ子著『現代民話考（八）ラジオ・テレビ局の笑いと怪談』二〇〇三年、ちくま文庫、筑摩書房
・松谷みよ子著『現代民話考（九）木霊・蛇・木の精霊・戦争と木』二〇〇三年、ちくま文庫、筑摩書房
・松谷みよ子著『現代民話考（十）狼・山犬・猫』二〇〇四年、ちくま文庫、筑摩書房
・松谷みよ子著『現代民話考（十一）狸・むじな』二〇〇四年、ちくま文庫、筑摩書房
・松谷みよ子著『現代民話考（十二）写真の怪・文明開化』二〇〇四年、ちくま文庫、筑摩書房
・水木しげる著『水木サンの幸福論』二〇〇七年、角川文庫、KADOKAWA
・水木しげる著『決定版 日本妖怪大全 妖怪・あの世・神様』二〇一四年、講談社文庫、講談社

・水木しげる著『のんのんばあとオレ』一九九〇年、ちくま文庫、筑摩書房
・三田村鳶魚著、朝倉治彦編『大名生活の内秘 鳶魚江戸文庫〈十六〉』一九九七年、中公文庫、中央公論社
・三井記念美術館編『大妖怪展 鬼と妖怪そしてゲゲゲ』二〇一三年、三井記念美術館
・宮田登著『妖怪の民俗学 日本の見えない空間』二〇〇二年、ちくま学芸文庫、筑摩書房
・宮本正章著『大江山の鬼とふるさと その小論とエッセイ』二〇〇六年、郁朋社
・無住一円著、筑土鈴寛校訂『沙石集 上巻』一九四三年、岩波文庫、岩波書店
・村上健司著『妖怪事典』二〇〇〇年、毎日新聞社
・村上石田著『播磨名所巡覧図会（二）』一八〇四年、塩屋忠兵衛ほか、国立国会図書館デジタルコレクション
・紫式部著、山本淳子訳注『紫式部日記 現代語訳付き』二〇一〇年、角川ソフィア文庫、KADOKAWA
・安村敏信監修『妖怪図譜 江戸の化物大集合』二〇一四年、平凡社
・柳田國男著『一目小僧 その他』一九五四年、角川文庫、角川書店
・柳田國男著『新版 遠野物語 付・遠野物語拾遺』二〇〇四年、角川ソフィア文庫、KADOKAWA
・柳田國男著『妖怪談義』一九七七年、講談社学術文庫、講談社
・柳田國男著、大塚英志編『神隠し・隠れ里 柳田国男傑作選』二〇一四年、角川ソフィア文庫、KADOKAWA
・山崎美成著『海録 江戸考証百科』一九九九年、ゆまに書房
・山崎美成編『提醒紀談（三）』一八五〇年、国立国会図書館デジタルコレクション
・山田野理夫著『東北怪談全集』二〇一〇年、荒蝦夷
・山田雄司著『怨霊とは何か 菅原道真・平将門・崇徳院』二〇一四年、中公新書、中央公論新社
・山本素石著『逃げろツチノコ』二〇一六年、山と渓谷社
・湯本豪一編著『妖怪百物語絵巻』二〇〇三年、国書刊行会
・横山重・松本隆信編『室町時代物語大成（九）』一九八一年、角川書店
・横山重・松本隆信編『室町時代物語大成（七）』一九七九年、KADOKAWA
・横山泰子・早川由美・門脇大・今井秀和・飯倉義之・鷲羽大介・朴庾卿・広坂朋信著『江戸怪談を読む 猫の怪』二〇一七年、白澤社
・吉田兼好著、西尾実・安良岡康作校注『新訂 徒然草』一九二八年、岩波文庫、岩波書店
・吉田幸一編『怪談百物語』一九九九年、古典文庫
・吉田綱富著、水野道子訳『現代語訳 童子百物かたり 東北・米沢の怪異譚』二〇一九年、七月社
・竜粛訳注『吾妻鏡（一）』一九三九年、岩波文庫、岩波書店
・竜粛訳注『吾妻鏡（二）』一九四〇年、岩波文庫、岩波書店
・竜粛訳注『吾妻鏡（三）』一九四〇年、岩波文庫、岩波書店
・竜粛訳注『吾妻鏡（四）』一九四一年、岩波文庫、岩波書店
・ワノフスキー編、中央美術社訳『妖怪画談全集 第二編 ロシア、ドイツ篇』一九三〇年、中央美術社
・早稲田大学国文学会編『国文学研究 第百六十九集 十三－

二十四』二〇一三年、早稲田大学国文学会

〈WEB〉

・J-TEXTS『源平盛衰記 巻第十』
http://www.j-texts.com/seisui/gsznb.html
・J-TEXTS『源平盛衰記』
http://www.j-texts.com/seisui/gsznb.html
・J-TEXTS『平家物語 剣巻』
http://www.j-texts.com/heike/tsurugi.html
・Manapedia https://manapedia.jp/text/2730
・OSAKA INFO
https://osaka-info.jp/page/nozatosumiyoshijinsha
・the 能ドットコム
http://www.the-noh.com/jp/plays/data/program_049.html
・TomePage『「神道集」の神々』
http://www.lares.dti.ne.jp/hisadome/shinto-shu/files/46.html
・Wikisource『今鏡』
https://ja.wikisource.org/wiki/%E4%BB%8A%E9%8F%A1
・Wikisource『太平記』
https://ja.wikisource.org/wiki/%E5%A4%AA%E5%B9%B3%
E8%A8%98%E5%B7%BB%E7%AC%AC%E5%8D%81%E5%
85%AD
・秋保・里センターホームページ
https://akiusato.jp/history/bansaburo1.html
・阿蘇ペディア http://urx3.nu/wuyb
・市川市ホームページ
http://www.city.ichikawa.lg.jp/edu09/1111000055.html
・宇和島市観光ガイド http://www.uwajima.org/spot/index3.html
・大口町ホームページ https://www.town.oguchi.lg.jp/2677.htm
・鬼と郷土面 https://nohmask21.com/oni/densetsu02.html
・国際日本文化研究センター 怪異・妖怪伝承データベース
http://www.nichibun.ac.jp/YoukaiDB2/index.html
・鹿嶋デジタル博物館
http://kashimashi.info/bunkazai/?page_id=4403
・唐津市ホームページ
https://www.city.karatsu.lg.jp/bunka/tanbo/bunka/sayohime.
html
・関東八十八ヵ所霊場 https://www.kanto88.net/03
・観音正寺ホームページ http://kannon.or.jp/about/
・久遠の絆『扶桑略記 巻第三』
https://miko.org/~uraki/kuon/furu/text/kiryaku/fs03.htm#31
・久遠の絆『扶桑略記 巻第四』
https://miko.org/~uraki/kuon/furu/text/kiryaku/fs04.htm#39
・求菩提資料館ホームページ
http://kubote-historical-museum.com/12-1.html
・県民だより奈良 平成二十二年十一月号
http://www.pref.nara.jp/koho/kenmindayori/tayori/t2010/tay
ori2211/nara_mukashi2211.htm
・国文学研究資料館『三養雑記』
http://base1.nijl.ac.jp/iview/Frame.jsp?DB_ID=G0003917KT
M&C_CODE=0026-45101&IMG_SIZE=&IMG_NO=110
・国文研データセット簡易 Web 閲覧『絵本武者備考』
https://www2.dhii.jp/nijl_opencata/NIJL0012/110_0928/
・国文研データセット簡易 Web 閲覧『楠正行戦功図会』

https://www2.dhii.jp/nijl_opendata/searchlist.php?md=thum
bs&bib=200013482
・堺観光ガイド
https://www.sakai-tcb.or.jp/about-sakai/eetoko/08_4.html
・佐用姫伝説ゆかりの地を訪ねる
http://www.thr.mlit.go.jp/isawa/sasala/vol_27/vol27_2fr.htm
・痔の散歩道 http://www.gpro.com/sampo/main06_02.html
・信太森葛葉稲荷神社ホームページ
http://www.kuzunohainari.com/?page_id=7
・島ノ左近「島左近関連逸話集三」
http://www.m-network.com/sengoku/sakon/sakon_ep03.html
・白石町ホームページ
https://www.town.shiroishi.lg.jp/asobou/ittokanba/_2140.html
・書陵部所蔵資料目録・画像公開システム
https://shoryobu.kunaicho.go.jp/Toshoryo/Detail/
1000074050019
・住吉大社ホームページ
http://www.sumiyoshitaisha.net/grounds/highlights.html#anc
hor06
・随心院ホームページ
http://www.zuishinin.or.jp/about-history.html
・総世寺ホームページ http://souseiji.jp/history.html
・武田家の史跡探訪「千人塚」
http://www.zephyr.dti.ne.jp/~bushi/siseki/senninzuka-iijima.
htm
・丹後の伝説 https://tangonotimei.com/bunken7.html
・談山神社ホームページ
http://www.tanzan.or.jp/about/culture.html
・銕仙会 http://www.tessen.org/dictionary/explain/genjikuyou
・出羽三山神社ホームページ
http://www.dewasanzan.jp/publics/index/75/
・伝説探訪
http://www001.upp.so-net.ne.jp/densetutanbo/tamuramaro/
sandaiki.htm
・多武峯縁起・大織冠神像破裂記附録『多武峯縁起』
https://www2.dhii.jp/nijl_opendata/searchlist.php?md=thum
bs&bib=200019013
・奈義町観光サイト
http://www.town.nagi.okayama.jp/kankou/kankou_spot/
miru/sanbu-tarou.html
・奈良国立博物館ホームページ
https://www.narahaku.go.jp/collection/1122-0.html
・日本伝承大鑑 https://japanmystery.com/
・日本の鬼の交流博物館ホームページ
https://www.city.fukuchiyama.lg.jp/onihaku/densetu/index.
html
・日本の火祭り 青森ねぶた
https://www.nebuta.jp/archive/nebuta/2013nigumi.html
・日本の民話ポータル：あったかふるさと憩いの場
http://www.attaka-furusato.com/minwa/jp/fukushima/tenaga
ashinaga.html
・沼沢湖の歴史と伝説について
http://web.archive.org/web/20071212083629/http://www.ht-
net21.ne.jp/~kanesho/tiiki/numazawa.htm

・念珠堂ホームページ
https://www.nenjudo.co.jp/page/tunodaisi.html
・半魚文庫 http://hangyo.sakura.ne.jp/utahi/text/yo229.txt
・美味求真
https://bimikyushin.com/chapter_6/ref_06/yaobikuni.html
・兵庫県新温泉町ホームページ
https://www.town.shinonsen.hyogo.jp/page/index.php?mode=detail&page_id=469f3dafca6240213f7aad1c4a0984a3
・文化遺産オンライン「河童の狛犬」
https://bunka.nii.ac.jp/heritages/detail/288693
・文化デジタルライブラリー
https://www2.ntj.jac.go.jp/dglib/modules/kabuki_dic/entry.php?entryid=1119
・前橋東照宮ホームページ
http://www.toshogu.net/maebashi/osakabe.php
・まちづくり葛生株式会社ホームページ
https://www.tmo-kuzuu.com/%E8%91%9B%E7%94%9F%E3%81%AE%E9%AD%85%E5%8A%9B/%E6%B0%91%E8%A9%B1%E3%81%A8%E4%BC%9D%E6%89%BF/21-%E8%91%9B%E3%81%AE%E8%91%89%E3%81%8D%E3%81%A4%E3%81%AD/
・松蟲寺ホームページ
https://matsumushi.com/free/matsumushihime
・松籟庵 http://syouraian.blog134.fc2.com/blog-entry-89.html
・妙満寺ホームページ http://myomanji.jp/midokoro02.htm
・百舌鳥廼舎(もずのや)別館 http://mozu.mozunoya.net/styled-18/
・やたがらすナビ
https://yatanavi.org/text/k_konjaku/k_konjaku20-45
・『八幡宇佐宮御託宣集』託宣・示現年表(山口大学)
http://petit.lib.yamaguchi-u.ac.jp/G0000006y2j2/metadata/20140101_9
・妖怪全友会『大佐用』第五号
http://yokaidoyukai.ho-zuki.com/taisayo5.htm
・妖怪全友会『大佐用』第六号
http://yokaidoyukai.ho-zuki.com/taisayo6.htm
・義経伝説 http://www.st.rim.or.jp/~success/seietsu.html
・龍鱗 http://www.hunterslog.net/dragonology/DS/10211a.html
・龍学「桔梗姫」
http://www.hunterslog.net/dragonology/ryujatan/hokkaidou_touhoku/handanuma/01.html
・龍学「黒姫物語」http://www.hunterslog.net/dragonology/ryujatan/chubu/kurohimeyama/01.html
・龍学「五十嵐小文治」
http://www.hunterslog.net/dragonology/ryujatan/chubu/ikarashi/01.html
・龍学「苧ヶ瀬池の社」
http://www.hunterslog.net/dragonology/ryujatan/chubu/ogaseike/01.html
・龍泉寺ホームページ http://www.oominesan-ryusenji.jp/history.html
・和歌山県ふるさとアーカイブ
https://wave.pref.wakayama.lg.jp/bunka-archive/minwa/41.html

朝里樹（あさざと・いつき）

怪異・妖怪研究家。一九九〇年北海道生まれ。法政大学文学部卒業。在野研究者として怪異談の収集・研究を行う。著書に、戦後日本を舞台に語られた一〇〇〇以上の都市伝説を紹介する『日本現代怪異事典』『日本現代怪異事典 副読本』（共に笠間書院）、『日本のおかしな現代妖怪図鑑』（幻冬舎）がある。

歴史監修――矢部健太郎（國學院大學）
ブックデザイン――鈴木成一デザイン室
DTP――――株式会社ローヤル企画
編集――――――大江智子（幻冬舎）

歴史人物怪異談事典

二〇一九年十月三十日　第一刷発行
二〇二〇年一月三十日　第二刷発行

著者　朝里樹
発行人　見城徹
編集人　中村晃一
発行所　株式会社 幻冬舎
〒一五一-〇〇五一東京都渋谷区千駄ヶ谷四-九-七
電話 〇三-五四一一-六二一一（編集）
〇三-五四一一-六二二二（営業）
振替 〇〇一二〇-八-七六七六四三

印刷・製本所　近代美術株式会社

検印廃止

ISBN 978-4-344-99263-4　C0095
ホームページアドレス https://www.gentosha-edu.co.jp/
この本に関するご意見・ご感想をメールでお寄せいただく場合は、info@gentosha-edu.co.jpまで。